国际汉语教学探讨集

李泉 著

© 2017 北京语言大学出版社，社图号 17088

图书在版编目（CIP）数据

国际汉语教学探讨集 / 李泉著 . -- 北京：北京语言大学出版社，2017.5
 ISBN 978-7-5619-4905-4

Ⅰ. ①国… Ⅱ. ①李… Ⅲ. ①汉语－对外汉语教学－教学研究－文集 Ⅳ. ① H195.3-53

中国版本图书馆 CIP 数据核字（2017）第 083227 号

国际汉语教学探讨集
GUOJI HANYU JIAOXUE TANTAO JI

排版制作：	北京创艺涵文化发展有限公司
责任印制：	包 朔

出版发行：北京语言大学出版社
社　　址：北京市海淀区学院路 15 号，100083
网　　址：www.blcup.com
电子信箱：service@blcup.com
电　　话：编辑部　　8610-82303647/3592/3395
　　　　　国内发行　8610-82303650/3591/3648
　　　　　海外发行　8610-82303365/3080/3668
　　　　　北语书店　8610-82303653
　　　　　网购咨询　8610-82303908
印　　刷：北京九州迅驰传媒文化有限公司
版　　次：2017 年 5 月第 1 版
印　　次：2017 年 5 月第 1 次印刷
开　　本：787 毫米 ×1092 毫米　1/16　　印　张：29.75
字　　数：493 千字
定　　价：78.00 元

PRINTED IN CHINA

序

以现代汉语作为第二语言/外语教学，应该是"五四"期间白话文兴起以后的事情。不少前辈学人都曾在国外从事过汉语作为外语教学。赵元任先生的女公子赵新那说，1922年始，赵元任先生"用留声机片教授外国人学习中国国语则是第一次尝试"。此后，魏建功先生在朝鲜京城大学以刘鹗的《老残游记》为教材，教授现代汉语口语。老舍、萧乾、曹靖华等一批著名作家和学者，曾分别在英国和苏联从事汉语作为外语教学，都取得很大的成就，斐然海外。

新中国的汉语作为第二语言教学，肇始于1950年，此后几经发展与变革，蔚然大观，名之曰：对外汉语教学，于兹六十六年。在国内接收留学生进行汉语教学的同时，大批汉语教师被派往世界各地，国内外共同承担着汉语作为第二语言/外语教学的任务。

换一个角度来看，汉语作为第二语言/外语教学，作为一门科学，虽滥觞于20世纪20年代，但获得大发展却是国家改革开放时期。基于语言学、心理学、教育学的汉语作为第二语言/外语教学，作为一个学科，在21世纪初以其独特的教学特色，已逐渐为社会所认可。作为一个学科，对外汉语教学注重学科基本理论的探讨，包括学科语言理论、语言学习理论、语言教学理论、跨文化交际理论。作为一个独立的学科，对外汉语教学一直注重挖掘本学科不同于其他学科的本质特点，探讨自身成系统、有规律的研究内容，已取得一些令人瞩目的成果。

进入21世纪，随着我国综合国力的不断增强，世界范围内学习汉语的人数迅猛增长。2005年7月，以首届"世界汉语大会"的召开为契机，开启了在世界范围内推广汉语教学的新时代，这在我国对外汉语教学发展史上是一个里程碑式的转变。此后，"汉语国际教育"作为在世界范围内开展汉语作为第二语言/外语教学的名称被广泛使用，世界范围内的孔子学院的建立就是国际汉语教学大发展的重要标志。学科名称的变化，为汉语国际教学带来了无限的机遇与巨大的挑战。随着海外汉语学习者人数的与日俱增，大量汉语教师和汉语教学志愿者被派往海外，新的矛盾暴露，新的问题随之产生。缺少适应海外汉语教学需求的合格的汉语教师，缺乏适合海外汉语学习者使用的汉语教材，原有的汉语教学方法难以适应海外汉语教学实际，成为制约提高汉语教学质量、提升汉语教学水平的瓶颈。

面对世界汉语教学呈现出来的这些现象，有些人在进行深入研究，寻求解决办法的同时，也产生了一种浮躁的情绪，急功近利，舍本逐末。采用"急就章"，急于解决当前的问题，就是一种表现。主管部门的导向也起了推波助澜的作用。轻视理论研究，淡化学科建设，视基础理论研究为多余，只想尽快满足世界汉语教学对教师、教材和教法的需求，没有在根本问题上做深入的理论探讨，将过多的精力用于技法的提升，以至于在社会上对"对外汉语"作为一门学科产生了不同认识，某种程度上干扰了学科建设。

在这样的背景下，李泉教授的《国际汉语教学探讨集》应运而生。作为一个国际汉语教师的责任与担当，促使作者不断地深入思考。贤者识其大者。对外汉语教学从诞生之日起，既是国家与民族的事业，又是一门语言教学学科。历史表明，事业和学科是一种相互依存、相互促进、相得益彰的关系。在汉语国际教育大发展的今天，更应该加强学科自身的发展与建设，而不是削弱或淡化。作者对学科地位和学科发展中出现的若干令人担忧的问题，一针见血，坦诚披露，显示出作者对事业的敬畏和对学科的挚爱。智者见于未萌。这些隐忧包括对学科地位的"偏见"之忧；对学科管理的"归属"之忧；对学科作用的"弱化"之忧；对汉语教学地位的"矮化"之忧。作者并非杞人忧天，大家都知道，只有高度重视并大力加强学科建设，汉语国际教育事业才能健康向前发展。汉语作为第二语言/外语教学曾经以一门新兴学科而闻名于世，现在该学科的内涵更为丰富，外延也更为广泛，也就更应该重视和加强学科理论思考与建设。缘于学科自身发展的需要观察，作者进一步认为，有必要、也有可能构建汉语国际教育学科，在新形势下，探讨海内外汉语教学共性和个性问题是构建汉语国际教育学科的基本着眼点，解决"汉语难学"和"汉字难学"的问题是国际汉语教育学科的核心目标，在此基础上汉语国际教育学科研究体系与研究基本内容得以清楚地呈现。面对世界汉语教学的丰富多彩，作者进一步提出国际汉语教材的多样化问题，将汉语教材类化为通用型、区域型、语别型、国别型四种，从而理顺了教材编写的思路。

我们所述的这些内容均详细地体现在《国际汉语教学探讨集》一书中的如下诸篇：《国际汉语教学学科建设若干问题》《关于建立国际汉语教育学

科的构想》《关于"汉语难学"问题的思考》《关于"汉字难学"问题的思考》《通用型、区域型、语别型、国别型——谈国际汉语教材的多元化》。这些篇目,可以看作本书的"纲",是作者思想火花的闪现。纲举目张,至于书中有关教学中的标准问题、课程设置和教学模式问题、教学中的文化取向问题、教师培养与教师发展问题,以及教学具体内容的研究,则可看作"目"。纲目结合,编织成作者有关学科建设中理论问题和实践问题的完整认识,其中多有远见卓识,发人深思。

本书作者着眼于国际汉语教学理念发展的现状与趋势,准确把握目前世界汉语教学发展的时代特点,登高望远,在汉语作为第二语言/外语教学大发展时期,在学科理论研究处于低谷阶段,能保持清醒的学术头脑,站在学术发展的前沿,允执厥中,正本清源,回归学科理论研究的本源,是十分难能可贵的。

这一切皆源于作者对事业的挚爱,对学科的责任与担当。我们不由得忆起前辈学者的胸怀与志向。早在1987年王还先生曾说:"对外汉语教学是一门亟待发扬光大的学科。作为中国人,去研究、发展对外汉语教学是我们责无旁贷的任务。世界的形势在逼迫我们去挑起这副重担。如果我们在汉语本身和汉语作为外语的教学法研究方面,在汉语教材的编写方面,在汉外词典的编纂方面,我们无所建树,这将是我们的耻辱。"大哉,此言。

李泉教授几年思索成文,如今衮然成集,我展卷一阅,获益殊多。窃不自揆,饶舌几句。

是为序。

赵金铭
2016年7月

目录

学科理论探讨

国际汉语教学学科建设若干问题	3
国际汉语教学：事业与学科	22
关于建立国际汉语教育学科的构想	38
普通话在国际汉语教学中的核心地位	59
非学历汉语教学的学科属性与学科地位	69
来华留学生汉语言本科专业建设问题探讨	84
国际汉语教学的语言文字标准问题	93

教学与教材研究

汉语国际化：内涵、趋势与对策	113
国际汉语教学理念与策略探讨	129
论国际汉语教学隐性资源及其开发	145
关于"汉语难学"问题的思考	159
关于"汉字难学"问题的思考	171
针对"汉字难学"之教学对策	195
文化教学定位与教学内容取向	207
文化内容呈现方式与呈现心态	215
教学模式与分技能设课教学模式思考	232
体系内语法与体系外语法	
——兼谈大语法教学观	243
论专门用途汉语教学	254

论专门用途汉语教材编写	265
教学大纲与教材编写	273
第二语言教材的积极功能和消极功能	281
汉语教材编写的根本问题探讨	291
通用型、区域型、语别型、国别型	
——谈国际汉语教材的多元化	302
汉语教材的"国别化"问题探讨	315

教师发展研究

汉语国际教育硕士：培养目标与教学理念探讨	339
汉语国际教育硕士：培养原则与实施重点探讨	351
汉语国际教育硕士：教学信念与专业发展信念	363
国际汉语教师培养规格问题探讨	376
国际汉语教师的角色认知	391

汉语研究与评论

试论现代汉语完句范畴	407
单音节词在汉语语法研究中的价值	420
主观限量强调标记"简直"	430
国际汉语教学辞书编撰新创获	
——《汉语教与学词典》评介	446
好风凭借力	
——《外国人汉语学习难点全解析》推荐	454
教案与课件点评三则	456
《发展汉语》(第二版) 封面设计理念	460

后记　　　　　　　　　　　　　　　　　　　　　　463

学科理论探讨

国际汉语教学学科建设若干问题*

提　要　对外汉语教学作为一项事业和作为一门学科的发展历史表明，事业和学科是一种相互依托、相互促进、相得益彰的关系，但是事业和学科的出发点、基本目标及建设途径等不尽相同，不能把事业的发展当成学科的发展，应加强学科自身的发展建设。文章重点讨论了汉语作为外语或第二语言的学科地位和学科发展中若干令人隐忧的问题，强调在国际汉语教学新形势下应进一步明确和提升学科地位，加强和彰显汉语国际化进程中学科的作用和推进机制。

关键词　国际汉语教学学科　国际汉语教学事业　学科地位　学科建设

一　引言

本文探讨国际汉语教学新形势下学科建设的若干问题。国际汉语教学泛指海内外把汉语作为外语或第二语言的教学，新形势是针对近年来海内外汉语教学快速发展、"汉语热"持续升温，以及国家汉语教学发展战略、工作重心、传播理念、传播机制等发生重大转变的大背景而言，若干问题即国际汉语教学学科地位、学科功能及学科建设等问题。

文章回顾了对外汉语教学作为一项事业和作为一门学科的发展情况，意在表明事业和学科是一种相互依托、相互促进、相得益彰的关系；同时强调二者的出发点、着眼点及建设手段等不尽相同，并探讨了二者之间的关系问题。在此基础上，就汉语作为外语或第二语言教学的学科地位、学科归属、学科作用等方面存在的某些隐忧略陈管见，所感所言缘自于对教学实践、学科现状及学科建设问题的观察与思考。

---

* 本文得到了业师赵金铭先生的指教，获益良多，特深致谢意。

二 国际汉语教学事业与学科

对外汉语教学主要包括两层含义：对外汉语教学事业；对外汉语教学学科。就对外国人的汉语教学而言，这两方面既有自身的特点和各自发展的一面，更有相互支持和相互促进的一面，许多时候甚至难以截然分开。

2.1 对外汉语教学事业的发展

对外汉语教学作为一项事业，从新中国成立之初，便受到中国政府和国家领导人的高度重视。1950年在清华大学设立中国第一个从事对外汉语教学的专门机构。20世纪50年代初就开始向越南、匈牙利、保加利亚等国派遣汉语教师。60年代初成立专门从事外国留学生汉语教学的高等学校，并从重点大学中文系中选拔优秀毕业生作为储备出国汉语师资到相关大学进修外语。70年代初周恩来总理曾就对外汉语教材编写做出"速编速印"的批示；1974年毛泽东主席为北京语言学院题写校名，表明国家最高领导人对对外汉语教学事业的重视。80年代初以来，随着改革开放政策的实施和国力的增强，来华学习汉语的人数和开展对外汉语教学的院校逐年增加，对外汉语教学事业获得飞跃性发展。1987年成立国家对外汉语教学领导小组，负责统一领导全国的对外汉语教学工作，对外汉语教学事业走上了更加有计划、有组织的发展道路。1988年第一次全国对外汉语教学工作会议召开，正式提出"对外汉语教学是一项国家和民族的事业"，从而把对外汉语教学提到了前所未有的高度。1993年中共中央颁布的《中国教育改革和发展纲要》中，提出"大力加强对外汉语教学工作"。1999年第二次全国对外汉语教学工作会议召开，进一步强调对外汉语教学作为国家和民族的事业，应纳入国家21世纪发展的总体战略目标。（吕必松，1990；张德鑫，2000、2001）

进入新世纪以来，对外汉语教学事业又有了新的发展。2002年、2003年，教育部在全国高校评选和建立国家对外汉语教学基地；2004年开始在海外建立孔子学院，迄今已有分布在世界五大洲的数百家孔子学院和孔子课堂。2005年在北京举行的首届世界汉语大会，标志着中国的对外汉语教学向汉语国际推广的转变。包括发展战略从国内的对外汉语教学向全方位的汉语国际推广转变；工作重心从将外国人"请进来"学汉语向汉语加快"走出去"的转变；推广理念从专业化汉语教学向大众化、普及型、应用型转变；推广机制从教育系统内推进向系统外、政府民间、国内国外共同推进转变；推广模式从政府行政主导为主向政府推动的市场运作转变。(许琳，2007)近年来，中国政府及有关部门采取了许多促进国际汉语教学事业发展的措施，如国家汉办设立志愿者中心，实施国际汉语教师中国志愿者计划、国际汉语教师海外志愿者计划[①]，等等。不仅很好地适应了海外学汉语人数和层次广为增加的形势需要，也进一步开拓了国际汉语教学事业的新局面。

以上回顾虽是举例性的，但仍不难看出：这一事业与国家兴衰紧密相连；这一事业的发展始终受到中国政府和高层领导的重视。[②]特别是最近若干年来，其重视程度和投入力度都是前所未有的，国际汉语教学事业获得了空前的发展。

2.2 对外汉语教学学科的发展

对外汉语教学作为一门学科的建设，与对外汉语教学事业的发展同步而行。20世纪50—70年代就开始了对外汉语教学的理论研究。(张亚军，1990；吕必松，1990)改革开放以后，来华留学生人数逐渐增多，学科建设问题便提上日程。1978年《中国语文》第1期上发表的《北京地区语言学科规划座谈会简况》中明确提到："要把对外国人的汉语教学作为一个专门的学科来研究。"把对外国人的汉语教学提高到学科建设的高度，不仅为对外汉语教学研究指明了方向，也为对外汉语教学事业的发展找到了强有力的支撑。20世纪80年代以来，对外汉语教学规模迅速扩大，办学体制进一步多样化，对学科理论的研究提出了更多、更高的要求。于是，对外汉语教学界创办学术刊物和出版机构，成立学术团体和召开国内国际各种学术会议，加强教材建设和师资队伍建设，理论研究空前繁荣和发展，广泛涉及学科性质、教材编写、课程设置、课堂教学、测试评估，以及教学规律和学习规律、教学理论和基础理论等。到80年代末，"学科理论体系已搭成框架；教学体系已略见雏形；教材编写理论和编撰体系也基本建立并初见规模；教学法的理论与实践，在吸收外国经验的同时，融会贯通，逐渐形成了自己的教学法体系间架。"(赵金铭，1989)进入90年代以来，对外汉语教学的理论

[①] 详参国家汉办相关网站：http://www.hanban.org/hbdt.php?ithd=dtxx.
[②] 有关对外汉语教学作为一项事业的发展情况，详参李培元，1989；吕必松，1990；张亚军，1990；施光亨，1994；张德鑫，2000、2001；陆俭明，2004。

研究更加深入和系统,并形成了一些研究热点:(1)中高级阶段教学理论研究受到关注;(2)中介语理论和汉语偏误分析受到重视;(3)国内外学者对汉语教学语法体系提出了尖锐的批评,引起了人们对语法体系、语法教学原则以及教学语法与理论语法的特点和关系等问题的研究;(4)语言和文化的关系问题成了研究热点;(5)开拓了语言习得理论的研究,对学科理论体系的研究更加自觉。(李泉,2005)

进入新世纪以来,新的对外汉语教学研究论著等相继问世,进一步丰富了对外汉语教学学科理论内涵,成为学科发展的标志。例如,程棠《对外汉语教学目标原则方法》(2000),徐子亮《汉语作为外语教学的认知理论研究》(2000),刘珣《对外汉语教育学引论》(2000),陈申《语言文化教学策略研究》(2001),吕必松主编《语言教育问题研究论文集》(2001),国家汉办《高等学校外国留学生汉语言专业教学大纲》(2002),国家汉办《对外汉语教学语法探索》(2003),赵金铭主编《对外汉语教学概论》(2004),陆俭明《作为第二语言的汉语本体研究》(2005),崔永华《对外汉语教学的教学研究》(2005),冯胜利等《对外汉语书面语教学与研究最新发展》(2006),姚道中等《中文教材与教学研究》(2006),杨惠元《课堂教学理论与实践》(2007),国家汉办《国际汉语教学通用课程大纲》(2008),等等。其中,商务印书馆2006年出版由赵金铭任总主编、世界汉语教学学会审定的"商务馆对外汉语教学专题研究书系",包括对外汉语教学学科理论研究、对外汉语课程教学研究、对外汉语语言要素及其教学研究、汉语作为第二语言学习者习得与认知研究、语言测试理论及汉语测试研究、对外汉语教师素质与教学技能研究、对外汉语计算机辅助教学研究等七个专题系列共22本论文集,集中整合和展示了相关领域的研究成果,并自成一个相对完整的学科研究体系。

学科建设不光在研究成果方面取得了可喜的成就,在师资队伍专业化建设方面,在与对外汉语教学相关的学历层次和学科建设等方面都获得了长足的发展。比如,20世纪70年代中期开始招收外国留学生现代汉语本科生,80年代设立对外汉语专业招收培养对外汉语教学师资的中国本科生,90年代以来在汉语言专业下招收留学生本科生,在语言学及应用语言学等专业下招收对外汉语教学方向的中外硕士、博士生。2007年以来,国家设立汉语国际教育硕士专业学位,并将汉语国际教育硕士专业学位作为文学门类中国语言文学一级学科下的一个二级学科单独设置。①

回顾对外汉语教学的发展历程，可以看到，对外汉语教学作为一门学科与作为一项事业的发展和建设，总体上相互依托、相互促进、共同进步。伴随着事业的发展，迄今围绕对外国人的汉语作为外语或第二语言的教学，已经形成了短期强化教学、长期进修教学、汉语预科教育、汉语言本科教育，以及"对外汉语教学方向"硕士、博士研究生教育，以培养师资为主的"对外汉语"本科专业教育、"汉语国际教育硕士"专业学位教育等多层次的学历和非学历教育体系。而对外汉语教学或与此相关的教育层次及相关专业的丰富和完善，无疑更有助于促进对外汉语教学事业的发展。实际上，许多情况下事业的发展和学科的建设非但不矛盾，其本质上就是一回事，比如，设立汉语国际教育硕士专业学位教育，既是汉语国际推广事业发展的需要，也是学科建设的重要举措。

2.3 事业与学科的区别

在看到对外汉语教学事业和学科总体上相互促进、相得益彰的同时，也应看到二者究竟不是一回事，不应不加区分地混为一谈。

（1）二者的出发点和参照系不同。对外汉语教学作为一项国家和民族的事业，是从国家对外发展的战略高度，从提升民族语言和文化国际影响的角度，来规划和发展对外汉语教学工作；宜参照不同国家语言推广的经验和做法，来探索汉语传播的机制和途径，以求恰当适宜地传播汉语和扩大中华文化的国际影响。对外汉语教学作为一门学科，应按照外语教学规律来规划和建设；应借鉴国际通行的外语教学理论与方法，来探索适合汉语作为外语教学的教学规律、教学模式和教学方法。

（2）基本目标和所属范畴不同。作为一项事业，谋划的是汉语国际推广的战略布局和可持续发展途径，目的是让更多的人走近汉语、学习汉语，进而了解和理解中国，感受和理解中华文化，从而为国家的和平发展创造一个和谐的外部环境，为中华文化走向世界铺就一个广阔的平台。因此，对外汉语教学事业的发展应纳入国家对外发展的战略格局之中，是国家外交、外宣

---

① 有关对外汉语教学作为一门学科的发展情况，详参李培元，1989；吕必松，1990、1999；张亚军，1990；李杨，1999；施光亨，1994；张德鑫，2000、2001；刘珣，2000；赵金铭，1989、1996、2001、2006；陆俭明，2004；李泉，2005、2006、2009。

和文化传播的组成部分。作为一门学科，谋划的是汉语作为外语教学学科建设的构架和内涵构成，目标是建设一个科学完善的、符合汉语作为外语教学特点和规律的学科体系，以及各类教学标准和大纲及多种多样的汉语教学模式，从而能够让汉语学习者更快更好地学会汉语。因此，学科建设当纳入国家教育体系之中，其学科建设的成果当纳入国际第二语言教学的学科范畴之中。

（3）发展路径和建设手段不同。事业的发展不但要有明确的目标，更要有相当的规模和人力、物力、财力的投入。因此，可以采取多种方式和手段，可以"千方百计、千军万马"，以便把事业做强做大。学科的建设不但要有明确的目标，更要有学术研究、学术成果的积累和体现。因此，主要应采取学术研究的手段以及培养师资队伍等措施，应当走学术化、专业化之路，应当根据教学实践的发展，不断拓展学科研究的领域、深化学科研究的内涵、完善学科的体系建设，否则就不可能把学科做强做大。汉语作为外语教学是一门科学、是一门学问，需要进行语言要素的本体研究和教学研究，需要进行教学理论、教学方法、习得理论、测试理论、教材编写等专业研究，需要培养有专门知识和教学能力的专业师资队伍。因此，可以"千方百计"，但不可能是不讲究学术化和专业化的"千军万马"。

（4）事业与学科合则兼美。事业和学科虽然存在差别，但发展事业和建设学科并不是矛盾和对立的关系，而是相互促进、相得益彰，合则兼美、分则两伤的关系。指出二者的不同，意在强调不要把事业的发展当成了学科的发展（不少论述和一些人的观念中恰是这样）；事业的发展有助于学科的发展，但不能替代学科的发展，学科的发展有其自身的内涵和表现。因此，在为汉语国际推广事业大发展而欢欣鼓舞的同时，也要冷静地思索：我们的学科地位状况如何？是否更加确立？是否在不断提高？更需强调的是，事业的发展离不开学科的支持，没有强有力的学科支撑，国际汉语教学的质量和效率就难以保证，汉语的国际化进程就会大大迟缓。汉语走向世界不光要有物质机制的支撑，更要有学科机制的支撑。因此，在为国际汉语教学大发展而欢快兴奋的同时，也要务实地思考：我们的学科建设状况如何？增多几何？有无疏失？

三 学科建设的问题与隐忧

3.1 学科建设所面临的挑战

事实上,在海内外汉语教学大发展的新形势下,学科建设正面临着新的挑战。林焘(2005)指出:"对外汉语教学本是一门新兴的学科,20世纪80年代才被承认是语言学领域中的一个新分支。这个新分支一诞生就充满了青春活力,20年来,教师队伍发展之快,教学水平提高之迅速,科研内容之丰富,是语言学其他学科望尘莫及的,成为当前语言学领域中发展最迅猛、影响最广泛的学科。但是,尽管取得了如此突出的成就,仍然赶不上当前更加迅速发展的客观需求。""我们不能只满足于又增加了多少学汉语的外国朋友,又编出了多少部新的对外汉语教材,这些数字可以鼓舞人心,但不可能使教学和科研水平有突破性的提高。"陆俭明(2009)强调:"汉语教学的方方面面的问题,甚至某些基础性的问题,还缺乏必要而深入的研究,还缺乏冷静、科学的思考。""汉语教学是一个独立的学科,这已经不存在争议,但这一学科的建设跟形势发展的需求并不相适应。怎样将这一新兴学科尽快建设起来,使学科体系日趋完善?需要我们去面对和思考。"林先生和陆先生所指出的现象和提出的问题,应引起有关部门和各级领导的高度重视,海内外从业人员亦当警醒和深思。下面,就汉语作为外语或第二语言教学的学科地位、学科归属、学科功能等方面存在的某些隐忧陈述管见。

3.2 对学科地位的"偏见"之忧

对外汉语教学跟英语、法语等作为外语教学一样,是一门学科,这在理论上应该是公认的。但是,迄今在中国,对外汉语教学的学科地位远不如英语、法语、德语、日语乃至泰语、柬埔寨语等作为外语的学科地位那样,得到关部门、学术界和社会各界普遍认可。因为在中国的语境下,说汉语作为"外语",不如说英语、法语或柬埔寨语作为外语让人感觉那样真切。汉语人人都会,如走路、呼吸、吃饭般平常,想象不出它为什么算作外语,怎么能跟学问沾上边,怎么会是一门学科。于是,一提到是教汉语,人们立刻松了口气,甚至还有几分失望;一提到是汉语老师,人们往往泄了口气,或许还有几许同情。对相关的研究成果往往几分不屑、几多不认可。研究一个词、一个句式的用法和怎么教有什么学问?有什么可研究的?不就是教老外说汉语吗?普通话好一点儿不就行了吗?如此等等的观念、表情和言语表现,在20世纪80年代几乎随时可以感觉到、可以听到。当然,这都是些比较极端的看法,也是些地地道道的偏识、偏见。随着近20年对外汉语教学事业和学科建设的不断发展,这类偏识、偏见已在一定程度上得到了纠正。实际上,偏见也并不一定是出于某种恶意的目的,根本上还是由于不了解学科的性质和内涵所致,正所谓隔行如隔山。但问题是,不管是什么原因造成的,迄今对对外汉语教学及其学科地位的偏见,不仅仍然存在于一些人的心目中,也常常落实到行动上。比如,在教师岗位定级、工作定量、职称评定上,在建制设置、资源配置、学科设置及其院系归属上,偏见的影响在一些院校和部门中都有程度不等的体现。偏见到处都存在,许多情况下可以一笑了之。然而,偏见的可怕之处就在于它不仅仅是观念层面上的软实力,也是影响行动的硬实力。

因此,在国际汉语教学事业不断发展的新形势下,有必要重新回顾人们曾经的呼吁和呐喊,以强化我们的学科观念。事实上,也许正是因为看到了对外汉语教学在观念和舆论上比其他外语学科获得应有的学科地位更加困难,所以,自20世纪80年代伴随着对外汉语教学事业的发展,就不断有语言学家、教育学家、语言教学专家和教育部门的各级领导反复强调:对外汉语教学是一门学科、一门学问。例如,著名语言学家吕叔湘(1983)指出:"汉人教汉人汉语,往往有些彼此都知道,不成问题,就是不知道也不去深究。可教外国学生就是个问题了,就得逼着我们去研究。"时任北京大学校长的张龙翔(1983)表示:"对外国人的汉语教学的研究,我认为是一门重要的学问,我国应该在这方面做出重要贡献。"著名语言学家王力(1984)明确表示:"对外汉语教学是一门科学。"资深对外汉语教学专家王还(1984)不无感慨地指出:"同是教语言,何以教自己掌握得不那么好的语言就是一门学科,值得去做,而教自己掌握得很好的语言就不算什么,不值得去做呢?如果教外语是一门学科,我们教汉语就是作为一种外语来教,自然也就是一门学科。"著名语言学家朱德熙(1984、1989)多次指出:"过去很多人认为教汉语,凡是中国人都能教,是不是现在教育领导部门对这个问题看得很清楚?是不是现在大家都完全看得很清楚?我看也不见得。""现在强调对外汉语教学是一个专门的学科,要有一定的素养和训练才能胜任这个工作。""国际上第二语言教学变成一个学科,有许多学派、各种理论,确实是一个学科,我们应该重视。"时任教育部部长的何东昌(1984)强调:"多年的事实证明，对外汉语教学已发展成为一门新的学科。加强这门学科的教育与研究，不仅是扩大接收留学生的需要，也是发展对外交流、扩大对外影响的需要。希望各级教育部门和各有关院校，大力支持，切实办好和发展这一学科。"①

从以上引述，我们是否有些温故知新的感觉呢？是否可以引发我们思考为什么一个不太难理解的道理却需要学者、专家和领导、官员们反复强调？从中是否可以体会到"偏见"仍然是对外汉语教学真正取得学科地位的一种隐忧呢？这也让我们想起邓守信（2003）的质疑是多么意味深长，他感慨道：即使能够成功地证明对外汉语教学是一个独立的学科，我们仍要问：英语作为第二语言教学长久以来一直拥有"合法"的地位，为何同一领域的对外汉语教学的独立却花费了这么长的时间，而还有一段路需要努力？

3.3 对学科管理的"归属"之忧

应该看到，汉语作为外语教学的学科观念正日益深入人心，政府部门和有识之士也正为提高学科地位和加强学科建设给予积极的支持，如对外汉语教学研究在国家社科基金项目中立项、在教育部重大研究课题中立项，国家级规划教材中也有对外汉语教材的规划项目，省部级和国家级评优评奖中也都有对外汉语教学方面的成果，如此等等，让从业教师和研究工作者感到鼓舞。但是，即便在对外汉语教学学科建设成绩显著和地位不断提高的今天，对这一学科的"地位认可"问题仍然让人心存疑虑，因为对外汉语教学及其学科可能仍然被看作是"外事"，而不是"教育"，因为对它的管理总体仍归属外事部门。

具体而言，对外汉语教学在国家最高教育主管部门——教育部中归属国际交流与合作司管理，其来华留学工作处负责"指导并统筹管理全国来华留学工作，拟订来华留学工作的政策及规划"等，其对外汉语教学与专家处负责"协调汉语国际推广工作，参与拟订汉语国际推广工作的政策和规划，研究汉语国际推广的发展状况"等。这与同为外语类的英语等学科，其教学管理和教学基本建设等归属高等教育司，其学籍、学历等管理归入高校学生司是完全不同的。②这样做可能有其历史和现实的原因，历史原因：20 世纪

---

① 以上均引自施光亨主编《对外汉语教学是一门新型的学科》（1994）。
② 详参国家教育部相关网站：http://www.moe.edu.cn/.

50—70年代对外汉语教学的学科意识还不够明确、研究成果微不足道，尤其那时正是国际风云不断变化的冷战年代，外国留学生的汉语教学被当作外事或准外事工作；现实原因：高等教育司管理的都是学历教育，而那时的对外汉语教学基本上没有学历教育。即使到了今天来华留学生的学历教育有了很大发展，但其主要的汉语言专业也并非单独为外国学生设立，而是为中国学生设立的，对外国学生的本科教育不过是与其共享这个专业而已。然而，不管是什么原因，直到今天对外汉语教学的学科整体上仍然没有进入国家的教育管理体系之中，仍然归属"外事"、隶属"事业"，这不禁让人怀疑这一学科的地位是否真的被认可。更重要的是，这样一种不被高等教育管理体系"纳编"的状况不利于学科的成长和发展。外事部门主要从事业的角度来考虑对外汉语教学的发展，学科建设至多是个附带的工作。

进一步说，国内对外汉语教学这一行业，在教育部里归在国际交流与合作司（外事司）的名下，而不是纳入高等教育司的管理范畴，在全国高校中大都归在国际交流处（外事处）的名下，其中只有学历教育才可能被教务部门纳入管理范围。在这样一种管理体制中，国家层面上可能仍然把对外汉语教学看成外事，而许多高校则把对外汉语教学当成创收单位，学科地位和学科建设都没有获得应有的重视。这样一种管理体制，是否也是造成对外汉语教学整体教学质量和水平还不够理想的一个因素呢？这个问题值得探究。事实上，在当今"地球已成村"的时代，国际交流和人员交往越来越频繁，来华学汉语的人数逐年增加，汉语逐渐成为一种国际性热门学习语种，而汉语走向世界特别需要国内对外汉语教学界在学科研究和建设上做出汉语母语国应有的贡献。如此情形下，如果仍然把对外汉语教学看成外事，仍然当作赚汇手段，不仅谈不上与时俱进，恐怕也忘了它还是国家和民族的一项事业。

3.4 对非学历教育的学科"认同"之忧

真正能体现汉语作为外语教学特点和学科性质的，是来华留学生长期进修教学和短期强化教学。但由于它们属于非学历教育，在教育部高等教育司（1998）颁布的《普通高等学校本科专业目录和专业介绍》中，不仅没有属于它们的学科"名分"，甚至连"挂靠"学科都未能得到明确。这就是说，教学历史最悠久、教学经验最丰富、研究成果最丰厚、学科性质与特点体现最充分和最深刻、占来华留学生人数最多的非学历汉语教学，并没有获得真正的学科地位，或者说其学科地位尚处于"妾身未分明"的尴尬境地。换言之，似乎已得到政府部门、学术界乃至社会各界公认的"对外汉语教学是一门学科"，其实并没有真正落到实处。更难以让人释怀的是，至今还有业内人士不认同其学科地位，如何不让人感到隐忧？

有一种代表性的观点是这样说的："对外汉语教学已发展成为一门新的学科，这句话讲了已有20年，但不少人有误解，以为全国有400多家院校在从事的、以基础汉语教学为主的教学实践活动就是对外汉语教学学科。其实这连学科的门也不沾。因为我国的对外汉语教学绝大部分属于非学历教学，从来没有听说过非学历教学可以称作是一门'学科'的。"（潘文国，2006）我们认为：（1）说"以基础汉语教学为主的教学实践活动就是对外汉语教学学科"可能有些不够准确，因为对外汉语教学学科研究的范围和内容并不仅限于非学历汉语教学，尽管"这一块"是对外汉语教学实践和学科理论研究的主体和核心。（2）说属于非学历教育的基础汉语教学"连学科的门也不沾"，则实在令人错愕。不知此所谓学科所指为何？如果把学科理解为研究汉语作为外语/第二语言教学的教学内容、教学规律、习得规律、教学模式、教学方法等教学理论与实践问题，那么，非学历汉语教学不仅是"沾了学科的门"，而且恰在门内"最深处"，乃至端坐"高堂之上"。因为非学历汉语教学最能体现汉语作为外语/第二语言教学的性质、特点、原则和规律；其独特的研究对象、研究方法及其研究成果，是由学科基本理论（学科语言理论、语言学习理论、语言教学理论和跨文化交际理论）和学科应用理论（教学目标研究、教学大纲研制、课堂教学研究、教材编写研究、测试理论研究等）为主体构成的对外汉语教学学科理论体系的核心内容。（李泉，2005）因而非学历汉语教学的教学理论、教学规律和教学法等研究成果是对外汉语教学这门学科的核心理论，也是这门学科存在的主要标志。（3）"从来没有听说过非学历教学可以称作是一门'学科'"，这话也对——因为在现行的学科体系中非学历教学本身不能称作一门学科，即非学历汉语教学不能与对外汉语教学学科画等号；也不对——因为非学历教学仍然可以并且也应该有学科归属，即非学历汉语教学归属在对外汉语教学学科之内，它所差的不过是因为学制年限不够不能拿文凭而已。实际上，以"从来没听说过"作为拒绝承认非学历教育是学科的体现乃至进入学科的理由，既不充分也不过硬。

若以是否"听说过"为理由，那么中国的改革开放将一事无成，我国现有的文、理、农、工、医等学科门类下的诸多新兴学科都将无法建立。

也就是说，把非学历教学简单地等同于学科是不合适的，但是把非学历教学排斥在学科之外更是不合适的。不能因为非学历汉语教学是基础汉语教学（实际上初、中、高各种水平都有），以语言技能培训为主，就将它拒之于学科门外。学问有高有低，有深有浅，不能因为是基础性的、应用型的就不认可它是一门学问。外语教学的理论和实践充分表明，非学历外语教学最能够体现外语教学学科的性质和特点、教学原则和教学理论、习得规律和教学规律、教学模式和教学方法，外语教学的应用性、实践性、跨文化性、跨学科性等特点，以及一切外语教学的理论、范式和方法，都可以在非学历外语教学中得以体现、应用和检验。这样看来，非学历教学不仅不应被拒之门外，即使用它来指代整个学科亦无不可。

实际上，要想给占国内对外汉语教学主体的非学历汉语教学一个适当的学科地位或专业名分，至少可以有两种做法。其一，抛弃学历观念的束缚，直接在国家现有的专业目录中给它设立一个适当的名目和位置。其二，从学理上讲，非学历汉语教学完全可以"挂靠"在现有专业目录的汉语言专业之下，因为这个专业一、二年级的留学生教学仍然承担着汉语知识教学和汉语能力培养的任务（国家汉办，2002），而这个任务跟非学历汉语教学完全是一致的。退一步来看，目前国内许多高校的非学历教学大都不在学校教务部门的管理范围，有关教学单位的教学计划、课程设置、管理制度等大都是自行制定的，缺乏监督、评估等管理机制。由于工作量大，任务繁重，教师疲于教课，无暇做研究。长此以往，如何保证和提高教学质量，如何进行理论研究和教学模式的创新探索，等等，都无法不令人忧虑。

因此，我们应开拓思路、更新观念，以"千方百计"的姿态和信念，站在发展国家和民族事业的高度，为非学历汉语教育真正确立起应有的学科地位，使其名正言顺起来。当然，给个学科名分固然重要，因为那不仅是非学历汉语教学的地位问题，也是包括整个对外汉语教学学科存在和地位存在的标志，因此将给予所有从业教师以极大的自信和鼓舞，作用不可小觑。但更为重要的是，要担当起学科建设的重任，要拿出更多更有价值的研究成果，来更好地支撑和促进海内外汉语教学事业的发展。

3.5 对学科作用的"弱化"之忧

无论是基于教学本身还是事业发展的需要,学科研究和建设的重要作用都不言而喻。教外国人汉语,首先就要了解汉语是"怎么回事",也即要了解汉语的结构和组合规则、表达和语用规则以及语言本身蕴含的文化因素和文化规约。仅这一项工作就是摆在我们面前的艰巨工程,甚至无法估量何时能看到这个工程的整体面貌。我们现在了解的只是有关方面的最基本的规则,而仅凭这些规则,是远远满足不了教学需要的。课堂上随时会遇到令人犯难的语言现象。例如:

*老师说话一点儿快。(比较:老师说话一点儿也不快。)

*我来中国一个年。(比较:我来中国一个月/一个星期。)

*你给我评评那个理。(比较:你给我评评这个理。)

*排队买票,我比他站得早。(比较:排队买票,我比他来/排得早。)

*把饺子吃在五道口。(比较:把车子放在五道口。)

*他把我打了一巴掌。(比较:他把我踢了一脚。)

*我假期到中国西方/东方去旅行。(比较:我假期到中国南方/北方去旅行。)

*老师发布了分班名单。(比较:老师宣布了分班名单。)

*他有信心说上去。(比较:他有信心搞上去/他有信心说下去。)

*昨天在当代商城,我一点儿也没买东西。(比较:昨天的晚饭,我一点儿也没吃。)

*我从上大学开始,一直学了汉语。

*来中国以前,我常常看了中国电影。

*我是从大阪到大连坐船的。

*天气不但暖和了,反而越来越刮风。

如此等等的语言偏误总不能都说成是"汉语的习惯"吧?那么,如何讲解?说明和解释能否令人信服,是否符合语言规律?

其次,还要掌握"怎么教汉语",这就涉及教学理论、教学原则、教学方法与技巧,涉及跨文化教学的理论和原则、文化现象揭示和阐释的原则和方法,等等。事实上,外语教学不仅要研究教什么、怎么教,更要研究学什么、怎么学；不仅要研究和尽可能地掌握汉语、汉字、中国文化的理论和知识，还要有教育学、心理学和文化学等多学科的知识来支持。此外，还要研究诸如课程设置、教材编写、评估测试等外语教学的应用理论，等等。

从以上的举例和简述中，应不难感到汉语作为外语教学是一门科学、一门学问，亦应不难感到学科研究和学科建设的重要意义。事实上，无论是出于学科自身发展和建设的迫切需要，还是基于国际汉语教学事业快速发展的需要，我们"从现在开始就要进入呼唤理论、用理论指导实践的阶段"（许琳，2007）。

然而，令人忧虑的正是"学科研究和建设"在汉语作为外语教学中的价值、在汉语国际推广事业中重要而不可替代的意义，尚未得到应有的关注和重视。"如果目前这种科研滞后于教学的状态继续下去，将会大大影响今后对外汉语教学事业的发展。"（林焘，2005）因此，有关部门、学术组织和海内外汉语教学的从业人员，应高度重视并大力加强面向教学需要的汉语本体研究和应用研究，因为这些研究不仅关乎到汉语好不好教、好不好学，更关乎到汉语走向世界这一国际事业能否持续、快速发展。可以说，学科研究和建设是影响汉语教学质量和效益、影响汉语国际推广事业能否健康顺利发展的"软实力"，也是提高教学水平和加快汉语国际化进程的"硬道理"，含糊不得。

进一步来看，学科的地位和建设并没有因为汉语国际推广事业的新发展和大发展而有明显的提高和变化。不仅如此，在学科建设中还出现了某些令人不解的现象。比如，近年国家设立的"汉语国际教育硕士"专业，如果从这一学科的特点和建设需要出发，以设在"对外汉语学院"为宜，然而不少高校却把这一专业设在别的学院。这可能有"两解"：其一，不相信对外汉语学院有能力承担这一工作；其二，把专业学位的建设当作资源和利益来分配。无论是哪一解，与汉语国际教育硕士专业最密切相关的承担对外汉语教学任务的学院的作用都被淡化了，对外汉语教学学科的功能都被忽略了。而2009年有关部门组织对24所学校该专业的中期评估表明，公认办得好的学校都是设在对外汉语学院的，而不是相反。又比如，正是在对外汉语教学事业大发展之际，对外汉语学院多年建设的留学生汉语言本科专业被划归为由另外的学院承办，甚至整个学院都被划归到了另外的学院。如此等等，这些令人不解和隐忧的情况虽属少数或个别现象，却很值得深思。说到底，可能还是涉及对对外汉语教学学科地位和功能的"认识问题""态度问题"。

从根本上说，国内高校现有的四五百家对外汉语学院或中心等教学机构，是国内对外汉语教学事业发展和学科建设的主力军。尽管不同院校的"这一块"也参差不齐，并且总体上由于缺乏应有的学术传统和学科积淀，也包括学校总体上重视和投入不够等原因，"这一块"在所有高校中都是非主流学科和院系，这是可以理解的，甚至也是正常的，国际上的外语教育学科也都是这样一种地位。但是，从发展对外汉语教学事业和建设对外汉语教学学科的角度看，"这一块"应该也能够发挥应有的甚至是不可替代的作用，因为它们干的就是对外汉语教学的事业和学科；别的学院和学科对对外汉语教学只能是"友情出场""热情赞助"，因为它们有自己的学科建设任务和学术研究的范畴，不可能也不应该把精力都投入到对外汉语教学中来。所以，恰好应该抓住国家大力发展对外汉语教学事业的机遇，把国内高校的"这一块"做强做大，使之由弱变强，为汉语走向世界做出应有的贡献。而目前我们还没有看到这样的迹象，看到的却是对"这一块"的忽视、淡化乃至削弱。调动各方资源和力量来推进事业和学科的发展是必要的，但是，如何发挥和拓展国内现有的对外汉语教学单位在汉语国际推广中的辐射功能，如何整合资源和学术力量来建设和加强而不是削弱和淡化这一行业，则更为重要和迫切，也更加符合事业发展和学科发展的实际。

3.6 汉语教学主体地位的"矮化"之忧

对外汉语教学作为一项事业，是国家全方位、多层次、宽领域对外开放格局的一个组成部分，通过开展汉语教学不仅可以满足各国朋友学习汉语的愿望和需求，还可以增进各国人民对中国和中国文化的了解、加强中国与世界各国的友好关系、促进世界多元文化的发展与和谐世界的构建。这就是说，我们应该把服务世界各国人民汉语学习需求、满足世界人民了解中国文化的愿望、增进中外彼此间的了解和理解、促进世界多元文化的和谐发展，作为发展国际汉语教学事业的宗旨。换言之，在全球范围内发展汉语教学事业不仅是国家和民族事业，也是一项促进世界和平发展的崇高的国际事业。这应该是我们发展国际汉语教学事业的基本理念，也是"双赢、多赢"国际交往规则的体现。

进一步来说，国际汉语教学作为一项事业，从根本上说应以汉语教学为主体和核心。海内外汉语教学师资队伍的建设、文化活动的开展和中华文化的介绍等，都应以发展和壮大汉语教学为主要目的。换言之，发展国际汉语教学事业的各种措施和手段，都应服务于汉语教学及其学科建设。"汉语教学"始终应该成为国际汉语教学事业发展和学科建设的基石，切不能有意无意间忽视汉语教学本身的主体地位和核心地位。其中，尤其要处理好国际汉语教学事业发展和学科建设中汉语教学和文化传播之间的关系。事实上，汉语教学和汉语传播的过程就是中华文化传播的过程，也是世界文化交流的体现。外语教学的实践表明：教语言想不介绍文化都难，因为语言的"身内身外"都有文化印记。倒是可以说只有掌握汉语才能更好地了解中国文化，因为通过目的语以外的手段所了解的文化总会有些隔膜，甚至难以了解文化的精髓。令人感到担忧的是，随着近年来汉语走向世界步伐的加快，在舆论宣传和导向上，汉语国际推广和国际汉语教学的文化传播功能得到了强势的凸显和较多的宣传，这从文化传播的角度来看既不够策略也不够科学，实际上并不利于中华文化的传播。我们深切地感受到德国、法国、日本等国家都在不遗余力地推广自己的语言。但是，我们似乎听不到"大力弘扬德国文化、向世界推广法国文明、向世界展示日本智慧"这一类的口号，甚至连公然宣称推广其价值观的美国，在语言推广中也将这一目的"低调处理"。

任何民族的语言都凝聚着该民族的历史和文化，传播语言的过程就是润物无声地传播文化的过程。正是看到了这一点，各国都努力推广本民族的语言，并且在语言教学本身花大功夫、下大力气，而不把精力用在宣讲语言教学的文化传播功能上，不用在直白地赞赏自己文化的优势上，而是把精力放在如何通过语言教学来展示和传播文化上。比如由美国新闻总署赞助，美国麦克米伦公司制作的《走遍美国》，采用的"电视影集"式的组织形式，以住在纽约的一家三代人的生活为中心，内容涉及美国各地风土人情、社会生活的许多方面。学习者在美语学习过程中自然而然地了解了美国的社会生活和历史文化。该教材在全球几十个国家发行，深受各国学习者的欢迎。谁又能说这套教材只教了美语而没有传播美国文化呢？

汉语汉字中凝聚和蕴含着中国文化，所以研究汉语汉字中的文化因素、研究语言教学和文化教学的关系、研究语言教学中文化因素教学的原则与方法，乃至强调对外汉语教学中应注重文化现象的介绍和文化因素的揭示等，不仅是应该的，也是必需的，是汉语作为外语教学学科研究和学科建设的应有内涵。(中国对外汉语教学学会等,1995)就教学实践看,离开中国文化这一背景和舞台,汉语教学就成了不可能存在的空中楼阁;不结合相关文化的介绍和说明,许多情况下汉语教学就无法进行。因此,不宜把汉语教学跟中华文化传播看成是手段和目的的关系,更不宜把语言跟文化看成有高低贵贱之别。否则,不仅无助于汉语教学事业的发展和学科的建设,也无助于中国文化的传播。国际汉语教学不论是作为一项事业还是作为一门学科,汉语教学本身都既是手段也是目的,而且是核心性的目的,特别是汉语教学规模的不断扩大和教学质量的不断提高。

在汉语教学和文化传播关系问题上,季羡林(2000)在《我们要奉行"送去主义"》一文中曾明确指出:"我们首先要送去的就是汉语……中华民族的优秀文化大部分保留在汉语言文字中。中华民族古代和现代的智慧,也大部分保留在汉语言文字中。中国人要想弘扬中华民族的优秀文化,外国人要想学习中华民族的优秀文化,都必须首先抓汉语。为了增强中外文化交流,为了加强中外人民的理解和友谊,我们首先必抓汉语。因此,我们要奉行送去主义,首先送出去的也必须是汉语。"季先生在这里说得再明白不过了,强调得再充分不过了,实在不需要我们再说什么了。

四 余言

汉语走向世界是件大好事,不仅对中国来说是这样,对国际间的语言和文化交流事业来说也是如此。国际汉语教学不仅是中国的国家和民族事业,也是一项促进世界和谐发展的国际事业。因此,作为汉语母语国,中国政府及有关部门、学术界特别是对外汉语教学界应为发展国际汉语教学事业做出应有的贡献,以满足世界各国对汉语学习和应用的需求以及了解中国文化的愿望。国际汉语教学事业是一项以汉语作为外语或第二语言教学为依托的特殊事业,离开汉语教学本身的发展,所谓事业的发展就无从谈起。要想使作为事业的汉语国际推广工作能够扎实、深入、持续和快速发展,就必须高度重视和加强汉语作为外语或第二语言教学的学科建设,以便更好地发挥学科对事业发展的支撑和促进功能,而国际汉语教学事业的大发展也正为学科的建设提供了难得的发展机遇和更多、更高的要求。国际汉语教学作为一项事业和作为一门学科发展和建设的历史及其取得的成就表明,二者是一种互为依托、相互促进、相得益彰的关系。基于此，本文陈述了汉语作为外语或第二语言教学学科地位和学科建设方面存在的某些问题和隐忧，我们很希望所谓隐忧不过是个人的杞人忧天和庸人自扰，但又担心不完全如此，故愿意求教于方家。

参考文献

邓守信 2003 作为独立学科的对外汉语教学，中国人民大学对外语言文化学院编《汉语研究与应用》第一辑，中国社会科学出版社。

国家汉办 2002 《高等学校外国留学生汉语言专业教学大纲》，北京语言文化大学出版社。

季羡林 2000 我们要奉行"送去主义"，《对外汉语教学：回眸与思考》，外语教学与研究出版社。

金立鑫 2006 试论汉语国际推广的国家策略和学科策略，《华东师范大学学报》第4期。

教育部高等教育司 1998 《普通高等学校本科专业目录和专业介绍》，高等教育出版社。

李培元 1989 中国对外汉语教学的40年，《世界汉语教学》第3期。

李 泉 2005 《对外汉语教学理论思考》，教育科学出版社。

李 泉（主编）2006 《对外汉语教学学科理论研究》，商务印书馆。

李 泉（主编）2006 《对外汉语教学理论研究》，商务印书馆。

李 泉 2009 关于建立国际汉语教育学科的构想，《世界汉语教学》第3期。

李 杨 1999 《对外汉语本科教育研究》，北京语言文化大学出版社。

林 焘 2005 "世界汉语教学与研究丛书"总序，赵金铭《汉语与对外汉语研究文录》，外语教学与研究出版社。

刘 珣 2001 近20年对外汉语教育学科的理论建设，《世界汉语教学》第1期。

陆俭明 2004 增强学科意识、发展对外汉语教学，《世界汉语教学》第1期。

陆俭明 2009 新中国成立60周年笔谈：以科研引航使汉语教学事业健康地向前发展，《语言文字应用》第3期。

吕必松 1990 《对外汉语教学发展概要》，北京语言学院出版社。

吕必松 1999 对外汉语教学学科理论建设的现状和面临的问题,《语言文字应用》第 4 期。

潘文国 2006 对外汉语教学事业、对外汉语教学(专业)与对外汉语学科,《汉语国际推广论丛》,北京大学出版社。

施光亨(主编) 1994 《对外汉语教学是一门新型的学科》,北京语言学院出版社。

许 琳 2007 汉语国际推广的形势和任务,《世界汉语教学》第 2 期。

张德鑫 2000 对外汉语教学五十年——世纪之交的回眸与思考,《语言文字应用》第 1 期。

张德鑫(主编)2000 《对外汉语教学:回眸与思考》,外语教学与研究出版社。

张德鑫 2001 润物细无声——论对外汉语教学与汉学,《语言文字应用》第 1 期。

张亚军 1990 《对外汉语教法学》,现代出版社。

赵金铭 1989 近十年对外汉语教学研究述评,《语言教学与研究》第 1 期。

赵金铭 1996 对外汉语教学与研究的现状与前瞻,《中国语文》第 6 期。

赵金铭 1997 论汉语作为外语教学中的文化取向,《双语双方言(五)》,汉学出版社。

赵金铭 2001 对外汉语教学研究的基本框架,《世界汉语教学》第 3 期。

赵金铭 2006 从对外汉语教学到汉语国际推广(代序),《对外汉语教学学科理论研究》,商务印书馆。

中国对外汉语教学学会等 1995 对外汉语教学的定性、定位、定量问题座谈会纪要,《世界汉语教学》第 1 期,《语言教学与研究》第 1 期。

(压缩稿载《语言文字应用》2010 年第 2 期。全文收入《第九届国际汉语教学研讨会论文选》,高等教育出版社,2010。此为全文)

国际汉语教学：事业与学科*

提　要　近年来国际汉语教学事业获得了空前发展，然而国际汉语教学界行业内外的一些人士或者忽视学科建设，或者把事业的发展当成学科的发展。本文采用文献回顾法和对比分析法，进一步明确：国际汉语教学既是一项事业也是一门学科，从根本上说二者不是一回事。不能把事业的发展当成学科的发展，应关注学科自身的发展；发展事业的同时不能忽视学科建设。本文认为，国际汉语教学事业是一项以汉语教学为依托、以学科建设成果为支撑的事业；国际汉语教学学科是一门以汉语教学研究为主体、以支撑事业发展为重要建设目标的学科。因此，事业与学科应相互促进，共同发展。

关键词　国际汉语教学　国际汉语教学事业　国际汉语教学学科

一　引言

　　讨论国际汉语教学作为一项事业与作为一门学科的关系，似乎是个很奇怪的问题。因为许多行外人士并不清楚国际汉语教学（对外汉语教学）还是一门学科，他们能理解这是国家的一项事业，但想不出教外国人汉语怎么能跟学科扯上关系。而行业内的一些汉语教师也淡忘了乃至根本就没有注意到"事业跟学科"不是一回事，甚至有专家质疑：为什么要区分国际汉语教学事业与国际汉语教学学科？能分得开吗？讨论这样的问题意义何在？事业发展了不就是学科的发展吗？[①] 对学科与事业之关系的这样一些看法很值得我

---

* 本文初稿曾在教育部人文社会科学重点研究基地、北京语言大学对外汉语中心主办的"汉语应用语言学学科建设与发展高峰论坛"（2012 年 8 月 20 日，北京）上做过主题报告。刘川平教授对本文提出了宝贵的修改意见，特此深致谢意。

① 2012 年 4 月 6 至 7 日在北京举行的一次对外汉语教学学科建设座谈会上，当我们呼吁要注意区分学科跟事业的关系，不要把事业完全等同于学科，不要把事业的发展都看成是学科的发展，不要有意无意地把学科事业化时，就有专家发出这样的质疑。（本次会议"纪要"见北京语言大学对外汉语研究中心，2012）

们深思，也正说明了探讨这一问题的必要性和迫切性，特别是考虑到近些年来学科发展和建设明显滞后于国际汉语教学事业快速发展的现实。

我们认为，把国际汉语教学事业与学科看作是一回事，不仅对学科自身的发展很不利，对事业的持续和深入发展也不利。因此，在关注国际汉语教学事业不断发展的同时，更应关注学科的发展现状、发展方向与自身建设问题，尤其要思考在近些年来海内外汉语教学事业取得可喜成绩的同时，学科地位是更加确立了、更加突出了、更加被学术界乃至社会公众认可了，还是仍旧"原地踏步走"，乃至被逐步淡忘了、边缘化了？同时我们也需要盘点近些年来学科自身建设取得了哪些重要的成果，与事业发展的适应程度如何？事业的发展为学科的理论研究提出了哪些重要课题？学科的发展和建设如何更好地服务于世界范围内丰富多彩的汉语教学实践？等等。

限于篇幅等因素，本文主要讨论：从实然层面上看"国际汉语教学"的双重属性；从历时层面上看事业与学科的先后关系；从本质上看事业与学科的主要区别；从应然层面上看事业与学科的相互促进。我们认为，国际汉语教学作为一项事业不同于作为一门学科；事业的发展无法替代学科自身的发展，不能将学科事业化；发展事业不应忽视学科的建设，不能把学科边缘化；应加强学科自身的发展和建设，同时学科的建设也应着眼和服务于事业发展的需要；事业和学科应相互促进，共同发展。

二　既是事业又是学科

从实然层面上看，在当今中国的语境下，"国际汉语教学"（包括"对外汉语教学"）这一概念的所指具有双重属性，既指一门学科，也指一项事业。其中，"对外汉语教学"的说法至少在 1983 年成立的全国性学术团体"中国教育学会对外汉语教学研究会"中就正式提出了，并广泛使用至今；"国际汉语教学"的说法至少在 1985 年召开的第一届国际汉语教学讨论会中就已经出现了，但较为广泛使用这一说法却是近些年。

作为一项事业，它始于新中国成立后的 20 世纪 50 年代初。由于当时国际政治格局正处于冷战时期，整个 20 世纪 50、60 乃至 70 年代，对外国人的汉语教学都服务和服从于国家对外交流与合作的需要，是国家对外交往的一个组成部分，对外汉语教学工作甚至被看作是外事或准外事。比如，从

20世纪50年代向友好国家外派汉语教师，60年代成立专门的教学机构、培养和储备对外汉语师资，70年代恢复因"文革"而停办的对外汉语教学，到80、90年代随着改革开放政策的实施和深化而广泛发展对外汉语教学（吕必松，1990；张德鑫，2000），进入新世纪以来，随着海外对汉语教学需求的不断增多，特别是中国文化"走出去"战略的实施（杨力英，2009），以及2002年开始每年一届的世界大学生"汉语桥"大赛、2003年在国内设立国家对外汉语教学基地及中美合作启动AP中文项目、2004年开始在海外设立孔子学院、2005年召开第一届世界汉语大会、2006年首届孔子学院大会召开、2007年成立孔子学院总部（国家汉办，2002、2003"年鉴"；许琳，2007；崔希亮，2010），等等。海内外汉语教学事业获得了空前的发展和繁荣，并产生了广泛的社会和国际影响。这一切从国家和政府有关部门以及社会大众和媒体舆论的层面来看，都是把对外汉语教学当作事业，至少主要不是当作学科来看待的。如今对外汉语教学虽然已经去掉了"政治色彩"，淡化了"外事角色"，逐步转向汉语教育的国际化、汉语教学的教育化、汉语学习的大众化，但仍被看作是一项国家和民族的事业，仍是国家对外开放大格局中的一个组成部分，并被视为中国文化"走出去"的一个依托和表现，被视为发展中国软实力的一项规模化、持续性的系统工程。回顾历史，我们可以看到，"对外汉语教学的每一步发展，都跟国家的发展、国际风云的变幻以及我国和世界的交流与合作息息相关。"（赵金铭，2006）

作为一门学科，"国际汉语教学"泛指海内外把汉语作为外语或第二语言的教学，而以往习惯所说的"对外汉语教学"亦指汉语作为外语或第二语言教学，这两个概念只是所指范围不尽相同而已。[①] 对外汉语教学主要指的是在目的语环境下的汉语作为第二语言的教学，但在这一概念下所讨论的问题也涉及海外的汉语作为外语的教学；近年来，较多使用的国际汉语教学，更多侧重的是海外非目的语环境下汉语作为外语的教学，但在这一概念下所讨论的问题也涉及国内的汉语作为第二语言的教学。简言之，对外汉语教学主要着眼于在中国开展的汉语作为第二语言的教学，国际汉语教学主要着眼于在世界范围内开展的汉语作为外语的教学。实际上，这两个概念都是基于

[①] 基于这样的理解和认识，本文不刻意区别二者的不同（参见正文下文）。不过，关于学科的名称及国际汉语教学与对外汉语教学的内涵与所指，学界一直有不同看法，如本文参考文献中，中国对外汉语教学学会（1995），潘文国（2006），崔希亮（2010），北京语言大学对外汉语研究中心（2012）等。

中国的话语立场，并且二者的学科内涵及学科属性是相同的，差别主要是汉语教学（学习）的语言环境、文化环境和社会环境不同，以及学时、学制等某些具体的问题，因此，海内外汉语教学在本质上是一致的。（李泉，2009）

国际汉语教学是一项事业，也是一门学科，这是中国的汉语作为外语或第二语言教学的一个重大特点。[①]并且在业界也具有广泛的共识，只是对二者的区别重视、探讨不够，在相关问题的讨论及文献中（也包括一些人的观念中）往往有意无意地将二者混为一谈。而教育主管部门（包括一些高校）对国际汉语教学"既是一项事业，也是一门学科"这一双重属性的认识尚未形成广泛的共识，主要是对其学科属性认识不足，甚至不愿承认其学科地位。遗憾的是，迄今业内还有许多人没有注意到国际汉语教学这种双重属性，把事业跟学科当成一回事，把诸如汉语教学规模的扩大、学汉语人数的增多、汉语教学和研究基地的设立、海外孔子学院（孔子课堂）的增加、汉语教材数量的增长、外派教师和志愿者的增多等事业的发展，也都看成是学科的发展，而忽略了对学科本身的关注。"规模的扩大、数量的增多"等无疑是令人鼓舞的，但这主要是事业发展的标志，并不属于学科自身建设的成就，也"不能使教学和科研水平有突破性的提高"（林焘，2005）；事业的发展可以为学科的发展提供某些机遇和课题，但这需要探讨其中跟学科建设相关的问题并加以深入研究，形成诸如有助于课堂教学质量、教材编写质量、教师教学能力提高的科研成果，才能成为学科建设的成果。而目前业界对事业发展的这种"跟进"意识还不够强、科研成果还不够丰厚。

近年来，国际汉语教学事业在中国政府的大力支持下得到了前所未有的发展，学科建设虽然也取得了很大的进展，但总的来看还显得相对滞后，与事业的发展越来越不相称。这种状况不仅对学科自身的发展不利，长远看对事业的持续发展更为不利。这是因为：国际汉语教学事业以汉语（作为外语或第二语言）教学为依托，因此它是一项以学术研究为后盾、以学科建设成果为支撑的特殊事业；国际汉语教学学科是一项伴随事业发展而发展，并应服务于事业发展的学科。因此，关注和发展事业，就不能不关注和发展学

[①] 实际上，别的语言（如英语、法语、德语、西班牙语等）大国在向外传播语言时，也是既把语言教学看作一个学科，也看作一项事业，并且对后者的重视和投入也是不遗余力的。只是中外语言传播的历史与动因、传播的方式与机制、管理的单位及其性质、资金投入的方式与力度等，不尽相同而已。但比较起来看，特别是进入21世纪以来，随着中国综合国力的不断提升，中国汉语传播的步伐明显加快。

科；关注和发展学科，就不能不关注和服务事业的发展。否则，事业便不会得到应有的、持续的、高效的发展，因为不研究和掌握汉语（汉字）的结构和组合规律，不了解和掌握教学规律和习得规律，则无论在何种环境下开展汉语教学，都难以取得应有的教学质量和效果，更谈不上高质高效的教学效果。而不能为事业发展提供理论、方法、模式、标准等学术支撑的学科，不仅会偏离学科的发展方向，也会降低和弱化学科的应用价值。

三　首先是事业，然后是学科

从历时层面看，对外国人的汉语教学，首先是作为一项国家的事业来看待的，因而受到中国政府和国家几代领导人的高度重视，并不断获得发展，这一点学者们有许多相关论述。

例如，李培元（1989）指出："1950年，中国开始与东欧各国交换留学生，当时教育部对这项工作非常重视，决定在清华大学设立'东欧交换生中国语文专修班'，承担对外国学生教授汉语的任务。"这里记述的正是新中国对外汉语教学事业的"起点之事"，而接收外国留学生（同时也外派留学生）是1950年6月25日，由当时的政务院总理周恩来亲自主持会议研究决定的。（程裕祯，2005）又如，吕必松《对外汉语教学发展概要》（1990）一书共三个部分，第一部分就是"对外汉语教学事业的发展"，并将1950年到20世纪70年代末以来的对外汉语教学事业分为"初创、巩固和发展、恢复、蓬勃发展"四个阶段，另两部分是"对外汉语教学法的发展"和"对外汉语教学学科理论的发展"。还如，赵金铭（2006）指出："对外汉语教学的蓬勃发展，一直得到国家的高度重视和大力支持。"再如，崔希亮（2010）指出"对外汉语教学与国际汉语教学事业发展的动因"之一即是"几代领导人都对来华留学生事业的发展十分关心"。[①]

不仅如此，有关部门和领导多次申明：对外汉语教学是国家的事业以及中国政府非常重视这项事业。有关的事件和说法如：1987年7月，国务院批准成立了由7个部委和北京语言学院组成的"国家对外汉语教学领导小

[①] 有关对外汉语教学事业发展情况，详参张道一（1982），李培元（1989），吕必松（1990），张亚军（1990），施光亨（1994），张德鑫（2000），陆俭明（2004），程裕祯（2005），张西平（2009），许嘉璐（2010）等。

组"，以加强对这项工作的领导和协调。1989年5月，国家教委印发的《全国对外汉语教学工作会议纪要》通知明确提出"发展对外汉语教学事业是一项国家和民族的事业"。1990年8月在第三届国际汉语教学讨论会开幕式上，时任国家教委副主任的滕藤指出："中国政府对发展对外汉语教学，历来十分重视，把它看作是一项国家和民族的事业，是对外开放政策的重要组成部分。"（施光亨，1994）可见，对外汉语教学首先是作为一项事业发展起来的，是新中国成立以来最早最重要的对外交流活动之一，其规模和影响伴随国家的发展和对外交往的频密而不断扩大。如今，向世界传播汉语及中国文化已经进一步成为国家对外交流和发展的一项国策性的事业。

其次，才是作为一门学科来看待的。实际上，在对外汉语教学事业发展的同时，前辈学人就开始了科学理论的研究和探索，以回答和解决教学中出现的理论和实际问题。新中国第一篇研究对外汉语教学的学术论文是周祖谟的《教非汉族学生学习汉语的一些问题》（1953）。此后，邓懿发表了《教外国留学生汉语遇到的困难和问题》（1956），王学作等发表了《试论对留学生讲授汉语的几个基本问题》（1957）。他们的研究首次明确：对外国人的汉语教学不同于对汉族学生的母语教学；要根据外国学生的需要来确定教学目标；根据成年人学习汉语的特点进行教学，培养他们实际运用汉语的能力。相关的研究已经涉及对外汉语教学的基本原则、教学目标、教学内容和重点、教学程序和要点、教学方法和教材编写，等等。20世纪50年代的这些研究成果，对当时和后来的对外汉语教学理论研究和教学实践都起到了奠基和引导的作用。此后的60、70年代至少发表了20多篇对外汉语教学研究的文章（吕必松，1990），进一步拓展和深化了学科理论和学科实践的研究。

但是，真正确立学科意识，明确提出对外汉语教学是一门学科，则是在20世纪70年代末以后。主要标志性的事件和代表性的观点如：1978年3月，中国社会科学院召开北京地区语言学科规划座谈会，与会语言学家在把对外汉语教学视为一门学科的问题上取得共识，会后发表的《北京地区语言学科规划座谈会简况》首次明确提出"要把对外国人的汉语教学作为一个专门的学科来研究。应成立专门的机构，培养专门的人才"（《中国语文》1978—1）。1984年9月，著名语言学家王力为《语言教学与研究》创刊五周年题词"对外汉语教学是一门科学"（《语言教学与研究》1984—3）。1984年12月，时任教育部长的何东昌在外国留学生工作会议上指出："多年的事实证明，对外汉语教学已发展成为一门新的学科。"（施光亨，1994）此外，1983年6月，全国性的学术团体"中国教育学会对外汉语教学研究会"（中国对外汉语教学学会的前身）成立；1985年8月，第一届国际汉语教学讨论会（有20个国家和地区的260名代表参会，中外代表各占一半）召开；1987年8月，在第二届国际汉语教学讨论会上成立了国际性的学术团体——世界汉语教学学会（程裕祯，2005），这些都标志着对外汉语教学是一门学科的认识在不断增强、不断明确，从而把对外汉语教学的理论研究提高到学科建设的高度，明确树立了理论研究的学科意识，为学科理论的研究确立了目标，展示了高度。（李泉，2005）并因此，自20世纪80年代以来，对外汉语教学的学科建设获得了空前发展，学科地位不断提升，影响不断扩大。①

实际上，对外汉语教学不仅从它的起始点看，首先是作为国家的一项事业来看待和发展的，其60余年的发展历程主要都是作为一项事业来建设的；其次才是作为一门学科来建设的。并且这"首先"和"其次"不仅是二者发生和发展的先后顺序，更是受重视程度和投入力度上轻重关系的体现。尽管如此，中国政府从一开始就把对外国人的汉语教学当成一项国家的事业来看待，并给予高度重视、支持和投入，确实为学科建设提供了坚实的基础。因为只有事业发展了，学科才能更好地发展，才会更有地位。换言之，本是一门外语或第二语言教学的学科，却能被国家当成一项事业来看待和发展，这不能不说是这门学科的幸运。当然，我们也要思考，这门学科是否因此也得到持续而应有的重视和发展？学科和事业的发展是否相互协调？国际汉语教学大发展的新形势下学科的发展和建设方向如何？

四 事业和学科终究有别

国际汉语教学作为一项事业和作为一门学科，虽然都以汉语教学为依托，并且有些情况下可以说是"一回事"，如国际汉语教育专业硕士学位的

---

① 有关对外汉语教学学科发展情况，详参张道一（1982）、李培元（1989）、吕必松（1990、1999）、张亚军（1990）、施光亨（1994）、李杨（1999）、张德鑫（2000）、刘珣（2000、2004）、赵金铭（1989、1996、2001、2006、2010）、崔永华（1997）、程棠（2000、2004）、邓守信（2003）、陆俭明（2004、2010）、李泉（2005、2006、2009、2010）、李向农等（2011）等。

设立、国际汉语教师的培养和培训、国际汉语能力标准的制定、国际汉语教材的编写，等等，既是事业发展的需要，也是学科建设的需要，但从本质上看，国际汉语教学作为事业与作为学科是"两件事"，不应不加区分地混为一谈。对此，我们做过初步探讨（李泉，2010），不妨择要转述如下并加以补充。

1. 主体者和发展理念不同

国际汉语教学作为一项事业，是以政府及其有关部门为事业实施的主管和主体单位，以海内外的汉语教学机构为依托，组织和协调相关的行业、部门与资源，在世界范围内开展汉语及相关的中国文化教学活动。国际汉语教学事业的发展理念应该是：服务世界各国人民汉语学习需求、满足各国人民了解中国文化的愿望、增进中外彼此间的了解和理解、促进世界多元文化的和谐发展。作为一门学科，它是在政府及相关部门的指导下，以学科的教育主管部门和本行业的学术团体为责任单位，以学术界及海内外专家学者和业界广大同人为学科建设的实施主体，组织和引导业界人士开展汉语教学理论研究。其发展理念应该是：建立和完善汉语教学的学科理论体系，开展汉语及相关文化教学内容和教学方法等的研究，研究和解决海内外汉语教学工作中的理论和实际问题，促进汉语教学质量和效益不断提高，推进汉语教学事业不断发展。

2. 出发点和参照系不同

国际汉语教学作为一项事业，是从国家对外发展的战略高度，从提升民族语言和文化国际影响力的角度，甚至把它看作是"国家和全民族伟大复兴事业的重要组成部分"（许琳，2006），来规划和发展这项事业；宜参照英语、德语、法语、西班牙语等国家推广语言的经验和做法，来探索和创新汉语传播的机制与途径。作为一门学科，其基本出发点是遵循汉语汉字的规律和第二语言教学的规律，科学而高效地教外国人学习和掌握汉语；应借鉴国际通行的以及不断发展的语言教学理论与方法，来探索和创新汉语的教学规律、教学模式和教学方法。

3. 基本目标和所属范畴不同

作为一项事业，谋划的是汉语国际推广的战略布局和可持续发展的途径，目的是让更多的人走近汉语、学习汉语，进而了解和理解中国，感受和理解中华文化，从而为国家和平发展创造一个和谐的外部环境，为中华文化走出去铺就一个宽广的平台。因此，应纳入国家对外发展的战略格局之中，是国家外交、外宣和文化传播事业的组成部分。作为一门学科，谋划的是汉语作为外语或第二语言教学学科理论的构架和内涵构成，目标是建设一个科学完善、符合汉语特点和教学规律的学科体系，其研究重点是汉语要素的结构和组合规律以及汉语要素和汉语技能的教学模式与方法，从而让学习者更快更好地掌握汉语。因此，学科的建设和研究当纳入国家教育体系及其科学研究范畴之中，其有关语言教学和习得研究等的研究成果归属于国际第二语言教学的学科范畴。

4. 发展路径和建设手段不同

事业的发展不但要有明确的目标，更要有相当的规模和人力、物力、财力的投入。因此，可以采取多种方式和手段，可以"千方百计、千军万马"，以便把事业做强做大。学科的建设不但要有明确的目标，更要有学术研究、学术成果的积累和体现。因此，应采取学术研究的手段以及培养专业人才等措施，应当走学术化、专业化之路，这是任何学科建设和发展的基本路径。汉语作为外语教学是一门科学、是一门学问，需要进行语言要素的本体研究和教学研究，需要进行教学理论、教学方法、习得理论、测试理论、教材编写等专业研究，需要培养有专门知识和教学能力的专业师资队伍。因此，可以"千方百计"，但不可能是不讲究学术化和专业化的"千军万马"。

5. 实际追求和发展标志不同

事业所追求的往往是规模、数量、影响和可持续性，就国际汉语教学事业来讲，还要考虑汉语传播的合理布局和重点区域建设，以服务于国家对外交流和发展的大局。要研究和考虑的主要是汉语传播的机制、体制、途径、政策和措施，以及人力、物力和财力的争取与调配等。事业发展的主要标志是：世界范围内汉语教学机构和教学规模的扩大、学汉语和用汉语人数的增加、汉语及中华文化影响力的增强，以及通过汉语及中华文化的传播能够让各国人民更好地了解和理解中国，增进中外人民的文化交流和友好感情。学科的发展和建设首先以学术研究为基础，追求的是对学科各领域研究的充分和深入，以满足教学的需要。学科发展的主要标志是：学科理论体系的构建和不断完善，教学体系及学历层次的不断完善，汉语结构规律、组合规律和应用规律研究以及汉语教学规律和习得规律研究的不断深入，汉语教学模式和教学方法的多样化与有效性，各类教学大纲、教学标准、评估标准等的制定与完善，以及关注和引领学科理论研究和教学实践中重大问题和热点问题的探讨等内涵性的课题，以适应和推进世界范围内科学、高效地开展汉语教学。

综上可见，尽管某些情况下事业的发展和学科的建设非但不矛盾，甚至也可以说就是一回事，但是，从全面和本质上看，二者归根结底不是一回事，它们有各自的主体者（责任者）和发展理念、出发点与参照系、基本目标和所属范畴、发展路径和建设手段、实际追求和发展标志。将二者区别开来不仅是客观的，也是合理与必要的。简言之，事业和学科各有自己的发展宗旨、发展手段和呈现形态等，亦即事业有事业的发展规律，学科有学科的发展规律，从根本上说，二者不是一回事。这就启示我们，不能把事业的发展等同于学科的发展，事业的发展也不能替代学科的发展；学科的发展虽然广泛意义上说也是一种事业的发展，但本质上是学术的发展、理论体系的完整、研究成果的积累及其应用价值的不断提升，它同样不能等同和替代事业的发展。

五　事业和学科应相互促进

国际汉语教学事业与国际汉语教学学科之间不仅存在着诸多方面本质上的差异，也有着诸多方面天然性的联系。因为二者都是以汉语教学为基础和平台，前者着力拓展和满足世界范围内学习汉语和汉语教学的需求，更加关注学习汉语的人数、规模和影响的扩大；后者着力研究汉语本身及汉语教学的规律，更加关注对教学内容和教学方法及相关问题的学术研究。二者都应关注汉语教学的质量和水平，但提高教学质量和水平主要靠学术研究和学科建设来实现。进一步说，国际汉语教学事业不是一项单纯的事业，而是一项以汉语教学为依托、以学科建设成果为支撑的事业；国际汉语教学学科也不是一门单纯的学科，而是一门以汉语教学为主体、以对教学内容和方法及相关的理论与实践问题的研究成果为依托、以支持事业发展为重要建设目标的学科。国际汉语教学事业与学科所分别具有的这样一些特性及其内在联系，要求我们在发展事业的同时不能忽视学科建设，学科建设也应为事业的发展服务。

脱离汉语教学，事业便难以甚至无从开展，而开展汉语教学便离不开学术研究及其学科建设成果的支撑，即所谓事业的发展离不开学科的支撑。例如，从外语或第二语言教学的两大基本问题"教什么"和"怎么教"来看，便可以引出许许多多相关的问题，如教什么内容？教什么人？语言要素（语音、词汇、语法及相关要素——汉字）怎么教？语言技能（听、说、读、写）怎么教？成人怎么教？儿童怎么教？等等。回答这些问题也许不一定很难，但是，把这些问题交织起来并具体化，再问一问为什么，进而要求高质量、高效益地教和学，那么问题就不会是那么简单了，其中必然涉及理论、理据等学术性的问题。而所涉及的学术问题需要学术研究来解决，这就必然跟学科研究挂上钩。举个具体的例子来看，回答教什么的问题并不难：教汉语；回答教什么样的汉语也不难：教地道的汉语（什么是地道的汉语本身就值得研究）。那么用于回答对方夸赞的"（瞧你说的）哪儿的话"算不算地道的汉语？为什么？教材编写要不要教这样的话语套子？何时教？怎么教？如何解释这句话的含义和用法？如何确保所做出的语义解释和用法说明是正确和有效的？异文化学习者会如何认知这一语句？能否恰当地使用（抑或是仅限于理解而不用）？如此等等的问题，无论是做出肯定或否定的回答，亦无论做出什么样的诠释，其所需要的知识、理论、理据等，不仅超出了这一例子本身，也超出了教材的范畴，而需要运用更多的外语教学、语言学、教育学、文化学、跨文化交际等方面的知识和理论来阐释与回答。（李泉，2013）这足以说明，没有科学理论（包括语言学、教育学、心理学、文化学等学科理论基础）研究成果的支撑，事业所依托的平台——汉语教学便难以开展，至少无法进行科学、有序、高效的汉语教学工作。

学科的发展虽然有其自身的目标、内涵、参照系、研究重点等，但无疑应关注事业发展，解决和回答事业发展所遇到的理论和实践问题，也即学科的研究和建设要适应和服务于事业的发展，同时事业的发展也为学科的发展提供了机遇、挑战和发展空间。例如，学科研究的核心内容之一是面向教学需要而开展的汉语、汉字的本体研究以及教学应用研究，如大量的一词、一语、一个格式、一个句式的研究以及相关成分和语言现象的对比研究成果，便可以为科学、有效的汉语教学提供直接的帮助。不仅如此，学科的研究更应随着事业的发展而积极主动地提出重大的理论研究课题，更新和丰富学科研究和建设的内容，为事业的发展提供学术和理论支撑。比如，随着近些年来国家汉语教学事业发展战略和工作重心更多地转向海外汉语教学，以及面对汉语走向世界的国际化进程的加快,而应开阔视野、拓展学科研究范围和领域,将学科建设的重心由主要面向国内的对外汉语教学转为兼顾海内外特别是海外的汉语教学,从而建立一个涵盖海内外汉语教学的国际汉语教育大学科,以探讨海内外汉语教学的共性和个性,研究和解决海内外汉语教学所共同面对的问题和各自的具体问题(李泉,2009),这样才能更好地适应和支撑国际汉语教学事业发展的需要。

综上所述,从事业与学科的应然层面上不难看出,二者应该是一种相互促进、相得益彰的关系。国内对外汉语教学几十年的发展历史也充分表明:事业的发展推动和促进了学科的建设,而学科的发展也支撑和深化了事业的发展。换言之,事业与学科合则兼美、分则两伤,亦即相互兼顾则互助互益、共同发展,相互脱离则一损俱损、共同受损。因此,事业和学科的发展不能偏废,而应走"合作双赢""共同富裕"之路。

六 小结与余言

本文的讨论和分析希望能进一步印证和说明:国际汉语教学(对外汉语教学)既指一项事业也指一门学科;其发生、发展和确立以及受到重视的程度均为"首先是一项事业,然后才是一门学科",这两点其实不是我们的新观点而是事实。提出来并加以讨论是针对近年来不仅是政府有关部门及学术界,而且在汉语教学和研究的行业内也有不少人忽略或混淆事业与学科的区别,把事业的发展简单地看成是学科的发展,这不仅对学科的建设和地位的进一步确立与提升不利,对事业的发展也没有任何益处(反而是不利的)。在此基础上,进一步提出和论述事业与学科不是一回事,它们各有自己的发展宗旨、所属范畴、发展途径与手段、发展的内涵与呈现形态等,并认为二者之间的种种差别是客观、合理和必要的,意在呼吁应关注事业与学科自身的发展特点和发展规律,特别是站在学科的立场上,应更加关注学科自身的发展和建设。但是,强调事业与学科有差别,并不是主张把二者完全对立、彻底隔绝开来,使之井水不犯河水。恰恰相反,我们在呼吁应注意事业与学科的不同以及应该遵循各自的发展方向、发展手段、发展形态、发展内涵等的同时,更强调二者应相互照应、相互关联、相互协调、相互促进,从而形成相辅相成、相得益彰、并驾齐驱、共同发展的优佳状态。否则,相互脱离、互不照应，则将一损俱损。

国际汉语教学作为一项事业它可以承担或具有多种功能，如通过开展汉语教学，不仅可以满足各国朋友学习汉语的愿望和需求，还可以增进各国人民对中国、中国人民和中国文化的了解和理解，甚至还可以起到加强中国与世界各国的友好关系、促进世界多元文化的发展与和谐世界的构建等作用。然而必须认识到，事业亦有事业的发展规律，这就是事业的发展和多种功能的实现都不能脱离"汉语教学"这一基本的也是核心的工作，脱离和淡化这一平台，则国际汉语教学事业或者无所依托，或者过于走向"文化化"或"功能扩张化"，长久看都不利于这一事业的发展。换言之，国际汉语教学事业的功能应通过汉语教学及相关的文化教学来实现，它所能承担的功能都应是汉语教学功能的合理与有效延伸。

国际汉语教学作为一门学科的地位却始终未能得到"事业般"广泛地理解和认可，还存在对学科地位的"偏见"之忧、对学科管理的"归属"之忧、对非学历教育的学科"认同"之忧、对学科作用的"弱化"之忧、舆论导向对学科的"矮化"之忧。（李泉，2010）各界对学科的重视和认可程度远不如对事业的重视和认可程度，对学科的建设力度远不如对事业的投入力度，这虽然在相当程度上说也是可以理解的，因为不能要求政府部门和社会各界对一门学科能给予超常的重视和投入，但是，不重视学科的后果也是不难想象的，因为这是一项需要有也应该有学术研究和学科建设成果来支撑的事业。不可理解的是，具体教学单位的领导和从业教师也缺乏学科和学科建设的意识。陆俭明（2004）通过实地考察和座谈，"发现对外汉语教学领域更为突出的问题是，多数学校，负责对外汉语教学工作的领导和从事对外汉语教学的教师，学科意识普遍不强，不注重对外汉语教学学科的理论建设和整体建设；不注意整合各不同学科的力量来为建设对外汉语教学学科服务。"

而更令人感到隐忧的是，尽管近些年来学科研究也取得了不少很好的成果，不仅数量不断增加，研究的领域和视角也有所突破，但总的看来，业界从业人员特别是国内的对外汉语教学界似乎缺乏了二十世纪八九十年代那样一种建立学科和争取学科地位的"心劲儿"：学科建设的热情有所冷却，甚至在观念上淡化了学科意识；缺乏学术研究的热点问题和重大问题的讨论和争鸣；学科建设缺乏权威部门或权威学术机构的规划与指导，学术研究呈现无为而治的状态；甚至连前辈们辛辛苦苦、好不容易成立起来的学术团体，其学术活动也大为减少，比如中国对外汉语教学学会就有十余年未曾组织过任何学术活动，地区性的对外汉语教学分会也随之销声匿迹，这与事业发展和学科自身的发展都极不相称。如此等等令人担忧的状况，应该引起有关部门和业界同人高度重视，增强对学科建设的危机感和紧迫感。

参考文献

北京语言大学对外汉语研究中心 2012 新形势下对外汉语教学学科建设与发展座谈会纪要，《世界汉语教学》第3期。
程　棠 2000 《对外汉语教学目的原则方法》，华语教学出版社。
程　棠 2004 对外汉语教学学科发展说略，《汉语学习》第6期。
程裕祯（主编）2005 《新中国对外汉语教学发展史》，北京大学出版社。
崔希亮 2010 对外汉语教学与汉语国际教育的发展与展望，《语言文字应用》第2期。
崔永华 1997 对外汉语教学学科概说，崔永华《对外汉语教学的教学研究》，外语教学与研究出版社，2005。
邓守信 2003 作为独立学科的对外汉语教学，《汉语研究与应用》第一辑，中国社会科学出版社。
邓　懿 1956 教外国留学生汉语遇到的困难和问题，《现代汉语规范问题学术会议文件汇编》，科学出版社。
国家汉办 2002 《国家汉办2002年鉴》，中国国家对外汉语教学领导小组办公室编印（内部资料）。
国家汉办 2003 《国家汉办2003年鉴》，中国国家对外汉语教学领导小组办公室编印（内部资料）。
李培元 1989 中国对外汉语教学的40年，《世界汉语教学》第3期。
李　泉 2005 《对外汉语教学理论思考》，教育科学出版社。
李　泉（主编）2006 《对外汉语教学学科理论研究》，商务印书馆。
李　泉 2009 关于建立国际汉语教育学科的构想，《世界汉语教学》第3期。
李　泉 2010 国际汉语教学学科建设若干问题，《第九届国际汉语教学研讨会论文选》，高等教育出版社。
李　泉 2013 汉语教材编写的根本问题探讨，《国际汉语教育研究》(第2辑)，高等教育出版社。

李向农、贾益民 2011 对外汉语与汉语国际教育：专业与学科之辨，《湖北大学学报》第 4 期。

李　杨 1999 《对外汉语本科教育研究》，北京语言文化大学出版社。

林　焘 2005 "世界汉语教学与研究丛书"总序，陆俭明《作为第二语言的汉语本体研究》，外语教学与研究出版社。

刘　珣 2000 近 20 年对外汉语教育学科的理论建设，《世界汉语教学》第 1 期。

刘　珣 2000 《对外汉语教育学引论》，北京语言文化大学出版社。

刘　珣 2004 汉语教学大发展形势下学科建设的断想，《汉语研究与应用》第二辑，中国社会科学出版社。

陆俭明 2004 增强学科意识、发展对外汉语教学，《世界汉语教学》第 1 期。

陆俭明 2010 在第九届国际汉语教学研讨会开幕式上的讲话，《第九届国际汉语教学研讨会论文选》，高等教育出版社。

吕必松 1990 《对外汉语教学发展概要》，北京语言学院出版社。

吕必松 1999 对外汉语教学学科理论建设的现状和面临的问题，《语言文字应用》第 4 期。

潘文国 2006 对外汉语教学事业、对外汉语教学（专业）与对外汉语学科，《汉语国际推广论丛》，北京大学出版社。

施光亨（主编）1994 《对外汉语教学是一门新型的学科》，北京语言学院出版社。

王学作、柯炳生 1957 试论对留学生讲授汉语的几个基本问题，《教学与研究》第 2 期。

许嘉璐 2010 在第九届国际汉语教学研讨会开幕式上的讲话，《第九届国际汉语教学研讨会论文选》，高等教育出版社。

许　琳 2006 汉语加快走向世界是件大好事，《语言文字应用》增刊。

许　琳 2007 汉语国际推广的形势和任务，《世界汉语教学》第 2 期。

杨力英 2009 近年来中国文化"走出去"战略研究综述，《探索》第 2 期。

张德鑫 2000 对外汉语教学五十年——世纪之交的回眸与思考，《语言文字应用》第 1 期。

张道一 1982 新中国对外国人进行汉语教学的三十二年，《语言教学与研究》第 3 期。

张西平（主编）2009 《世界汉语教育史》，商务印书馆。
张亚军 1990 《对外汉语教法学》，现代出版社。
赵金铭 1989 近十年对外汉语教学研究述评，《语言教学与研究》第1期。
赵金铭 1996 对外汉语教学与研究的现状与前瞻，《中国语文》第6期。
赵金铭 2001 对外汉语教学研究的基本框架，《世界汉语教学》第3期。
赵金铭 2006 从对外汉语教学到汉语国际推广（代序），李泉主编《对外汉语教学学科理论研究》，商务印书馆。
赵金铭 2010 对外汉语教学法回视与再认识，《世界汉语教学》第2期。
中国对外汉语教学学会 1995 对外汉语教学的定性、定位、定量问题座谈会纪要，《世界汉语教学》第1期，《语言教学与研究》第1期。
周祖谟 1953 教非汉族学生学习汉语的一些问题，《中国语文》第7期。

（载大连外国语大学主办《语言教育》创刊号，2013年第1期）

关于建立国际汉语教育学科的构想*

提　要　本文主张在国际汉语教学大发展的新形势下，海内外同人应抓住机遇，携手共建国际汉语教育学科。建立国际汉语教育学科的必要性，缘于国际汉语教学事业的发展和汉语作为外语教学学科自身发展的需要。汉语作为外语教学实践的深入和发展，学科建设既有的成果和经验，海内外现有的学术交流管道和平台等，为建立国际汉语教育学科提供了可能。探讨海内和海外汉语教学的共性和个性问题是构建国际汉语教育学科的基本着眼点，解决"汉语难学"和"汉字难学"的问题是构建国际汉语教育学科的核心目标。文章初步拟构了国际汉语教育学科研究的基本内容。

关键词　语言教育　学科建设　汉语作为外语或第二语言教学　国际汉语教育

一　引言

1.1　汉语作为外语或第二语言教学（下文统称汉语作为外语教学）的学科建设历时已近半个世纪，海内外几代教师为之辛苦努力积累了丰富的经验和可喜的成果，特别是最近二十年，这一领域在世界各地已取得了"一些相当令人振奋的成果"（邓守信，2003：3）。近年来更有不少国家把中文教学纳入国民教育的主流体系，而国内有关部门也积极为与"对外汉语教

---

* 本文曾在第九届国际汉语教学讨论会（北京，2008年12月15—17日）上宣读，并获大会颁发的"创新论文奖"。感谢业师赵金铭教授和前辈姜明宝教授对本文的指点。感谢匿名审稿专家和《世界汉语教学》编辑部的修改意见。

学"有关的专业在相关教育层级上落户。① 因此，本文所说的建立国际汉语教育学科并非要证明汉语作为外语教学是一门学科，因为它跟英语、法语等作为外语教学一样本身就是一门应用学科（当然实际情况并不如此简单），也不是要从零开始去新建一个学科，因为近几十年来海内外汉语作为外语教学，在教学理论、习得理论、教学模式、语言要素教学研究以及教材编写、评估测评等各个方面都取得了可喜的成果。但是，以往海内和海外以及海外不同区域、不同国别，在教学设计与安排、教学目标与要求等方面，在研究的动机、目标、视角、重点等方面，虽然也有不少交流、合作与彼此借鉴，但多数情况还是"各自为战""各说各话""各行其是"，这种状况的形成既有历史的原因，也有本身合理的因素，然而这种局面已不适应当今世界各地汉语教学快速发展的形势需要，不利于学术合力的形成和学术资源的整合，更不利于学科的发展和建设，应尽快加以改变和改善。

1.2 本文的主旨在于呼吁海内外同人，在全球汉语不断升温，学汉语人数和层次广为增多的大背景下，抓住这千载难逢的机遇，树立国际汉语教育的大学科意识，在现有汉语作为外语教学理论和实践的基础上，联合相关领域及其学术力量，积极探讨海内外以及海外不同区域、不同国别之间汉语教学的共性和个性，以解决我们面临的共同问题和各自的具体问题，并结合教学实践的不断发展进一步拓展新的研究领域，从而逐步建立起基于国际视野的跨学科、跨区域的汉语作为外语教学的国际性学科，以适应、支撑和促进国际汉语教学事业的发展。这个学科可暂名为国际汉语教育（Interational Chinese Language Education）。国际汉语教育与国际汉语教学两种说法并没有本质上的区别，本文不刻意区分二者的不同，不过用"国际汉语教育"作

---

① 除早已有之的属于汉语作为外语教学的学历教育，如招收外国留学生的"汉语言"（代码为 050102）专业本科生，以及招收中国学生的"对外汉语"（代码为 050103）专业以外，2007 年，国务院学位办批准设立"汉语国际教育硕士（MTCSOL）专业学位研究生"教育，同年全国有 24 所高校试点招生；2008 年，教育部高校学生司决定设立"汉语国际教育硕士"专业学位，作为文学门类中国语言文学一级学科下的一个二级学科单独设置（代码为 050180），通过全国硕士生统一入学考试招生，2009 年有 24 所院校试点招生。2009 年，教育部决定设立以招收应届本科生为主的"全日制汉语国际教育硕士专业学位研究生"教育。"汉语国际教育硕士"专业进入二级学科以及招收全日制汉语国际教育硕士专业学位研究生，不仅标明其在国家教育体系中的学科地位，也进一步拓展和丰富了与汉语作为外语教学相关的学科设置。

为学科的名称可能更顺当一些。①

1.3 建立国际汉语教育学科的根本目的是为了更好地开展汉语作为外语教学的理论研究和资源建设；更好地研究和解决海内外汉语教学理论和实践中遇到的各种问题，探求汉语作为外语教学的规律；更好地促进海内外汉语教学更加有序、规范与高效，提升汉语作为外语教学的国际影响、学术影响和学科地位；更好地适应、支撑和促进国际汉语教学的持续发展，推进汉语的国际化进程。因此，海内外汉语作为外语教学界应在已有学术交流与合作研究的基础上，进一步增强全球视野下的学科意识，扩大交流的广度和深度，加大合作的力度和水平，以图共建、共享、共荣国际汉语教育学科。事实上，这不仅是海内外相关学术界和政府主管部门当务之急的一项工作，更应该成为汉语作为外语教学国际化、本土化、主流化与常态化的一项重要的、长远的发展战略。

二 建立国际汉语教育学科的必要性

2.1 建立国际汉语教育学科的必要性，首先来自世界范围内学习汉语和想学汉语的人数急剧增加的现实要求，来自应对数百万、数千万以至更多的海外汉语学习者的教学需求。作为汉语的母语国，我们应当积极面对这种现实，由过去主要关注来华留学生的教学转变为更多地关注海外的汉语教学，并建立起一个兼顾海内外汉语教学实践的国际汉语教育学科，更好地适应和促进世界汉语教学这一"国际事业"持续和快速发展。

随着全球经济一体化、政治多极化、文化多元化趋势的发展，以及近

---

① 不仅如此，本文倾向用"国际汉语教育"指称基于国际视野来构建的以汉语作为外语教学为核心的"大学科"，也意在与国内现有的、定位准确的各类与"对外汉语教学"相关的专业区别开来。因为除了招收外国留学生的"汉语言"本科专业以外，现有的"对外汉语"本科专业以及近年来设立的"汉语国际教育硕士（MTCSOL）专业学位研究生"教育和"汉语国际教育硕士"专业学位教育，目前都是招收中国学生的专业，其培养目标、教学内容等与对外国人的汉语教学完全不同。这些不同层次和不同类型的专业教育主要培养"从事汉语国际推广工作，胜任多种教学任务的高层次、应用型专门人才"，显然与教授外国人汉语的"对外汉语教学"的培养对象、培养目标、教学内容与教学方法等有本质上的不同。可是毫无疑问这些专业又是与"对外汉语教学"密切相关的，因此可以将它们纳入本文所谓的以世界范围内的汉语教学为主体而构建的"国际汉语教育"大学科之中，可考虑归入其中的"海内外师资培养与教师发展研究"这一分支领域。这也正是所谓大学科之"大"的因素之一。

三十年中国经济和社会的持续发展，国际社会对中国给予了普遍的关注，这其中就包括对汉语和中国文化的关注，不仅是关注，更是需求。事实也表明，汉语和中国文化的国际价值日益凸显。汉语从来没有像今天这样受到国际社会的广泛重视，世界对汉语的需求从来没有像今天这样迫切和强烈。赵国成（2008）指出："虽然现在汉语在国际上地位还不高，但可以说有一定的'汉语热'了。""现在全球不管哪个洲，汉语（教学）都在大发展，这种消息我们每天都能够接到。"许琳（2008）强调，"孔子学院是应世界各国人民对汉语学习的需求，增加各国人民对中国文化的了解，加强教育文化合作交流而建立的。每所孔子学院都是国外大学争着要办，主动向我们提出申请，这种热情挡也挡不住。"

可见，目前遍及全球并日益增长的"汉语热情"，正是来自于各国汉语学习者自身的内在需求，来自于学习者自身对汉语和中国文化的价值判断，根本原因不在于我们的"宣传和销售"，但是，海内外有关部门的大力推动和人力、物力的积极投入则很好地适应和促进了汉语教学在世界范围内的开展。因此，有理由相信，即使现在汉语还没有在全球范围内热起来，但是汉语肯定会热起来，即使现在汉语学习仍属于"需求偏低的语言"，但汉语学习肯定会成为"需求急增的语言"，甚至可以说目前汉语教学已经成为需求急增的语言。我们还可以大胆地相信，汉语有望成为像英语、法语那样普遍教授的热门语言。

面对这样一种汉语教学的现状和发展趋势，作为汉语的母语国，除了政策、措施、人力、物力等方面的投入外，更要"领衔"建设面向海内外的汉语作为外语教学的学科来支撑国际汉语教学的发展。没有强有力的学科支撑，汉语走向世界的步伐就会受到限制。只有研究好汉语的结构规则、组合规则和表达规则，只有结合汉语和汉字的特点，结合不同教学环境、教学对象和教学需求，来研究和探索多种多样的教学模式和教学方法，才能取得高质量、高效益的教学效果，才能加快汉语国际化的进程。（李泉，2007）因此，建立国际汉语教育学科是满足当前和适应未来全球汉语教学发展的一项根本策略。

退一步讲，如果我们不去积极主动地开展学科建设，不去有意识地积累、整合和创造足够丰厚的研究成果,那么国际汉语教学很可能是"无序低效""少慢差费",进而给汉语难学提供"口舌",甚至会贻误这"千年等一回"的汉语教学大发展的良机。建立面向国际汉语教学的学科,便会为汉语汉字和中国文化的教学内容、教学大纲、教材教法、教学模式、评价系统等各方面提供优化的、科学的、足够选择的丰富成果,从而促进国际汉语教学更加"有序有效""多快好省"。英语作为第二语言教学(TESOL)的学科建设,在英语风行世界的一百年来所起的重大作用,也给我们提供了值得借鉴的经验。(刘珣,2004)

2.2 建立国际汉语教育学科的必要性,缘于学汉语人数的大量增加而带来的海内外特别是海外汉语学习的范围、层次和需求增多的现实,缘于海内外特别是海外汉语教学已经并将继续宽范围、多目标、社会化、常态化的趋势。这样一种现状和趋势,促使我们必须借鉴国际流行语言的传播经验,总结海内外汉语教学的理论与实践,结合汉语学习群体、学习需求等的新变化,来建设和完善国际汉语教育学科,从而为海内外各类汉语教学实践顺利而深入地开展提供理论支持和丰富的教学资源。

当今,国外的汉语学习已不同于以往仅限于某些大学少数学生的专业需求、学术研究的需求,越来越多的国外大学生学习汉语是出于求职就业的实用需求,是出于增加更多的机会和竞争能力的需要;而且汉语教学已不限于大学里的精英,有越来越多的国外中小学开设汉语课程;更重要的变化是,汉语学习者已远不限于在校的学生,而是在从事对华经济、贸易、金融、商业、外交、文化、军事等方面交流的各界人士中越来越多的人有了学习汉语的需求和行动,更有越来越多的"平民百姓"出于了解中国和中国文化或仅仅为了满足个人情趣和爱好而走近汉语、接触汉语、学习汉语。如此等等的重要的变化已经充分表明,汉语不仅正加快步伐走进五大洲,而且汉语学习者的群体范围也正在不断扩大,对汉语的需求也正呈现出多样化的趋势,汉语教学不仅有专业型和学术型,更有实用型和大众型,而且有着巨大的发展潜力,特别是后者。海外汉语学习层次的拓展从国家汉办网站(http://www.hanban.edu.cn)2008年10月6日发布的一条消息中可略见一斑:"目前,汉语教学已经渗透到德国基础教育、高等教育和成人教育的各个层次。据不完全统计,德国有十八所大学设有汉学系,五十多所院校开设汉语专业或中国问题研究专业,汉语语言课程在德国大学已相当普及;约有二百所中学开设汉语作为正式课程;一百四十多所成人业余大学也举办各类汉语学习班,供感兴趣的一般民众选修。"可见,海外汉语教学由先前少数精英的学术性、猎奇性需求,转变为实用化、社会化、平民化和多元化需求趋势。因此,海内外同行应革新观念、拓宽视野,站在学科建设的高度来应对这种变化,用科学的研究成果来引导和促进这种变化,将汉语国际化的过程变为学科建设国际化的过程。

2.3 建立国际汉语教育学科的必要性,缘于汉语作为外语教学自身发展的需要。理论上说,任何学科的发展和建设都应与时俱进,不断解决教学实践中出现的各种问题,不断吸收本领域与相关领域的新知识和新成果,从而不断完善学科建设。汉语作为外语教学的学科建设已有几十年的历史,积累了许多成果,但总的来看这门学科还不够成熟,我们对汉语本体规律的认识,对汉语和汉字教学规律与习得规律的把握还很欠缺,成熟的教学模式和经典的各级各类教材还不够多。要应和加快汉语走向世界的步伐,就要加快学科建设的步伐。

令人遗憾的是,迄今为止汉语作为外语教学的学科地位还需要进一步确立,根据我们的观察和感受,整个学科还没有完全被海内外学术界和社会各界广泛理解和接受。跟早已被学术界和国际社会所普遍认可的英语作为外语或第二语言教学所具有的"独立而合法"的学科地位相比,具有同样学科属性的汉语作为外语教学要真正取得"独立而合法"的国际性学科地位,还需要有一个过程,这个过程可能还很漫长而艰难。[①] 其中的原因除了学科本身需要进一步建设、发展和完善外,可能还需要海内外学术界和社会各界克服某些偏识。按理说,承认英语作为外语教学是一门学科,就应承认具有同样属性的汉语作为外语教学也是一门学科,但事实并不完全如此,这在国内外

---

① 邓守信(2003)指出,即使能够成功地证明对外汉语教学是一个独立的学科,我们仍要问:英语作为第二语言教学长久以来一直拥有"合法"的地位,为何同一领域的对外汉语教学的独立却花费了这么长的时间,而还有一段路需要努力?邓先生的质问很值得深思。另请参见44页注。

都有表现。① 偏识一时还难以改变，但我们能够做到的是加强学科自身的建设。学科建设的丰富成果不仅有利于国际汉语教学事业的发展，也有利于纠正某些"国际性的偏见"，学科的发展和强大才是最有说服力的硬道理。

值得反思的是，以往我们研究的重点主要是国内的对外汉语教学，关注的主要是来华留学生的教育和教学问题，教学大纲、测试大纲、教材教法、课程设置、教学模式等，大都是面向国内的汉语教学而形成的，这当然没有错，今后也仍需继续深入开展来华留学生在目的语环境下的汉语教学研究，以满足国内并带动国外汉语教学的发展。但是，我们必须清醒地看到，无论是就目前还是长远来说，来华学汉语的人数永远是少数，海外汉语教学已经成为主战场，汉语的国际化程度主要取决于海外汉语教学的发展程度，取决于海外汉语教学的质量和效益。因此，我们必须增强国际视野，由过去主要关注和研究来华汉语学习者的教育和教学，转向重点关注和研究不同地区、不同母语、不同文化背景、不同学习群体和不同学习需求的海外汉语教育和教学问题，从而兼顾海内外建立国际汉语教育学科。

实际的情况是，海外汉语教学作为一门外语教学的学科其历史并不长，客观上也存在一个学科建设和争取学科地位的问题。从历史上看，国外的汉

---

① 刘珣（1993）曾介绍美国高校和中学汉语教学开课、学生选课、非普遍教授语言的窘困地位、汉语教师的境况、学术界对汉语教学走向及其地位的看法等。文中所说一些情况如今已有很大的改善，但汉语教学在欧美所处的"非普遍教授语言"地位，汉语教学附庸性的学科地位等都还没有根本性的改变。又及，美国《中文教师学会学报》2006年第1期发表普林斯顿大学周质平教授给"从事对外汉语教学的同志们"的信，谈到对海峡两岸和美国汉语教学的隐忧：从20世纪70到80年代中国大陆的对外汉语教学大多隶属"外事"，其着眼点往往是创汇，与学术挂不上钩。这一情况直到今天仍有不同程度存在。至于学科的建立，最近几年来有了显著的改善。许多高校成立对外汉语学院，除培训外国学生汉语外，也培训对外汉语师资。在台湾，目前在繁简字和拼音系统的使用上举棋不定。华语老师在许多高校至今未被"纳编"，还是临时聘雇人员。授课单位的课程规划相当程度上还停留在补习班的阶段。在美国，过去二十几年一直在迎合西方的语言教学理论，而无视汉语内在的特征。中文课大多隶属东亚系，但教师在系里的地位并不高。这与中文教学缺少学术性是分不开的。中文教学在美国高校多少有些"妾身未分明"的尴尬处境，中文教学游走于"学术"与"技能"之间，就学术分量而言依旧是边缘。从事中文教学的人，不在中国文史或语言学上做专精的研究而只在教学法上弄些时髦名词，把教学完全局限在问好、购物、问方向等功能上，这又如何不让人视为"匠人"呢？如始终只能在方法、技能和教学法上兜圈子、玩花样，这又如何提升我们这一行的学术地位呢？显然，周教授指出的一些情况是事实，其思考切中关键，其忠告语重心长，其质疑发人深省，值得我们在学科建设过程中深加思考，也要激励海外同人更加坚定建立和提升国际汉语教育学科的信心和意志。当然，周教授信中提到的某些问题似还可商讨，比如，究竟如何看待学科的研究范围跟教师个人研究领域之间的关系，汉语作为外语教学的学科内涵和外延究竟何在？提升学科与教师的地位究竟靠什么？单纯用传统的文史类"理论性学科"的学识、学问、学术一类的评价标准，来评价属于"应用性学科"的外语教学及其教师的研究成果，其评价标准和评价体系是否完全合适？等等。

语教学"一向是为汉学服务的","学习汉语的目的是为了研读中国古籍,所以有些学校的初级中文教的竟是古代汉语","最近二十年来,随着中国经济的发展,学生们学习汉语的动机,逐渐由学术性和猎奇的心理,转向实用"(周质平,2007:22)。也就是说,海外高校的汉语教学是近二十年来才逐渐由汉学的附庸转向现代汉语作为外语教学的"自主地位",并且绝大多数尚未完全自主,而高校以外(中小学、社会上)的汉语教学也不过是近些年来才逐渐发展起来的。海外的汉语教学,如果没有学科的支撑,不仅教学效果难以保证,也难以取得应有的学科地位,更谈不上进入主流外语教育的行列。

三 建立国际汉语教育学科的可行性

3.1 国际汉语教学的迅速发展、汉语走向世界步伐的加快,为建立国际汉语教育学科提供了极大的可能。海内外尤其是海外学汉语人数的急剧增多,并将继续大量增加,为国际汉语教学理论和实践的深入带来了难得的发展机遇,同时为国际汉语教育学科的建立提供了可能。没有教育实践的大发展和新发展,不仅缺乏学科建立的必要性,也缺乏学科建立的可能性。汉语教学国际化进程的加快,为建立和形成国际汉语教育学科提供了必要的条件。

一般来说,教学理念、教学原则、教学理论、教学模式、教学方法等都来源于对教学实践的总结和提炼,来源于对教学实践的认知和概括,来源于为解决教学实践中出现的各种新情况、新问题而提出的各种理论假说、理论原则和理论模型。可以说,没有教学实践的发展和需求就没有教学理论形成的必要和可能;反之,教学实践的多样化、复杂化和深入化就必然要求有多元化、实用化和系统化的教学理论予以支撑。

当今海外汉语教学实践丰富多彩,不同国别和区域、不同母语和文化背景、不同的教育传统和学习方式、不同的学习目标和需求、不同的教学对象和层次等,对国际汉语教学提出了许多新课题,而汉语教学中如何处理汉语和汉字教学的关系,汉字本身的教学和习得规律,拼音在汉语教学中的作用及如何进一步开发和利用,汉语教学各项通用标准和个性化标准的确立,中国文化内容的取向和选择,中外文化的兼顾和互动,非母语环境下汉语教学的理念、策略和模式构建，教材内容的"中国取向"和"当地化取向"及其兼顾，等等，这些新老问题不仅向我们提出了更多的挑战，也为我们在新形势下构建国际汉语教育学科提供了广泛的研究课题，为学科体系的构建提供了丰富的素材。概而言之，汉语教学的全方位发展，以及由此带来的老问题遇到的新情况和新形势下出现的新问题，不仅对汉语作为外语教学的理论研究提出了新的挑战，同时也为催生国际汉语教育学科提供了可能。

3.2 海内外汉语作为外语教学几十年来在学科建设方面积累下来的宝贵成果和丰富的经验，为国际汉语教育学科的建立和发展提供了坚实的基础。根据我们初步的观察，近三十年来，海内外汉语作为外语教学在各个领域和研究方向上都取得了很大的成绩，泛泛地罗列就有：（1）汉语水平等级大纲，汉字、词汇和语法等级大纲；（2）汉语水平考试大纲及等级认定办法；（3）各类汉语教学大纲、课程大纲、任务大纲；（4）汉语教师能力（资格）考试及认定办法；（5）语音、词汇、语法、汉字的教学和习得及偏误研究；（6）口语、听力、阅读、写作、综合等课程和课型教学研究；（7）汉语书面语和语用习得研究；（8）教学理念、教学原则、教学方法和教学模式等教学理论研究；（9）学科的理论基础和理论体系研究；（10）中国文化教学及中外文化对比研究；（11）商务汉语等特殊用途汉语教学研究；（12）外族儿童汉语、成人汉语以及华裔背景汉语学习者的教学和习得研究；（13）教材编写及理论研究；（14）多媒体及网络汉语教学研究；（15）区域和国别汉语教学研究；（16）短期留华汉语教学研究；（17）汉语教师的素养及师资培养与培训研究；（18）汉语教学历史研究；等等。海内外同人在上述乃至更广泛的领域内所取得的成果，在学科建设和教学实践中积累下来的经验，都将成为建设国际汉语教育学科的坚实基础和宝贵财富。

当然，我们还要看到，以往的研究海内和海外兼顾者少，自管一方者多，共建国际汉语教学大学科的目标还不够明确，资源整合的意图还不够鲜明，海内外合作研究的机制还不够健全，等等。但是，这些现象的存在多为时代的局限所致，实无可厚非。"汉语被世界看好"不过是近十几年特别是最近若干年的事。因此以往的成果无论如何都是值得珍惜和总结的。需要的是在共建汉语国际教育大学科的总目标下，结合国际汉语教学在新形势下的发展和变化，对现有成果加以梳理整合，存优劣汰；并进一步探索新的课题，抓住关键，彰显特色。而无论如何梳理、整合，如何存优、劣汰，如何抓关键、显特色，都应有缘由、有依据、有目标、有章法，事实上这些问题本身就是国际汉语教育学科构建的一系列重要的前提性课题，也是一系列长期性、过程性的课题。

3.3 海内外现有的学术交流管道、学术团体、学术刊物以及汉语网站、电台电视台等，为国际汉语教育大学科的建立、发展和完善提供了良好的学术交流平台、教学和学习平台、信息和资源平台，这些平台已经并将继续发挥不可替代的重要作用。就我们个人所掌握的有限资料和不全面的资讯，就可以罗列如下情况：

（1）自1987年世界汉语教学学会成立以来，已召开九届国际汉语教学讨论会，定期召开的这一遍及全球的大型国际汉语教学讨论会，已成为海内外同人学术交流的主要管道和机制，必将进一步成为建设国际汉语教育大学科的重要平台。

（2）不仅有全球范围内的世界汉语教学学会，更有众多国别和区域性的"汉语教师协会""中文教师协会""中文教学学会"等学术团体，不仅这些学术团体定期举办国别型、区域型和国际型学术研讨会，还有众多定期和不定期召开的"国际汉语教学研讨会"，近年来这类研讨会频次不断增加，很好地促进了海内和海外以及跨区域跨国籍的国际汉语教学的沟通与交流、互动与互补，很好地推动了国际汉语教学的发展和学科建设。

（3）发表国际汉语教学研究成果的专门刊物及相关刊物有：《世界汉语教学》（世界汉语教学学会）、《语言教学与研究》（北京语言大学）、《汉语学习》（延边大学）、《语言文字应用》（中国国家语委）、《海外华文教育》（厦门大学）、《国际汉语教学动态与研究》（北京外国语大学）、《云南师范大学学报对外汉语教学与研究版》（云南师范大学）、《暨南大学华文学院学报》等，还有《华语文教学研究》（台湾世界华语文教育学会）、《语文建设通讯》（香港中国语文学会）、《中文教师学会学报》（美国中文教师学会）、《春》（德语区汉语教学协会）、《中国语教育》（日本中国语教育学会）等。此外，中国大陆一些院校定期和不定期地出版"对外汉语教学研究"书刊和论文集，一些大学学报也发表对外汉语教学研究的论文。毫无疑问，海内外这些有关汉语教学的期刊和书刊已经并将进一步成为国际汉语教育科学建设的重要平台。

（4）海内外已经建立了众多的汉语教学、汉语学习、汉语研究、汉语料库、汉语教学资源等网站。①这些网站在汉语教学和学习以及资源建设方面发挥了不可替代的作用。

（5）此外，中国国际广播电台从20世纪60年代就开始向世界播放学汉语节目，近年来中央电视台有三四个频道每天滚动向全球播放学汉语节目。广播电视已成为汉语国际传播的重要渠道。

3.4 汉语作为外语教学，与其他语言作为外语教学，其本质属性是一样的。因此，借鉴国际上普遍教授的流行语言，如英语、法语、德语、西班牙语等语言作为外语教学的研究成果和学科建设的经验，乃至传播经验，是建设和发展国际汉语教育学科的重要途径。这些普遍教授的语言作为外语教学，在教学理论、教学理念、教学类型、教学法、教材编写、语言习得、评估测试、跨文化交际、网络多媒体教学、师资培训、教师认知研究等各方面都积累了丰硕的成果，是我们发展国际汉语教育可资参考的重要资源。不仅如此，近十年来，欧美在外语教学标准体系建设方面取得的成果，如美国1996/1999年公布的《21世纪外语学习标准》、欧盟2001年公布的《欧洲语言共同参考框架：学习、教学、评估》（王建勤，2008；白乐桑、张丽，2008），这些影响全局的重大成果，既是欧美外语教学理论和实践经验的总结，同时也反映了全球化背景下外语教学的新思潮、新理念，是我们建设和完善国际汉语教育学不能不借鉴的重要资源。

毫无疑问，借鉴欧美外语教学的理论和实践经验，汲取其对我有用的理论、观念、方法等，以提高汉语教学的质量和效益，这应当成为推进汉语国际化和建设国际汉语教育学科坚持不渝的重要策略，而且我们已经这样做了，并且能够进一步做得更好。但是，必须认识到，欧美语言、文化之间存在"亲缘关系"，这些语言之间的"外语教学"，与对这些语言的母语者进行汉语、汉字及中国文化的教学，有着"天然"的差异。这是我们吸收、借鉴这些"普遍教授的语言"教学成果时必须充分认识到的重要前提，而不可一味照搬照抄。

3.5 海内外从事汉语教学及其研究的专家学者和专兼职师资队伍，是国际汉语教育学科建立和发展的人才队伍保障，是学科建设的主力队伍；海内

---

① 例如，《中国语言生活状况报告（2006）》上编，收录中国大陆的相关网站31个，商务印书馆，2007，第392—393页；《国际汉语教学动态与研究》2007年第一辑发布美国北爱荷华大学教授Jim Becker收集到的全美与汉语教学有关的网站184个，外语教学与研究出版社，2007，第97—103页。

外外语学界、汉语学界、语言学界、教育学界、心理学界，特别是海外从事中国哲学、历史、文化、文学等研究的汉学界专家学者，是建立国际汉语教育学科的重要支撑队伍，他们的学术成果是建立和发展国际汉语教育学科的学术资源，特别是汉语语言学、外语教学、语言学、教育学、心理学方面的相关成果，他们的"友情声援"是国际汉语教育获得应有学科地位乃至进入主流外语科学行列的"决定性声音"，特别是海外汉学界的声援。① 当然，要获得"独立和合法""主流和强势"的学科地位，更为根本的还是取决于海内外师资队伍的建设情况，特别是汉语作为外语教学自身的学科建设成就。没有一支强大而实力雄厚的师资队伍，没有足够丰厚而又适合汉语这种"真正外语教学"的教学理论、教学模式、教学成果和各种资源，国际汉语教育就难以取得应有和理想的学科地位。

进一步来说，汉语国际化的程度不单单取决于海外学汉语人数的多寡，以及我们传播力度的大小，同时也取决于有关国家政府主管部门重视和认可的程度，取决于汉语进入有关国家主流教育体系的程度，取决于海内外特别是海外学术界认可的程度，而更为关键的还是取决于国际汉语教学界自身及其与相关学科之间合作研究所取得的成果多寡、水平高低，以及学科建设的成就大小，因为没有学科的跟进和支撑，汉语教学的国际化将会"少慢差费"，汉语应用的国际化将难以"深广久远"。当然，"经济基础决定上层建筑"，汉语的国际化程度最为根本、最为深层的决定性因素还在于中国经济和社会的可持续发展，在于中国文化之国际价值的持续提升。从这个意义上说，汉语教学和汉语应用的国际化程度根本上取决于中国经济、社会、文化的全面发展和综合国力及国际影响力的不断提升。

3.6 令人兴奋的是，海内外汉语教学界及相关领域的专家学者和广大汉语教师有着建设和发展国际汉语教育学科的共同愿望。例如，刘珣（1993）指出，"遍布海外各地的汉语教学是汪洋大海"，"从它们所体现出的教学规律的普遍性方面看，应该说是我们学科研究的主要方面"，"因此我们看问题、研究问题就不能局限在'对外汉语教学'的圈子里，而要有全球的大视野"。十年后，刘珣（2004）进一步强调："我们要以外向型视角全面看待我们的学

---

① 张西平、柳若梅（2006）指出："在海外，汉语国际推广最主要的支持者就是海外汉学家，这是一个基本的事实。如果没有汉学家的支持，汉语的国际推广就会遇到困难。"

科，充分认识我们学科的独特性和综合性，树立很强的学科意识，从而在世界范围内确立我们的学科。"王路江（2003b）指出，"世界经济全球化的图景向我们展示了汉语的国际化趋势，也使'对外汉语教学'向国际汉语教学的转变成为一种日渐明显的趋向。"赵金铭（2005）呼吁，"时至今日，对外汉语教学已不仅指在中国本土上进行的对外国人的汉语教学，还涵盖了所有的汉语作为第二语言/外语的教学。因此，不妨称作世界汉语教学。世界经济全球化的图景，向我们展示了汉语教学国际化的趋势。我们在思想上要具有面向全球的眼光，扩展对外汉语教学的内涵与外延，而着眼于世界汉语教学。""放眼世界汉语教学所面临的新形势，应整合资源，发挥集成优势，突破传统，谋求创新。"美国汉语教学界同行柯传仁、沈禾玲（2003）认为，"汉语教学将是一个国际性的现象，提高汉语教学水平是各国汉语工作者关注的课题。""找出各国汉语学习者在学习中的共性和特殊性，将是一个国际性的课题。这种国际性的课题将需要研究者进行跨地区之间的合作。这种合作不仅仅是个人之间在研究课题上合作，也应该是全球性的在研究策略上的合作。"柯传仁（2006）进一步表示，"从事对外汉语教学的学者们已经在学术研究上取得了可喜的成就，但是研究的数量和覆盖面仍十分有限。""不仅需要国内学者的协作，而且需要综合和利用国际范围内的研究优势和资源。因此，建立一个国际汉语教学研究中心将会十分有助于国际间的合作，为各国学者提供一个可以交流的平台，从而促进研究的深化和繁荣。"此外，王路江（2003a）、陆俭明（2004、2005）、金立鑫（2006）、许琳（2007）等都谈到了加强汉语作为外语教学的学科建设问题。海内外前辈和时贤，基于全球视野的建设学科的愿望，为整合和建立国际汉语教育学科提供了观念上的支持，而这恰是学科建设最需要的原动力。

四　国际汉语教育学科的基本内容构想

4.1　如何构建一个面向世界，兼容海内外的国际汉语教育学科，这个学科的内涵和外延所指为何，其基本构架和基本内容如何，要研究和解决哪些影响全局的重大问题，海内与海外汉语教学的异同何在，如何协调海内与海外以及海外各国之间的汉语教学，如何改变目前海内外以及海外之间教学研究各自为战的倾向，海内外汉语教学的共性和个性分别是什么，汉语教学与

"普遍教授的语言"有何异同，等等，都是我们以往未曾关注或关注不多而又是建立国际汉语教育学科所必须面对的问题。事实上，这些问题很可能就是构建国际汉语教育学科的着眼点和核心问题，因此需要进行广泛调查和深入讨论。限于篇幅和个人认识上的局限，下面就几个我们感觉重要的问题谈点不成熟的看法，意在引玉。

4.2 海内和海外的汉语作为外语教学本质上是一致的，总体上说都应按照外语教学、第二语言教学的规律办事，并且总体上说都是对母语非汉语者进行的培养其汉语口头和书面交际能力的教学，但是海内和海外的汉语教学在许多方面都不同程度地存在着差异，有些差异还相当大甚至无法改变，这是建立和整合国际汉语教育学科必须加以全面考察和科学分析的首要课题。只有把海内和海外汉语教学的共性和个性问题搞清楚了，学科建设才可能有的放矢，才可能更好地加以整合和兼顾。比如，海内和海外汉语教学的不同就可列举如下若干：（1）教学（学习）的语言环境、文化环境和社会环境不同，即在汉语与非汉语环境下、在中国文化与学习者本国文化环境下、身临中国其境与远离中国社会的区别。（2）学制和学时不同，海外的汉语学时均远少于国内。（3）教学目的和教学要求不尽相同，比如海外有些高校的汉语教学是为汉学研究服务的，更加重视汉语书面阅读能力的培养，而国内高校的汉语教学总的要求是听、说、读、写能力全面培养。（4）海内和海外对汉字教学和汉语拼音的使用态度和重视程度不尽相同，海外的汉语教学更加感受到汉字是一道难关，因而有的更加重视汉字的教学研究，而有的则采取"放弃汉字"的做法，相对来说海外更加重视汉语拼音的利用。而国内总体来说对汉字教学重视程度还很不够，这可能是由于教学模式、教学对象等的不同造成的。（5）国外的教育传统以及外语教学的传统和理念与国内不尽相同，国内更加强调发挥教师的作用和以教为主，国外更加强调发挥学习者的作用和以学为主。如此等等，还可以找出一些海内外及海外不同区域不同国别之间，汉语教学的不同之处。

这些不同之处需要在学科建设过程中认真研究，并在制定教学和评估标准、确定教学目标和要求、选择和探索教法、选取和创新教学模式等各方面，力求尽可能地兼顾兼容又能针对不同情况区别对待，尽可能地整合和彰显共性规律又能凸显和尊重个性规律，从而做到可合则合，合则兼美；当分则分，分则两利。实际上，研究和探索海内和海外以及海外不同区域不同国别汉语教学的异同，不仅是构建国际汉语教育学科所要探讨和解决的首要课题，也应成为构建国际汉语教育学科贯穿始终的一条主线。而相互关照、相互借鉴，相互协调、相互容纳，区别不同、分别对待，共同建设、共同发展，应成为学科构建和建设的原则、策略和目标。

  4.3 上文说过，在学科建设过程中，要充分吸收欧美等普遍教授的语言作为外语教学的成果和经验，这一点应毫不含糊。但是，必须认识到，美欧之间相互教授的这些"外语"，都是有着亲缘关系的语言，有相近的文化背景、相似的书写系统。英语母语者学习西班牙语、德语母语者学习法语一类的外语学习与教学，对于学习者来说，语言习得多有"驾轻就熟"的感觉，文化学习似同"走亲访友"，书写系统又多"似曾相识"。而汉语不仅与欧美语言、与拉美语言、与非洲语言都没有亲属关系，文化传统也与这些语言相去甚远，书写体系更是迥异于其他文字，因此不得不承认，汉语作为外语教学，与英语、法语、德语等作为外语教学虽学科属性相同，但在学科内涵、教学理念与理论、教学目标与安排、教学模式与要求、教材编写以及课程设置、语言要素及文字教学的方式方法等方面，理当有所不同、有所区别。汉语作为外语教学学科建设当走以我为主的道路。英语、法语、西班牙语、德语等普遍教授的语言，其理论与实践，乃至成功的经验，未必都适合汉语作为外语教学的情况。

  汉语普遍地对学习者来说都是一种"真正外语"，因此，我们不可能完全以普遍教授的有亲属关系的语言教学理论为参照系，而更多的是要靠海内外同人自力更生，探索一条"真正外语教学"的路子，这不是我们的理想选择，却是我们的最佳选择。给予汉语教学以科学的定位，是建设国际汉语教育学科的一个基本出发点，由此才可能建立起适合海内外汉语教学的学科体系，进而丰富国际外语教学的理论和实践。否则，盲目跟随、一味照搬、不恰当地比附和攀比、不实事求是地定性和定位，将不利于国际汉语教育学科的建立与完善，不利于汉语教学质量和效率的提高。因此，我们需要"拿来主义"，但拿的时候要有所取舍。

  4.4 建设国际汉语教育学科，需要研究和解决的理论和实践问题颇多，必须抓住关键问题，或可以点带面，纲举目张。同时还必须关注汉语国际化进程中所遇到的挑战性课题，来确定需要集中力量解决的关键问题。以我们现有的认识来看，符合上述标准的课题，至少有"汉语难学"和"汉字难学"两大难题。前者不仅是学术性和实践性的命题，更是一种世界观的问题；后者主要是学术性和实践性的命题。

"汉语难学"的命题不管是真是假，我们都无法回避而必须面对，因为这是一种"国际性认识"。这种认识可能是"偏识"，从某种角度上说可能又是"事实"。比如，把欧美学习者学习英语、法语、德语、西班牙语，跟他们学习汉语相比，就可以得出"汉语难学"的结论。但是，这种对比"不是在同一起跑线上的"，因而是不够客观、不够公平的。欧美语言之间在语系、文化、文字等方面存在"打断骨头连着筋"的亲属关系，而汉语除了与同属"汉字文化圈"的日韩语在文化和文字上，由于地缘的关系而形成一定的亲缘关系外，与其他语言都没有这样的亲缘关系。把学习跟自己的母语有亲属关系的语言，与学习跟自己的母语没有亲属关系的语言，放在一起比较难易，得出的结论是缺乏科学性的。因此，要在理论上厘清汉语究竟在何种意义上可以称作难学，并在教学实践中探究其难在何处，进而研究如何跨越难点、如何化难为简的方略与对策，这是我们应该面对的重要课题。更重要的是，我们要向世界"说明"汉语只是一种真正的外语，在没有跟同属于真正的外语（如同被认为难学的日语、韩语、阿拉伯语等）进行实验对比，并得出公认的结论之前，不宜轻言汉语难学，至少海内外汉语教学界的同人要持有这种态度。

事实上，纠正一种世界性的偏识，改变一种全球性的世界观，远比建立一所孔子学院、制定一套国际标准，乃至培养一批优秀的师资要难得多，因而也重要得多。在汉语走向世界和学科建设的过程中，绝不能对"汉语难学"等闲视之、听之任之，更不能随声附和。要充分认识到汉语难学这个"国际紧箍咒"对汉语国际传播的负面影响，对汉语学习者起到的动摇信心的作用，对一些想学汉语的人所能给予的"毁灭性打击"。此外，以科学的态度来研究这一课题的另一层意义还在于，可以使我们变压力为动力，联合海内外相关领域专家学者和广大教师，从语言理论和教学实践两方面来破解这一国际紧箍咒。尤其需要针对海内外不同的情况，整合和探寻多种多样优质高效的教学模式，探索出多种多样让学习者乐学易学的教学途径，通过学科建设的丰富成果来促进汉语教学的大发展，通过培养更多的国际汉语人才来打破世人对汉语的畏惧感，一句话让"硬道理"来纠正汉语难学这一国际性偏见。这当然不是说说就能做到,但理论研究、学科建设和教学实践应该朝着这个方向努力。

"汉字难学"这一命题,同样存在"从何说起"的问题。把学习跟自己母语文字系统相类相近的文字,与跟自己母语文字系统另类另样的文字系统相比,同样是不科学的,得出的结论难以客观。但是,即使把汉字当作一种"真正文字"来看待,从学习者的角度来看,汉字仍存在诸如"见字不知音"等先天性缺憾,跟同属"真正文字"的日语、韩语和阿拉伯语所使用的文字系统相比,这一点也是显而易见的。而从欧美学习者汉字学习的艰难历程来看,不能不承认汉字学习实属不易。许多人所谓汉语难学,说的是汉字难学,若此则是可以理解的。教学实践表明,汉字是影响学习者汉语学习信心、进程、效率、水平的关键因素,汉语学习的成败很大程度上取决于汉字学习的成败,可以说,汉字教学的突破就是汉语教学的突破。因此,对汉字本身及其教学方法和教学模式的研究,是学科建设中影响全局的重大课题。所以,无论是基于何种考虑,都必须去面对和研究汉字难学这一世界级课题。事实上,海内外同行在汉字以及教学研究方面已经积累了相当可观的成果。教学实践还表明:汉字自有其独特的魅力,有些人正是基于对汉字的极大兴趣而开始学习汉语的。汉字在汉语学习和体认中国文化方面自有其不可替代的价值。汉字不仅是可教可学的,也可以是教得很好、学得很好的,特别是将传统的汉字教学法与现代教育技术结合起来,汉字教学有望取得突破性进展。

4.5 国际汉语教育学科的体系如何构成,如何整合现有的成果与拓展新的研究课题,是一个有待进一步探讨的问题。以往有关对外汉语教学的学科体系研究已有一些成果,如吕必松(1992、2007)、崔永华(1997)、刘珣(1999)、赵金铭(2001)、李泉(2002)、崔希亮(2005)等,这些研究在观察角度、强调重点以及体系构成范围与表述方式等方面均有所不同,但总体上为构建国际汉语教育学科的体系提供了参考。国际汉语教育的学科体系构成尚需在广泛研究的基础上逐步得以清晰和呈现,我们初步建议是否可有如下一些内容:

海内外汉语教学异同研究,海内外汉语教学规划和教学目标研究,海内外汉语教学理念、教学理论和教学模式研究,教学方法和教学技巧研究,海内外汉语教学原则和教学策略研究,目的语与非目的语环境下汉语口语教学和书面语教学研究，汉语语音、词汇、语法和汉字及其教学研究，多媒体技术与网络汉语教学研究，语言习得理论和汉语习得研究，跨文化教学理论、中外文化对比和中国文化教学研究，海内外课堂教学和课型教学研究，海内外教材编写研究，海内外汉语等级标准、教学标准和课程标准研究，汉语水平等级大纲和其他各类大纲研究，汉语水平测试和其他各类测试研究，国别汉语教学研究，国别教材编写研究，海内外师资培养与教师发展研究、教师培训和教师能力认定研究，汉语传播的历史和学科建设的历史研究，对海外汉学的研究，海内外汉语学历教育与非学历教育研究，汉语来华留学项目研究，中小学汉语教学研究，海内外高校汉语教学研究，成人业余汉语教学研究，海外华裔汉语教学研究，海外华语华文教学研究，区域汉语教学研究，欧洲汉语教学研究，北美汉语教学研究，南美汉语教学研究，非洲汉语教学研究，东南亚汉语教学研究，东北亚日韩汉语教学研究，中亚汉语教学研究，等等。①

需要说明的是，外语教学是一门跨学科的领域，海内外外语教学界都将语言学、教育学、心理学、文化学等作为外语教学学科体系的组成部分，即学科理论基础或学科支撑理论，用以解决外语教学中相关的理论和实践问题，支撑学科的发展。而汉语作为外语教学还应在此基础上，将"对海外汉学的研究"列入其中。程裕祯（2003）指出："对外汉语教学这个专业，离不开对境外中国文化传播史的了解与研究，离不开对国外汉学家的了解与研究。"② 张西平、柳若梅（2006）呼吁"将对海外汉学的研究作为汉语国际推广事业的一个重要组成部分"，认为"只有对海外汉语（中国学）的历史现状、汉学家的基本情况有了系统研究，我们在海外各国的汉语国际推广中才能寻找到真正的合作者，我们所开展的国别和地区的汉语政策研究以及其他一系列关于汉语国际推广的问题就有了人脉上的支持。"不仅如此，将对海外汉学的研究列入学科的研究范围和体系构成之中，主要还是因为海外汉学本身就是对中国历史、文化、哲学等各方面的研究，国外汉学家观察中国的

---

① 显然，国际汉语教育学科研究内容和体系的构成是构建国际汉语教育学科的研究重点，是学科建设的落脚点和关键所在，需要海内外同人进行广泛而深入地探讨。限于篇幅和本文主旨及个人认识的局限，这里列举的国际汉语教育学科的研究内容是随意性的罗列，既不系统也缺乏层次性，罗列这些项目意在能引起批评和讨论。实际上，国际汉语教育学科的体系该如何构成本身就是一个重大的前提性课题。

② 见张西平等编著《西方人早期汉语学习史调查》(上)，中国大百科全书出版社，2003，第2页。

独特视角及其研究成果，可以为汉语教学提供独特的资源和素材；而汉学家汉语学习的经历和方式方法亦应成为汉语教育学科史研究的重要内容；此外，了解中国文化在海外的传播历史和途径，可以为当今的汉语和中国文化教学提供参考和借鉴。所以，无论从学科本身建设和发展的需要，还是基于建设汉语国际教育大学科的考量，都应将对海外汉学的研究纳入学科建设的体系之中。

另需说明的是，自20世纪80年代以来，欧美等国的一些大学纷纷设立留华教育项目，近年来更是发展迅速，有的已经产生了广泛的影响，如普林斯顿大学、美国各大学联合汉语中心、杜克大学等在北京设立的汉语留学项目。而外语留学项目已经成为当今第二语言习得、跨文化研究的一个重要研究范畴。因此，国际汉语教育学科体系中应给予"汉语留学项目研究"以相应的地位和足够的重视。事实上，留华汉语教育项目已经成为连接海内外汉语教学的重要纽带，为海内外汉语教学互动、互鉴、互补提供了一个重要的管道，为海内外交流教学理念、教学方法、管理模式提供了一个重要平台。更值得关注的是，这一教学模式不仅本身尚有很大的发展空间和良好的发展前景，而且对开展海外中学、小学乃至海外社会人士的汉语留华教育亦具有重要的辐射和借鉴作用。可以认为，海外高校设立的汉语留华项目，在促进海内外汉语教学的沟通和融合方面将发挥不可替代的作用。因此，其理论和实践意义，都很值得进一步总结和探讨。

五　结语

满足不断发展的世界汉语教学的需要，加快汉语走向世界的步伐，必须建立一个基于全球视野的国际汉语教育大学科，为教学实践提供理论、标准、策略、模式等方面的支持，为汉语、汉字和中国文化教学提供知识、方法、规律等方面的学术保障。可以说，目前建设国际汉语教育学科不仅是形势发展的需要，业已具备了诸多有利的条件：学科建设的既有成果和经验、广泛的学缘资源和人才队伍、海内外同人建设和提升学科地位的强烈愿望、全球范围内持续升温的汉语热、海内外有关部门的积极促动，正可谓"软硬件"兼具，天时地利又人和。因此，抓住机遇，更新观念，树立汉语作为外语教学的大学科意识，共建、共享、共荣国际汉语教育学科，当成为海内外同人的共同愿景和奋斗目标。

当然，要建设这样一个面向世界不同语言、文字和文化背景的大学科，对于作为"真正外语教学"的汉语教学来说，对属于"真正文字教学"的汉字教学来说，对属于"异质文化"的中国文化教学来说，绝非易事，更非一日之功。但是，只要我们坚定信心，携手合作，并为此付出不懈的努力，这是完全有可能实现的。

参考文献

白乐桑、张　丽　2008　《欧洲语言共同参考框架》新理念对汉语教学的启示与推动，《世界汉语教学》第 3 期。

崔希亮　2005　对外汉语教学基础研究和应用研究，《对外汉语教学的全方位探索》，商务印书馆。

崔永华　1997　对外汉语教学学科概说，《中国文化研究》春之卷，收《对外汉语教学的教学研究》，外语教学与研究出版社，2005。

邓守信　2003　作为独立学科的对外汉语教学，《汉语研究与应用》第一辑，中国社会科学出版社。

金立鑫　2006　试论汉语国际推广的国家策略和学科策略，《华东师范大学学报》第 4 期。

柯传仁　2006　二十一世纪汉语作为外语教学研究方向与理论建构刍议，《世界汉语教学》第 4 期。

柯传仁、沈禾玲　2003　回顾与展望：美国汉语教学理论研究述评，《语言教学与研究》第 3 期。

李坤珊（主编）2008　《留学生在华汉语教育初探——汉语作为第二语言习得研究》，北京大学出版社。

李　泉　2002　对外汉语教学学科理论体系，《海外华文教育》第 2 期。

李　泉　2007　汉语国际化进程中学科建设问题的思考，《世界汉语教学》第 3 期。

刘　珣　1993　美国基础汉语教学评介，《语言教学与研究》第 1 期。

刘　珣　1999　也论对外汉语教学的学科体系及其科学定位，《语言教学与研究》第 1 期。

刘　珣　2004　汉语教学大发展形势下学科建设的断想,《汉语研究与应用》第二辑,中国社会科学出版社。

陆俭明　2004　增强学科意识,发展对外汉语教学,《世界汉语教学》第1期。

陆俭明　2005　汉语走向世界与"大华语"概念,《作为第二语言的汉语本体研究》,外语教学与研究出版社。

吕必松　1992　对外汉语教学的理论研究问题刍议,《语言文字应用》第1期。

吕必松　2007　《汉语和汉语作为第二语言教学》,北京大学出版社。

王建勤　2008　汉语国际推广的语言标准建设与竞争策略,《语言教学与研究》第1期。

王路江　2003a　对外汉语教学学科建设新议,《语言教学与研究》第2期。

王路江　2003b　从对外汉语教学到国际汉语教学,《世界汉语教学》第3期。

许　琳　2007　汉语国际推广的形式和任务,《世界汉语教学》第2期。

许　琳　2008　孔子学院:中华文化的响亮品牌——访孔子学院总部总干事许琳,《世界华文教育》第1期。

张西平等　2003　《西方人早期汉语学习史调查》(上),中国大百科全书出版社。

张西平、柳若梅　2006　研究国外语言推广政策　做好汉语的对外传播,《语言文字应用》第1期。

赵国成　2008　孔子学院与汉语国际推广,《国际汉语教学动态与研究》第一辑,外语教学与研究出版社。

赵金铭　2001　对外汉语研究的基本框架,《世界汉语教学》第3期。

赵金铭　2005　汉语的世界性与世界汉语教学,《汉语与对外汉语研究文录》,外语教学与研究出版社。

周质平　2007　汉语汉字的现代化与国际化,《国外汉语教学动态与研究》第二辑,外语教学与研究出版社。

中国语言生活状况报告课题组　2007　《中国语言生活状况报告(2006)》(上编),商务印书馆。

Jim Becker　2007　美国汉语教学网站总汇,《国际汉语教学动态与研究》第一辑,外语教学与研究出版社。

(载《世界汉语教学》2009年第3期)

普通话在国际汉语教学中的核心地位[*]

提　要　本文在分析"淡化普通话"教学的各种观点的基础上,讨论了国际汉语教学的性质及其基本目标和基本任务。指出选择目的语国家的通用语或称标准语作为语言标准,是常规的第二语言教学的基本任务和普遍性做法。因为这种语言往往适用面广、通行范围大、使用概率高,是目的语国家通用的、主流的、法定的交际语言,一般方言在目的语国家则不具有这样的优势地位。因此,本文强调普通话教学在国际汉语教学中应占有核心的地位,教授普通话和规范汉字应成为国际汉语教学的基本原则和基本策略。同时,不主张降低普通话的教学标准,更不赞成深化对外汉语教学应"引入汉语方言内容"的主张。

关键词　普通话　方言　第二语言教学　对外汉语教学

一　引言

普通话是规范化了的汉民族的共同语,是汉语的标准语。《中华人民共和国宪法》规定:"国家推广全国通用的普通话。"规定本国的通用语(标准语),"不但是发展本国的经济、文化,维护和加强国家统一的需要,也是外国人学习这种语言的需要"(许嘉璐,1997)。20世纪50年代以来,对外国人的汉语教学一直是以普通话为教学内容。近些年来,世界范围内学汉语的人数不断增长,层次不断提高,对汉语教学的需求也呈现多样化的趋势。与此同时对教学内容及相关问题的研究也开始受到人们的重视。

事实上,近20年来,学术界和海内外汉语教学界一直有学者呼吁要深

---

[*] 蔡永强、董正存两位学友对本文提出了很好的意见,特此致谢。文中不当之处概由作者负责。

化、扩大汉语教学的范围，要给汉语方言教学以一定的地位；海内外的汉语学习者也有人表示学了普通话，到方言区还是不能跟中国人进行有效的交际。相关的代表性意见主要包括：

（1）不宜过分强调规范。澳大利亚的汉语教授徐家祯认为，"现在教外国人，过分强调汉语的规范"。因此，学生学了相当长时间的汉语，两年或者三年，到中国来还是会遇到许多困难。比如说，他走到湖南、四川这些地方，听不懂那里人的话。他走到市场上，看见许多字不认识。因此建议"汉语教学的内容应该扩大些，丰富些"，并表示"这不只是他一个人的意见，在国外教汉语的同行很多人跟他有大致相同的意见。"（转引自吕叔湘，1987）

（2）应该增加汉语方言知识。这类观点认为，教授外国学生学汉语，尤其是汉语入门，当然要学习尽可能标准的普通话。但在高年级的汉语教学中，应该讲一点儿汉语的统一性和分歧性，讲一点儿汉语方言的知识，这样可以提高学生在广大的汉语交际社会中的适应能力。（张振兴，1999）"有必要在对外汉语教学中安排一定量的汉语方言内容"，包括方言的语言本身（如常用的方言词语）和有关汉语方言的基本知识。（丁启阵，2003）

（3）不能对普通话做狭义的理解。有关学者认为，把对外汉语教学理解为教外国人学普通话，当然"不能说是错的"，但"不够全面，不够深刻"。因为普通话从来就不是孤立的语言系统，它和汉语方言有着千丝万缕的联系；作为一种语言系统，普通话承载着丰富的中国文学、习俗、文化等方面的信息。因此，要想真正理解它，离不开对文学、习俗、文化的了解。目前人们还普遍地对对外汉语教学采取狭义的理解，即"纯粹作为语言技能的汉语标准语即普通话的教学"，而狭义的对外汉语教学"几乎是不存在的"[①]。"这种状况如果不改变，将不利于对外汉语教学整个学科的发展"。（丁启阵，2003）

（4）对外国人的普通话教学不必要求太高。这种观点认为，普通话只存在于各种媒体，十几亿中国人中能讲标准普通话的人只占极少数，普遍使用的是带有方言色彩的宽式普通话，许多汉语老师的普通话也并不标准，因此

---

① 作者把狭义的对外汉语教学定义为"纯粹作为语言技能的汉语标准语即普通话的教学"。对此我们理解起来感到吃力，尤其不能很好地把握"作为语言技能的汉语标准语（普通话）""纯粹作为语言技能的汉语标准语（普通话）"的真正含义。

不必对外国人的普通话要求过高。① 有学者明确指出:"能说标准北京话的人在全国只占少数。那么,为何非得让外国人学纯真的'京腔'呢?"(张德鑫,1988)

上述观点在海内外都有一定的代表性,其中也确实指出了某些客观事实,提出了一些值得认真思考的问题,是值得欢迎和重视的。但是,这些意见和建议是否都合理和可行,也还有必要进一步加以讨论,尤其是在海内外汉语教学大发展的今天,讨论普通话在国际汉语教学中的地位及其相关问题就显得更加重要和迫切。

二 国际汉语教学的性质及其基本目标和基本任务

"国际汉语教学"的提法至少在1985年召开的第一届国际汉语教学讨论会上就已经使用了,以后历届国际汉语教学讨论会及其编辑的论文选都延续了这一说法。吕叔湘(1987)在第二届国际汉语教学讨论会的发言中也使用了这一说法。② 近年来,人们发现"对外汉语教学"不适合称说国外的汉语教学。于是开始较多地使用国际汉语教学的说法,并赋予新的含义。例如,王路江(2003)指出,"国际汉语教学指的是在中国本土进行的对外汉语教学以及国外所有的汉语作为第二语言的教学。"这个定义是清晰的。不过,也可以考虑做更简洁的概括:国际汉语教学指的是海内外把汉语作为外语或第二语言的教学。但这样界定也仍然有它的局限性,比如,它不能包括对国内少数民族进行的汉语教学,因为这种教学虽然也属于第二语言教学,但汉语对于少数民族学习者来说不属于外语,因此不宜用"国际汉语教学"来称说,又比如,在国外某个国家进行的汉语教学也不宜用"国际汉语教学"来称说。但是,"国际汉语教学"这个概念在特定的学术层面和特定的工作层面上还是可以使用的,尤其是站在"中国的话语立场上"。毫无疑问,在使用这个概念的同时,以往人们熟悉的一些说法仍可继续使用,比如,在中

---

① 1995年在深圳召开的中国对外汉语教学学会第五届学术讨论会上,笔者受托向大会报告所在小组的讨论情况,其中提到语音教学比之于二十世纪五六十年代有所滑坡,提出应加强普通话的语音教学时,武汉的一位同行当即表示了上述意见。他还说,标准的普通话只能在中央台的广播和电视里听到,在报纸里看到,实际生活中只存在"地普"(地方普通话)。这位前辈同行的意见,无论在当时还是在今天都很有代表性。

② 他说,"我自己对国际汉语教学当然感兴趣,很关注这个事业的发展"。

国国内对外国人进行的汉语教学仍可称"对外汉语教学";在国外对外国人(非华裔)进行的汉语教学仍然可以称"中文(汉语)教学"或"普通话教学";在国外对华裔进行的汉语教学仍可称"华语(华文、中文)教学";国内对少数民族进行的汉语教学,可继续称作"少数民族汉语教学""汉语教学"。概念的增加也许正能说明学术的进步和事业的发展。

国际汉语教学的性质,在定义中已经明确,它是一种第二语言教学或外语教学。这样一种性质的教学,其基本的教学目标是培养学习者运用目的语进行交际的能力。这是所有常规的第二语言教学的基本目标。通俗地说,就是把语言作为工具来教、作为工具来学、作为工具来用。明确这样一种教学目标,接下来就是教什么的问题,也就是教什么样的目的语。既然第二语言教学以培养学习者的目的语口语和书面语交际能力为基本目的,那么通常都是选择目的语国家的通用语或称标准语来教,这是常规的第二语言教学普遍性的基本任务。因为这种语言不但有明确的标准,而且适用面广、通行范围大、使用概率高,是目的语国家通用的、主流的、法定的交际语言。一般方言在目的语国家则不具有这样的优势地位。

然而,问题并不那么简单。通用语或标准语往往是以一种或几种地域方言为基础形成和规范起来的,它跟相关的方言之间存在着密不可分的联系,从而使标准语与其基础方言之间往往界限不清,而跟另外一些非基础方言之间又可能存在较大的差异。这种状况给第二语言教学带来的麻烦是,一方面某些语言现象是否是标准语模糊不清,而学了标准语在另一些方言区又常常难以进行有效的交际。在这种情况下,提出"增加方言教学"之类的意见,以及抱怨"学了标准语在方言区并不能进行很好的交际",也就不足为怪了。

但是,就上文提到的有关普通话教学标准尺度的掌握问题、增加方言知识的问题,乃至涉及对学科性质的认识等问题,其合理性和可行性都还是可以进一步讨论的。

(1)所谓过分强调汉语规范的问题是不存在的。就语音教学来说,不仅谈不上"过分",很可能由于认识上和教学方法上的问题,导致"对外汉语语音教学的效果不够理想",原因之一就是对学习者"要求不高"(程棠,1996)。汉语学习者的洋腔洋调问题始终是一个没有解决好的问题。至于说,一个外国人学了几年汉语,到了湖南、四川,听不懂那里的话,并不足为奇，中国北方人也不一定完全听得懂湖南话、四川话，反之亦然。外国人想跟这些地方的人交流或到这些地方旅游、经商的话，如有必要，应该专门学习那里的方言。就词汇和语法现象来说，也没有过分强调规范的问题，相反，不规范的现象、方言成分并不罕见，特别是中高级汉语教材中。① 外国人学了普通话到汉语方言区交际有困难，这肯定是事实，但这不是"过分强调汉语的规范"造成的，只能说明普通话跟这些方言差别较大。退一步讲，不强调汉语的规范怎么办？教带方言味儿的普通话？带哪种方言味儿？抑或是一边教普通话，一边教方言？这能否可行？同样的问题是教哪种方言？教了这种方言，到了另一种方言区仍然会有交际困难的现象，又该怎么办？

（2）关于增加方言知识的问题比较复杂，不宜一概而论。但是，我们总的意见是倾向于慎重。因为第二语言教学的基本目标是教授和掌握通用的、标准的目的语。但是，就汉语来说，有些情况下适当增加一些方言知识，包括普通话与相关方言的比较，可能还是必要的。比如，在上海、广州等地学习汉语的外国留学生，为了便于生活和学习、便于适应当地的语言环境，以适当的方式讲点儿当地的方言知识，乃至于学点儿常用的方言用语，都是合乎常情的。再比如，对于学习汉语言专业的本科留学生，通过讲座或选修课适当地给他们介绍一下普通话与方言之间的关系，让他们了解一下"汉语的统一性和分歧性"，以便加深他们对汉语的全面把握和理解，提高他们在汉语社会的实际交际能力，也应该是必要的。但即使在这样一些情况下，方言知识的介绍和方言教学也要注意适当，绝不能喧宾夺主，因为这毕竟是具体的、次要的，乃至于临时性的目标，而教标准语普通话才是基本的、主要的、永久的目标。

（3）认为把对外汉语教学理解为教外国人学普通话，这是对学科性质"缺乏全面、深入的认识"；而深化对外汉语教学应"引入汉语方言内容"，这是"合乎对外汉语教学事业发展趋势的"（丁启阵，2003），这种看法可能是不恰当的，也是行不通的。我们认为，恰恰是基于对学科性质的全面的认识，才更应该明确提出对外国人的汉语教学要教汉语标准语——普通话。因为教一种语言的标准语（通用语）恰是第二语言或外语教学常规的、基本的选择。如果需要"引入汉语方言内容"，那也仅仅是为了某种特殊目的，"方

---

① 参见钱学烈，1997；杨德峰，1997；李宝贵，2004。

言课"也并不因此而属于汉语作为第二语言教学的学科内容。就像中文系可以开设历史课,但历史课不属于中文系的专业课程,历史系可以开设古代汉语课,而古代汉语课不属于历史系的专业课程一样。至于说,普通话"和汉语方言有着千丝万缕的联系""承载着丰富的中国文学、习俗、文化等方面的信息",这当然没有错,但这并不能成为引入方言的理由。此外,把"对外汉语教学"分为狭义和广义,前者指"纯粹作为语言技能的汉语标准语即普通话的教学,它的最终目标是使学习者的汉语标准语水平达到相当于汉语水平考试(HSK)9级的程度",后者指"对学习者进行以培养其汉语标准的能力为主的包含文学、文化等方面内容的较为系统的教学体系,类似于给母语非汉语的学生开设的中国语言文学系的预科"(丁启阵,2003)。这种分法及其具体说明,令人耳目一新,但恐怕缺乏理论和事实依据,不容易被人接受。

(4)主张"对外国人的普通话教学要求不必太高"的理由还不是很过硬,至少不是一种积极的主张。显然,我们不能因为许多国人的普通话讲得不够好,就降低对外国人的普通话教学标准。古人云:"取法于上,仅得其中,取法于中,不免于下。"没有高标准的要求,哪里来理想的效果。(程棠,1996)顺便指出,对外汉语教学要教的是普通话,不是北京话,也不是所谓"京腔",普通话不等于北京话,尽管二者关系最为密切。

三 普通话在国际汉语教学中的核心地位

我们认为,在国际汉语教学中,常规的汉语作为外语教学,应始终不渝地坚持普通话教学的核心地位。这既是学科性质及其基本教学目标所决定的,同时也符合中国的法律法规,符合中国的语言现实和语言规范发展的方向,符合汉语学习者长远的、根本的利益。

(1)普通话在国际汉语教学中应占据核心地位,这是由国际汉语教学的性质及其基本教学目的所决定的,对此上文已有所论述。这里想补充说明的是,为什么是"核心"地位而不是"唯一"地位。这是因为,首先,普通话除了语音标准是相对明确和具体的以外,其词汇基础和语法规范相对来说还是比较笼统的,一些语言现象是否是普通话还不十分明确。其二,中高级汉语教学不可避免要涉及汉语方言现象。其三,为了某种特殊目的也可以主动教些相关的方言和方言知识。其四，国际汉语传播的特定时期、特定地区，事实上不可避免地要采用"大华语"的概念，如此等等。但是，从学科性质及其基本教学目标上来讲，普通话教学应当是国际汉语教学的首选标准和核心内容。如果学习者的目标就是想学习某种方言（如广东话）那就另当别论了，这属于特殊目的的汉语教学，而不是常规意义上的汉语教学。

（2）现行的法律法规明确规定了普通话在国家语言生活中的核心地位。[①] 例如，1982 年公布的《中华人民共和国宪法》第十九条规定："国家推广全国通用的普通话。"2000 年 10 月 31 日，全国人大常委会通过了《中华人民共和国国家通用语言文字法》，其第二十条规定："对外汉语教学应当教授普通话和规范汉字。"2004 年 8 月 23 日，中华人民共和国教育部颁布了第 19 号令《汉语作为外语教学能力认定办法》，其第七条规定："申请中级、高级证书者普通话水平需达到中国国家语言文字工作委员会规定的二级甲等以上。"

这就是说，对外汉语教学应当教普通话，不教方言；应当教规范汉字，不教不规范的汉字；应当用普通话教普通话，不用方言教普通话。这表明中国政府明确规定了对外国人的汉语教学，应以普通话为教学内容，从事对外汉语教学的教师应当具有相应的普通话水平，这或许可以认为是在法律上赋予普通话在对外汉语教学中以核心地位。

（3）以普通话为国际汉语教学的基本内容，以培养和提高汉语学习者的普通话交际能力为基本目标，符合中国的语言现实和语言规范发展的方向，符合学习者的根本需求。几十年来，中国政府为推广和普及普通话做出了不懈的努力，取得了明显的效果。近年来，中央政府和各地政府正在加强推广普通话的工作力度。可以说，推广普通话、维护和加强语言文字规范化，是中国政府的既定方针和既定目标。目前的中国，能讲标准普通话的人的确是极少数，但是，能讲不很标准的普通话的人，能讲带有方音方言味道的普通话的人，则是越来越多，用普通话进行交际的范围和场合越来越广，普通话已经成为汉语不同方言之间人们交际和汉族与少数民族之间人们交际的首选

---

① 早在 1955 年 10 月召开的"全国文字改革会议"和"现代汉语规范化学术会议"上，就明确了以"普通话"作为汉民族共同语的正式名称。1956 年 2 月，国务院发布《关于推广普通话的指示》，正式规定了普通话的内容："以北京语音为标准音，以北方话为基础方言，以典范的现代白话文著作为语法规范。"

语言和主要工具。可以说"学会普通话,走遍中国都不怕"(许嘉璐,1997)。由此可见,学习和掌握普通话,不仅是常规的国际汉语教学的基本目标,也符合把汉语作为外语和第二语言来学习的广大汉语学习者的根本利益。

四 教授普通话应成为国际汉语教学的基本策略

正是由于普通话是中国国家的通用语、汉语标准语,其应用范围广、交际效率高,具有其他地域方言和社会方言无可比拟的学习价值,因此普通话理所当然应成为汉语作为外语或第二语言教学的目的语。不仅如此,无论是着眼于历史、现实还是未来,着眼于国内还是国外,我们都应该明确:教授普通话应该成为国际汉语教学的一项基本策略。这项基本策略的内涵包括:

其一,常规的国际汉语教学应该以普通话为首选目的语、第一目的语。应该毫不犹豫地以普通话的语音、词汇、语法以及这些语言要素的组合规律、表达规律(包括与语言理解和交际密切相关的文化因素)的教学为基本内容,以培养和提高学习者的普通话口语和书面语交际能力为基本目的。汉语的其他地域方言或社会方言,即使需要的话,也应该是次选目的语、第二目的语。

其二,应该坚持用高标准的普通话教学(卞觉非,1992),教师应努力达到规定的普通话标准,这也应该是坚定不移的目标。"我们不希望教师用不合格的普通话教学。"(张宁,1990)可以说,用普通话教普通话,是国际汉语教学的一项基本原则;用标准的普通话教标准的普通话,是国际汉语教学的一项理想化的原则。前者应该做得到,后者应该努力做到。

其三,各类汉语教学大纲、汉语水平等级大纲的制定,测试、教材编写、课堂教学等,都应以普通话为基准,尽量排除方言和不规范的语言现象。

其四,在坚持普通话是国际汉语教学的首选目的语、第一目的语的前提下,根据需要,特别是对来华的中高级水平的汉语学习者,可以适当训练他们听一些带方音的、比较标准或不太标准的地方普通话,以更好地适应他们当前学习、生活和未来利用汉语进行交际的需要。但仅仅是希望他们听懂某些不规范、不标准的普通话,而不提倡他们去学说不规范、不标准的普通话。(卞觉非,1992;张宁,1990)同时,还应该明确:这不是一项长久之计,而是考虑到现实所采取的变通办法。

其五，与普通话教学相关，还应明确在国际汉语教学中要教授《汉语拼音方案》和规范汉字（简体字）。《汉语拼音方案》已为国际社会所接受，是国际化的标准，在国际汉语教学中应充分发挥它的功用。简体字是中国国家法定的规范汉字，教授简体字同样应该成为国际汉语教学的一项基本策略。

五　结语

本文的基本观点是，普通话教学在国际汉语教学中应占有核心的地位，教授普通话和规范汉字应成为国际汉语教学的基本原则和基本策略，并且"一百年不动摇"。在这样的前提下，如果确有必要，可以适当的方式介绍一些有关的方言知识，但不能喧宾夺主，否则将有悖于常规的汉语作为第二语言教学的基本要求。对待繁体字也一样，为了某种特殊需要，可以适当的方式加以介绍。我们不主张降低普通话的教学标准，更不赞成深化对外汉语教学应"引入汉语方言内容"的主张。但是，本文不反对在华的中高级以上水平的汉语学习者，以适当的方式听一些不太标准的普通话，以方便他们在华生活和学习，或是满足学习者的某种特殊需要，前提仍然是确有需要。需要重申的是，本文的讨论和所提出的基本观点，是基于汉语作为外语或第二语言教学的常规状况而言的。至于目标就是想学习广东话、上海话、四川话等方言，以及个别学习者的特殊要求等，则另当别论。

事实上，学术界和汉语作为第二语言教学界的绝大多数学者和汉语教师还是赞成坚持以普通话（和简体字）为教学内容的。例如，李宇明（2005）从宏观的角度，以更加开阔的视野，对与本文相关的问题和基本相同的看法进行了深入的阐述，不妨转述如下："在对外汉语教学中，应当提倡教普通话和简体字。这是因为：（1）普通话和简体字是《国家通用语言文字法》法定的国家通用语言文字，教外国朋友学习汉语，就应当教规范的汉语汉字。（2）从长远看，要同中华人民共和国打交道，就必须使用普通话和简体字，方言和繁体字只适用于特殊的领域和特殊的地区，只有那些学习和研究这些特殊领域的外国人，只有那些同某些特殊区域进行交际的外国人，才需要学习方言和繁体字。（3）对外汉语教学也是重要的教育经济活动，用简体字教普通话的教材，用简体字编写辅助教学读物等，其经济利益最终汇集到中华人民共和国。（4）更为重要的是，制造汉语需求、提升汉语价值，在汉语汉字不一致的情况下，其实主要是要制造对普通话和简体字的需求，提升普通话和简体字的价值，这是从国家利益出发的。"本文完全同意李先生的论述，只是更加强调不是"应当提倡教普通话和简体字"，而是"必须坚持教普通话和简体字"，至少国内的对外汉语教学应当如此。

参考文献

卞觉非 1992 论"汉语·文化圈"跟对外汉语教学的基本策略,《语言文字应用》第2期。

陈亚川 1991 "地方普通话"的性质特征及其他,《世界汉语教学》第1期。

程 棠 1996 对外汉语语音教学中的几个问题,《语言教学与研究》第3期。

丁启阵 2003 汉语方言与对外汉语教学的关系,《语言教学与研究》第6期。

李宝贵 2004 语言文字规范与对外汉语教学,《云南师范大学学报（对外汉语教学与研究版）》第6期。

李建国 2000 普通话—方言的互动变异与对外汉语教学,《华侨大学学报》第2期。

李宇明 2005 语言学习需求与对外汉语教学,《汉语教学学刊》第一辑，北京大学出版社。

吕叔湘 1987 第二届国际汉语教学讨论会开幕式上的讲话,《世界汉语教学》第1期。

钱学烈 1997 中级汉语教材中的语言规范问题,《第五届国际汉语教学讨论会论文选》，北京大学出版社。

王路江 2003 从对外汉语教学到国际汉语教学,《世界汉语教学》第3期。

许嘉璐 1997 汉语规范化和对外汉语教学,《语言文字应用》第1期。

杨德峰 1997 试论对外汉语教材的规范化,《语言教学与研究》第3期。

张 宁 1990 标准语与对外汉语教学,《汉语学习》第5期。

张振兴 1999 方言研究与对外汉语教学,《语言教学与研究》第4期。

赵金铭 2005 汉语的世界性与世界汉语教学,《汉语与对外汉语研究文录》，外语教学与研究出版社。

（本文与关蕾合作，载《汉语学习》2009年第2期）

非学历汉语教学的学科属性与学科地位

提　要　对外汉语教学虽在行业内取得了"是一门学科"的共识，但几十年来"这一学科"在本科专业目录中并没有它的名分。因为没有学科名分，全国近七百家对外汉语教学单位，几乎处于"无组织、无活动"的状态，学科研究基本上是自发行为。包括对外汉语教学在内的所有第二语言教学均以非学历教学为主，非学历语言教学最能体现第二语言教学的学科性质和特点。学科的确立关键在于有其他学科无法替代的研究对象、研究内容和学术体系，以不是学历教育拒绝承认"这一学科"，缺乏学理依据。如何解决以非学历为主的对外汉语教学在国家专业目录中的"户口"问题，本文提出三种途径：整合资源建立学科、直接设立学科名目、挂靠在相关学科中。

关键词　第二语言教学　非学历对外汉语教学　学科地位　学科名分

一　引言

汉语作为第二语言或外语教学（习称"对外汉语教学"，亦称"国际汉语教学"）既指一项事业，也指一门学科。近年来这一事业获得了空前的发展，为这一学科的建设提供了良好的机遇。不仅事业的发展为学科的研究提出了许多新的问题，学科自身的发展也出现了许多新情况。于是，在国际汉语教学不断发展的新形势下，"这一学科"本身及其相关学科的发展和建设又重新引起了学界和有关部门的重视。例如，2007年开始设立汉语国际教育专业硕士学位；2012年教育部颁布的《普通高等学校本科专业目录》中将"对外汉语"更名为"汉语国际教育"；与对外汉语教学学科建设相关的学术讨论紧密联系实际，既涉及学科自身发展的问题，更关注事业发展所带来的新情况、新问题。

其中，近十年来有关学科的学术讨论广泛涉及：学科发展的现状、趋势与措施（严美华，2003；程棠，2004；李晓琪，2013），对外汉语教学学科的独立性（邓守信，2003；冯胜利，2013），国际汉语教学事业与学科相互关系（潘文国，2006；李泉，2013），对外汉语教学与国际汉语教学的区别与关联（王路江，2003；崔希亮，2010；吴应辉，2010；李向农、贾益民，2011），学科建设与师资培养、人才培养（吴勇毅，2013；周小兵等，2013），国际汉语教育的主旨问题（赵金铭，2011、2013），学科建设中一些重要问题的探讨（刘珣，2004；陆俭明，2004、2013；李泉，2007、2010；王建勤，2013；孙德金，2013），等等。这些考察、探讨及其所提出的观点、问题和建议大都颇有针对性、建设性和前瞻性，不仅丰富了学科研究的内涵，也表明了人们对学科建设中一些重大问题的关切。然而，这其中对非学历汉语教学的性质、学科地位及存在的问题等的关切仍显得不够。非学历对外汉语教学的学科属性和学科地位问题看起来已经取得学术界的共识，但实际上并没有真正得到落实。多年来，"这一学科"在教育部本科学科目录中并没有它的名号和归属。本文拟探讨与此相关的一些问题，希望能引起学界和有关部门的进一步关注。

二 非学历汉语教学的范围

汉语作为第二语言教学的实践表明并预示着，来华学习汉语的各类人员中，非学历汉语教学过去是、现在是，将来也将是对外汉语教学的主体。因为以汉语（包括汉语言、汉语言文学等）为专业的学历生终将是汉语学习者中的少数，绝大多学习者是把汉语作为一种交际工具来学习，以不同程度乃至全面而熟练地掌握汉语为目的。具体来说，对来华留学人员的汉语教学大体可分为两类。

（1）对少部分学历生的汉语预科教育。即对拟学习"汉语言"等专业以及学习文史、理工、农医等其他专业的学生进行专业学习前的汉语预备教育。① 因此，这里所谓的学历生，严格地说仍是"汉语生"，至多是"准学

---

① 需要指出的是，学习文史、理工、农医等其他专业的留学生，其入系后学历教育中的专业课程、通识课程或其他知识和理论类课程，跟第二语言（汉语）的教学目标和教学方法等大不相同乃至完全不同，不属于第二语言教学。

历生"。他们学习汉语是为了达到一定的汉语水平等级标准，以便有资格进入相关的院系用汉语学习相关的专业知识和理论。当然，有条件的话，在进行汉语预科教学的同时，根据专业的需要也可以开设辅助性的"专业汉语"，并且所谓专业汉语教学仍然要以汉语教学为主，专业词汇、专业知识和内容为辅（如常用的医学、商务、法律等专业词汇或相关的浅显的专业内容）。这就是说，对外汉语教学中对所谓学历生专业学习以前的汉语教学属于汉语预备教学、汉语预科教育。换言之，对准学历生专业学习前的汉语教学，本质上说仍属于非学历汉语教学。

（2）绝大部分是非学历的汉语教学。即这些长、短期语言进修生只以学习汉语为主，他们中不少是零起点的汉语学习者，也有些学生已经具备了不同程度的汉语水平，来华是为了进一步进修和提高汉语水平。非学历对外汉语教学历史长、规模大、经验丰富、研究成果多，教学模式相对成熟，第二语言教学特色鲜明，是国内对外汉语教学的主体。据《中国语言生活状况报告（2013）》报道，2012 年来华外国留学人员共计 328 330 名，其中非学历留学生 194 821 人，约占总数的 60%。（教育部语言文字信息管理司，2013）

这就是说，来华留学生中，一部分拟学各类专业的准学历生要经过非学历的汉语教学阶段（汉语预科教育阶段）。该阶段的教学性质、要求、目标和模式等总体上与一般意义上的对外汉语教学无异。期间如果要开设专业汉语课程或汉语教学中融进专业汉语教学内容的话，其"专业汉语"与"通用汉语"的内容比例为：零起点开始的初级阶段和中高级阶段，可分别考虑确定为"二八开"和"三七开"（李泉、吕纬青，2012），也即前者只应占 20%～30%。实际上，专业汉语教学"与通用汉语教学并无二致，或者说本质上并无区别"（李泉，2011）。另一部分只为学汉语、提高汉语水平。他们不打算在中国学习专业、拿文凭。对这部分汉语学习者的教学完全属于非学历的汉语教学。可见，非学历汉语教学基本上涵盖了来华学习汉语的各类人员。

实际上，不仅来华汉语学习者的汉语教学基本上属于非学历汉语教学，[①]

[①] 即使是"汉语言"专业，入系后一、二年级的课程也大都是以进一步提高学生汉语水平为主的汉语知识和汉语技能训练课程，其教学性质和教学目标等与一般意义上的对外汉语教学亦无所差别；三、四年级仍有属于汉语学习和提高的课程（如"中国经典小说研读""文献阅读与写作"），其中只有一部分是该专业的知识和理论（如"语言学概论""现代汉语语法学""语言对比与翻译"）及该专业设置的其他通识类课程（如"中国近现代史""中国文化概论""中外文化交流史"）。（参见李泉、段红梅，2010）

而且海外各国各地区的汉语教学,更是以非学历汉语教学为多为主。进一步说,所谓"汉语走向世界""汉语国际化""国际汉语教学",主要指的是汉语在海外的非学历教学。非学历汉语教学以培养学习者的汉语交际能力为核心目标,也即以学习者不同程度地掌握汉语(作为交际工具)为根本目的,兼及了解中国的历史、文化和国情。进一步看,不仅是汉语作为第二语言教学,在海内外均以非学历汉语教育为主,所有语言作为第二语言教学,也都是以该语言的非学历教学为主。

果如此,则可以说,非学历语言教学基本上涵盖了第二语言教学的全部。这一点并不难理解,因为语言的核心功用是交际工具(和思维工具)。学习某种第二语言,主要是把该语言作为交际工具来学,以不同程度地掌握该语言并能进行不同程度的口头和书面交际为目的。既把该语言作为交际工具来学习,也把该语言及其相关的知识及属于其他专业的相关知识和理论当作一门专业来学习和研究的人终归是少数。

三　非学历汉语教学的学科属性

对外汉语教学跟英语、法语、德语等的"对外"教学一样,都是一种第二语言或外语教学,也即它们具有相同的学科属性。第二语言教学是一门学科,有其特定的教学对象和教学目的,有明确的研究目标和研究内容,有其自身的发展规律、发展历史及学术传统,等等。对外汉语教学必然蕴含和体现着第二语言教学的共同属性和普遍规律,因此,它有可能也应该借鉴国际第二语言教学的教学方法、研究范式和研究成果。当然,对外汉语教学也有其自身的特点与个性,主要表现在:其教学内容——汉语、汉字及相关的中国文化,与其他语言、文字及相关的文化等在语言属系、文字类型、文化内涵等方面存在明显的差别,甚至在教育和教学的观念、传统和方式方面也不尽相同乃至差别很大(比如,头悬梁锥刺股、十年寒窗苦、以师为贵、以师为尊,师讲生听、惯于灌输式教学方法等),因此,对外汉语教学与其他第二语言教学,在学科理论体系的构成、教学理论与教学模式、教学重点和难点、教学理念与方法等诸多方面也必然有其个性化的一面,也即对外汉语教学必然蕴含和体现着汉语(汉字)作为第二语言教学的独特规律(比如,教学模式,教学重点:汉字、声调、虚词等)。

对外汉语教学与其他第二语言教学的共性和个性，都表明它是一门学科，需要进行专门研究，需要培养专门人才。换言之，对外汉语教学与其他第二语言教学的学科属性是一致的。这似乎并不是一个多么难以理解的问题。然而，事情并不如此简单。在对外汉语教学学科发展和建设的过程中，一个十分怪异的现象值得我们关注和反思：至少从20世纪80年代以来，"就不断有语言学家、教育学家、语言教学专家和教育部门的各级领导反复强调：对外汉语教学是一门科学、一门学问。"[①]至今仍有学者在论证和阐释这一问题（参见上文）。[②]这很值得我们深思，为什么英语、德语等作为第二语言教学的学科性和学科地位就没有人怀疑，而具有同样学科属性的汉语作为第二语言教学的学科性和学科地位却需要花费几十年的时间来论证？实际上，对外汉语教学的学科性并不需要那么多专家学者反复呼吁和论证，它的学科性并没有那么复杂，甚至一个简单的逻辑推理即可明晓事理：如果承认英语等作为第二语言教学是一门学科，那么就应该承认汉语作为第二语言教学也是一门学科。然而，在中国的语境下，说英语、法语、泰语、柬埔寨语教学是一门学科，则无论是行业内还是社会各界和政府部门都没有争议，也从未听说过这些外语教学界的同人去反复呼吁和论证他们所从事的外语教学是一门学科，但要说对外国人的汉语教学也是一门学科，就不那么容易被理解和接受，几十年来不断地呼吁和广泛地论证，本身就说明了这一点。

当然，在对外汉语教学业界内，这一问题似乎早已解决，绝大多数同行都承认它是一门学科。至今仍可以看到业内专家的相关论述："今天大家都承认汉语教学已成为一个独立的学科，而且认为是一个涉及多个学科的交叉学科。"（陆俭明，2013）"对外汉语教学，具有广大的教学对象，有明确的教学目标，遵循语言规律、语言教学规律和语言学习规律，建立起科学的课程体系，具有独立的教材系统，形成了完备的教学体系。""对外汉语教学作为一个学科，早已成为学界和社会的共识。"（赵金铭，2013）"汉语（包括所有语言的）二语教学是一个独立的学科——它以'语言（二语）能力'为核心，以'教学''学'规律为旨归，以实际效应为结果。"（冯胜利，2013），等等，

---

① 参见李泉（2010），详见施光亨主编《对外汉语教学是一门新型的学科》，北京语言大学出版社，1994。
② 这指的是论证对外汉语教学是一门独立的学科及学科地位的问题。至于基于教学实践的深入和学科自身的发展而深化对学科内涵的研究和相关理论问题的探讨，则属于学科研究中的正常现象，如王建勤（2013）、孙德金（2013）等。

不一而足。问题是，行业内的共识不等于政府有关部门和社会的共识，而从某种意义上说，后者对学科的"认定"远比专家对学科的认定更为重要，至少会更管用。

对外汉语教学的学科性和学科地位未能得到社会各界和政府教育主管部门的普遍认同，原因可能有二：其一，对"这一学科"性质、内涵和学科地位存有误解和偏见。其根由也许就在于这是"汉语教学"而不是英语等其他语言的教学。汉语人人能说、张口就来，如走路、吃饭般平常，因而在汉语语境下人们感觉不到它（汉语教学）有什么学问，有什么值得研究的，至少不如说英语、法语等作为第二语言教学那样真切、那样有学问、那样是一门学科。甚至会有意无意地心想："不就是教外国人学汉语吗？你能，我也行。"因此，实在"不忍心"承认这是一门学科。实际上，偏见并不一定是出于恶意的目的，根本上还是对这一学科缺乏了解，可谓隔行隔山。但偏见的可怕之处就在于它不仅仅是观念层面上的"软实力"，也是影响行动的"硬道理"（李泉，2010）。其二，学科是对学历教育而言，对外汉语教学大都是非学历教育，因而难以成为一个名实相符的学科。这看起来的确是个理由。果真如此的话，那么"非学历问题"就成了对外汉语教学难以真正成为一门学科的一道屏障，也即在高等学校本科专业（一般为四年制）目录中无法给对外汉语教学"上户口"（这里所谓"真正成为一门学科"指的不是学理上的，而是惯例和规定上的）。分析起来看，"误解和偏见"恐怕一时还难以改变，需要在舆论上进一步引导，更需要业界同人加强对教学实践和学科理论研究，以更多过硬的学术成果来证明"这是一个学科"。而"非学历的问题"则不仅仅是一个认识的问题，更是一个看得见摸得着的实实在在的问题：对外汉语教学以非学历教育为主，而现行教育体制下的专业设置均为学历教育。因此，要想给对外汉语教学"上户口"，就必须从学术上、观念上和政策上来探讨和解决这一矛盾。

事实是，如上文所言，所有第二语言教学都以非学历（语言）教学为主，非学历第二语言教学是一种主流和常态模式，这是由语言的工具性和第二语言学习的目的性所决定的。包括对外汉语教学在内的非学历第二语言教学，不仅历史悠久、所占份额大、教学经验丰富、研究成果和理论建树多，更重要的是，其教学最能体现第二语言教学的学科性质、教学特点和教学规律。世界范围内的第二语言教学的各种学说和流派，语言教学理论和教学规律，语言习得理论和习得规律以及不同的第二语言教学学科理论体系等研究成果，都普遍地或不同程度地适用于所有非学历的第二语言教学，甚至其中的绝大多数研究成果、教学法流派就出自非学历第二语言教学。这表明：学科的性质和特点不因是否是学历教育而改变。就汉语作为第二语言教学来说，非学历汉语教学恰好能够全面而充分地体现汉语、汉字作为第二语言教学的学科属性、教学规律和教学特点。甚至"用它（非学历汉语教学）来指代整个学科（对外汉语教学学科）亦无不可"（李泉，2010）。

四　汉语教学的发展与学科地位的现状

近些年来，海内外汉语作为第二语言或外语教学获得了长足的发展。据统计，2012年来华外国留学人员共计328 330名，同比增长12.21%，其中，接受学历教育者和非学历汉语教育者分别占40%和60%。全国共有690个高等院校、科研院所和其他教学机构接收留学人员。截至2012年年底，全球孔子学院总数已达400所，中小学孔子课堂500多家，注册学员达65万人（教育部语言文字信息管理司，2013）。另据文献和媒体等报道，世界范围内以各种方式学汉语的人数有四五千万人。可以认为，汉语的国际化程度正不断提高，国际汉语教学事业正不断发展。然而，与事业的不断发展相比，学科发展和建设的现状尚存在诸多令人堪忧的现象。其表现例如：

（1）汉语作为第二语言教学的学科，虽然在学术上、学理上已经取得了多数人认同的学科地位，但迄今近30年间，"这一学科"不仅未能进入国家教育主管部门颁布的"专业目录"中，甚至连挂靠学科也找不到。其原因可能如上文所述："误解和偏见""非学历教育无法进入专业目录"。实际上，不仅非学历汉语教学没有学科地位，留学生汉语方面的学历教育也没有独立的学科地位和学科名分。例如，多年来许多高校招收的以学习汉语为主的四年制留学生本科专业实际上并没有属于自己的学科名分，而是挂靠在"本科专业目录"中为少数民族汉语教学设立的"汉语言"专业名下，或者说是借用该专业的名分来招生。而中国语言文学类一级学科下的"汉语言文学"专业本来就是为中国学生设立的，进入该专业学习的外国留学生不过是享受与中国学生一样的"国民待遇"而已。所有这些都表明：似乎已取得学术界和社会各方认可的"对外汉语教学是一门学科"，其学科地位并没有真正得到确认，尚无属于自己的"户口"。①

（2）名不正，则事不顺。全国近700个接受留学生非学历和学历汉语教学的单位，基本上处于"无组织、无活动"，各自为政、各行其是的状态。缺乏权威学术组织的学术引领和指导，缺乏围绕学科建设开展的"有组织"的科学研究。全国性的行业学会"中国对外汉语教学学会"，自2001年第七届学术研讨会以后，就再未召开过"年会"，未组织过任何学术活动（这对于学科自身的发展和对外汉语教学事业的发展都是极为不利的）。由于没有独立的学科地位，有关高校在"汉语言"专业名下招收的留学生本科学历教育，也没有像英语、法语等外语教学那样"有组织"——教育部牵头组织的"专业教学指导委员会"（这是学科存在和地位的重要标志）。可见，来华留学生的学历和非学历教育，实际上都没有纳入国家教育主管部门（如高教司、学生司）的核心管理体系中。来华长短期汉语进修生、预科生和部分理、工、农、医等专业的本科留学生由教育部国际司主管。这表明：在国家层面上，来华非学历留学生的教学工作，仍被看作是"外事"，而不是教育和教学。这与教育国际化、汉语国际化的大背景是很不相适应的。（李泉，2010）来华留学生的汉语学习和相关的专业学习，根本上说是教育而不是外事，应纳入国家教育管理体系中，而不应当作外事来管理。但现实却不是这样，由于没有学科的名分，国家教育主管部门至今仍把对外汉语教学归在"外事口"，于是，许多高校也就把对外汉语教学归在"外事处"名下。也正是由于不把对外汉语教学看作是一个学科，于是，不管是否在外事处名下，许多高校的"这一块"都处于缺乏学科建设、学术要求和教学管理的状态，国家层面也缺乏统一的管理规范、教学规范和评估标准与评估机制。

（3）由于对外汉语教学至今没有应有的学科地位和正式的学科名分，学科的研究和建设在很大程度上处于无为而治的自发性状态，这无疑不利于学科的发展和建设，特别是在国际汉语教学实践不断发展的大背景下。学科的"无政府"管理或管理错位，缺乏应有的权威行业组织的领导，不仅对学科自身的发展不利，对国际汉语教学事业的发展亦不利。汉语走向世界是一种

---

① 有学者认为"语言学及应用语言学"学科中的"应用语言学"就包括对外汉语教学。的确，狭义的应用语言学就是指的第二语言教学，但这是第二语言学在学术上、学术历史上的一种学科归属，至今在学理上仍可如此认定。但是，在国家现有的学科体系中，"语言学及应用语言学"不在本科的学科目录中（参见新浪教育，2012），而是属于研究生教育层面的一个学科。显然，以非学历为主的对外汉语教学不属于研究生教育，在现今的学科体系中它无法归属在"语言学及应用语言学"之中。

客观趋势,"推进国际汉语教育""提升中文国际地位"是中国政府的既定目标。① 国际汉语教学是一项特殊的事业——跟一门学科的发展密切相关,是一门特殊的学科——跟一项事业的发展紧密相连。事业和学科的结合点及各自发展和建设的着眼点正是"汉语教学"。因此,不关注和支持学科的发展和建设,事业的发展就会受到影响,因为这是一项以"汉语教学"为依托的事业,不研究汉语自身的特点和规律及"对外"汉语教学特点和规律,汉语教学及国际汉语教学事业必然会受到影响。学科的发展和建设虽有其自身的规律和内涵,但同样也要关注和支持事业的发展,研究和解决汉语国际化进程中所遇到的各种各样的学术问题(如教学的理论、模式和方法等),否则就不能发挥学科应有的功能。实际上,事业的发展也正为学科的发展提供了机遇和挑战。因此,业界同人在按照学科自身发展规律来建设学科的同时,也要思考如何针对事业发展所出现的新情况、新问题来开展学术研究,以促进事业的发展。而国家有关部门在推动事业发展的同时,也要思考如何促进学科的发展和建设,以便依托学科来发展事业。学科与事业应相互促进,共同发展。否则,一损俱损,共同受损。(李泉,2013)

五 非学历汉语教学的学科名分问题

综上,似可得出如下结论:(1)对外汉语教学无论从学理上,还是从与具有相同教学属性的其他第二语言教学比较上来看,都是一门独立的学科。(2)对外汉语教学以非学历教学为主,所有第二语言教学均如此。(3)对外汉语教学已然在行业内取得了"是一门学科"的共识,但如果(1)(2)两点能成立的话,那么"这一学科"指的主要就是非学历对外汉语教学,而在以往的讨论和论述中大都没有明确这一点。② (4)由于对外汉语教学以非学历教学为主(也许还有其他原因),现有的高等学校本科专业目录中无法给它"上户口",因而至今没有获得相应的学科名分。(5)由于没有学科名分,缺少国家教育主管部门和"行业学会"这样的权威学术组织的领导,全国近700家对外汉语教学单位,基本上处于缺乏学科管理、学科规划、教学规

---

① 参见教育部语言文字信息管理司(2013)。
② 不仅如此,甚至还有学者认为:非学历对外汉语教学"连学科的门也不沾",因为"从来没听说过非学历教学可以称作是一门'学科'的。"(潘文国,2006)这样的看法可能不仅在"官方",就是在行业内外的"民间"也都有一定的代表性。

范与评估机制的状态。对教学和学科的学术研究，基本上是有关学校自发组织的，或是学者们自己的学术自觉行为。（6）促进汉语的国际化，提升中文的国际地位，是中国政府有关语言文字发展的既定目标，然而国际汉语教学事业的发展需要有学科研究的成果来支撑，而学科的建设和研究不能只靠民间性的、自发性的学术行为，归根结底还要靠教育主管部门对学科的认可与支持。

根据本文的讨论和上面的"小结"，特别是基于个人对海内外汉语教学实践的初步观察和对现有对外汉语教学学科地位的认知，我们深切地感受到"名不正则言不顺，言不顺则事不成"的深刻含义，也就是说，是否给予以非学历汉语教学为主的对外汉语教学应有的学科地位和学科名分，不仅关乎每年近20万来华非学历留学生汉语教学性质的认定及学科归属，以及近700家教学单位的教学和管理规范，更关乎这些非学历汉语教学及其研究成果能否在汉语走向世界的过程中发挥应有的，乃至更大的学科支撑和辐射作用。因此，无论是基于汉语作为第二语言或外语教学"这一学科"本身的学理考虑，还是基于更好地促进国际汉语教学及其事业发展的考量，都应给予非学历汉语教学以应有的学科地位，从而可以更好地调动起成千上万从业人员教学和科研的积极性，更好地开展学科研究和学科建设。因此，业界同行不能只停留在从学术上、学理上去反复论证"这是一门学科"，更不能陶醉在"它本来就是一门学科"的自我认知和认可之中，而应积极设法将这一学科的学科地位落到实处——进入国家教育主管部门发布的"专业目录"中，使其"名正"起来，只有这样学科发展建设和教学实践中的许多问题才可能得到根本性的解决，学科对事业发展的促进功能才可能更好地得以实现。

那么如何促使对外汉语教学的学科地位和学科名分"真正得以落实"，需要得到国家教育主管部门、友邻学术界的理解和支持，更需要业界同人集思广益，积极而不懈的努力。这里我们愿不避浅陋，提出如下引玉之见，以供参考。

建议一：建立"国际汉语教育"大学科。作为汉语的母语国，我们完全可以而且也应该携手海外同行，在整合海内外现有研究成果的基础上，建立一个兼顾海内外汉语教学共性和个性的"国际汉语教育"大学科，从而更好地促进国际汉语教学事业的发展。需要说明的是，所谓"建立"并不是从头开始，事实上，对外汉语教学已经形成了比较完备的教学体系和学科体系，已经积累了大量的学术研究成果，已经建立起了一支面向海内外汉语教学实践的师资队伍。但是，在国际汉语教学不断发展的新形势下，汉语作为第二语言教学的学科定位和学科建设不应将视野仅仅局限在国内的汉语教学，而应树立大学科意识，整合海内外的学术资源和学术成果（不同地区的海外同行业已积累了丰富的教学经验和学术研究成果，而国内的大量研究成果已然兼顾了海外的汉语教学，甚至许多成果就是研究海外汉语教学的），在探讨海内外汉语教学的共性和个性的基础上，整合和建立一个面向海内外的国际汉语教育学科。（李泉，2009）当然，建立"国际汉语教育"学科并不仅仅是"默默的学术研究"，而是要创造条件、寻找机会，将这一学科的名目"写进"国家高等学校本科专业目录中。

建议二：在现有本科专业目录"中国语言文学"一级学科下，直接给予汉语作为第二语言教学一个学科地位和学科名目，比如就叫"对外汉语教学"，或叫"汉语第二语言教学"，或其他，等等，使之成为与"汉语言文学""汉语言""汉语国际教育""中国少数民族语言文学""古典文献学"并列的一个二级学科。设立这一"特设专业"[①]的好处是：有关对外汉语教学的学科地位和学科建设、教学管理与规范、师资队伍建设与管理、教学标准与评估机制等的诸多问题，或将得以彻底解决，或将得以相当程度上的改善，或将得以逐步完善。换言之，将从根本上改变"对外汉语教学"几十年来"是一个学科（学理上，行业内）"又"不是一个学科（专业目录上'没户口'）"的尴尬境地，并将给予对外汉语教学事业和学科的发展以无限的正能量。设立这一专业的最大突破是：非学历教育"大摇大摆"地进入了学历教育的学科目录，认定非学历教育为主的对外汉语教学是一门学科，但又不能授予"学位"，从而打破了现有学历制度的惯例。但是，任何改革都是在打破既有的成规和惯例，破除"影响生产力发展的阻力"。事实上，新近发布的"专业目录"就有许多地方是对原有专业目录的重大突破，如"新增了艺术学学科门类""专业类由修订前的 73 个增加到 92 个；专业由修订前的 635 种调减到 506 种。"（《普通高等学校本科专业目录（2012 年）》说明，引自新浪教育，2012）

[①] 实际上，在新近发布的《普通高等学校本科专业目录（2012 年）》目录中，就分为基本专业（352 种）和特设专业（154 种）（新浪教育，2012）。

建议三：将对外汉语教学"这一学科"，挂靠在现有学科目录中"中国语言文学"一级学科下的二级学科"汉语言"专业名下，标注为：050102汉语言（对外汉语教学）。这样做的好处是：既解决了对外汉语教学的学科名分问题，又不致过于"明目张胆"地打破现有学历制度的惯例，其中的"汉语言"专业照常授予学位，括号中的"对外汉语教学"只有学科地位和名分，但因不属于学历教育而不授予学位。这样做的学理依据是："汉语言"是对外汉语教学界与少数民族汉语教学界共享的一个专业，对该专业来华留学生本科生（一、二年级）的汉语教学与对非学历进修生的汉语教学，在教学目标、教学要求和教学方法上并无差别，都是以提高汉语水平为目的。实际上，该专业留学生本科生三、四年级的汉语技能训练类课程，亦属于第二语言教学的范畴。（参见71页注）因此，将非学历的对外汉语教学学科挂靠在"汉语言"专业中，似乎很顺理成章，也是最省事的办法。

六　结语与余言

一个学科的存在和确立，关键在于有其他学科无法替代的研究对象、研究内容、研究方法和学术体系，而不应在于是否是学历教育。仅仅以不是学历教育而拒绝承认汉语作为第二语言教学是一门学科，缺乏学理依据。同时，学科的设立要服务于国家发展和建设的需要，对外汉语教学（国际汉语教学）是国家软实力的体现，本身又是一门第二语言教学学科，理应得到应有的学科地位和学科名分。当然，无论是否承认"这一学科"确实是一个学科，也无论是否以及何时能被"纳编"，"这一学科"的研究都将继续进行下去，至少过去30余年的教学实践和大量的学术研究成果已经证明并预示了这一点。但是，承不承认其学科地位，效果和后果大不一样，学科建设的自觉性和对国际汉语教学事业发展的促进作用也会大不一样。

因此，是否给予以非学历为主的对外汉语教学以应有的学科地位和学科名分，关键在于能否破除成见和偏见，站在"讲学理""讲政治"的高度来考虑问题。近年来在高等学校本科专业目录和全日制专业硕士学位目录中分别增设的"汉语国际教育"就是一个例证。不仅将一定程度上有助于缓解海外特别是孔子学院师资不足的问题，也进一步丰富和完善了与对外汉语教学相关的学科层次和宏观学科体系的构建。然而，值得我们特别关注和反思的是：本科和硕士两个层次上的"汉语国际教育"专业，都是以招收中国学生为主的专业，它们是对外汉语教学"这一学科"的相关专业、连带专业、支撑专业，而不是"这一学科"本身。换言之，招收中国学生为主的本、硕两个层次上的"汉语国际教育"是因教授外国学生汉语的"对外汉语教学"而设立的，因此一定程度上甚至可以说，对外汉语教学"这一学科"是"本"，本、硕层次上的"汉语国际教育"专业是"末"。没有"本"或"本"未能受到应有的重视和充分的研究，则"末"的内涵必然会受到影响。极言之，不知道"对外汉语教学"是怎么回事、会遇到些什么事，则何谈怎么教，又怎么能教得好？而今，"末"已然有名有分，并遍地开花，"本"的名分何时才能"扶正"？

此外，我们还看到，教育部新近颁布的高校本科专业目录中，在"外国语言文学"一级学科下，为英语、俄语、泰语、柬埔寨语、波斯语、乌尔都语、阿尔巴尼亚语、豪萨语、泰米尔语、尼泊尔语、立陶宛语、祖鲁语等60种外语教学设立了专业（新浪教育，2012），那么，如何不能在"中国语言文学"一级学科下为我们母语汉语的"对外教学"设立个专业？这60种外语教学都是学科，就是因为这是"外国语"和"四年制"吗？而汉语作为第二语言教学（或外语教学）至今不能成为一个学科，就是因为这是"汉语教学"和非学历教学吗？对外汉语教学是"国家和民族的事业"，难道仅仅是一个口号吗？

参考文献

北京语言大学对外汉语研究中心 2012 北京语言大学对外汉语研究中心成功举办"汉语应用语言学学科建设与发展高峰论坛"，《世界汉语教学》第4期。

程　棠 2004 对外汉语教学学科发展说略，《汉语学习》第6期。

崔希亮 2010 对外汉语教学与汉语国际教育的发展与展望，《语言文字应用》第2期。

崔永华 1997 关于汉语言（对外）专业的培养目标，《语言教学与研究》第4期。

邓守信 2003 作为独立学科的对外汉语教学，《汉语研究与应用》第一辑，中国社会科学出版社。

冯胜利 2013 论汉语二语教学的独立性，《汉语应用语言学研究》第 2 辑，商务印书馆。

教育部语言文字信息管理司 2013 《中国语言生活状况报告（2013）》，商务印书馆。

李　泉 2007 汉语国际化进程中学科建设问题的思考，《世界汉语教学》第 3 期。

李　泉 2009 关于建立国际汉语教育学科的构想，《世界汉语教学》第 3 期。

李　泉 2010 国际汉语教学学科建设若干问题，《语言文字应用》第 2 期。

李　泉 2011 论专门用途汉语教学，《语言文字应用》第 3 期。

李　泉 2013 国际汉语教学：事业与学科，《语言教育》第 1 期。

李　泉、段红梅 2010 来华留学生汉语言本科专业建设问题探讨，《云南师范大学学报（对外汉语教学与研究版）》第 3 期。

李　泉、吕纬青 2012 论专门用途汉语教材编写，《国际汉语教材的理念与教学实践研究》，浙江大学出版社。

李向农、贾益民 2011 对外汉语与汉语国际教育：专业与学科之辨，《湖北大学学报》第 4 期。

李晓琪 2013 应用语言学学科现状的调查与思考，《汉语应用语言学研究》第 2 辑，商务印书馆。

刘　珣 2004 汉语教学大发展形势下学科建设的断想，《汉语研究与应用》第二辑，中国社会科学出版社。

陆俭明 2004 增强学科意识、发展对外汉语教学，《世界汉语教学》第 1 期。

陆俭明 2013 有关应用语言学的学科建设与发展的几个问题，《汉语应用语言学研究》第 2 辑，商务印书馆。

潘文国 2006 对外汉语教学事业、对外汉语教学（专业）与对外汉语学科，《汉语国际推广论丛》，北京大学出版社。

施光亨（主编）1994 《对外汉语教学是一门新型的学科》，北京语言学院出版社。

《世界汉语教学》编辑部 2013 "汉语国际教育新形势下的对外汉语教学学科建设"国际学术研讨会成功举办，《世界汉语教学》第 1 期。

孙德金 2013 对外汉语教学学科的几个学理问题，《汉语应用语言学研究》第 2 辑，商务印书馆。

吴应辉 2010 国际汉语教学学科建设及汉语国际传播研究探讨,《语言文字应用》第3期。

吴勇毅 2013 关于学科建设与教师的培养与发展,《汉语应用语言学研究》第2辑,商务印书馆。

王建勤 2013 新形势下对外汉语教学科学建设的理性思考,《汉语应用语言学研究》第2辑,商务印书馆。

王路江 2003 从对外汉语教学到国际汉语教学——全球化时代的汉语传播趋势,《世界汉语教学》第3期。

新浪教育 2012 教育部新颁高校本科专业目录,2012年10月12日(新浪教育[微博])。

严美华 2003 世界汉语教学的新形势与新举措,《世界汉语教学》第3期。

赵金铭 2011 汉语国际教育研究的现状与拓展,《语言教学与研究》第4期。

赵金铭 2013 汉语国际教育的本旨是汉语教学,《汉语应用语言学研究》第2辑,商务印书馆。

周小兵、张世涛、邓小宁 2013 突出特点,体现共性,强调应用——汉语二语学科人才培养模式的创新,《汉语应用语言学研究》第2辑,商务印书馆。

(载北京语言大学出版社主办《国际汉语教学研究》创刊号,2014年第1期)

来华留学生汉语言本科专业建设问题探讨

提　要　本文简要介绍了中国人民大学（下简称"人民大学"）留学生汉语言专业教育的基本情况，包括教学方案和教育实施的基本情况，并就教学管理、课程设置、培养环节等方面进行了评介和议论。在此基础上，就汉语言专业的培养目标定位、增加阅读量、加强目的语环境的利用等几个问题进行了初步的讨论并提出了相关的建议。

关键词　学科建设　汉语言专业　培养目标　人才规格

一　人民大学留学生汉语言专业教育概况

中国人民大学自 1996 年开始招收留学生汉语言专业本科生。十几年来，根据我校本科教学的有关要求，参照国家汉办相关规定和教学大纲，并结合教学实践的发展，迄今已初步形成一套相对完整的教学方案和有一定特色的课程设置和教学管理办法。本文拟简要介绍我校留学生汉语言专业教学情况，以期沟通信息，交流经验，并希望得到同行的指教。在此基础上，就来华留学生汉语言专业建设的若干问题略陈管见。

1.1　人民大学近年实施的汉语言专业教学方案简介

培养目标：本专业培养适合国际社会需要、具有良好综合素质的实用型高级国际汉语人才。具体目标为：（1）能正确、流利、得体地运用汉语进行交际，具备较高的汉语听、说、读、写能力。（2）熟悉中国国情，对中国政治制度、价值观念、历史文化、社会习俗、文学艺术等诸多方面有较全面的了解。（3）能够从事中文教学、翻译、中外文化交流以及外交贸易等方面的工作。（4）能够进行基本的中文信息处理和信息检索，具备一定的科学研究能力。

培养要求:(1)一、二年级为第一阶段,课程以学科基础课为主,突出语言技能训练。(2)三、四年级为第二阶段,课程内容以专业必修课为主,在继续提高语言水平的基础上突出专业知识学习。该阶段将充分利用我校多学科优势,鼓励学生根据自己的兴趣和发展方向,在全校范围内选修课程,成绩合格可计入选修课学分。四个学年需修满172个总学分。

课程设置及学分分配:156学分。具体分配为:(1)全校平台课:共2门,4学分;应用素质课:共2门,必修4学分。(2)部类平台课:必修4学分。(3)学科基础课与专业课:共57门,148学分。包括:学科基础课:共13门,必修80学分;专业课:专业必修课共14门,必修48学分;专业选修课选修20学分(选修10门)。①

科学研究和实践环节:16学分。具体安排为:二年级下学期完成读书报告一篇(3000字左右),计4学分。三年级上学期社会实践、专业实习2周,完成实习报告一篇(3000字左右),计4学分。三年级下学期完成学年论文一篇(4000字左右),计4学分。四年级下学期完成毕业论文一篇(6000字左右),计4学分。

1.2 人民大学汉语言专业教育实施情况择要简介

(1)学校高度重视本科教育质量,有一套完整的教学质量管理体系。自1996年留学生汉语言专业设立伊始,其培养方案和教学组织管理就纳入学校教务处的统一管理系统之中。在学制学分、教学管理、课程设置、培养环节等方面,总体上全面执行学校对本科生的相关规定,但同时也根据留学生教学的特点,而具有一定的灵活性和自主性。根据学校要求,每年需要对教学方案进行必要的调整。经学校批准后,统一编入《中国人民大学本科培养方案》,并依据培养方案实施教学。

(2)1996年汉语言专业设立之初,其教学评估即纳入学校的管理体制,评估由学校教务处统一组织实施。教学评估标准由学校统一制定,学校采用

---

① 全校平台课也叫"应用素质课",即计算机应用基础(初级),计算机应用基础(中级)。列入部类平台课的是"中国经典话剧赏析"和"中国文学经典导读"。学科基础课包括汉语精读、汉语口语、汉语文化双向、商务汉语、报刊时文、中国经典小说研读、中国概况等课程。专业课包括高级汉语、汉语广播听力、文献阅读与写作、现代汉语词汇与汉字、现代汉语语法、汉语综合阅读、语言学概论、翻译等课程。专业选修课包括中国近现代史、中国文化概论、中外文化交流史、中国现代文学选读、中国当代文学选读、中国古代思想概说、当代中国政治制度等课程。

语言类教学评估表对教师的教学进行评估。教务处将每位教师的各项指标得分及总分汇编成册，全校发布。

（3）按照学校要求，学院制定了《教学质量管理体系》。从课程设置、目标定位、分班测试、教学计划管理、教学大纲执行、教学质量检查、学生意见落实、成绩管理等方面实施严格的程序管理。为提高本科教学质量，设立教师相互听课制度，并提交听课报告。

（4）制定了对汉语言专业留学生本科生学年论文和毕业论文指导规范，实行"一对一全程指导和答辩制度"。每个本科生的学年论文和毕业论文分别由一位老师指导，每周面对面指导两个学时，整个指导过程为两个学期。指导内容包括论文选题、研读文献、材料收集、起草提纲、写作初稿、论文修改等。论文写作完成以后，由学院统一组织答辩。答辩通过者记入相关的学分；未能通过者，在规定的时间内修改论文，另行答辩。

（5）实行严格的考勤管理。所有课堂上课前统计考勤，由办公室发布当月考勤情况。好的受到表彰，差的受到批评和警告。缺课达到应修课时三分之一的，不能参加期中和期末考试。对于不能完成培养方案或者达不到培养方案要求的学生，学院严格按照人民大学本科生学习管理规定执行，主要是留级、暂缓毕业等。

（6）在教学服务和管理方面，设立班主任制度，对班级进行日常管理。班主任负责协调本班的所有课程、意见反馈、安排语言实践活动、同学的日常联络、学习情况调查等。实践证明，班主任制度是有效的，对增强班级的凝聚力、沟通师生之间和同学之间的感情，都起到了很好的作用。许多老师被评为校级、院级优秀班主任。

（7）第二课堂是语言学习的一项重要内容。学院每个学期都组织语言实践活动，语言实践紧密结合课堂教学，既提高了学生的学习兴趣和语言能力，又增进了学生对中国的了解和理解。按照本科培养方案的要求，本科三年级有1～2周的社会实践活动，从1996级本科生开始，组织学生到泰安、曲阜、苏州、杭州、上海等地实习，帮助他们了解中国历史文化以及当代中国的社会生活及其发展变化。

（8）设立"学习勤奋奖"制度，每个学期末召开"勤奋奖"表彰会，激励学习刻苦、成绩优良的学生。实施"意见反馈"制度，通过多种渠道征求学生对教学和管理的意见和建议，并做出必要的落实、调整和解释。

二 留学生汉语言本科专业建设探讨

从十几年的汉语言专业本科教学实践来看，我校积累了一定的经验，取得了一定的成绩。培养了一批专业基础扎实、了解和理解中国、对华友好的国际汉语人才。他们中有的在中国或在本国从事外交、外贸或文化交流活动，有的在中国或本国的企业、公司就业，有的回国后在中小学、孔子学院从事汉语教学或汉语培训工作，有的继续深造考上硕士、博士。有的还比较活跃，比如，中央电视台"同乐五洲"节目英籍主持人牛汉生（大牛），即为我校汉语言专业2002级学生。总体上看，我们的本科毕业生就业情况还是令人满意的。但是，汉语言专业在我校来说学科建设的历史并不算长，教学实践经验还需要进一步积累和总结，学科发展的规律还需要进一步探索和深化，学科建设和完善还有很大的发展空间。

2.1 人民大学留学生汉语言专业建设简介

（1）在教学管理和人才培养规格上，根据我校多年的做法来看，本科教学宜纳入学校统一管理体系中，但应采取"中""外"结合的方式。也就是说，尽可能地接近、适应、吸纳全校各专业统一的管理办法，同时尽可能地体现、彰显、突出留学生教学规律与培养特色，把两个"尽可能"恰到好处地结合起来，可能是一种可行可取的办法。否则，过分强调与中国学生的一致性、过分强调"国民待遇"，或是过分强调留学生教学的特殊性、过分迁就学习者，都不利于本专业健康发展，不利于教学实施和人才培养。事实上，把本科教学纳入全校的管理体制当中，不仅可以最大限度地保证国家和学校对本科人才培养规格的实现，学生本身也有一种对学校的归属感和学习的自信心；而照顾到留学生跨语言和跨文化学习的实际情况，以及汉语言专业既要进一步大幅度提升语言能力又要学习专业知识的特点，则是汉语言专业教学规律的体现。当然，如何把学校对本科生的要求和本专业的要求很好地结合起来，还需要从理论到实践进一步加以研究和探索。但是，我们认为，"结合"是本专业设计和课程设计的一个方向，也是本专业建设的一个发展方向。

（2）在课程设计和设置上，突出特色课程和品牌课程建设，提高教学质量，增强专业的吸引力。我校多年来开设的"汉语语法偏误分析""广播新闻实况听力""汉语文化双向"等语言课程，《骆驼祥子》原文研读""经典话剧原作赏析""中国古代思想概说""中国境内的世界文化遗产""中国人文地理""中外文化交流史"等文学文化课，已经成为一些颇有特色的课程，有的还获得过国家汉办教学奖，有的成为校级精品课。其中，设立在部类平台课或学科基础课中的中国文学经典导读、中国经典小说研读、中国经典话剧赏析等课程，既体现了本科通识教育和原文元典教学的教育理念，也符合全面提高留学生汉语口语和书面语能力以及了解中国历史文化的需求。同时也将初步改变历来本科高级汉语课仍然以选文编教材为主的老旧教学模式，让学生直接接触原著元典应是汉语言本科生教学的一个重要路径。事实上，以学语言为主的本科生在四年的学习时间里，未能接触到完整的中国文学原著元典，将是十分遗憾和可惜的。显然，研读一部语言优美精炼、内涵丰富的汉语经典作品，将不仅有效地增长和提升学习者的语言知识和语言能力，也将全面增强和加深他们对中国历史文化、社会风俗、伦理道德、价值观念等的了解和理解。因此，我们认为，研读文学经典原著应该成为留学生本科课程的一个重要发展方向，也应该是汉语言专业建设的一个重要方面，很值得从理论和教学实践进一步加以探讨。近年来我校以"《骆驼祥子》原文研读""《城南旧事》原文研读""《雷雨》剧作赏析"等为教学内容，开设的中国文学经典导读、中国经典小说研读、中国经典话剧赏析等部类平台课或学科基础课，效果良好，受到学生的普遍欢迎，值得在教学实践中进一步加以总结和探索。

（3）在培养环节和制度上，对本科生学年论文和毕业论文实施全程指导和答辩制度，是一项可行可取的做法。根据本科留学生的实际状况，为保证人才培养的质量，我校多年来对本科生的学年论文和毕业论文实行为期一年的"一对一"全程指导和逐一答辩制度。这项制度的实施虽然给老师增加了工作量，但学生普遍反映他们从中受益匪浅。论文选题由学院提供参考选题、指导教师建议选题与学生自行选题相结合，选题需经指导教师和学院论文指导下组确定后方可执行，中途一般不得改题，特殊情况改题需经论文指导小组批准。在教师的指导下，从选题、收集相关材料和文献、分析语料和研读文献、拟定写作提纲、撰写初稿、修改论文到脱稿答辩，不仅能够有效地实施过程管理，从而保证论文的质量，增强学生的汉语书面表达能力，也有效地提高了他们的汉语沟通能力、分析问题和解决问题能力。同时，"答辩"也较好地杜绝了少数学生的抄袭现象。这项创新性的管理措施成为我校本科生教学管理的一大特色。

2.2 对留学生汉语言本科专业建设的几项建议

(1) 细化培养目标，拓展培养内涵，确立全面发展的人才培养观。

国家汉办组织制定的《高等学校外国留学生汉语言专业教学大纲》(2002)是目前留学生汉语言专业的规范性指导文件，该大纲对汉语言专业的培养目标的规定是："本专业培养适应现代国际社会需要、具备良好综合素质、全面发展的汉语专门人才。具体业务要求如下：① 具备扎实的汉语言能力与言语交际能力；② 掌握系统的汉语基础理论与基本知识；③ 掌握基本的人文知识，熟悉中国国情和社会文化；④ 掌握文献检索、资料查询的基本方法，具有初步的科学研究与实际工作能力。"我们认为，大纲对汉语言专业人才培养规格的描述应当说只是一个基本的要求。随着教学实践的深入和国际社会对汉语人才需求的变化，应当进一步深化和细化汉语言专业的培养目标，拓展培养内涵，确立全面发展的人才培养观。我们对外国留学生汉语言本科专业人才培养目标的基本解读是：该专业以培养能从事多种工作的通用型国际汉语人才为主。通过本科四年的学习，成绩合格的毕业生应具有较强的汉语言文字应用能力和跨文化交际能力，并以熟悉中国历史文化、了解中国国情为专长。合格者毕业后应能胜任在海外中小学的汉语教学工作，能够用汉语从事中外文化交流工作，并具备胜任较高层次的外交、国际商贸等工作的潜能；合格的毕业生还应具备良好的道德素养、心理素质、人格修养和职业精神，具备良好的人际交往与合作能力、组织协调能力、综合分析能力、自控与应变能力、创新能力，同时还要具备运用现代信息处理技术处理手段获取和掌握新知识的能力。如果我们的理解符合专业发展的基本方向，符合近年来国际社会对汉语人才需求的变化，那么，根据我们的观察目前只有少部分优秀毕业生才能达到这样的要求，多数成绩合格者尚未全面达到这样的要求。如果是这样，就需要我们进一步加强本专业的人才需求分析和目标定位，更新课程设置，尤其要加强专业教育和人才培养的过程管理，以保证培养目标的实现。

针对本科留学生教育的现状，我们觉得在课内课外要特别重视和加强对学生跨文化人际交往能力的培养、对学生情绪品质和社会适应能力的情商的培养。因为我们培养的人才最终是要走向国际社会，而进入社会，专业知识和专业能力固然重要，但人际交往能力和情商同样，甚至更为重要。目前我们更多地着眼于语言能力、专业能力的提高，对学习者综合素质的培养，对他们跨文化人际交往能力和情商方面的培养，重视不够、体现不够。在相当程度上可以说，目前本科生培养还没有确立起综合能力和综合素质全面发展的人才培养观。

（2）更新观念，改革培养模式，大幅度增加课内外的阅读量。

根据近十年来对本科教学的观察和思考，我们认为，汉语言专业本科教学尚未达到应有的教学水平，或者说尚未发挥出应有的潜力；从学习者的角度来说，尚未达到学习的饱和状态，或者说尚未发挥出应有的学习潜能。换言之，我们不能以修满规定的学分、履行好规定的程序为目标，不能以完成现有的精读课和阅读课教学为满足，不能寄希望于以现有的少量精读和阅读课教学来换取"无限的阅读能力"，而应以高标准、高水平地实现培养目标为着眼点，以最大限度地发挥和拓展学习者的潜能为着眼点。古语云：取法乎上，仅得其中；取法乎中，仅得其下。照此来说，即使我们采取高标准、大剂量、强化性地教学实施，也只能"仅得其中"。而目前本科教学可能普遍地还谈不上是高标准的实施，至少在阅读量上还远远不够。就我校来说，虽然在课上增加了经典文学作品的原文研读课，每一届学生至少研读过一两部经典文学原著，但是跟他们的实际阅读需要相比，跟他们课下可利用的时间相比，跟他们可能发挥的学习潜能相比，还远远不够。

为此，我们建议应在广泛研讨和调研的基础上，开出汉语言专业学生课上特别是课下必读书目，书目主要以具有可读性、易读性的经典文学名著为主，辅以其他汉语百科书目，有计划有层次地在四年学制当中读完，教师和班主任日常进行督导检查，定期进行阅读评估，全部读完并达到一定的标准，计入相应的学分。当然，这只是一个初步的想法，真正实施尚需要充分的论证、规划和设计。但是，我们相信实行这一措施，对高水平、高质量地实现培养目标，对发挥学生的潜能、培养学生的自主学习能力，都将起到不可限量的作用。大剂量的阅读，所能带来的高回报、高效益是不可限量的。

因此，本科教学应立足现实，更新观念，积极探索汉语言专业改革和建设的新路。事实上，现有的汉语言本科课程设置基本上还属于"小家碧玉"型的，按部就班型的，忽略了本专业虽然要承担全面提高学习者汉语能力的重要任务，但又不应仅限于培养学习者的汉语能力，还应让他们学习和掌握汉语言专业本身的知识以及其他相关的专业知识，还应培养学习者其他方面的能力和素养。否则，就谈不上全面发展的人才培养目标，谈不上高素质的复合型人才培养目标。而总课时量又不可能无限制地增加，那么要想尽快地、更好地提升学习者的汉语能力和文化认知能力，就应另辟蹊径。而目前我们想到的办法就是大剂量地增加学生的课外阅读量，并将这一措施纳入培养计划，科学实施。

（3）发挥来华学习的优势，积极促动学生走进目的语社会，融入目的语社会，拓展汉语和中国文化学习的范围和空间，拓宽人际交往的范围和层次。

来华学习的最大优势正在于身处目的语环境中，随时随地可以听到汉语、看到汉语，随时随地可以观察生活、感受文化。而我们的本科生尚未很好地、积极主动地利用好这一天然条件。我们的教学也未能有意识、有策略、有技巧地利用好这一得天独厚的条件。至少可以说，我们的学生和教师还没有把这一条件利用得十分充分。学生多数时候是"独处"或是与本国学生"扎堆"，教学和教材未能很好地把教学内容与课外目的语环境和目的语社会生活紧密地联系并有效地结合起来。这不仅是汉语言专业教学存在的问题，也是整个来华长期进修生教学同样存在着未能很好地开发和利用目的语环境的问题。

因此，应当高度重视目的语环境的利用，积极探求在本科培养方案中、在课程设置上、在教材编写和教学任务设计上，如何与目的语环境和目的语社会生活联系起来，把课堂教学延伸到课外、延伸到目的语社会中去。从而有效地拓展学习的空间和范围，扩大学习者的交往范围和渠道，增加接触汉语、习得汉语、使用汉语以及感受生活、体认文化、理解文化的机会，促使课内学习和课外学习形成良性互动，从而更快更好地提升学生的汉语交际能力、人际交往能力和综合素质。我们相信，只要师生革新观念，高度重视目的语社会环境的利用，充分认识到汉语环境的利用将给予学习者和课堂教学带来的巨大回报，那么具体的措施策略、方式方法、管道途径等"技术层面"的问题，都可以在研究和探索中逐步得以解决。

参考文献

蔡永强、段红梅 2006 规范化与人性化——汉语言专业本科留学生教育的管理模式，冯俊等主编《谈学论教集》，中国人民大学出版社。

崔永华 1997 关于汉语言（对外）专业的培养目标，《语言教学与研究》第4期。

国家汉办 2002 《高等学校外国留学生汉语言专业教学大纲》，北京语言大学出版社。

国家汉办 2008 《国际汉语教学通用课程大纲》，外语教学与研究出版社。

李　泉（主编）2006 《对外汉语课程、大纲与教学模式研究》，商务印书馆。

李　杨 1999 《对外汉语本科教育研究》，北京语言文化大学出版社。

刘润清、戴曼纯 2003 《中国高校外语教学改革现状与发展策略》，外语教学与研究出版社。

张　黎 2009 来华留学生汉语言专业发展30年述评，《国际汉语教育》第2期。

（本文与段红梅合作，载《云南师范大学学报（对外汉语教学与研究版）》2010年第3期）

国际汉语教学的语言文字标准问题[*]

提　要　汉语教学语言文字标准的学术研究和战略规划，是国际汉语教学一项重要的顶层设计。本文建议：国内外汉语教学的语言和文字标准均宜采用双轨制。语言标准上，国内采取"普通话"和"地方普通话"双标准，海外采取"普通话"和"大华语"双标准。文字标准上，海内外均采用"规范汉字"和"汉语拼音"双标准。其中，普通话和规范汉字，在国内均为法定标准，在海外均为理想标准；地方普通话和大华语分别是国内和海外合格的、规范的语言标准；汉语拼音在海内外汉语教学领域均为合格的、规范的文字标准。显然，多元标准有助于满足多元化汉语教学的需要，有助于加快汉语的国际化进程。

关键词　国际汉语教学　语言文字标准　普通话　规范汉字　大华语　汉语拼音

一　引言

无论着眼当下，还是放眼未来，汉语国际化都将是不可逆转的趋势。国际化意味着汉语教学类型和层次、学习目标和学习需求、教学模式和教学方法等多元化。中国作为汉语的母语国，有责任和义务对国内外多元化的汉语教学进行总体规划，包括国际汉语教学学科体系的建构与完善，汉语水平等

---

[*] 本文为"中国人民大学科学研究基金（中央高校基本科研业务费专项资金资助）项目成果"，项目名称：国际汉语教材编写理念创新研究，项目编号：2013030254。本文系根据作者在北京语言大学对外汉语研究中心主办的"基于多元理论的对外汉语教学模式研究"国际学术研讨会（2013 年 7 月 27—28 日，呼和浩特，内蒙古师范大学）参会论文扩展修改而成。感谢审稿专家和《语言教学与研究》编辑部对本文提出的宝贵意见。

级标准及测试体系的研制和完善，汉语教学模式及各类大纲的制定和完善，等等，而国际汉语教学语言文字标准的学术研究与战略规划，则是其中最为重要的一项顶层设计。世界各地的汉语教学传统和教学要求多有不同，海内外汉语差异较大，汉字又有繁简之别，而汉语拼音的文字地位尚不明确，这些因素都对国际汉语教学语言文字标准的认定和完善提出了要求。正因此，学者们发表了不少相关的意见。

例如，李宇明（2005）：新形势下仅有普通话的概念是不够的，应该在语言规划的层面有一个新概念——华语，即"以普通话为核心的全世界现代华人的共同语"。海外华语的地位很重要，"不能轻视更不能轻弃"。郭熙（2006）：从当今国际汉语传播以及跨国、跨境使用情况来看，中国的语言规划不仅要为中国使用汉语的人服务，还要为全世界学习和使用汉语的人服务。郭龙生（2007）：应对"对外汉语教学中的问题"和解决"各种问题的对策"进行规划。王建勤（2008）：汉语教学与评估标准体系的研究和建设严重滞后，使汉语国际推广处于非常被动的局面。"在全球化背景下的汉语国际推广过程中，标准显得越来越重要。因为标准不仅仅是规范，而且是目标和导向。"白乐桑、张丽（2008）：无论是澳大利亚《国家语言水平计划（1988）》、美国《21世纪外语学习标准（1996）》，还是加拿大《语言等级标准（2000）》、欧洲的《欧洲语言共同参考框架：学习、教学、评估（2001）》，无不体现了建立统一语言教育政策及标准的全球视野及教育新理念。彭俊（2012）：建立汉语国际规范，是发展汉语和顺应国际化的现实需要。侍建国、卓琼妍（2013）：我们国家的语言包括通用语和标准语两种形式，将通用语跟标准音脱钩是"汉语国际化的一条终南捷径"，"放宽语音标准是汉语国际化的重要一步"。上述观点很有启发性、建设性和参考价值。

本文拟在前人相关研究基础上，着眼海内外汉语教学的现状和发展趋势，具体探讨现阶段国际汉语教学语言和文字的标准及其适用范围等问题，希望有助于相关讨论与共识形成。"现阶段"指汉语国际化初始阶段的当下及可预见的未来相当长一个时期，这是汉语走向世界的战略机遇期，语言文字标准的宽严与取舍，不仅影响当下的国际汉语教学，更影响未来汉语国际化的进程。必须说明的是，正因为"兹事体大"，更由于个人的见识和能力所限，本文的讨论必定是引玉之举。

二 标准确立的理念和原则

2.1 标准确立的基本理念

把汉语教学长远目标跟现实目标、把国内语言文字规划与海外汉语教学的语言文字规划联系起来，综合考量、区别对待，应是制定国际汉语教学语言文字标准的基本理念。

国际汉语教学的长远目标是使汉语成为普遍教授和学习的语言，进而成为一种国际化的交际工具。而要实现这样的长远目标就需立足当下，从现实目标做起。我们认为：现阶段应以"培育汉语市场，扩大汉语市场"作为国际汉语教学的总目标。也即不遗余力满足外国人学汉语的愿望，并千方百计吸引更多的人学汉语。（李泉，2010）进一步说，语言文字标准的确立应为现阶段国际汉语教学的总目标服务。

把海内外语言文字标准的规划联系起来，我们看到：国内汉语教学中的语言标准和汉语拼音的文字功用问题尚需讨论（参见下文）。海外汉语教学的语言文字标准则处于一种缺乏学术研究和共识的各行其是的状态，如语言有普通话、国语及海外华人的通用汉语，文字有简体字和繁体字，注音多采用汉语拼音（但也不尽然）[①]；而海外对汉语拼音文字功能及文字标准地位的需求和认可亦值得关注。这些问题都需要在充分讨论的基础上逐步形成共识，从而使海内外不同类型的汉语教学，都能够有标准可依，有规范可循。

2.2 标准确立的基本原则

（1）基于国际化视野，标准应兼顾国内外。汉语教学、学习和应用的国际化表明：汉语教学不仅是中国的事情，更是世界的事情。因此，国际汉语教学语言文字标准的确立和规范，不仅要遵循国内的语言文字政策，也要兼顾和尊重世界各地汉语教学的实际需要，从而使海内外的汉语教学规范发展、共同发展。

（2）基于多元化需求，标准应避免单一化。外语学习、教学和应用的实践表明：外语学习目标从来就不是单一化的，听、说、读、写综合语言能力

[①] 王晓钧（2004）指出：繁简两体的同时存在成了海外发展中文教学的难题之一。美国各大学中文教学项目往往有不同的汉字策略，有的先繁后简，有的先简后繁，有的繁简并用，有的识繁写简。汉字的拼写系统也存在不统一的情况。在美国，至少有5种拼写汉语的方式。可喜的是，使用汉语拼音系统的学校占了压倒性优势，约为92%。

的培养虽是主要目标，但绝非唯一目标。汉语学习目标、教学需求和汉语应用的多元化，要求语言文字标准也不应单一化、刚性化，而应采取有包容性的多元化标准策略。

（3）基于市场化考量，标准应刚柔相济。标准的确立是从严、从宽还是宽严结合，直接影响各类汉语学习者的人数、教学的方式方法及效益、汉语教学与传播的国际化程度。如以培育和扩大汉语教学市场为国际汉语教学的总目标，则标准的确立就不宜仅仅选择从严的策略，而应宽严相济，即当严则严，需宽则宽。

总之，现阶段国际汉语教学语言文字标准的规划和确立，应有全球化和务实的考量，应有接地气和服务的意识。标准的确立应具有建设性，应是顺应和适应，而不是限制和抵触；应是引导性的规范，而不是排斥性的规范。

三　国内汉语教学的语言文字标准

3.1　法定的语言标准——普通话

自 20 世纪 50 年代中期，在学术研究基础上，由国家层面明确普通话的含义并提倡在全国推广普通话以来，国内对外汉语教学界便自觉以普通话作为语言标准，教材编写和课堂教学均以普通话语音、词汇、语法为教学规范，并将普通话水平作为衡量对外汉语教师是否合格的一项基本标准。以普通话作为对外汉语教学的语言标准，既合法又合理。一方面，《中华人民共和国宪法》（1982）第十九条规定："国家推广全国通用的普通话。"《国家通用语言文字法》（2000）第二十条规定："对外汉语教学应当教授普通话和规范汉字。"另一方面，第二语言教学首选的语言标准是目标语国家的标准语。标准语语言地位高、交际用途广、学习价值大，方言或其他非标准语则不然。可见，以普通话作为对外汉语教学的语言标准和教学内容，不仅符合中国的法律法规和语言规范的方向，亦有第二语言教学学理上的依据。

然而从实施上看，标准的普通话是一种理想化的标准，是需要努力去实现但不容易完全实现的标准。其一，普通话除语音标准较为明确（但也不尽如此，如轻声、儿化的范围问题），词汇、语法与方言的界限并非泾渭分明。其二，即使教材都是标准的普通话，那么教师是否能进一步用标准的普通话开发、深化和诠释教材的内容？教师课堂上输出的汉语是否都是地道的普通话？是需要存疑的。其三，多数学习者习得和输出的汉语语音、词汇和语法是否都是标准的普通话？更是可以存疑的。这表明普通话是一种理想化的语言标准。尽管如此，普通话仍是对外汉语教学首选语言标准，因为它不仅合法，也合乎第二语言教学的常规做法。

3.2 合格的语言标准——地方普通话

推广普通话是国家的基本国策，几十年来也取得了很大的成绩。但是，迄今为止普通话普及率还不够高，"真正能讲一口完全符合标准的普通话的人很少，即使是北京人，也不一定讲的都是标准的普通话。"（陆俭明，2005）这是事实，然而，几十年来随着普通话的推广、电视等媒体的普及，特别是国内经济发展的需要和人员的大量流动，能讲带有方言色彩的普通话——地方普通话的人越来越多。李宇明（2014）指出：带有地域方言色彩的普通话，称为"地域普通话"，也称"地方普通话"等，"所谓地域方言色彩，包括方言口音、方言词语、方言语法以及方言的特殊表达方式等"。就对外汉语教学看，不少方言区汉语教师讲的是带有程度不同方音的普通话，同时受语言环境的影响，长期在方言区学汉语的留学生的语音语调、话语方式和用语习惯等也会多少带有该方言区的语言特点。这就是说，无论是全国范围的大环境还是对外汉语教学的小环境，事实上都存在这种地方普通话现象。

推广普通话虽是法定的国策，但不是强制和刚性的，而是规范和引导性的。《国家通用语言文字法》（2000）第十九条规定：以普通话作为工作语言的播音员、节目主持人、教师、国家机关工作人员"应当具备说普通话的能力"，其普通话水平"应当分别达到国家规定的等级标准；对尚未达到国家规定的普通话等级标准的，分别视情况进行培训。"侯精一（2006）指出，"国家通用语言文字法以教育为主""对学术上仍有争议的问题保留进一步讨论的余地。针对不同的社会群体和不同使用范围做出了不同的规定，重在引导。"这表明，国家提出推广普通话的重点领域是：国家公务员；教育战线；新闻出版；公共服务行业（李宇明，2005）。即使对这些领域人员的要求也是有弹性的，允许有提高的过程。这是语言的复杂性和语言的交际性所决定的，也是语言文字法不同于其他法律的特殊性所在。

综上，我们建议，将地方普通话确立为对外汉语教学合格的语言标准。否则，或者无视这种现象的存在，或者不认可其规范的语言地位，二者均不具有建设性。应该尊重地方普通话已经存在并将长期存在的事实,看到它现在和未来都将是普通话使用的最大群体,①特别要看到它虽带有方言色彩,但根本上已经不属于方言而是属于普通话的范畴,因而,从标准上明确说地方普通话的教师是合格的汉语教师,使用地方普通话进行汉语教学视同规范的语言教学,承认外国人所讲的带有方言味道的汉语是规范汉语。②否则,有意无意漠视或歧视他们的语言地位,而这并不能从根本上改变地方普通话的性质和水准。

3.3　法定的文字标准——规范汉字

以掌握汉语听、说、读、写能力为目的的常规对外汉语教学必须教授汉字。国内几十年的对外汉语教学教授的是简体汉字,与今所谓规范汉字大体相当。规范汉字是国家通用语言文字的法定文字,是通行于中国大陆现代社会一般应用领域的标准汉字。语言文字法明确规定对外汉语教学应当教授规范汉字。以规范汉字作为对外汉语教材编写、课堂教学的标准文字,既合乎国家通用语言文字法,也合乎对外汉语教学的传统。因此,国内对外汉语教学界以规范汉字作为汉语、汉字教学的法定文字标准是不成问题的。

需要关注的是,汉字如何与拼音结合起来进行"打字"(输入拼音,辨认和提取汉字)教学,打字是否应确立为汉字教学的一项基本原则,都需要研究并形成共识。事实上,打字已经是世界性语文生活方式,对外汉语教学必须更新汉字教学的策略和教法,将打字教学纳入汉字教学的核心体系之中。金立鑫(2006)指出:"相信不久的将来,所有以汉字为书面语表达形式的手段将由计算机输入所取代。而手写方式仅仅作为艺术、辅助或补充手段的存在形式。此乃天下大势,不可逆转抗拒。"

3.4　合格的文字标准——汉语拼音

《汉语拼音方案》自1958年问世后,各类对外汉语教材和课堂教学即广泛使用汉语拼音。汉语拼音的使用极大地改变了汉语教学的面貌,大大提高了教学的质量和效率,迄今汉语拼音已然成为国际汉语教学不可替代的重要

---

① 李宇明(2014)指出:国家普通话水平测试分出三级六等,除一级属于标准的普通话之外,其他都应属于地域普通话。
② 以往在高标准、严要求的理念下,对地方普通话教学采取的是"默认"其合格的态度。但是,"默认"与从事理上、标准上明确予以认可和承认,给相关教师和汉语学习者带来的心理感受是不同的,对学科发展和建设带来的促进作用是不同的。

工具。(1) 它便于语音教学。学习汉语首先要学习语音,汉字形音脱节,见字不知音,难以进行音素分析。汉语拼音字母是音素字母,用它来分析汉语语音,进行声韵调的系统教学和训练,十分便利(苏培成,2010)。教学实践已经充分证明了这一点。(2) 它便于汉字和词汇教学。汉字缺乏表音机制,难以认读和记忆,而汉语拼音正可以弥补这一缺憾。用拼音给汉字、词汇注音,声韵调一目了然。拼音便于学习者查字典、词典,有利于字义、词义的认知。(3) 它便于口语教学。"汉字脱离口语,拼音字结合口语,有利于推广普通话。"(吕叔湘,1987)实际上,拼音也便于外国人学习汉语口语。语音是语言的物质基础和存在形式,而拼音记录的正是汉语的语音形式。因此,通过拼音学习汉语语音,通过音节组合来学习汉语词汇和语法,通过语流学说话,是汉语口语教学和学习的有效途径。

可以认为,汉语拼音承担了汉语的准文字乃至文字的功能。《国家通用语言文字法》(2000) 规定:"国家通用语言文字以《汉语拼音方案》作为拼写和注音工具。《汉语拼音方案》是中国人名、地名和中文文献罗马字母拼写法的统一规范,并用于汉字不便或不能使用的领域。"可见,《汉语拼音方案》是法定的"拼写和注音工具",虽然没有明确其法定的文字地位,但从以下三方面看,仍然可以将汉语拼音确立为国内对外汉语教学领域合格的文字标准。(1) 从法理上看,语言文字法规定:汉语拼音是汉语的"拼写工具","并用于汉字不便或不能使用的领域"。显然,拼写工具即是拼音文字所具有的属性和功能,而汉语语音学习和训练、只学口语的教学正是"汉字不便的领域"。可见,将汉语拼音确立为合格的文字标准与语言文字法并无抵触。(2) 从应用上看,规范汉字是汉语法定的书写工具,汉语拼音是汉语法定的拼写工具,二者在功能和文字属性上并没有本质区别。不仅如此,由于现行汉字书写形式不实行分词连写,汉语拼音书写形式有可能在一定程度上实现分词连写,使语言的表意单位能够在书面形式上得到一定程度的体现,而这正符合拼音母语者的书写和阅读习惯。(3) 从需求上看,常规汉语教学和学习已经离不开汉语拼音的辅助,而且许多情况下拼音所发挥的作用实际上是文字的功能,如语音和语流教学、词汇教学和学习。从以学习汉语口语为目的的学习者的实际需要来看,拼音更是他们实现目标的最佳文字工具。

综上,我们认为,至少在对外汉语教学领域,应将汉语拼音确立为合格的文字标准。此所谓合格的文字标准即是规范的文字标准。这样,不仅可以为拼音在现有常规汉语教学中发挥的文字功能正名,更可以为它在只学口语的说听教学模式中的文字地位正名。当然,正名是手段、是策略,目的在于追求"名正则言顺,则事成"的效果,可以更好地开展汉语拼音作为对外汉语教学规范文字的功能研究、书写规范研究、不适应之处的对策研究、汉语拼音教材编写研究①、拼音化教学模式及其与汉字化教学模式的接轨研究等,使汉语教学进入一个良性互动、多元发展的新局面。

四 海外汉语教学的语言文字标准

4.1 理想的语言标准——普通话

普通话是中国大陆的法定语言,是中国各民族、各方言区通用的汉语标准语。各类汉语文出版物、信息处理及相关的技术产品等均以普通话书面语为规范的语言形式。因此,海外常规的汉语教学以普通话为核心的语言教学标准和教学内容,既符合外语教学的目标,也符合学习者语言学习的最大利益(李泉、关蕾,2009)。事实上,海外汉语教学大都自觉自愿地以普通话为汉语教学的语言标准,不少教学机构就以"普通话中心"命名。多年来中国外派的一批批汉语教师,近年来大量派出的汉语教师志愿者都持有程度不同的普通话,并以普通话为汉语教学标准,面向海外编写的教材也以普通话为语言标准和教学内容。海外不少本土教师是从中国大陆学成后回国从事汉语教学的,他们自然认可普通话。

普通话应该是国际汉语教学首选的、理想的语言标准,这是可以期待的共识。但是,由于教学传统和师资条件等原因,以及语言环境和世界各地华语的复杂性等因素,海外汉语教学实际上不可能都以普通话为汉语教学的语言标准。"首选的、理想的语言标准"是就理念和策略上、学理和事理上而言,而不是必须和强制的,是作为汉语母语国对国际汉语教学和传播的一种规划和愿望,是我们积极引导、努力促进的方向。从根本上说,海外各地的汉语教学是海外有关国家及教学单位的事情,学什么样的汉语,想达到什么样的预期目标等,都应由他们自己来决定。尽管如此,从国际汉语教学语言

---

① 目前,国内编写的拼音化的汉语教材很少,权威性、经典性的汉语拼音教材尚属空缺,这跟汉语拼音的文字地位不明确不无直接原因。

规划和学术服务的角度看，我们建议，将普通话确立为国际汉语教学的理想语言标准。"理想标准"意味着是有吸引力的、学习价值最大的，因而也是最佳的、首选的语言标准，但从实施的角度看也意味着是理想化的高标准（参见 3.1），并且对海外来说不意味着是唯一可选的语言标准。

4.2 合格的语言标准——大华语

基于海外华语一直存在着并将继续长期存在的现实，显然，我们不能认为只有说普通话和教普通话才是规范的。对海外华语、港澳台国语、世界各地的方言汉语等，显然，我们"不能轻视更不能轻弃"。也许正因为如此，不少学者探讨有关华语的各种说法和所指[①]，以期更好地开发国际汉语教学和传播的语言资源。例如：

周有光（1995）指出，汉语的共同语，大陆叫它"普通话"，台湾叫它"国语"，新加坡和外国华人叫它"华语"；"这三种说法不是相互矛盾的，而是相互补充的。"郭熙（2004）指出：华语的大本营在中国，普通话作为标准已是大势所趋。因此将华语定义为：华语是以现代汉语普通话为标准的华人共同语。陆俭明（2005）指出，为了使汉语走向世界，有必要提出和建立"大华语"的概念，并定义为："以普通话为基础而在语音、词汇、语法上可以有一定的弹性、有一定宽容度的汉民族共同语。"赵金铭（2005）指出，"鉴于目前全球华人所说的汉语的一致性还较差，我们认同大汉语的概念。"除普通话和汉语方言外，台湾所说的"国语"，新加坡华人所说的"华语"，东南亚华人、华侨所说汉语及其方言，以及北美、西欧及全球各地华人社区所用汉语，均可属大汉语范畴。李宇明（2014）新近的表述是"大华语是以普通话/国语为基础的全世界华人的共同语"，并对大华语变体的成因进行了阐释。

可见，人们对海外华语的重要作用，对建立大华语的概念，有高度共识，并对大华语的所指、性质进行了揭示和概括，这无疑非常具有建设性。然而，我们不仅应承认海外华语的存在，以及为大华语下一个恰当的定义，还要对大华语的语言标准地位做出明确的认定，这样才更有利于开展和规范海外的汉语教学。对此，陆俭明（2005）认为，在教学要求上，"达到普通话要求"，那是高标准；"达到大华语要求"，那是基本要求。陆先生强调"一

[①] 相关的讨论和分析，可参见郭熙（2004）。

方面要提倡以普通话为规范标准，另一方面我们又不做死的规定，不一定要求境外华语非要不折不扣地完全接受中国普通话规范不可，也可以有一个容忍度。"

综上，我们建议：（1）将大华语界定为：以现代汉语通用语为基础、以普通话为发展和规范方向、通行于世界各地的华人共同语。包括大陆的普通话、地方普通话、台湾地区的国语，以及海外的新加坡华语、各地华人社区的汉语等。（2）将大华语确立为海外汉语教学"合格的语言标准"。此所谓"合格"表明达到了最低要求，同时也意味着是规范的。（3）大华语作为汉语教学合格语言标准的基本条件是：讲这种大华语者之间能够进行普遍性交际，与讲标准的普通话者能够进行普遍性的交际。换言之，作为语言汉语教学标准的大华语，应具有相当程度的规范性，并且与普通话在语音、词汇和语法上差别不宜太大。

将符合一定条件的大华语确立为国际汉语教学合格的、规范的语言标准，就从标准规划上提升了大华语在国际汉语教学与传播中的语言地位，并有利于对这一语言标准类型汉语教学的研究和规范。退一步说，不把大华语确立为合格的语言标准，那么这类教学也将在世界各地继续存在。而语言标准地位不明确，则不仅仅是个名分问题，重要的是不利于大华语资源的整合、利用和规范，不利于学科的建设和事业的发展。

4.3 理想的文字标准——规范汉字

近几十年的海外汉语大都以教授简体汉字为标准，但也有少数地区和教学单位教授繁体汉字。"规范汉字"是经过系统整理、通行于中国大陆现代社会一般应用领域的标准文字。《通用规范汉字表》既由中国政府发布，"大陆又是使用汉语汉字人口最多的主权国家，其他非汉语国家与中国交流，要把汉语作为第二语言来学习，也就需要遵循中国大陆的汉字规范。"（王宁，2014）也就是说，规范汉字应是国际汉语教学首选的文字标准。

然而，迄今海外还有少数教学单位教授繁体字，中国的港澳台地区仍以繁体字作为书写工具，海外有的教学单位只用或主要用汉语拼音教授汉语，因此，应将规范汉字看作是海外汉语教学"理想的文字标准"。此所谓理想既意味着是最好的选择，因为它是中国大陆的法定文字，各类出版物的标准文字，也意味着理想化的标准，因为我们无法要求海外汉语教学必须教授规范汉字。但是，可以相信并期待，规范汉字在海外将占有越来越大的汉语汉字教学市场，长远看规范汉字有望一统天下，当然这也是一个自愿自选的过程。

4.4 合格的文字标准——汉语拼音

拼音在汉语教学中所具有的不可替代的作用及其文字属性与功用，前文已有所论述，这里试进一步说明。（1）从学习者角度看，《汉语拼音方案》采用国际化的拉丁字母，这对大多数汉语学习者来说并不陌生，不但易认易写，也很容易掌握拼写规则。"十天左右的语音阶段结束后，不但基本掌握汉语的发音，而且能较熟练地进行拼写，可以用汉语拼音做练习、记笔记。"许多学生使用《汉语拼音方案》"比有些老师还熟练"（吕必松，1983）。（2）从教学角度看，汉语拼音便于汉语语音、汉字、词汇和口语的教学和训练。不只如此，实际上整个汉语教学和学习过程都离不开它的帮助，它深刻地影响了汉语教学的模式和方法、质量和效益。比如，拼音在突破汉字难读、难认、难写以及字词检索和认知等方面发挥着最为有效的作用。又如，由拼音与电脑的结合给汉字、汉语教学和学习带来巨大效益，利用拼音和电脑教授汉字、汉语，在海外汉语教学中已渐趋成为常态做法（冯禹、杨清钰，2013）。（3）从实际功用来看，拼音在海外的汉语教学中在相当程度上承担着文字的功能。吕必松（1983）就曾指出：外国人编写的汉语教材有很多"都是直接用汉语拼音写课文，课文中根本不出现汉字。""从某种意义上来说，汉语拼音实际上已局部地起到了文字的作用。"

学界对拼音在汉语教学中的文字属性和功用已有不少论述和实践。柯彼德（2003）指出："外国人学习和使用汉语时，汉语拼音除了其重要的辅助作用以外，早已具有了文字的性质和价值。"马庆株（2003）强调：当今世界是拼音的世界，充分利用《汉语拼音方案》是现实汉语汉字与世界接轨的必由之路。耿有权（2007）详细介绍了法兰克福大学的"准汉语教学模式"：教材是全拼音课本，课堂教学中的词语、语句展示及教学测试全部拼音化。赵金铭（2009）指出：用汉语拼音学习和拼写汉语，会学得快得多。在国外，初级汉语学习者大都只学拼音，教师也只用拼音教汉字。这无疑有助于汉语的国际传播。赵先生还说"事实上国内也存在只教拼音的教学班"，并介绍了相关的教学及效果："他们的口语表达不错，听力也达到一定水平。"

不难看出，在以培养说听能力为主的教学模式中，拼音承担了文字的功能。这种利用拼音学习汉语，不学或只学少量汉字的"拼音化教学模式"，在世界各地的汉语教学中早已被广泛采用，大有与"语文并进"的汉字教学模式并驾齐驱之势。

综上，从使汉语拼音名正言顺地发挥其文字的功用，从扩大汉语教学与传播的途径，从尊重学习者只学口语的愿望，从弥补汉字不表音以及难写、难记的缺憾等诸多角度看，宜将汉语拼音确立为海外汉语教学"合格的文字标准"。"合格的"不仅意味着是可行的，也意味着是规范的。如此，则可以使不止成千上万的汉语口语学习者的愿望得到更好的满足，使"拼音化教学模式"成为一种规范的教学模式，使国际汉语教学事业与学科得以更好地发展和建设。显然，将汉语拼音确立为海外汉语教学的规范文字，是一种多赢的标准策略。

五 标准的确立与标准的实施

按照"开阔视野，更新观念，着眼大局，服务现实"的思路，下面对国际汉语教学语言文字标准的确立与实施的问题做进一步讨论。

其一，承认标准的普通话教学无论是作为法定的语言标准还是作为理想的语言标准，都是一种高规格的语言标准，是应该努力实现但不容易完全实现的标准，特别是在语音标准上。树立这样一种观念，可以使我们的教学立足于实事求是的基础上，而不是立足过于理想的境界。在教学实施上尊重和依托标准，但不迷信和神话标准。比如，不必为了掌握所谓地道的标准音而纠音纠得学生"不知所措"，不必为了所谓字正腔圆而练音练得学生"心灰意冷"，而应该把更多的时间和精力用在语言知识的学习和语言交际技能的掌握上。对此，外语教学界的反思可以给我们很好的启示。傅荣（2008）指出：纵观20世纪60年代的听说法和80年代的交际法，一个共同的指导思想是"要求学生讲外语必须达到讲本族语的人的水平，听、说、读、写四会能力全面发展。"教学实践却告诉我们，这其实是认识上的一个误区。"绝大多数外语学习者，尤其是成年的外语学习者既无可能，也无必要将外语说得跟当地人一样完美地道，这是外语教学特有的复杂性所决定的。"桂诗春（2010）也指出：就以达到或接近本族语者的语言水平作为二语习得的最终目标而言,"恐怕没有哪一个国家把培养接近本族语者的语音水平列入普通教育的教学计划里。"

其二,承认地方普通话、大华语的客观存在及其在汉语教学中应有的语言标准地位,不把它们与普通话绝对地对立起来、分割开来。事实上,"在相互沟通的基础上,普通话从它们那里吸收了不少有用成分,它们也从普通话这里吸收语言营养。"(李宇明,2009)这几种"语言"终归都是汉语,终归是"同根生"。实际上,从地方普通话和大华语本身来看,它们没有什么不规范的,不规范是从标准普通话的角度来评估的,而标准普通话本身也是缺乏标准的。因此,只认可普通话是国际汉语教学的标准,既不现实也不策略。语言本质上不过是一种交际工具,没有多少人仅仅为了学习某种所谓标准的外语而学习外语,学习一种语言根本上是为了跟这种语言社群的人进行交流,而能够进行交流即是语言学习的目标所在。事实上,国家推广普通话的主要目的是使普通话成为全国各民族通用的交际语言,而不是要求每个人都要讲一口地道标准的普通话(这既无必要也无可能)。对此,英语教学所面临的情况同样可以给我们启示:随着英语的全球化,各种不同的第一语言英语,如英式英语、美式英语、澳大利亚英语、新加坡英语等,正被"复数化的英语"(World Englishes)所取代(沈惠忠、袁轶锋,2013)。谁是"本族语者",哪个才算"第一语言英语"成了一个模糊概念。即便有所认可(如以英国英语为标准),那么对其他各式英语的教学都将产生诸多负面影响,包括语言和标准地位的公平性、学习者自信或自卑的心理、求职就业的歧视现象等。可见,排斥性、单一化的标准,不利于语言教学与传播。

其三,承认非常规汉语教学是一种重要的教学目标,给予汉语拼音在这类教学模式中应有的文字地位。显然,非常规不等于不规范,更不等于不需要规范。规范的策略在于顺应,目的在于服务,而不是抵触和限制。认为只学拼音不学汉字会造成"汉字文盲",这是不必要的担心。许多学习者由于种种原因而只想学口语,进行口头交际;不想学汉字,也不想看汉字文献,这完全是他们的权利,也是汉语教学应有的一种模式。事实上,具备了一定的口语基础,再学汉字无疑更容易,至少不难。汉语母语者都是先有了口语基础,再学汉字的。对此,欧洲外语教学界在总结和反思外语教学理论和实践基础上,形成的现代外语教学的某些理念,同样切合国际汉语教学,值得借鉴。比如,他们明确表示"不再以培养'理想中的讲本国语的人'为终极目标。"明确提出"部分语言能力"的概念——"某一特定阶段尚不完善的外语能力其实正是多元化语言能力的一部分,是对多元化语言能力的丰富和发展。"它既是一种"多容的能力"也是一种为实现某个既定目标应具有的"功能性能力"。它既可指语言的输入活动能力,如突出发展听力理解能力;也可指某一领域或特定任务,如邮局职员用外语讲解最普通的邮政业务(欧洲理事会文化合作教育委员会,2008)。

其四,承认汉语拼音在国际汉语教学中是规范的文字标准,可以使汉语教学和传播利益最大化。许多学者都呼吁要扩大汉语拼音的应用范围,可是对认可和提升汉语拼音的文字属性和文字地位却又有所担心。事实上,给予汉语拼音在国际汉语教学领域合格文字标准的地位,并不会对国内的语言文字标准和应用造成混乱。不能因为国内的语言文字规划不再走拼音化的路线,就忽视和淡化汉语拼音在国际汉语教学中可以承担文字功能并可以成为书写汉语的"第二文字"的研究。汉语拼音不可能也完全没必要替代汉字,但这并不影响它自身可以在进一步研究的基础上成为特定领域的第二文字。周有光(1992)指出,《汉语拼音方案》的初稿,起名为《汉语拼音文字方案》,在成为"草案"公开发表征求意见时,把"文字"二字删去了。周先生强调"流通性不足,法定性没有,拼音当然不是'正式文字'。但是,它有文字的功能,能够担任某些汉字担任不了的工作。事实上它是一种'没有文字名义的文字'"。当然,这并不意味着汉语拼音就是一种完善的文字,在同音词的分化、词语连写等问题上都还需要研究。[①]可是,汉字书写汉语也不是十全十美的,特别是记录口语。可见,观念和心态以及看问题的角度和价值取向很重要,当然,积极去解决问题的行动更重要。

六 结语

下面将本文对"国际汉语教学语言文字标准体系"的建议,以表1形式

[①] 可喜的是,已有学者不仅呼吁应完善《汉语拼音方案》作为拼写工具的职能,更是基于推进中国语文现代的进程和汉语国际传播,而具体探讨《汉语拼写方案》的必要性、科学性和可行性。讨论其定型原则,并为汉语制定可作为文字系统使用的拼写方案,在不用附件符号的条件下实现两大目标:1. 声调标示;2. 大幅度减少现代汉语同音字造成的拼写式同形词。用多种办法表示声调,利用汉字声旁与特殊拼法的对应来区分同音词,借助信息化手段实现拼式与汉字的双向转换。(马庆株,2003、2014)这样一些研究和探索对汉语拼音真正实现其文字功能是具有实质意义的。

呈现如下：

表 1　国际汉语教学语言文字标准体系

内容 \ 范围	国内汉语教学		海外汉语教学	
	标准	性质	标准	性质
语言	普通话	法定标准	普通话	理想标准
	地方普通话	合格标准	大华语	合格标准
文字	规范汉字	法定标准	规范汉字	理想标准
	汉语拼音	合格标准	汉语拼音	合格标准

该体系最大的特点是：国内和海外的语言和文字标准均采用"双轨制"。语言标准上，国内采取"普通话"和"地方普通话"双标准制，海外采取"普通话"和"大华语"双标准制。其中"普通话"在国内是法定的语言标准，在海外是理想的语言标准。文字标准上，国内和海外均采用"规范汉字"[①]和"汉语拼音"双标准制，前者在国内是法定的文字标准，在海外是理想的文字标准；后者在海内外汉语教学领域均为合格的文字标准。

该体系最大的突破是：将国内的地方普通话和海外的大华语均认定为"合格的语言标准"，将汉语拼音认定为国际汉语教学"合格的文字标准"。所有"合格的"语言和文字标准都意味着是规范的、"合理合法"的标准。当然，"合格"本身也意味着是入门的、基本的、可行的标准，而不是理想的、高规格、从严的标准。我们认为，这些突破是必要的、值得的。语言标准的突破以海内外汉语事实和汉语交际事实为基础，文字标准的突破（将汉语拼音确立为规范的文字标准）以教学实践及其对标准需求为依据。

该体系的核心标准是：普通话和规范汉字，无论是作为法定的标准还是作为理想的标准，都应是海内外首选的、核心的语言和文字标准。二者在国际汉语教学语言和文字标准体系中占据核心标准的地位，是汉语国际化语言和文字标准规划和发展的方向。其中，非核心的语言文字标准（地方普通话、大华语，汉语拼音）作为相关的双轨标准中的"一轨"，同样具有规范

---

① 这是站在汉语母语国立场上，基于学术规划的考虑。对于海外迄今和将来仍采用繁体字作为汉字教学标准的做法，亦应视为合格的乃至规范的，因为我们无权要求海外相关教学单位必须使用规范汉字，何况繁体字还被认为是正体字。

的语言文字标准地位，并具有特定的应用范围和应用价值。

该体系的主要优势是：海内外汉语教学语言和文字标准的两个"双轨制"，体现了标准体系的多元化，而多元化的标准体系才能使多元化的国际汉语教学各得其所、和谐发展。相反，单一化的标准体系既不符合海内外复杂的汉语现实，也不符合海内外复杂的汉语教学现实及其对多元化标准的需求，难免削足适履，事倍功半。

显然，本文拟订的这个标准体系还只是一个框架，比如，地方普通话、大华语，从内涵到外延以及它们作为合格的、规范的语言标准的标志性条件和操作性的认定细则等，都需要进行广泛的研究。又如，汉语拼音作为合格而规范的文字标准，其适用对象和范围、教学模式及其与汉字教学模式的衔接，特别是同音词的拼写与区分等问题，都需要进行深入的研究。

参考文献

白乐桑、张　丽　2008　《欧洲语言共同参考框架》新理念对汉语教学的启示与推动，《世界汉语教学》第3期。

冯　禹、杨清钰　2013　试论电脑输入汉字在北美高校汉语教学中的实施原则，《汉语国际传播研究》第1辑，商务印书馆。

傅　荣　2008　《欧洲语言共同参考框架：学习、教学、评估》述评，《国际汉语教学动态与研究》第4期，外语教学与研究出版社。

耿有权　2007　基于拼音化理念的"准汉语教学模式"及其应用，《国际汉语教学动态与研究》第一辑，外语教学与研究出版社。

桂诗春　2010　关于我国外语教学若干问题的思考，《外语教学与研究》第4期。

郭龙生　2007　略论中国当代语言规划的类型，《语言教学与研究》第6期。

郭　熙　2004　论"华语"，《暨南大学华文学院学报》第2期。

郭　熙　2006　论华语视角下的中国语言规划，《语文研究》第1期。

郭　熙　2012　《华语研究录》，商务印书馆。

金立鑫　2006　试论汉语国际推广的国家策略和学科策略，《华东师范大学学报》第4期。

侯精一　2006　汉语规范化50年，《语文研究》第3期。

柯彼德 2003 汉语拼音在国际汉语教学中的地位和作用,《世界汉语教学》第3期。

李泉、关蕾 2009 普通话在国际汉语教学中的核心地位,《汉语学习》第2期。

李泉 2010 国际汉语教学理念与策略探讨,《国际汉语教育》第一、二辑（连载）,外语教学与研究出版社。

李宇明 2005 《中国语言规划论》,东北师范大学出版社。

李宇明 2009 信息时代的语言文字标准化工作,《语言文字应用》第2期。

李宇明 2014 汉语的层级变化,《中国语文》第6期。

陆俭明、苏培成（主编）2004 《语文现代化和汉语拼音方案》,语文出版社。

陆俭明 2005 关于建立"大华语"概念的建议,《汉语教学学刊》第1辑,北京大学出版社。

吕必松 1983 《汉语拼音方案》在汉语作为外语教学中的应用,《文字改革》第6期。

吕叔湘 1987 汉字和拼音字的比较,《光明日报》1月6日,又收《吕叔湘全集》第十二卷,辽宁教育出版社,2002。

马庆株 2003 关于对外汉语教学的若干建议,《世界汉语教学》第3期。

马庆株 2014 整合创新,促进中国语文现代化——汉语拼写方案的必要性、科学性和可行性,《中国语文》第6期。

欧洲理事会文化合作教育委员会 2001/2008 《欧洲语言共同参考框架：学习、教学、评估》,中译本,外语教学与研究出版社,2008。

彭俊 2012 汉语国际化与推广普通话,《语言文字应用》第1期。

沈惠忠、袁轶锋 2013 中国英语教学与研究的新构架：感知、实践与范式,《外语教学理论与实践》第1期。

侍建国、卓琼妍 2013 关于国家语言的新思考,《语言教学与研究》第1期。

苏培成（主编）2010 《当代中国的语文改革和语文规范》,商务印书馆。

王建勤 2008 汉语国际推广的语言标准建设与竞争策略,《语言教学与研究》第1期。

王宁（主编）2014 《通用规范汉字表》解读,商务印书馆。

王晓钧 2004 美国中文教学的理论与实践,《世界汉语教学》第1期。

赵金铭　2005　汉语的世界性与世界汉语教学,《汉语与对外汉语研究文录》,外语教学与研究出版。

赵金铭　2009　《汉语拼音方案》:国际汉语教学的基石,《语言文字应用》第4期。

周有光　1992　《中国语文纵横谈》,人民教育出版社。

周有光　1995　《语文闲谈》,生活·读书·新知三联书店。

(载《语言教学与研究》2015年第5期。香港《语文建设通讯》第110期（2015年12月）以"准拼音文字"为题"文摘"该文。中国社会科学杂志社主办《中国社会科学文摘》2006年第2期"文摘"该文）

教学与教材研究

汉语国际化：内涵、趋势与对策

提　要　本文认为，现阶段汉语的国际化表现在：学汉语的国别广泛化，学汉语的人数居高化，汉语教学体系完善化，汉语教学本土化，汉语应用场合多样化，汉语在国际间媒介化。文章基于经济因素及中国的国际化进程等五方面的分析，认为汉语的国际化进程是一种不可逆转的趋势。文章指出，制定国际汉语教学的总目标、促进汉语教师本土化、促进汉语走进海外国民教育体系、完善国际汉语教育学科等，是促进汉语国际化的基本对策。汉语的国际化将是一个漫长的过程，并且不会是直线型的持续发展。国际汉语教学应按照外语/第二语言教学的规律办事，切不可以事业的发展替代学科自身的发展。

关键词　汉语国际化　国际汉语教学　汉语国际化内涵　汉语国际化趋势

一　引言

进入 21 世纪以来，汉语在国际上的应用前景正被海外各国越来越多的人看好，汉语的学习价值开始受到各国教育部门和公众的关注；海内外特别是海外学习汉语的人数持续增长，国际社会对汉语学习和汉语教学的需求不断增强。对此，业界同人就如何抓住汉语走向世界的难得机遇，加快汉语的国际化进程，进行了多方面探讨。

例如，世界各地汉语教学的形势、问题与举措（严美华，2003；吴英成，2003；贾益民，2007），汉语的世界性及全球化时代汉语传播的趋势（王路江，2003；赵金铭，2005），利用汉语拼音与国际接轨，培养多语种汉语师资（马庆株，2003），语言的强弱与国力强弱的关系，提升汉语价值、扩大学习需求（李宇明，2004、2005），建立"大华语"的概念（陆俭明,2005),汉语国际传播的国家策略和学术策略(金立鑫,2006),强势语言传播的历史回顾以及汉语国际传播的发展趋势(高增霞,2007;吴应辉,2010),汉语传播必须以汉语教学为重点(郑定欧,2008),以科研引航促进国际汉语教学事业的发展(陆俭明,2009),国际汉语教学事业发展与学科建设的关系(崔希亮,2010;李泉,2013),海外汉语教学的机遇、挑战与传播理念(王觉非,2010;李泉,2010),国际汉语教师的素质与培养的针对性(陆俭明,2011;朱志平等,2013),语言国际化的衡量标准与汉语的国际化程度(曾毅平,2013),国际汉语教育与对外汉语教学之间的沿革与拓展关系(赵金铭,2013),等等。这些讨论、建议和相关的学术研究,有助于了解汉语国际化面临的机遇、存在的问题以及语言传播的各种动因,有助于更好地把握海内外汉语教学之关系及国际汉语教学的本质,有助于制定和选择国际汉语教学的策略、措施和在重大问题上的取向等。

但是,现有的研究中不少问题还未形成广泛共识,另有许多问题尚未深入探讨。比如,目前汉语国际化程度如何,所谓汉语热能持续多久?长远来看,汉语学习、教学和应用的国际化能达到什么程度?汉语能否以及何时能成为国际化的语言?影响汉语国际化进程的学习者因素有哪些?影响汉语国际化进程的语言及文字本身的因素有哪些?等等。这些问题不仅关乎汉语传播策略和教学理念的制定,更影响着汉语教学在海内外的持续发展。本文无力全面探讨上述问题,愿就汉语国际化的现状、内涵、趋势和对策略陈浅见,以供参考。

二 汉语国际化的现状

探讨汉语的国际化问题,首先应了解汉语国际化的现状如何。"现状"是制定政策的基点,是推进汉语国际化进程的起点。而评估汉语国际化的现状则是一个见仁见智的问题。媒体和文献中的相关表述有"世界兴起汉语热""普通话全球热""汉语走俏某某国""某某国汉语学习者激增""某某国汉语教师短缺",以及"汉语热需要冷思考""真正的汉语热尚需时日"等。结合有关报道和我们近年参与海外高校、孔子学院等组织的海外汉语教师培训及所见所闻,拟对目前的汉语国际化现状及程度做如下估计和判断:

其一,中国经济的持续发展,综合国力和国际影响力的不断提升,促进了国际上汉语学习的热情持续升温,"海外汉语教学由先前少数精英的学术性、猎奇性需求,转变为实用化、社会化、平民化和多元化需求趋势。"(李泉,2009)近年来,在中国政府有关部门的积极推动下,国际汉语教学事业获得空前发展,所谓汉语热的说法正是在这种背景下出现的。海内外一线汉语教师明显感到:比之十年前,汉语走向世界的步伐明显加快,汉语教学的国际化程度明显加深,这已是不争的事实。简言之,汉语正快步走向世界。

其二,从国际汉语教学的整体状况以及实际学习汉语的人数来看,从汉语进入有关国家国民主流教育体系以及教师、教材和教学标准等的本土化情况来看,从与英语、法语、西班牙语、德语、俄语等普遍或比较普遍学习的语言相比,从汉语作为第二语言在国际场合的使用情况来看,从外国人中真正能用汉语进行恰当的口头和书面交际的高端人才的数量来看,现阶段汉语的国际化水平还相当低,国际汉语教学正处在方兴渐热阶段,汉语的国际化进程正处于初始阶段。(李泉,2010)简言之,汉语的国际化程度还很低。

新世纪以来,特别是2005年以后,海内外媒体和刊物不断报道所谓"汉语热"的情况,不少海外人士都表达了对汉语学习和应用前景看好的意见。例如,英国有关方面的一项调查得出的结论是:十年后,今天在校读书的学生,没有人可以避免同中国打交道。英国48家集团俱乐部主席说:"过去俱乐部成员聚会时,所有人相互问候都用西班牙语,以显示自己有国际学识,现在改成用汉语了。"(王芳等,2012)当然,也有些报道和展望言过其实、夸大其词,有些学习者也存在"学了汉语就能找到工作,就能赚大钱"的盲目乐观心理。但是,汉语在世界范围迅速升温却是客观事实。主要表现为:汉语学习的人数在不断增加并呈现大众化趋势,学习目标正从传统的"学术和专业"需求急遽向"实用和兴趣"需求拓展,学习方式和学习内容也呈现多样化趋势,等等。有报道说,海外学习汉语的人数已达5000万(王芳等,2012),而来华的各国留学生2005年仅14万人,2012年已达30万余人。(陆俭明,2013)可以说,海外各国不断升温的汉语学习需求,以及中国政府的大力投入和国内高等院校的积极参与,使得汉语正加快走向世界的步伐。

但是,汉语的国际化进程尚处于初始阶段,国际化程度还很低。表现为:世界上学汉语的人数有4000万、5000万之说,但是,"这些汉语学习者中,华人华侨学生几乎占了绝大多数,约占总人数的70%。"(贾益民,2007)并且"绝大多数还只是能说上几句日常汉语口语而已,因此说,汉语还是一个相当弱势的语言。"(陆俭明，2013）退一步说，即使这四五千万人都是非华裔学习者也不算多，特别是跟英语等强势语言相比，跟中国是个人口和语言大国相比，跟中国学习外语的人数相比，跟我们希望能用汉语进行交际和用汉语来了解中国的人数相比，何况这其中的绝大多数汉语水平还很低。此外，目前汉语进入海外主流教育渠道的程度还不高，一些孔子学院缺乏本土汉语教师。实际上，汉语并没有真正"热"起来，只是学汉语的人数比以前增多，汉语的学习价值和应用前景正被广泛地看好。比如，就美国的汉语教学来看，王觉非（2011）认为客观的说法应当是"现在开始加温了"，"美国公众现在对中文的关注程度正在提高"。如此等等的一些情况，让我们相信，目前汉语的国际化程度还相当低。

如果以上的估计和判断大体符合实际，那么这应成为制定现阶段汉语国际化政策、选择国际汉语教学策略、确立国际汉语教学理念的重要依据。我们认为，对现阶段的国际汉语教学来讲，普及应是第一位的，是当下的，是一个人为的过程；提高是第二位的，是后续的，是一个水涨船高的过程。学汉语的人多了，一些人对汉语汉字的畏惧感就会逐渐消除，汉语难学的偏见就会逐渐破除，汉语传播就会进入一个更加良性的状态。（李泉，2010）

三 汉语国际化的内涵

何谓汉语的国际化？可以从不同的角度来考量，用不同的标准去界定。曾毅平（2013）指出，"语言国际化指的是一种语言成为国际通用语言的过程。国际通用程度可以分为低级、初级、中级、高级和最高级五等。低级是起步水平，至少一种语言在两国间通用。初级指区域若干国家通用。中级指在洲际多国或多种国际公共事务领域通用。高级则应为国际普遍使用"。照此来看，目前汉语的国际化程度恐怕连低级都够不上。我们认为，现阶段的汉语国际化就是汉语教学、汉语学习和汉语应用走向世界的进程及程度。具体表现为：

其一，学汉语的国别广泛化，也即在世界200多个国家和地区中开展汉语教学的国家逐步增多，并随着汉语国际化程度的加深而最终占据绝大多数（80%以上），并且汉语成为有关国家最主要的外语语种之一。

其二，学汉语的人数居高化，也即学汉语的人数应成为有关国家外语学习者中最大的群体之一；世界范围内汉语学习者的人数，随着汉语国际化程度的加深而逐步与学习法语、西班牙语、德语等主要语种的人数大体相当乃至更多，并不断迫近英语学习者的人数。

其三，汉语教学体系完善化，也即世界各有关国家从事汉语教学的机构普遍增多、汉语学历化和非学历化教育层级逐步完善，普遍性地建立起涵盖从幼儿园、小学、中学、大学及成人教育的汉语教学体系；与此同时，各种专门用途的汉语教学（如商务汉语、科技汉语、医学汉语、公司汉语、航空汉语、旅游汉语等）得到广泛的发展，并且逐步积累起比较成熟的理论和丰富的教学资源及教学实践经验。

其四，汉语教学全面本土化，也即汉语全面性地进入有关国家国民教育体系中，成为有关国家及各级各类学校承认的外语教育的科目，并且是主要的外语学习语种；同时在汉语教师、教材、教法、教学模式及教学标准等各方面逐步实现本土化或形成本土化特色。汉语教学在越来越多的国家全面实现本土化，是汉语真正走向国际化的核心标志。

其五，汉语应用场合多样化，也即不仅在汉语学习和教学、在汉语和中国文化学术研讨，以及有关中国问题的国际会议等场合"汉语化"或尽量汉语化、逐步汉语化，而且诸如中国外销产品的包装及说明也应逐步采取"汉外双语化"、海外旅游景点的标识和介绍逐步增加中文说明（现在已经在某些国家开始这样做了），等等，以便扩大汉语的国际使用场合，增强各国人民对汉语汉字的观感和兴趣乃至于学习和应用的机会。其中，当中国的某些先进的科学技术研究成果（如航空航天等领域），以及研究和介绍中国传统文化的学术论著（如中医中药、儒家经典等）不再以英语等发表或翻译成英语等，而是直接以汉语发表或出版并被国际社会所接受和利用时，才表明汉语真正走向世界。

其六，汉语在国际间媒介化，也即随着汉语不断持续和深入地走向世界，汉语应逐步成为双边、多边以及区域性、多区域性乃至国际性的媒介语、通用语。比如，东亚的中日、中韩、中日韩，乃至韩日之间、东南亚各国之间，以及东亚地区和东南亚地区各国之间的媒介语、通用语。也即汉语在某些场合、某些区域内逐步替代英语等媒介语而成为新的媒介语。这是汉语国际化的理想境界。显然，这需要一个相当长的时期，需要具备诸多良好的汉语国际化的发展条件，才可能逐步得以实现。

当然，并没有充分的理由表明就只有以上六方面才是汉语国际化内涵的体现，甚至是否还有更为体现汉语国际化内涵的指标也还值得探讨。但是我们相信，以上确定的汉语国际化的基本内涵，应该符合当下汉语国际化进程的现状及相当长一个时期的发展方向。果真如此，则上述这"六化"应是国际汉语教学发展的重要取向，是汉语国际化的重点努力方向。汉语传播策略、教学策略、教学目标等的制定，海内外特别是海外汉语教学的开展，都应围绕着这样一些工作取向和努力方向来进行。其中，学汉语国别的增多，特别是学汉语人数的增多是汉语国际化"量"的体现，是汉语国际化的显性标志。汉语教学层次的多样化和汉语教育体系的完善，以及教师、教材、教法、教学标准等逐步而全面实现本土化，是汉语"学科"国际化的具体体现，是汉语国际化可持续发展的保证。汉语应用场合多样化，特别是不再以英语等媒介语而是直接用汉语发表学术成果，并能够被国际学术界阅读和利用，以及汉语成为"中外""外外"之间口头和书面交流的语言，则是汉语国际化的真正实现。

四 未来汉语国际化的趋势

未来汉语国际化的发展趋势如何？也即目前汉语快步走向世界的良好势头能否得以持续、稳步地发展？所谓的汉语热能"热"多久？会不会像当年由于日本经济的强劲发展而带动了世界范围的"日语热"，而后又由于日本经济的长期低迷而导致日语变"凉"？这不仅是海内外汉语教学与研究的从业人员所关心的问题，更是在学的特别是将要选择汉语学习的海外各类学生，以及未来的、潜在的汉语学习者所共同关心的问题。这的确是一个重要的问题，对许多汉语学习者来说也是一个非常现实的问题，影响着他们是否选择学汉语，因而也影响着汉语国际化的程度。然而，这个问题目前没有定论，似乎也难有定论，很大程度上说，这是一个有待让未来事实回答的问题。但是，我们也可以不"等待未来"，而根据现有的认识做些一般性的分析和预测。我们认为，从以下几方面来看，汉语将在世界上继续升温。

其一，中国经济持续发展，则汉语将进一步国际化。近年来世界范围的"汉语热"跟中国经济多年来的持续快速发展密切相关，毫无疑问，中国经济多年的快速发展是形成"汉语热"的一个根本动因。因此，如果中国经济大体保持现有的发展水平，乃至进一步稳步发展，无疑将会进一步促进"汉语热"的持续升温，进一步加快和深化汉语的国际化进程。简言之，中国经济发展则汉语热，这应该是多数人的共识。

其二，中国经济发展放缓，则汉语的国际化会受到影响。按照"汉语热"的经济发展动因说来看，如果中国经济发展速度放缓、持续低迷乃至长期衰退，那么，无疑也会导致"汉语热"降温，汉语的国际化进程放缓，乃至汉语变"凉"。但是，"放缓"说目前还只是一种假设的情况，中国经济尚未出低迷的迹象，更未出现长期衰退的事实。实际上，自2010年以来中国已经成为世界第二大经济体，中国经济总体上仍在发展阶段。据《金砖国家经济社会发展报告》预测：到2020年，中国经济总量有可能超越美国居世界第一。（陈郁，2011）中国经济正处于转型期，增长放缓难以避免，但随着居民收入及基础投资需求持续增加，中国经济未来仍有巨大发展空间。据预计，至2020年中国经济每年平均增长仍可达7%。（李伟，2013）国际清算银行的调查报告显示：2013年人民币首次超过瑞典克朗、港元进入全球十大交易最频繁货币榜单，成为世界第九大交易货币，而2010年4月人民币还只是排在第17位，可见，人民币正加速其国际化进程。（阮煜琳，2013）有关中国经济发展的现状和趋势，我们可以从习近平在亚太经合组织工商领导人峰会上的演讲中得到最新的权威看法，在回答中国经济会不会"硬着陆"，中国经济能不能持续健康发展的问题时，他强调指出："中国经济已经进入新的发展阶段，正在进行深刻的方式转变和结构调整。""综合分析各方面情况，我对中国经济发展前景充满信心。"信心来自于中国经济增速处在合理区间和预期目标内，中国经济增速有所趋缓是中国主动调控的结果；来自于中国经济发展质量和效益稳步提升，而不再简单地以国内生产总值增长率论英雄；来自于中国经济的强劲内生动力，中国经济发展的内生动力正在不断增加，并将继续增强；来自于亚太发展的良好前景。（习近平，2013）所有这些都表明：经济动因仍将持续促进汉语的国际化进程。

其三，中国持续的改革开放政策和广大民众的强国梦，是可以期待汉语国际化的内在动因。一方面，中国经济的崛起得益于中国实行的改革开放政策，改革促发展、发展是硬道理的观念早已深入人心。中国是世界上最大的发展中国家，市场大、内需外需发展空间广。更为重要的是，中国对内改革、对外开放和以经济建设为中心的国策不会改变。2013年11月9日至12

日召开的中共十八届中央委员会第三次全体会议决定成立"中央全面深化改革领导小组",负责改革总体设计、统筹协调、整体推进、督促落实。这将进一步有力地促进中国经济和社会的全面发展。另一方面,回顾鸦片战争以来百余年中国积贫积弱、备受欺凌的历史,无论是仁人志士还是广大民众都普遍抱有强烈的屈辱感,以及由此而产生的强烈的富强梦,这也许就是中国近30年来经济快速发展的深层动因。可以说,中国的发展有着强大的"历史基础""人心所向"和"改革需求",这无疑将成为我们相信和期待中国经济、社会不断发展,进而相信和期待汉语的国际化是一种必然进程的重要理由。

其四,经济以外的中国文化等因素,也是可以期待汉语国际化的重要动因。实际上,一种语言成为普遍学习的语言,不仅仅是经济因素一个方面的动因,语言本身以及科技、文化、教育等综合国力方面的因素也是人们选择学习某种语言的重要动因,而在这些方面汉语仍有相当大的优势。比如,汉语汉字背后的中国文化就是吸引外国人学习汉语的重要因素,几十年海内外汉语教学的实践已经证明了这一点。又如,传统的汉学研究将伴随着中国的发展而进一步得到发展,研究过去的中国和现在的中国的各方面是汉学研究的基本任务,研究中国迅速崛起的原因和未来的走向则是当下汉学研究的重要课题,而从事汉学研究的首要前提是学习和掌握汉语。总体上看,为了了解中国文化和从事汉学研究而学习汉语的人数不会占汉语学习者的多数,但他们受经济因素的影响不大,因而既不会大规模增长和快速增长,也不会突然减少或大量减少,他们是一个持久性的汉语学习群体,并将随着中国国际化程度的加深而持续和稳步增加。

其五,全球化背景下,中国的国际化进程加快,而中国的国际化必然促进汉语的国际化。具体来说,在全球化、信息化的时代,在"地球已成村"的当今世界,随着中国愈加深入地融入国际社会,以及"中国制造""中国装备""中国创造"不断走进世界各国;随着世界对中国立场、中国声音关注度的不断提高,以及中国人、中国事的"中国新闻"逐步成为世界新闻,而出于更好地了解中国的需要,中国的语言——汉语必然将走向世界,并在中外交流中发挥越来越大的媒介功能。与此同时,随着中国经济实力、综合国力和国际影响力的不断增强,世界各国了解中国和走进中国的愿望也会增强,并将在与中国的合作和交流中实现共赢。而真正要了解中国和走进中国，必然要借助汉语，因为只有通过汉语才能更好地了解中国，更好地同中国打交道。可见，汉语在中国的国际化过程中，将逐步但必然要担当起应有的媒介功能。换言之，汉语国际化也是中国国际化的重要体现和标志，二者相辅相成，相互促进。

综上，我们相信，随着中国经济社会的不断发展，科学技术和教育水平的不断提高、文化影响力的不断增强和综合国力的不断提升，以及全球经济一体化、政治多极化和文化多元化趋势的不断发展，汉语的国际化将是一个必然的趋势，国际汉语教学必将获得不断的发展和更大的发展。因此，我们对汉语的国际化持乐观的态度，甚至相信，汉语的国际化进程已然不可逆转。"长远来说，学习汉语将逐渐成为一种全球性的热潮，或迟或早公认的汉语热必将呈现，汉语亦终将成为一种世界强势语言。"（李泉，2010）当然，这绝不会一蹴而就，需要中国经济和社会长期持续稳定发展，需要中国社会文明程度和国际化程度不断提高，需要海内外汉语教学界一代代同人付出更多的努力。

五 促进汉语国际化的对策

如何推进和深化汉语的国际化进程，是一项系统性的顶层设计工程，需要海内外有关部门以及汉语教学界同行的通力合作，需要进行系统性的研究。尤其需要汉语母语国的有关部门对国际汉语教学事业做出全面的、长远的、战略性的规划设计，需要国际汉语教学界在广泛深入研究的基础上对国际汉语教育学科做出科学的学术发展规划，以便使汉语的国际化从初始阶段就能进入一个既切合实际，又有利于持续发展的进程。本文的引玉意见如下：

其一，制定现阶段国际汉语教学总目标。

如何推进汉语的国际化进程，可谓千头万绪。其中，首要的应该是科学而恰当地规划汉语国际化初始阶段国际汉语教学的总体发展目标，即进行汉语教学发展目标的顶层设计。这可能是一项十分必要而迫切的工作。因为它不仅直接关乎现阶段汉语传播的理念和教学策略的选择，也关乎汉语国际化未来的发展进程。如何确定现阶段国际汉语教学的总目标？我们认为应依据如下两个因素：（1）当下汉语国际化的现状，即上文所说的"汉语正快步走向世界"和"汉语的国际化程度还很低",这关乎汉语传播目标的可行性。(2)汉语走向世界所要面对的主要现实问题,这关乎汉语传播目标的针对性。从学习者的角度看①,汉语走向世界所面临的现实问题主要有两个:"汉语(汉字)难学"和"对中国缺乏了解"。前者不管是个真命题还是伪命题,都是一个在世界上广泛存在的现实问题。因此"汉语难学"这种普遍性的看法,是汉语走向世界所应面对的一个客观现实,在制定汉语传播策略和具体的汉语教学实践中,需要给予足够的重视。②后者也是一个需要我们在制定汉语传播策略和具体的汉语教学实践中认真加以对待的问题。由于历史和文化传统等多方面的原因,除了少数研究中国问题和来过中国的外国人以外,当今世界特别是各国民众对中国还相当不了解,或者没什么概念,或者只留下一个"中国很神秘(有两解:神奇、有吸引力;很传统、很落后)"的印象,或者对中国的认识还停留在百余年前、三十年前的状态。③

基于汉语国际化的现状和汉语走向世界所面临的问题,我们认为,现阶段国际汉语教学的总目标,应是"培育汉语市场,扩大汉语市场"。也即应不遗余力地满足越来越多的外国人学习汉语的愿望,并千方百计地吸引更多的外国人想学汉语、乐学汉语,并且能学得下去。一句话,以能吸引住更多的人学汉语为现阶段汉语国际传播的上策,以做大做强汉语学习的市场,想方设法让更多的人走进汉语、接触汉语、学习汉语,不断扩大汉语学习者的基数,作为现阶段国际汉语教学的总目标。(李泉,2010)确定这样一种总目标(或称指导思想、传播理念),将有助于与近年来世界范围的"汉语热情"相接轨,有助于扩大学习汉语的人数,从而逐步提高汉语的国际化

---

① 实际上,从不同的角度看,汉语走向世界所要面对的问题很多,有世界各国的语言态度、政策问题,有汉语传播的政策、渠道和方法问题,也有汉语本身的问题,如李宇明(2004)指出汉语走向强势语言的不利因素有:汉语的一致性差,方言分歧严重,普通话没有普及;现实生活中存在着轻汉语重外语(主要是英语)的政策规定或心理倾向,损伤了母语的声望;汉语汉字的规范标准不健全;地区性或国际性的组织、会议以及外交、贸易等场合真正使用汉语的不多,等等。

② 实际上,所谓汉语汉字难学更多的还是一种观念问题。对许多学习者来说,学汉语不过是学习一种"真正的外语",需要付出比学习亲属语言更多一些时间和精力而已。而汉字学习和使用过程中存在"降难"机制,如高频字集中之系统"易化"机制,汉字读、写、认、用之间难易"转化"机制,汉语拼音对汉字难读和难写的"补救"机制等,因此,实际上汉字并不那么难学。(李泉,2013)

③ 据美国教授麦克·尼克斯基说:对许多美国人来说,中国在他们头脑中的形象仍旧与几百年前相差无几——一个由皇帝统治的、人们还穿着传统服装的农耕社会。时至今日,仍有较多的美国人不了解当今中国经济建设的成就及改革开放政策。更令人遗憾的是,许多美国人不知道有北京和上海这样的国际化大城市。(戴蓉,2011)

程度，汉语学习者的基数大了，才有可持续发展的空间，有了数量才会有质量；而学汉语的人多了，则有助于改变"汉语难学"的观念，有助于增强学习者对中国、中国人和中国文化的了解。为此，在汉语国际化的初始阶段，海外的汉语教学也应有意识地"放下身段"，努力化繁为简，走"亲民化"之路；力避知识传授的"烦琐化"和教学内容的"怀古化""猎奇化"。换言之，在教学标准、教学内容、教学方法以及在汉字教学、教材编写等各方面都应采取更加贴近学习者实际需求的灵活措施，尤其是海外中小学及社会大众的汉语教学。（李泉，2010）力争在汉语国际化的初始阶段，在目标策略和教学行动上"吸引人""留住人""发展人"，为后续发展奠定基础、预留空间。

其二，积极促进本土化教师队伍的建立。

采取积极的措施，努力培养和培训本土化汉语教师。这是发展国际汉语教学，推进和深化汉语国际化的重要措施，也是汉语真正走向世界的一个重要标志。如果在世界范围内建立了一支包括海外华人在内的汉语本土化教师队伍，则为汉语的国际传播提供了不可或缺的资源保障。他们不仅可以从事汉语教学，更有资格、有条件和有能力促进有关国家、有关学校、当地社区汉语教学的开展，乃至积极影响有关国家或当地教育部门汉语政策的制定和实施。一旦汉语教学与本土汉语教师的工作乃至生存和发展联系起来，他们便有传播汉语的内在动力，便会积极寻求机会从事汉语教学工作，甚至创造条件开展各种类型和形式的汉语教学。相反，没有这样一支本土化的国际汉语教师队伍，汉语的国际传播便缺少了依靠和重要的支撑力量，汉语教学的本土化就难以真正实现，汉语的国际化就难以真正实现。可以说，本土化汉语教师是国际汉语教学的"火种"，是汉语国际化进程中的不可缺少的重要资源保障。建立本土化的国际汉语教师队伍是一项根本性的、战略性的措施。

其三，促进汉语走进海外国民教育体系。

据报道：已有英国、法国、美国等40多个国家颁布政令，将汉语教学正式纳入国民教育体系。在日本、韩国、泰国和蒙古国，汉语已跃升为第二大外语。（王芳等，2013）从制度上保证汉语的学习地位，无疑是汉语国际化的重大进展。汉语只有越来越多地进入有关国家中小学和大学等主流教育体系中，才能从根本上保证和深化汉语教学的国际化进程。可以说，进入有关国家的国民教育体系是汉语真正走向世界和高水平汉语国际化的制度保证。因此，作为汉语的母语国，中国政府及有关部门、教学机构和学术团体,以及海内外汉语教师应通过多种途径和方式,进一步促进这项关键工作的达成和实施,以确保汉语教学地位的提升和汉语教学的可持续发展。当然,进入国民主流教育体系绝非说说就能做到,根本上取决于有关国家及其当地政府自身对汉语学习价值的认可,而这又在很大程度上取决于中国经济的持续发展以及中国文化、政治、外交等国际影响力的不断增强。从这个意义上说,促进和保持中国经济的长期持续发展以及综合国力和科技教育水平的不断提高,才是汉语不断走进有关国家国民教育体系的根本动因。

其四,整合和完善面向海内外的国际汉语教育学科。

国际汉语教学不仅是中国的事业,也是一项国际间的友好事业。开展这项工作不仅有利于汉语和中国文化走向世界,更有利于满足各国人民对汉语及中国文化的实用需求、学术需求、兴趣需求,有利于中外各国人民的了解和理解,有利于世界的和平发展和和谐发展。然而,国际汉语教学更是一门以汉语作为外语或第二语言教学的学科,并且事业的发展归根结底需要学科发展的支撑,没有一个强大的学科及其建设成果的支撑,国际汉语教学的水平和效率就难以提升,汉语的国际化进程就会大大迟缓。因此,应加强海内外汉语教学界的联合,积极建立国际汉语教育大学科,探讨海内外汉语教学的共性和个性,研究和解决所共同面对的和各自面临的教学理论和教学实践的问题。(李泉,2009)可以说,学科建设是事业发展的学术保障,也是国际汉语教学健康发展、持续发展和深广发展的根本保证。事实上,国际汉语教学学科建设的水平本身即是汉语国际化水平的重要标志。上文所说的目前汉语国际化的程度还不高,其中就包含了学科建设的成果还不够丰厚的因素在内,特别是着眼于海外丰富多彩的汉语教学实践及其对于学科研究成果的需求来看。因此,海内外汉语教学界同人应进一步加强交流与合作,整合和完善国际汉语教育学科,以支持海内外汉语教学实践的深入发展、高效发展,不断促进和深化汉语的国际化进程。

其五,积极探索促进汉语国际化的其他各种措施。

国内对外汉语教学界同人在加强对外汉语教学理论研究的同时,应积极开展面向海外的国际汉语教学的研究,努力将国内的对外汉语教学建设成国际汉语教学的"学科基地",从多方面引领和促进汉语的国际化进程。例如,探究多种多样适合不同区域和国家的汉语教学模式,制定和完善各类用途的汉语水平标准、教学标准、课程标准和教学大纲,编写普适性、区域性和国别化的各类汉语教材，探讨适合汉语、汉字特点的教学方法等，以供海外汉语教学参考和借鉴。当然，这样一些具体的工作也可以海内外合作研究。

而海外汉语教学界在汉语国际化的进程中更可以大有作为，比如，在"培育汉语市场、扩大汉语市场"的当下，积极促动和支持海外中小学乃至幼儿园的汉语教学，这是汉语国际化的"群众基础"。又如，海外汉语教学普遍课时少，又缺乏汉语环境，因此应尽可能争取更多的汉语课时量，这是汉语学习和掌握的必要条件；而在具体的汉语教学中，可以考虑采取"量化""成就化""小步快走"的教学原则，每次课的教学内容不求多（如3～5个词，1～2个语言点），求扎实（听、说、读、写"四会"）、求实效（如张口就来，灵活运用），如此这般的日积月累才能真正"学住"汉语，才能让学习者真正有成就感。再如，应将中国传统的教学方法——熟读和背诵引入海外的中小学汉语教学，熟读和背诵是中国千年承传的语文教学和学习传统，很可能也是适合海外学习者学习汉语汉字的方法。当然，海外不同地区、不同教学机构，更可以结合自己的教学实践和教学传统探索适合本国、本地区的汉语教学模式和教学方法。长久来看，汉语的国际化很大程度上说也是国际汉语教学的多元化，换言之，由于文化传统、教学体制和教学传统等的不同，多样化的汉语教学恰是汉语国际化的一个重要表现。

六　小结与余言

讨论汉语国际化的内涵，是希望能有助于明确当下海内外汉语教学实施的重点。而探讨这一问题需要了解汉语国际化的现状，本文对汉语国际化现状的基本评估是："汉语正快步走向世界"和"汉语的国际化程度还很低"。基于此，我们认为汉语国际化的基本内涵应是：学汉语的国别广泛化，学汉语的人数居高化，汉语教学体系完善化，汉语教学全面本土化，汉语应用场合多样化，汉语在国际间媒介化。换言之，这"六化"是汉语国际化的主要表现，也是当下和未来相当长一个时期促进汉语国际化的主要努力方向和实施重点。

关于未来汉语国际化的趋势，即汉语热能"热"多久？这不仅是业界人士，更是海外汉语学习者和潜在的汉语学习者所关心的一个实际问题。本文从经济发展的"好"与"差"、中国的改革开放政策和广大民众的强国梦、经济以外的文化等因素、中国的国际化进程等方面做了分析和讨论,其基本结论是:尽管不会一帆风顺,但汉语走向世界是一种不可逆转的趋势,或迟或早汉语终将成为一种强势和普遍学习的语言。汉语在中国走向世界和世界走进中国的过程中必将充当重要的角色。实际上,中国的国际化本身就包含汉语的国际化。如果说中国的国际化是一种必然的趋势,那么汉语的国际化也将是一种必然的趋势。

本文认为,促进汉语国际化进程的主要措施包括:其一,首先需要制定现阶段国际汉语教学的总目标,因为目标明确并切合实际才能有效地推进汉语的国际化进程。为此,本文基于对现阶段汉语国际化现状的基本认识(汉语正快步走向世界、汉语的国际化程度还很低),以及从学习者角度看汉语走向世界所要面对的两个现实问题(汉语汉字"难学"、世界对中国缺乏了解),主张现阶段国际汉语教学的总目标应是"培育汉语市场,扩大汉语市场"。也即千方百计地吸引更多的外国人想学汉语、乐学汉语,并且能学得下去。为此,在汉语国际化初始阶段应确立"来学就好,能学就赢"的观念,并且在教学实施过程中让学习者真正感到"汉语并不难学",汉语"有意思",乃至"汉语好学",这样才会有越来越多的人加入汉语学习的行列。其二,积极促进本土化教师队伍的建立。其三,促进汉语走进海外国民教育体系,这一点许多学者和文献中都提到过,本文做了进一步阐释。其四,建立兼顾海内外的国际汉语教育学科。其五,积极探索促进汉语国际化的其他各种措施。

作为余言,特别想强调的是:汉语的国际化虽然是一个必然的趋势,但将是一个漫长的过程,并且不会是直线型的持续发展。一方面,"任何一国经济的发展,均不可能永远是线性发展趋势,而只可能是动态的非线性发展趋势。"我国经济在此前高速增长的惯性下,"未来10年内仍有可能保持5%以上的增速。可是,如果缺乏内在经济体制的深刻转变,在这一高速惯性消减无力之后,我国经济极可能会面临较长时期的停滞。"(杨国英,2013)另一方面,国际社会从来就不缺乏诸如"中国威胁论"这样别有目的的声音,从来就不缺乏反华的政客和抑华的政治势力。因此,同中国的和平崛起一样,汉语的国际化进程同样不会直线型持续发展。此外,汉语的国际化是一个程度的问题,不同时期有不同的内涵体现和工作重点,本文对汉语国际化的内涵和国际汉语教学总目标的探讨,是基于当下汉语国际化初始阶段的状况而言。最后,"加快促进汉语国际化的进程"更多地表明作为汉语的母语国应抓住机遇,不遗余力地满足各国民众汉语学习需求的一种主观愿望。国际汉语教学仍需按照语言传播和外语/第二语言教学的规律办事,加强国际汉语教学学科建设,加强汉语、汉字本身及其教学规律的研究;切不可以事业的发展代替学科自身的发展,而忽视学科自身的建设,更不可能将学科"事业化"乃至"边缘化",国际汉语教学事业与学科应相互促进,共同发展。

参考文献

陈　郁　2011　金砖国家经济社会发展报告(2011)在京发布,《中国经济网》4月7日。

崔希亮　2010　对外汉语教学与汉语国际教育的发展与展望,《语言文字应用》第2期。

戴　蓉　2011　孔子学院与文化外交,《汉语国际传播与国际汉语教学研究——第九届国际汉语教学学术研讨会论文集》,中央民族大学出版社。

高增霞　2007　简论汉语的国际化,《中国社会科学院研究生院学报》第6期。

贾益民　2007　海外华文教学的若干问题,《语言文字应用》第3期。

金立鑫　2006　试论汉语国际推广的国家策略和学科策略,《华东师范大学学报》第4期。

李北陵　2007　孔子学院走俏海外的冷思考,《人民论坛》第2期。

李　泉　2009　关于建立国际汉语教育学科的构想,《世界汉语教学》第3期。

李　泉　2010　国际汉语教学理念与策略探讨,《国际汉语教育》第一、二辑(连载),外语教学与研究出版社。

李　泉　2013　国际汉语教学:事业与学科,《语言教育》第1期。

李　泉　2013　关于"汉字难学"问题的思考,《汉语国际传播研究》第1辑,商务印书馆。

李　伟　2013　至2020年中国经济年增速仍可达7%,《凤凰网(财经)》4月25日。

李宇明　2014　强国的语言与语言强国,《光明日报》7月28日。

李宇明　2005　语言学习需求与对外汉语教学,《汉语教学学刊》第1辑,北京大学出版社。

陆俭明　2005　关于建立"大华语"的概念的建议,《汉语教学学刊》第1辑,北京大学出版社。

陆俭明 2009 以科研引航使汉语教学事业健康地向前发展,《语言文字应用》第 3 期。

陆俭明 2011 汉语教师的素质和师资培养的针对性,《国际汉语》第 1 辑,中山大学出版社。

马庆株 2003 关于对外汉语教学的若干建议,《世界汉语教学》第 3 期。

阮煜琳 2013 人民币跃至全球第九大交易货币,《中国新闻网》9 月 6 日。

王 芳、傅丁根 2012 文化交流的"中国样本"——探访四国孔子学院,《人民日报》3 月 1 日。

王路江 2003 从对外汉语教学到国际汉语教学——全球化时代的汉语传播趋势,《世界汉语教学》第 3 期。

王觉非 2010 美国的中文教学状况:机会与挑战,《汉语国际传播研究》第 1 辑,商务印书馆。

吴英成 2003 全球华语的崛起与挑战,《语文建设通讯》(香港)第 73 期。

吴应辉 2010 国家硬实力是语言国际传播的决定性因素,《汉语国际传播研究》第 1 辑,商务印书馆。

习近平 2013 深化改革开放,共创美好亚太——在印度尼西亚巴厘岛出席亚太经合组织工商领导人峰会上的演讲,《凤凰网》10 月 8 日。

严美华 2003 世界汉语教学的新形势与新举措,《世界汉语教学》第 3 期。

杨国英 2013 2052 年中国问鼎世界经济中心是个伪命题,《南方都市报》10 月 6 日。

曾毅平 2013 汉语国际化略论,《世界华文教育》第 2 期。

赵金铭 2005 汉语的世界性与世界汉语教学,《汉语与对外汉语研究文录》,外语教学与研究出版社。

赵金铭 2013 国际汉语教学的本旨是汉语教学,《汉语应用语言学研究》第 2 辑,商务印书馆。

郑定欧 2008 汉语国际推广三题,《汉语学习》第 3 期。

朱志平、赵宏勃 2013 汉语教学的国际化进程——聚焦 21 世纪汉语师资的培训与培养,《北京师范大学学报》第 2 期。

(载《语言文字应用》2014 年第 2 期)

国际汉语教学理念与策略探讨

提　要　全面、客观和更加贴近实际地对"汉语热"的程度和汉语国际化的进程进行判断，有助于使我们所确定的教学理念和教学策略更加适合海外汉语教学的需要。本文根据相关的材料和个人现有的认识，对国际汉语教学和汉语国际化的现状进行了评估和讨论，认为国际汉语教学正方兴渐热，不宜对"汉语热"的热度估计过高，汉语的国际化进程正处于初始阶段。因此，本文认为，现阶段汉语国际传播的指导思想应是培育和扩大汉语学习市场，并探讨了现阶段海外汉语教学的理念和实施策略。

关键词　国际汉语教学　汉语国际化　教学理念　教学策略

一　引言

随着世界经济一体化、政治多极化、文化多元化趋势的发展，特别是中国经济持续快速发展和国际地位的不断提升，汉语的国际化趋势日益凸现。汉语从来没有像今天这样受到国际社会广泛的重视，世界对汉语的需求从来没有像今天这样迫切和强烈。（李泉，2009）"汉语走向世界的形势来得快，来得猛。应该说，我们在思想上、措施上并没有做好应有的准备。"（许琳，2007）世界范围内的"汉语热情"，几乎遽然而至，让我们欣喜更促使我们行动。中国政府及有关部门对汉语的国际推广工作高度重视，采取许多积极措施。如在海外建立孔子学院、孔子课堂，培训和外派汉语教师志愿者，培训海外汉语教师，建立汉语国际推广基地，设立汉语国际教育硕士专业等，以适应国际社会对汉语学习的需求。

近年来，在有关部门的积极促动下，国际汉语教学的发展战略、工作重心以及传播理念、传播机制等都发生了重大转变，并开创了良好的局面。然而，在汉语教学理念和策略上、在学术研究和学科建设上，我们的探索、准备和积累尚不充分。因此，面对喜人的形势和难得的机遇，更应该保持清醒的头脑和理性的认识，对现阶段汉语国际化的进程进行现实而客观的估计，以确保我们制定的指导思想和实施策略更加务实、更加切合国际汉语教学的实际。

基于上述考虑，本文拟根据相关文献和媒体报道及个人现有认识，对国际汉语教学现状和现阶段汉语国际化的特征进行评估和判断，进而探讨国际汉语教学（主要是海外汉语教学）的基本理念和策略。所谓教学理念，指现阶段国际汉语教学的指导思想或者说总目标；所谓教学策略，指现阶段国际汉语教学应采取的"行动方针"和"灵活而适当的方式方法"。

二　汉语国际化现状评估与讨论

2.1　汉语作为一种外语的学习，在国外是否已经"热"起来以及"热"到什么程度，媒体和文献中的看法概括起来可分为两种不同的观点。一种是"汉语热已经形成""汉语已经非常热""汉语已经热得不得了"；另一种是"学汉语的人在增多，但汉语并不热""汉语并没有媒体上说得那么热，实际学汉语的人并不多""汉语热还是一个将来时"。人们的视野不同、感觉不同，对"热"的理解和把握的标准不同，因而对所谓"汉语热"的感受及其程度的判断也就有所不同，甚至很不相同。而不同的看法，也许并没有绝对的对与错的差别，一定意义上也可以说都是对的。因为"热"与"不热"本身就是见仁见智的问题，很难有客观的标准，而且不同地区、不同国别的情况可能确如两种不同的观点所说的那样。

2.2　然而，对"汉语热"的程度和汉语国际化进程的不同判断，在很大程度上会影响我们的传播观念、教学观念和行动策略的制定，因此也还是需要尽可能冷静、客观和更加贴近实际地对国际汉语教学形势做出判断，以保证我们所采取的方针得当、措施得力、行动有效。进一步来说，不应根据一时一地的情况对国际汉语教学的全局形势做出定性，而应结合历史和现实、当前和长远、局部和整体，对国际汉语教学的"热度"及其发展趋势做出判断。

首先，应看到如下一些基本事实：当今世界汉语正在"升值"；世界上学汉语的人数在不断持续增加；汉语学习者的层次在增多、范围在拓宽，汉语学习目标和学习方式也正呈现多样化趋势；汉语作为外语进入主流教育体系的国家越来越多,汉语已经从学习需求偏低的语言上升为需求激增的语言等,这些基本事实自然也应该成为基本共识。看不到汉语和中国文化的价值在当今世界正在走高,看不到汉语学习在世界范围内正持续升温,看不到汉语学习、教学和应用的国际化进程已经开始,则是弱视的表现。

但是,我们也不能不看到,汉语的这种"升温"和"趋热",不过是最近若干年的事情,主要是由中国经济近30年持续快速发展带来的。而且,由于汉语和汉字与世界其他语言和文字,在体系和类型上的明显差异及其他方面的原因,使得现代教育意义上汉语传播的历史、规模和范围还远远不如英语、法语、德语等强势语言。此外,由于文化传统及我们曾经的闭关锁国等原因,总体上说世界对中国还相当不了解,中国对许多国家及其民众来说,还相当"陌生和神秘"。因此,我们还不能对所谓"汉语热"估计过高。

综上,并结合个人所掌握的文献信息及近年来在英国、西班牙、智利、阿根廷、南非等国家参与当地汉语教师培训工作的所见所闻所感,我们对国际汉语教学和汉语国际化的程度做出如下估计和判断:世界范围内学习汉语的人数在与时俱增,汉语学习正持续升温;国际汉语教学正处在方兴渐热的阶段,真正的"汉语热"尚需时日;汉语走向世界的国际化进程刚刚开始,汉语的国际化正处于初始阶段。当然,我们也毫不犹豫地相信,长远来说,学习汉语将逐渐趋成为一种全球性的热潮,或迟或早公认的"汉语热"必将呈现,汉语亦将成为一种世界强势语言。

2.3 下面拟通过相关报道、论述和本文的讨论,对上面的"估计和判断"予以进一步呼应和证实,同时也希望能"既见树木更见森林"地把握现阶段国际汉语教学的整体面貌。

其一,应该看到,世界范围内的"汉语热情"已经清楚地展现出来,国际汉语教学事业正呈现前所未有的大好形势,这方面的报道和论述已有很多。例如,赵国成(2008)指出,"虽然现在汉语在国际上地位还不高,但可以说有一定的'汉语热'了","现在全球不管哪个洲,汉语(教学)都是在大发展,这种消息我们每天都能够接到。"陆俭明(2009)指出:据媒体报道,目前学汉语的人数已达4000万,而且每年以30%的速度在增长。"有人怀疑这个数字,我觉得不必为此去争议,世界上要学汉语的人越来越多,这是事实,这可以从以下两方面得到证明:一是到我们国内来学习汉语的留学生人数继续逐年大幅度增加;二是国外不断要求我们给他们派送汉语教师。"另据国家汉办网站报道，到 2009 年 10 月，已在 87 个国家和地区，建立了 282 所孔子学院和 114 个孔子课堂。2009 年上半年，开设各种层次的汉语课程 4000 多班次，培训学员 10 万余人，举办各类文化活动 3000 多场次，参加人数 100 余万人。所有这些数据和报道，足以让我们相信，学习汉语的人数将进一步增加，甚至不可避免地大量增加，"汉语热"持续升温乃至真正热起来都将成为现实。可以说，汉语开始快速而规模化地走向世界，已是不争的事实。

其二，与此同时也应该看到，目前世界上学习汉语的人数还远不够多，还远不能跟学习强势语言的人数相比；汉语还远未成为普遍教授的语言，汉语进入国外主流教育体系的程度还很低；汉语在"国际场合"的使用概率几乎为零；真正能"学成"并用汉语进行交际的人还是极少数；汉语学习和教学的国际化进程尚处于初始阶段。有关报道和本文的讨论如下：

（1）据印京华（2005）报道：2002 年美国高等院校学习外语的学生比例是，西班牙语 53.4%，法语 14.5%，德语 6.5%，意大利语 4.6%，日语 3.7%，汉语 2.4%。张宽（2007）指出：总的看来，汉语正在美国迅速升温，中文教学发展前景乐观，但也存在不容忽视的挑战。美国大学里选修中文的人数远远少于西班牙语、法语、德语，甚至低于日语。据美国教育部统计，2005 年全美高校共授予中文硕士学位 11 人，博士学位 3 人。美国的所谓汉语升温，主要表现在东、西两岸，而且集中在亚裔学生偏多的大都市及附近高校，中部和西部都还没有"热"起来。"汉语要在美国真正成为一门强势语言还有很长的一段路要走。"的确如此，我们可借助上文的一项数据做一点儿分析：无论从汉语学习的深度和广度上看，还是从汉语学习者学历层次上或是从学习者汉语应用的水平上看，硕士和博士都是高端中文人才，高端人才的多寡是衡量一种外语国际地位和国际化程度高低的重要标志，而全美高校 2005 年授予的中文硕士和博士学位者合起来不过 14 人，从高端人才"质"的突破上值得一提，但从"量"上说可忽略不计。试想，仅中国每年授予的英文硕士、博士学位者就何止成百上千。可见，汉语要真正在海外普及化、强势化、应用化、高端人才规模化，尚有相当漫长的路要走。

（2）据古川裕（2007）报道：1986 年日本只有 46 所高中开设"中国语"，2005 年已有 553 所高中开设中国语，约占日本所有高中的 10%，而在 553 所高中里选择学习汉语的只有 22161 名，只占日本所有高中生的 0.1%。

日本是我们一衣带水的邻邦,不仅有着地缘优势,在文化和文字上亦有着特殊的关联,而高中生里只有0.1%的人选学汉语,这其中华人华裔又占了相当大的比例。这不仅很值得我们深思,更足以表明汉语要成为日本高中的主选外语,亦有漫长的路要走。事实上,由于地缘关系和经贸交流、文化交流的需要,汉语的国际化应首先在周边近邻国家得到充分呈现。显然,这方面的工作还有很大的空间。

(3)赵金铭(2005a)指出:"冷静思考一下,全世界每年有3000万人学习汉语,其中究竟有多少人听、说、读、写、译五样技能俱全呢?退一步讲,多少人能达到使用的程度呢?实际上,大多数人学习汉语止于初级水平,难跨中级,遑论高级。一般无阅读能力,书写更加困难,这种现象在欧美学生中尤其突出。"赵先生所言可谓切中现阶段汉语教学,特别是汉语学习者的实际状况。这种大多数"止于初级水平""无阅读能力""书写更加困难"的情况,在汉语学习者中相当具有普遍性,特别是海外。其实,我们还可以就此做进一步思考:这3000万、4000万汉语学习者中,有多少是华人华裔背景的?有多少是非华人华裔的"老外"?有多少是在正规教育体系中作为外语"拿学分"来学的?有多少是在非教育体系的课外班学习的?有多少是"学成"的、能用汉语"做事"的?又有多少是一时兴之所至学着玩儿的?当然,能学就好。可是,我们也不能不考虑这数千万学习者都是些何许人,又是怎么个学法儿,学到何种程度。退一步讲,即使这3000万、4000万汉语学习者,已经或都能够学成,能够程度不同地用汉语做事,那么,与当今中国的经济大国地位和不断提升的国际影响力相比,与蓬勃发展的中外经贸和文化交流相比,与我们需要通过汉语来了解和理解中国的人数相比,也是极不相称的。不用说,这样的数字跟学英语、法语、西班牙语和会用这些语言的人数相比,也是极不成比例的。这不能不让我们清醒地认识到,汉语的国际化程度还相当低,汉语的热度还相当不够,汉语教学和推广任重而道远。

(4)陆俭明(2009)指出,世界上学汉语的人虽然越来越多,但总人数还是很少,而且学习者中多数,甚至可能是极大多数,还只是将汉语作为第二外语甚至第三外语在学习,或者只是业余学习;至于汉语在国际上的话语权,可以说很少很少。"从全世界不以汉语为母语的人学习、使用汉语的角度来说,汉语在国际上只是一个非常弱势的语言。"此外,陆先生还指出,我国全面开展汉语教学的历史毕竟还不是很长,还缺乏成熟的经验;汉语教学的方方面面的问题，甚至某些基础性的问题，还缺乏必要而深入的研究，还缺乏冷静、科学的思考。陆先生所言可谓切中目前汉语所处国际地位的实际状况，对国际汉语教学学科现状的分析也很客观。汉语的弱势语言地位，汉语教学学科不够成熟，表明汉语的国际化水平还很低，汉语传播的学术资源还不够丰厚。

综上所述，一方面，汉语教学正面临前所未有的大好形势，世界上学汉语的人数越来越多，可以说已经有了一定的"汉语热"，或者说"汉语热"正在升温；另一方面，迄今世界上学习汉语的总人数还很少，特别是非华裔学习者；汉语教学进入外国主流教学体系、高端教育层次的程度还很低；汉语学习者真正能用汉语做事的人还很少，大多数学习者都处于初级水平，并且也止于初级水平；汉语的国际化程度还很低。把以上两方面的情况合起来看，即为本文的基本观点：国际汉语教学正方兴渐热，汉语的国际化正处于初始阶段。

三　国际汉语教学理念与策略探讨

3.1　讨论国际汉语教学的观念和目标，及所应采取的行动方针和灵活而适当的方式方法，即探讨现阶段国际汉语教学理念与策略，应基于对"国际汉语教学的现状"及"世界印象中的汉语和中国"两个前提性问题的把握，以确保我们所确定的教学观念和目标能够在海外"落地生根"，所采取的行动方针和方法手段能够"开花结果"。具体来说，首先要对国际汉语教学的现状和汉语国际化的进程定性定位，对此上文已经讨论并予以明确。其次，要面对世界印象中的"汉语难学"和世界对中国"还相当缺乏了解"两个不容回避的问题。

"汉语难学"的命题在学术上尚有争议，但无论结论如何，汉语难学的印象却普遍存在，并由此而造成许多人对学习汉语汉字的畏惧感。"汉语汉字难学"的说法很多，此举两例：顾安达（2004、2005）指出："对西方人来说，最复杂、最使人感到困难的是汉字。""汉字系统以其世界上独一无二的复杂性，极大地制约着西方人学习中文的过程。"金立鑫（2006）指出，汉语难学"几乎是世界公认的结论"。

对"世界普遍缺乏对中国的了解"这一论断似乎没什么争议，但选择教学理念和制定教学策略时往往被忽略。关于世界对中国缺乏了解，此举一例可略见一斑：美国的高中生，有80%的学生不知道毛泽东是谁，有25%的学生不知道中国和美国之间隔着的是什么海洋。（印京华，2005）实际上，不仅仅是美国的高中生，世界绝大多数国家的高中生也大都不知道毛泽东是谁，而且这种现象肯定也绝不仅限于高中生。连毛泽东是谁也不知道，那么对中国的了解肯定不会太多。由于长期性、普遍性地不了解，就更加觉得中国"古老而神秘"。一些西方人头脑中当代中国人还是清朝时的形象，男人头上还留着辫子。①

综上，概而言之，现阶段国际汉语教学理念和策略的确定，应基于如下两个基本现实：其一，世界范围的汉语学习正方兴渐热，汉语的国际化进程尚处于初始阶段；其二，世界范围内对学习汉语的畏惧感、对中国的神秘感还相当普遍。

3.2　如果以上分析基本不错，那么，作为汉语的母语国，现阶段应持有的国际汉语教学理念，或者说现阶段国际汉语教学的总目标，应是"培育汉语市场，扩大汉语市场"。也就是说，应当不遗余力地满足越来越多的外国人学习汉语的愿望，千方百计地吸引更多的外国人想学汉语、乐学汉语，并且能学得下去。一句话，以能吸引住更多的人学汉语为现阶段汉语国际传播的上策，以做大做强汉语学习的市场，想方设法让更多的人走近汉语、接触汉语、学习汉语，不断扩大汉语学习者的基数，作为现阶段国际汉语教学总的指导思想。

可以说，上文对国际汉语教学的现状和汉语国际化程度的评估与讨论，就是这样一种目标定位的"广泛的理据"。如果不避重复对确定这样一种教学理念的理据再饶舌的话，可从如下两方面加以申说：一方面，外国人对汉语的热情才刚刚开始，虽然开始学习汉语的人和想学汉语的人越来越多，但迄今为止学汉语的总人数还很少，这种状况与我国和平发展所需要的国际环境、与中外经贸文化交往需要懂得汉语和了解中国文化的人数，是极不适应的。金立鑫（2006）指出："当世界各国会说汉语的人数普遍增加到百分之五，中国在国际上的安全系数、形象系数、外交系数、亲和系数都要大大高

---

① 参见鲁健骥（1990）。又及，2008年暑假，笔者被国家汉办派往南非的几所大学培训汉语教师，一名在非的中国留学生告诉笔者：他不止一次被南非人问道"你怎么没有辫子啊？""你的辫子是不是来非前剪掉了？"这位姓杨的中国留学生很是错愕和无奈。

于目前。语言和文化对人的世界观的影响是不可低估的。"另一方面,由于我们曾长期闭关锁国,加上中外历史和文化传统的巨大差异,以及汉语与其他语言类型上的差异,特别是表意体系的汉字与拼音文字体系的极端差异等原因,使得至今中国的"神秘面纱"尚未完全去掉,中国在许多外国人心中还相当"遥远和隔膜"、相当"陈旧和落后"。①

综上可知,我们需要更多的人学习汉语、了解中国,而当今世界对中国还相当不了解。这种状况对汉语的国际传播,对中国国际形象的提升,都很不利。因此,汉语的传播方略应是想方设法消除外国朋友对中国的神秘感,特别是破除他们对汉语和汉字的畏惧感,让已经学习汉语的人能坚持学下去,让想学汉语的人能够愿意学下去。当然,最终的目标则不仅仅是增加学汉语的人数,更是增加懂得中国文化、了解和理解中国的人数。

3.3 退一步来说,如果我们不考虑汉语传播的历史背景和现实,不注重对现阶段汉语传播理念和传播策略的考量,采取的教学措施不恰当、不得力,标准把握得过高、过严,就难以与海外汉语学习者的热情相适应,进而影响汉语传播的范围和广度、进程和效率。

事实上,我们派往国外的一些汉语教师和汉语教师志愿者,许多时候仍然采用国内高校对外汉语教学的某些做法,如听、说、读、写齐头并进,全面要求;教学内容多,进度快;采用常规的教学理念,不分学习对象的实际情况,一律要求学习汉字、书写汉字;采取中国传统的教学理念和教学模式,对学习者一律高标准严要求,观念上以师为尊、以师为主,未能调适好跨文化背景下师生之间的角色地位和关系,操作上以知识讲解为主,教师大唱"独角戏"等。这样一些理念和做法就不适合"让更多的人来学习汉语,让更多的人乐于学下去"的教学目标。相反,很可能由于教学理念不当,教学不得法乃至不合法,而不能吸引更多的人学汉语,严重的甚至会让满腔热忱的汉语学习者"落荒而逃"。②

---

① 我的一位同事两年前在美国德克萨斯州一所大学教汉语,当地一名记者采访她,曾几次问她"家里有冰箱和电脑吗?"可见,这位记者印象中的中国至少还停留在 30 年以前。
② 郑定欧(2008)指出:对外国人的汉语教学中"讲语音犹如开实验语言学课;讲汉字犹如开历史文化学课。谈语法,老是什么'一锅饭吃十个人';谈词汇,老是什么'语义背景'。前者使用频率偏低而毫无意义,后者作为一种假设则由于无所依托、缺乏理论基础而毫无操作而言。把汉语处理得那么难,那么玄,国外自然就很难买账"。郑先生指出的虽是比较极端的情况,但教学中知识讲解烦琐化、学术化现象的确存在,其结果不仅让学习者感到无所适从,而且让他们觉得"汉语真的难学",乃至"告别汉语"。

这表明，如果我们没有培育汉语市场的观念，教学中一味采取高标准、严要求，或是教法不符合汉语汉字的教学规律，就可能真的造成"汉语难学"的境况，不利于现阶段"满足和吸引更多的人学汉语"这一目标的实现。我们认为，没有相当的数量就不会有相应的质量，没有汉语的普及就不会有汉语的真正提高。对现阶段的汉语传播来讲，普及应是第一位的，是当下的，是一个人为的过程；提高是第二位的，是后续的，是一个水涨船高的过程。学汉语的人多了，对汉语汉字的神秘感和畏惧感就会逐渐消除，汉语难学的观念就会逐渐破除，汉语传播就会进入良性状态。

3.4 确立以培育和扩大汉语市场为现阶段汉语国际传播的目标，就应更新观念、开拓思路、创新机制，探索为实现这样一种总体目标而应采取的行动策略、行动方针，以及各种灵活而适当的方式方法。同时，也要考虑到为培育市场、占有市场、扩大市场付出必要的代价。常言道：万事开头儿难，头儿开得好，以后的"汉语市场"就好办了，相反则不然。所谓开好头儿，就是本文反复强调的让更多的人想学汉语、让已学汉语的人乐意学下去。因此，在汉语国际化初始阶段应树立"来学就好，能学就赢"的观念，并且在教学实施过程中让学习者感到"汉语并不难学"，汉语"好玩儿""有意思"，乃至"汉语好学"。这样才会有越来越多的人加入汉语学习的行列，汉语才能加快走向世界的步伐。

为此，必须积极探索在新的汉语教学理念下，海外汉语教学所应采取的各种灵活而适当的行动方针和灵活而有效的实施方法。这方面的研究、探索和总结还很不够，这里我们愿抛砖引玉，就现阶段汉语教学策略提出一些不成熟的参考意见和建议。

（1）在教学标准上，可考虑以普通话教学为核心，但同时采取"大汉语"的概念[①]，在实际教学中不必苛求语音、词汇乃至语法的地道。海外汉语普及阶段教学大纲的制定，其语音、词汇、语法、汉字等语言文字标准宜就低不就高，教学要求宜从宽不从严，特别是面向海外中小学和一般民众的汉语教学。

（2）在教学模式上，既可以采取语文并进的模式，听说和读写同时进

[①] 赵金铭（2005b）指出：鉴于目前全球华人所说汉语的一致性还较差，我们认同大汉语的概念。除普通话和汉语方言外，台湾所说的"国语"，新加坡华人所说的"华语"，东南亚华人、华侨所说的汉语及其方言，以及北美、西欧及全球各地华人社区所说的汉语，均可属大汉语范畴。

行，也可以采取先语后文的模式，利用拼音先学听说，半年或一年后学习汉字和读写；既可以采取"只语不文"的模式，利用拼音只学口语和听力，不学汉字和读写，亦可以采取利用拼音来听说和读写并进的"拼音化"模式；可以采取上述各种模式的"变式""变体"，更可以结合教学实践，结合不同学习者对语言能力的不同需求创新教学模式。

（3）在教学方法上，既可以按汉语作为外语教学的常规要求扎实推进，更可以结合海外学习者的实际情况精心设计，走简化、易化、实用化和趣味化的路径，相应地去"学术化""烦琐化""神秘化"，让汉语学习能学重若轻，让学习者能不断地增强成就感。当然这并非说说就能做到，但应该有这样的意识，朝这样的方向努力。

（4）在教材编写上，必须以海外的学制、学时及汉语课程的时间安排为设计基准，不可贪多求全，教材内容要关照当地学习者的实际生活和文化背景；结构方式上既可汉字与拼音并驾齐驱，亦可拼音为主汉字为辅，更可编写纯拼音汉语教材，等等。

（5）在教学策略上，从事汉语教学的教师和志愿者，应该帮助学习者树立"汉语不难学"甚至"汉语好学"的观念；努力通过教学实践破除学习者对汉语汉字的神秘感和恐惧感，不失时机地宣传汉语、汉字好学易学；在教学中不遗余力地给予学习者以鼓励和肯定，努力营造所在学校、课堂和谐的汉语教学环境、浓厚的汉语学习氛围，等等。

（6）在教学手段上，充分利用汉语拼音在汉语、汉字学习过程中不可或缺的辅助作用（柯彼德，2003；马庆株，2003）；充分利用电脑多媒体技术学习汉语、学习汉字；熟悉中国文化、体验中国文化，了解中国、感受中国，等等。

（7）在拼音教学上，充分认识到汉语拼音在汉语国际化过程中不可替代的作用，在汉语国际化初始阶段应大力依托汉语拼音来加快汉语走向世界的步伐，充分发挥其"准文字"的功能。应完全允许只学拼音不学汉字的做法，特别是在汉语国际化的初始阶段。事实上，国外一些大学的汉语教学就是"只教拼音不学汉字"，用汉语拼音作为书写汉语的工具。（顾安达，2004；耿有权，2007）因此，我们应破除旧有观念，进一步加强汉语拼音在国际汉语教学中的应用研究，宜着手研究给予汉语拼音以书写汉语的第二法定文字的地位和实施方略。使用拼音文字的汉语学习者对汉字陌生，学起来感觉困难,但对汉语拼音并不觉得陌生,学起来也没有太大的困难。因此,应充分利用好汉语拼音这张王牌,来加快汉语的国际化进程。

(8)在汉字教学上,要充分认识到汉字教学在汉语教学中所处的核心地位和关键作用。许多人正是因为汉字才学习汉语,而另一些人正是因为汉字才畏惧学习汉语。真可谓"成也萧何,败也萧何"。然而常规的汉语学习是越不过汉字这一关的。因此,汉字教学应成为国际汉语教学研究的一个重要的分支学科。就现阶段海外普及型汉语教学来讲,在汉字教学的数量要求上宜就低不就高,在教学要求上宜求"多认少写"乃至"只认不写",利用计算机来辅助汉字的学习和"书写"。当然,也可以暂时放弃汉字书写,乃至允许某些汉语学习群体"全时"放弃汉字学习,等等。

(9)在外围措施上,继续加大财力和人力的投入,加大海外汉语传播的力度,同时吸引更多汉语学习者来华长期进修、短期强化、观光游学;开展中国文化节(年、月、周)活动;用学习者母语开办中国国情、中国文化讲座,汉语汉字特点和学习方法讲座,等等。

3.5 以上这些措施是举例性的,并且不见得都恰当可行,但是这样一些实施策略的思路在汉语市场培育阶段是很值得探索和尝试的。否则,如果我们不注重汉语国际化初始阶段的实际情况,一律采取常规的观念和做法,一律高标准、严要求,比如,为了一个字或一个词的发音不准而纠来纠去、揪住不放;为了一个"王"字是两横一竖再一横还是三横一竖而判定一对一错;为了一个"耳刀旁"是先"耳"后"刀"还是先"刀"后"耳"而判定一对一错,如此等等的一些做法,都会增加学习者的畏惧心理和学习难度。对刚刚接触汉语和汉字的初学者来说,如果课堂上老是如此这般,则很可能让学习者感到"汉语汉字的确太难了",甚至把他们吓跑了。"从严"不为错,常规的汉语教学,特别是在汉语环境下对来华的学历教育生,标准不宜从低,常言道"取法乎上,仅得其中"。但是,在汉语教学培育市场阶段,特别是在非汉语环境下,过于要求发音的标准和纯正,汉字书写必须横平竖直、结构合理、笔顺笔画规范,则很可能好心办了错事,得不偿失。事实上,由于电脑的普及,中国人自己写汉字的几率不是也在大大减少吗?我们的汉字书写能力和书写水平不是也在堪忧吗?那么我们为什么对外国人就不能"客气"一点儿呢?金立鑫(2006)曾就语音教学发表的意见很有代表性,很值得重视,特别是对现阶段海外汉语教学来说。他说,"中国人说话也都不够标准，我们没有必要要求留学生的发音要多标准。只要能够听懂，不影响交际就行。因此，我们建议，不必将太多的时间花费在所谓的标准音的纠正上。各国人说汉语带有各国语音的特点这是很自然的现象。""是要全世界少数外国人会说标准的汉语呢，还是要全世界多数外国人会说不那么标准的汉语呢？哪一种策略更符合我们推广汉语的宗旨？我们宁愿汉语在全世界有多种方言。"实际上，等到汉语市场真正培育起来了，汉语真的"热"起来了，如果有必要再逐步从严也不迟。我们甚至相信，汉语真的"热"起来，真正成为一种国际性的交际语言、媒介语言，那时候就不需要我们汉语母语国去"从严"了，汉语的各种标准（包括国际性的）也不一定都需要汉语母语国来制定。试想，我们实行多年的高级职称英语考试，大学四、六级英语考试，以及各级各类的英语教学标准和教学大纲，哪一项是英国人、美国人制定的？不都是我们中国人自己搞的吗？因此，谁又能保证将来不会有外国人搞的"汉语晋级考试""汉语选干考试""大学汉语三、五级考试"呢？

四　结语与余言

　　把握汉语走向世界的某种必然性，展望汉语逐步走向世界强势语言之列的美好愿景，畅想提升汉语的国际化程度对增强国家软实力的巨大作用，无疑都是必要的，也是令人鼓舞的。但是，如何把握好汉语走向世界这一难得的机遇，如何更好地顺应和促进"汉语热"不断升温，还需要广泛而深入地研究和探索。这其中，冷静而客观地评估现阶段国际汉语教学的形势和汉语国际化的程度是十分必要和重要的。因为这有助于我们科学地确定现阶段国际汉语教学的指导思想和传播理念，有助于探索和选择灵活而恰当的传播手段和教学方法。为此，把握汉语作为外语教学与英语、法语等强势语言作为外语教学，在语言文字类型及中外文化背景等方面的差异；认清学习汉语这样一种"真正外语"、学习汉字这样一种"另类文字"、学习中华文化这样一种"异质文化"，对于习惯了拼音文字的欧美等学习者来说是多么具有挑战性；认清汉语传播过程中世界对汉语、对中国的印象，是十分必要的。因为这有助于使我们所确定教学目标、理念和策略更有针对性、更务实，也更加人文化。

基于上述考量，本文对国际汉语教学和汉语国际化的现状进行了评估和讨论，认为国际汉语教学方兴渐热，"汉语热"刚刚开始但持续升温，汉语国际化正处于初始阶段。在此基础上探讨了现阶段国际汉语教学的理念与策略问题，认为现阶段海外汉语传播的指导思想应是培育和扩大汉语学习的市场，强调应更新观念，教学标准不宜过高，教学要求应适当而灵活，教学目标应多样化而不宜一刀切，等等。

需要强调的是，在汉语国际化的现阶段，最为重要的是更新观念，大胆尝试，而更新观念又尤为重要。成功往往来自于观念的更新，失败往往缘于观念陈旧。海外汉语教学的成败得失首先也取决于我们的传播理念。完全按照国内对外汉语教学的理念、经验和做法，完全比照别的语言的传播经验和做法，甚至完全按照常规的外语教学理念和做法，都可能不适合现阶段海外普及型、大众化、多层次、多需求、多目标的汉语教学状况。比如，所谓"只语不文、一语到底"的教学模式，本质上是淡化、滞后和忽视汉字教学。因此我们会听到"只学汉语口语和拼音算不上完整的汉语学习""不学汉字培养的是文盲""不学汉字，汉语学不深、学不透、也学不远""用拼音书写汉语会遇到一些理论上和操作上的问题"等各种说法，并且这些说法都是有道理的。但是，这是就常规的汉语教学来讲的，就特定阶段的汉语教学策略来讲，尤其是站在海外汉语学习者的角度来讲，这些"暂时忽略汉字""全时忽略汉字"的做法就不仅未必不妥，而且可能是加速汉语国际化的一个"灵活而适当的措施"。试想，是按部就班、"强行"进行汉字教学而使一些学习者畏而退步，挥手告别汉语学习好呢？还是以退为进，减轻学习者的负担，先学口语再学汉字，乃至"口语加拼音"学下去好呢？谁又能说他们口语学到一定阶段就不会再想学汉字呢？谁又能说只学口语就不是学汉语呢？中国人不也是先学口语再学汉字的吗？为什么外国人就不能如此这般？我们观念中是否有意无意之间存在着"宁可你不学汉语，也决不同意你不学汉字"的观念呢？这样的观念在国际汉语教学中不是很可怕吗？由此可见，在世界范围内汉语学习的热情骤然来临之际，解放思想、调整观念就显得十分必要和迫切。比如，我们可以做这样一些大胆的观念更新：教学标准不可一味求高，避免高不成低不就，切实可行才算好；教学要求应适当、适度，可严可不严的一律从宽；教学内容不可贪多求全，有收获并实用就好；能力培养不必一味追求听、说、读、写样样俱全，允许个人的不同语言技能有差别，鼓励根据需要和兴趣进行语言能力的倾向性选择，等等。培育市场是要付出代价的，何况这样一些观念和做法未必就是损失和缺失，也许常规的外语教学就本应如此[①]，至少在外语教学的普及阶段、大众化阶段应该如此。这里，引用季羡林在《留德十年》中有关语言交际和语言学习的一段很耐人寻味的话，或许可以给我们某些启示。季羡林先生在讲到20世纪30年代中期哈尔滨的白俄人非常多，当时许多中国人都能讲一点儿洋泾浜俄语，但中国人嘴里的俄语一般都不讲究语法完全正确、音调十分地道，只要对方"明白"，目的就算达到了。接着写道："我忽然想到，人与人之间的交际离不开语言，同外国人之间的交际离不开外国语言。然而语言这玩意儿也真奇怪。一个人要想精通本国语和外国语必须付出极大的劳动；穷一生之精力也未必真通。可是要想达到一般交际的目的，又似乎非常简单。洋泾浜姑无论矣。有时只会一两个外国词儿，也能行动自如。一位国民党政府驻意大利的大使，只会意大利文'这个'一个单词儿，也能指挥意大利仆人。比如窗子开着，他口念'这个'，用手一指窗子，仆人立即把窗子关上。反之，如果窗子是关着的，这位大使阁下一声'这个'，仆人立即把窗子打开。窗子无非是开与关，一声'这个'，圆通无碍，超过佛法百倍矣。"[②]

需要指出的是，汉语作为外语教学是一门科学，自有其自身的教学规律和学习规律，探索、建设和完善这门学科的基本理论及教学和学习规律，是国际汉语教学理论研究的根本任务，是汉语母语国应有的责任和义务。因此，广泛而深入地研究汉语语言要素（包括汉字）的结构规律、使用规律及教学模式和教学方法，应是汉语国际化进程中一项长期的、根本性的任务。（李泉，2009）这一点不能含糊，标准和要求也不能低。退而言之，本文探讨的教学理念和教学策略是针对国际汉语教学的现阶段而言的，所谓教学标准不宜过高、教学要求不宜过严，所谓去学术化、去常规化等主张，大都是针对现阶段培育和扩大汉语学习市场的务实需要而言的，是汉语国际化进程中的阶段性理念和行动策略，至少其中的一部分不是长久的、全局的、常规性的理念和策略。事实上，即使是现阶段，如果可能和有必要，亦应高标

[①] 傅荣（2008）指出：要求学生讲外语必须达到讲本族语的人的水平，听、说、读、写四会能力全面发展。现实的教学情况却告诉我们，这其实是认识上的一个误区。绝大多数外语学习者，尤其成年的外语学习者既无可能，也无必要将外语说得跟当地人一样完美地道，这是外语教学特有的复杂性所决定的。外语教学尤其需要因人而异，因材施教，不拘一格地培养人才。

[②] 见季羡林《留德十年》，中国人民大学出版社，2004年版，22页。

准、严要求,至少对某些群体的某些方面来说应该如此,如对汉学系学生的汉字认知和阅读能力的要求;只要可能和有必要,亦应按汉语教学的常规做法去实施,如汉字是要学的,语音基础宜打好,教学标准不宜偏低,等等。同样,即使是针对现阶段的汉语教学,我们的汉语教师和志愿者,也要全面掌握汉语汉字和中华文化知识,全面了解和把握汉语作为外语教学的教学规律和教学方法,熟练掌握汉语技能训练的方法和技巧及中华文化传播的技能,在这些方面,任何时候都应就高不就低、从严不从宽。实际上,只有教师的汉语汉字知识全面了、丰富了、深刻了,教学中才能知道如何易化、简化、去学术化、去烦琐化,才可能找到灵活而适当的教学方法和技巧,教学才会做到游刃有余,收放自如。

参考文献

程爱民、何文潮、牟　岭(主编) 2007 《对美汉语教学论集》,外语教学与研究出版社。

傅　荣 2008 《欧洲语言共同参考框架:学习、教学、评估》述评,《国际汉语教学动态与研究》第 4 期。

耿有权 2007 基于拼音化理念的"准汉语教学模式"及其应用,《国际汉语教学动态与研究》第 1 期。

古川裕 2007 关于日本全国统一高考"中国语"考试的反思,《世界汉语教学》第 3 期。

顾安达 2004 望洋兴叹——西方人学汉语的一些基本问题,《国外汉语教学动态》第 4 期。

顾安达 2005 渡过汉字的难关——当西方人尝试阅读中文,《国外汉语教学动态》第 4 期。

金立鑫 2006 试论汉语国际推广的国家策略和学科策略,《华东师范大学学报》第 4 期。

柯彼德 2003 汉语拼音在国际汉语教学中的地位和运用,《世界汉语教学》第 3 期。

李　泉 2009 关于建立国际汉语教育学科的构想,《世界汉语教学》第 3 期。

李宇明 2006 语言学习需求与对外汉语教学,《汉语教学学刊》第一辑,北京大学出版社。

鲁健骥 1990 对外汉语教学基础阶段处理文化因素的原则和做法,《语言教学与研究》第 1 期。

陆俭明 2009 纪念新中国成立 60 周年笔谈：以科研引航使汉语教学事业健康地向前发展,《语言文字应用》第 3 期。

刘 俊、傅 荣（主译）2008 《欧洲语言共同参考框架：学习、教学、评估》,外语教学与研究出版社。

马庆株 2003 关于对外汉语教学的若干建议,《世界汉语教学》第 3 期。

许 琳 2007 汉语国际推广的形势和任务,《世界汉语教学》第 2 期。

印京华 2005 近五年美国汉语教学状况与发展趋势,《国际汉语教学动态与研究》第 1 期。

张 宽 2007 从乔治梅森大学的中文学科发展看全美汉语教学,《对美汉语教学论集》,外语教学与研究出版社。

赵国成 2008 孔子学院与汉语国际推广,《国际汉语教学动态与研究》第 1 期。

赵金铭 2005a "十五"期间对外汉语学科建设,《汉语与对外汉语研究文录》,外语教学与研究出版社。

赵金铭 2005b 汉语的世界性与世界汉语教学,《汉语与对外汉语研究文录》,外语教学与研究出版社。

郑定欧 2008 汉语国际推广三题,《汉语学习》第 3 期。

（载《国际汉语教育》2010 年第一、二辑（连载），外语教学与研究出版社）

论国际汉语教学隐性资源及其开发[*]

提　要　汉语教学资源的开发和建设，是国际汉语教学学科建设的重要组成部分。本文将汉语教学资源分为文字材料资源、网络多媒体资源、知识与能力资源、方法与策略资源四类。前两类是显性的，是汉语教学资源的基本形态；后两类是隐性的、潜在的资源，因而也是急需研究和开发的资源。本文结合案例重点探讨了后两类资源的构成与开发，强调在汉语资源开发的视野下，"汉语"本身，以及教师所掌握的"外语"均是汉语教学的重要资源；而借助具体的教学内容来深化和拓展学习者的汉语知识与能力，是汉语教学资源开发的核心取向。

关键词　国际汉语教学　汉语教学资源　隐性资源　教学策略

一　引言

　　汉语教学资源开发，是国际汉语教学学科建设的重要组成部分。汉语走向世界需要有教学资源的支撑，汉语教学国际化的过程也是不断开发、丰富和应用汉语教学资源的过程。语言资源的开发是第二语言教学永恒的课题，其开发的深度、广度及质量是学科发展和建设水平的重要标志。在汉语加快走向世界的今天，汉语教学资源的开发尤其具有战略意义。以往有学者探讨过语言资源及其开发问题，如邱质朴（1981）、李宇明（2008）、陈章太（2008）、曹志耘（2009）、陈建华（2010）等，相关研究着眼于社会对语言大规模的特定需求，以及国家语言资源管理和应用，来探讨语言资源的保护、建设、开发与利用问题。这些宏观研究不仅明确了语言资源开发的方向

---

[*] 本文为"中国人民大学科学研究基金（中央高校基本科研业务费专项资金资助）项目成果"（"明德青年学者计划"的阶段成果），项目编号：2013030254。

及其重大意义,也为特定领域微观性的语言资源开发提供了很好的启示。本文拟在国际汉语教学的语境下,探讨汉语教学资源及其开发和应用。

一般认为,教材、教具、教学大纲、工具书等是典型的教学资源。随着教育技术的进步,多媒体资源库、汉语教学/学习网站等虚拟空间的资源也成为教学资源,而且是一个开发和利用前景广阔的资源取向。实际上,教学资源概念的内涵和外延还可以更宽泛些。即一切可用于汉语教学的文字材料、网络多媒体材料,一切有助于增长学习者汉语知识和能力、有利于强化学习者动机和情感的方法与策略,都可以视为汉语教学资源。据此,本文将汉语教学资源分为四类:文字材料资源、网络多媒体资源、知识与能力资源、方法与策略资源。

"文字材料资源"主要包括汉语教科书,汉语教学读物,汉语工具书,各类汉语教学大纲,如汉语水平等级大纲(汉字、词汇、语法)、汉语教学大纲(本科、进修、短期)、专门领域大纲(文化、功能、任务)、课程大纲,频率字/词表,以及非汉语教学的中文读物(报纸、小说、散文、时评文章),等等。这些资源可以成为汉语教学的教材、补充材料,备课时的工具书,教材编写时语言要素、文化要素、功能项目、课文内容等选取和编写的依据与素材。此外,与汉语教学相关的研究成果,亦是国际汉语教学及其研究的重要资源。包括可为汉语教学提供借鉴、参考或可直接利用的汉语本体研究的成果,有关汉语教学研究的学术专著、国际/国内会议论文集、学术期刊等,有关汉语语言要素教学、语言技能教学、教材编写、教师发展、评估测试等各领域的研究成果,都可以直接或间接地成为汉语教学、研究及信息获取的资源。"网络多媒体资源"包括多媒体课件、教学资源库、汉语语料库、汉语中介语语料库、各类教学和学习网站、影视及生活视频材料、中国文化图片及多媒体资源,等等。例如,《中国语言生活状况报告(2006)》上编,收录中国大陆的相关网站31个(商务印书馆,2007);《国际汉语教学动态与研究》(今《国际汉语教育》)2007年第一辑发布 Jim Becker 收集到的全美与汉语教学有关的网站184个(外语教学与研究出版社,2007)。网络资源的开发和利用大大拓展了语言教学手段,增强了语言教学的直观化、真实化,有效地提升了教学的质量和效率(郑艳群,2012)。

"文字材料资源"和"网络多媒体资源"是显性的语言教学资源,也是语言教学资源的基本形态；而"知识与能力资源""方法与策略资源"是语言教学的隐性资源、"软实力"资源，同样是语言教学必有的资源。就汉语教学而言，前两类资源已得到广泛的开发和利用，后两类资源虽然伴随着语言教学的全过程，但从观念上和实践上均未得到广泛的认可，特别是作为教学资源来看待。实际上，就提高教学质量和效益而言，后两类资源的学术和应用价值丝毫不低于前两类资源，甚至更为重要，故本文重点讨论后两类教学资源。

二 知识与能力资源

2.1 知识与能力资源的基本内涵

有助于增长学习者汉语知识和汉语能力、有利于提高课堂教学质量和效率的各种知识与能力，也是国际汉语教学的资源。主要包括学习者的母语、教师的外语、师生之间的媒介语（如英语等）、汉语（即中国教师的母语、外国教师的外语、学习者的目标语）、师生共有的知识与技能，等等。换言之，不仅汉语本身是汉语教学的资源，师生之间的媒介语及共有的知识与技能等资源，也是随时可用之于课内汉语教学和课外语言交流，即参与语言教学和学习的资源。其中，师生媒介语，特别是汉语本身是最重要的知识与能力资源。

2.2 汉语教学媒介语资源的利用

师生之间的媒介语既是一种教学资源，就要求教师应尽可能多地掌握或熟悉学习者的母语（或师生媒介语，下同），并且明确：学一点儿就有一点儿的用途，即使会一些课堂教学语言，也将有助于课堂教学活动的组织；而会的更多乃至掌握学习者的母语，则无疑便于有针对性地开展汉语及文化对比教学。事实上，恰当地使用学习者的母语是第二语言教学的一条重要原则，不仅有利于教学工作的开展，也有利于拉近师生之间的距离。孙立峰（2012）指出："外语能力的高低，很大程度上决定着国际汉语教师的工作绩效。在海外普及型汉语传播的现阶段，外语强则教学易，外语弱或不会所在国的语言则教学难、工作更难，这是海外一线教学工作者的真实写照与切实体验。"可见，外语是汉语教学的重要资源，直接影响教师的汉语教学的质量和效益，以及工作开展的深广程度。

2.3 汉语教学内容资源的开发及个案分析

需要特别指出的是：汉语教学的内容——体现为教材或课件本身的汉语教学语料，不但是学习者的目标语，也不仅仅是汉语教学和学习的内容，更是取之不尽的教学资源。换言之，汉语、汉字、课文内容及相关的中国文化，是汉语教学过程中随时可以提取、拓展和深化的核心资源。教学中不应仅仅停留在对教材的对话语句、课文语段、具体语言点等本身的讲练，而应根据学习者的语言水平和学习需要，对教学内容进行必要而适当的补充、深化与延伸。简言之，要利用教材的内容进一步开发教学和学习资源，而不是只教教材、死教教材，只学教材、死学教材，也即应摒弃"不逾雷池一步"的教材使用观念。

个案分析：《发展汉语（第二版）》高级综合（下）第十课练习中有这样一句话："那一刻，他千言万语噎在喉咙里，一句话都说不出来。"这句话当作精读或是泛读材料，也即在不同的教学目标中讲练到什么程度，可能见仁见智。这里只想拿它来"说事"，探讨如何开发教学资源，即利用教材教语言；如何拓展学习资源，即利用语料学语言。具体来说：

（1）"那一刻"的"刻"是什么意思？（时刻）是否联系"一刻钟"的"刻"？

（2）是否顺便给出与此处"刻"意思相关的成语"刻不容缓"？（片刻）

（3）是否要问学生"刻"还有什么常见的意思和用法？（雕刻、石刻、篆刻、刻图章）要不要配上图片？要不要介绍诸如"篆刻"等文化现象？

（4）顺带应指出"千言万语"也可以说成"万语千言"。

（5）"千言万语"在这里可否说成"满肚子的话"？为什么？

（6）可否请学生用汉语说明这里的"噎"是什么意思？["食物堵住食管"（《现代汉语词典》第5版：1588）]怎么用？（~着了/别~着/~死我了）

（7）是否顺便给出与这里的"噎"意思相关的成语"因噎废食"？

（8）要不要进一步拓展"噎"另一个意思"说话顶撞人或使人受窘没法接着说下去"？（例如，他老拿话~我/说话别那么~人/一句话就把人家给~回去了）。

（9）是否根据"噎在喉咙里"归纳一下"V在……里/上"的用法？（憋在肚子里/写在黑板上）是否进一步联系"V到……（里/上)"的用法？（来到屋子/放到桌子上）

（10）是否进一步归纳和讲解："V在/到"后边带"了"，即"V在/到了……（里/上）"这种更为特殊但十分常见的用法？（放在了桌子上、拷到了电脑里）学生常说成:*放了在桌子上、*拷了到电脑里。他们认为"了"应跟在动词后，不应跟在介词"在/到"后面。（可见，从韵律、句法、语义上看，这是一种比较特殊的结构，似有必要强调一下。）

（11）提示学生："一句话都说不出来"是省略了"连"的"连……都/也……"格式，表示举例性强调。同时追问学生："一句话都说不出来"在此用来强调什么？

以上所提到的具体问题，是否都要这般讲练？这需要根据课型的特点和学习者的实际情况而定。但是，结合具体教学语料和学生汉语学习的需要来开发教学资源的教学理念与方法，以及学习者既学习教材内容也利用教材内容学语言的学习理念与方法，则是必要的。

2.4 教师必备的最基本的知识和能力资源

由上文的个案分析不难看出，汉语教师需要不断积累汉语、汉字知识，不断积累教学理论与方法、经验与技巧，并能利用这些资源对相关语言现象进行科学、准确而又通俗易懂的阐释。根据我们的教学经验，汉语教师必备的最基本的知识和能力资源至少包括：（1）汉语语音知识:《汉语拼音方案》，声韵调，音节，轻声，儿化，变调，韵律与汉语韵律特征，等等。（2）汉语词汇知识：汉语词汇的构成及基本特征，单音节词（数量有限但使用频率高），双音节词（双音节化是汉语词汇发展的重要趋势，即把单音节扩展为双音节，把多音节压缩为双音节），汉语构词法，等等。（3）汉语语法知识：汉语词类，汉语语法单位、句法结构，句类、句型、特殊句式、固定格式；汉语语法的基本特点：复合词的构成类型与短语的结构类型一致（偏正、并列、述宾、述补、主谓）；语序是重要的语法手段（如，上车—车上，说你—你说）；音节和韵律影响语言表达的形式（进行维修，*进行修）；量词丰富且用法复杂，等等。（4）汉字知识：汉字的性质，汉字的特点（见字不知音，集形、音、义于一身，常用汉字数量有限且使用频率高、构词能力强），造字法，汉字的主要结构类型（上下结构、左右结构为主，形声字约占80%），汉字书写规则，汉字与汉语的关系（一个汉字代表汉语的一个音节、一个语素、一个单音词等），汉字教学的目标（掌握汉字的基本笔画、笔顺与间架结构，建立汉字"字感"，至少熟练认读和书写500个左右常用汉字），等等。（5）文化知识：与汉语学习和交际密切相关的文化因素（如称谓词、招呼语），文化词（如春联、上火），文化语（如空城计、塞翁失马），文化句（如周瑜打黄盖——愿打愿挨），跨文化交际知识，文化教学的地位、目的与原则，等等。（6）外语教学理论与知识：外语教学的基本原理（明确教学目标、确定教学内容与教材、选择恰当的教学方法、掌握评估测试的基本要求等），外语教学的基本方法（讲练结合，以练为主等），课堂教学的组织与管理，课堂教学意识，语言要素教学的方法，语言技能训练的方法，等等。以上随机列举的这6方面的知识及相关的教学能力，是从事汉语教学最基本、最必要的汉语教学资源。

2.5 教师应结合教学实践积累知识和能力资源

汉语作为第二语言教学的实践表明，仅仅具备上述（2.4节）这些"提纲挈领"式的知识与能力资源，毫无疑问，还远远满足不了教学的实际需要，还应结合教学实践不断细化、深化和拓展汉语知识和相应的教学能力资源。即使这样，仍难以对教学中随时可以遇到的各种问题做出科学的诠释和准确的说明。例如：

（1）"博得"跟"赢得"意思和用法一样吗？（中高级汉语教学中随时可以遇到这类问题。没有特别的把握教师不必主动辨析这类近义词，但学生问到则不宜回避。）

（2）"形势一片大好"中的"一片"是什么意思？"一片"有多大？"形势大好"不就可以了吗？为什么要加"一片"？

（3）"他几十年如一日，日夜坚守在大山深处的小站上"中"几十年如一日"是什么意思？学生认为"他几十年日夜坚守在大山深处的小站上"的意思就很清楚了，加了个"如一日"反而不明白：几十年怎么会像一天？是想说时间过得快吗？"如一日"是什么意思？什么"如一日"？

（4）"这本书看了三天了"，是说这本书还没看完。学生对此不理解：你说过"了"表示完成，怎么一个"了"表示完成，两个"了"又不表示完成了？

（5）"妈！德先叔这几天怎么没来？"

"谁知道他死到哪儿去了！"妈很轻松地回答。（《城南旧事》）

学生问："谁知道他死到哪儿去了！"是"不知道他死在哪里"的意思吗？妈妈怎么可以"很轻松地回答"这样的问题？老师解释："这里的'死'是'去'的意思"。学生问：为什么用"死"表示"去"？词典怎么查不到这个意思？

（6）学生问："几位、三位"可以说，"三位同学、三位老先生、三位中国人"也可以说，"三位好人""三位大人"也都可以说，为什么只有"三位人"不可以说？

（7）教材对"怪不得"的注释是：副词，表示明白了原因，对某种情况就不觉得奇怪了。一日，老师正在讲课，一学生举手喊道："老师，你不用讲了，我怪不得了。"见教师一脸愕然。那学生解释说："我明白了原因，我怪不得了，你不用讲了。"那么，如何准确说明"怪不得"的意思和用法，以避免学生误解和误用？

（8）一日课前，教师问一法国女生："你昨天怎么没来上课？"学生："我妈妈来了，我请同屋大津同学替我请假了。"教师："哦，她可能忘了。"学生："大津，这个王八蛋！"教师："你怎么可以骂她王八蛋？"学生："怎么不可以？我的中国朋友说王八蛋就是好朋友之间不满意时骂的话，不对吗？"教师不知所措。那么如何向异文化者解释"王八蛋"的意思和用法？

以上是日本、法国、俄罗斯、以色列、韩国等国家的学生提出和他们汉语表达中反映出的问题，教学中我们也分别做过说明和解释。但要问有关说明是否准确、解释是否符合实际？学习者能否恰当地认知与理解？则完全不敢自信。① 如果我们的这种状况有一定的代表性，则表明汉语及相关的中国文化，不仅是取之不尽的教学资源，更是需要我们不断思考、研究和开发的

---

① 比如，对例（1）的解释是："博得"跟"赢得"都有得到、取得的意思，很多时候可以替换而基本意思不变，如"博得/赢得大家的好评、信任、赞赏"。但有些具体搭配不能替换，如"赢得了时间、赢得了这场比赛"，就不能说成"博得了时间、博得了这场比赛"。对例（2）的解释是："一片"主要有两个意思和用法：其一，用于表示实在的、可以看见的事物，如"一片药、两片树叶"，"片"是量词，"一"可以换成"二、三"等其他数词。其二，用于表示虚的、看不见的事物，如"形势一片大好""我对你是一片好心""你刚问我这个问题时，我脑子一片空白"，这里的"一片"是一个词，"一"不能换成"二、三"等别的语言成分，此时的"一片"有"完全、全部"的意思。说到这里，我们又想起"一片广阔的草场、一片金黄的麦田"这类例子，于是补充说：这类例子的"一片"也是一个词，"一"也不能换成别的语言成分，这时"一片"表示实在的、可以看见的事物，有"全部都是""到处都是""满眼都是"的意思，有时还有成句的作用，如"眼前一片汪洋"。然而，上面的解释以及对正文其他各例的相关说明，我们并不自信，至多是当场"应付"了学生。

资源。而从开发汉语教学资源和为学习者释疑解惑的角度看，即使是以汉语为母语的教师，所缺乏的也许正是汉语知识、汉语现象及相关文化现象的阐释能力，至少对我们来说是这样。又比如，学习者在汉语学习及在华生活中，随时还可能听到或见到"咱俩谁跟谁呀？""去你的""去他妈的""有你好瞧的！""走着瞧！""给他点儿颜色看看！""见一面少一面""一口一个张叔叔""不说白不说，说了也白说，白说也得说"之类的习用语。那么，教师如何用简洁、易懂的语言（汉语）向异文化学习者说明汉语词语、习用语的意思和用法，并保证他们能准确地理解而不至于误解误用，则绝非易事。不仅需要教师具备敏锐的汉语语感，更需要具备相关的汉语知识和通俗易懂的汉语阐释能力，而这正是我们所谓的汉语教学资源，并且是汉语教学资源中更为内涵和核心的资源。

三 方法与策略资源

3.1 方法与策略资源的基本内涵

有助于增长学习者汉语知识和能力、有利于激发学习者汉语学习动机和兴趣的各种教学方法与手段、理念与策略，也是教师在汉语教学过程中应该开发、积累和利用的宝贵资源。比如，海外汉语教学可以根据学习者的汉语水平和学习需要，教会学生上中国的各类网站，查找特定的信息，或是找出他们认识的词语、短句、句段乃至大体读得懂的文章，以增加他们接触和学习汉语的机会。又比如，可以经常性地使用鼓励和激励性的学习策略，增强学习者的汉语学习信心，等等。这类资源关系到学习者汉语学习动机、情感和态度乃至汉语学习的成败得失，也最能体现教师的知识、能力、素养及在教学方法与教学策略方面的创造力，因而也可以说是一种"激励性资源""创造性资源"。

3.2 方法与策略资源开发的必要性

教师应在必有与既有知识和能力的基础上，结合教学环境、教学对象及教学内容的实际，不断去创造和尝试教学方法与教学策略。一方面，有些方法是常规的、通用的，但更多的切合实际的方法和技巧是需要教师自己去探索和总结。因为他人的方法和技巧，在他人那里是成功的和有效的，在我这里可能就不一定成功和有效，我的方法与技巧需要我自己来创造。他人教学方法、技巧和策略的可贵之处更多地在于给我们启发和借鉴，而不完全是照搬照用。（李泉，2009b）只会照搬和套用别人教学方法而缺乏教法创造能力的教师，不仅难以成为优秀的汉语教师，也难以保证教学的质量和效益。另一方面，海内外汉语教学的语言与文化环境、学时学制、内容与方式，以及学习者的学习态度与动力、目标与要求等，差别明显，从而为教师选择和使用教学的方法和技巧、理念和策略提供了机遇，一定程度上也说明"方法与策略"是教师取之不尽的教学资源。然而，这类资源大多不是现成的，需要教师有意识地加以探索、尝试和总结，第二语言教学的创造性、挑战性和魅力也正体现在这里。

3.3 方法与策略资源开发综合例析

如何开发方法与策略资源是个很值得研究和探讨的重要课题。这里我们不避浅陋提出以下若干角度和具体的教学方法与教学策略，以供参考。

（1）结合具体的汉字、语音、词汇、语法、语段、语篇及相关的文化教学，以及听、说、读、写等语言技能训练的实际内容，借助恰当时机与案例让学习者感知汉语、汉字内在的规律性乃至魅力，激发他们汉语学习的欲望。比如，告诉学习者：只要学会了"一、二、三、四、五、六、日"，再学会"星期"，那么汉语一周内每一天的称说就可不教自会：星期一、星期二……星期日，至少比英语、日语等语言中相关的称说要好学好记。同样，学会称说1到10十个阿拉伯数字，那么汉语百以内数字的称说则可一学即会，至少是不难学的。

（2）结合学习者汉语学习的实际表现，特别是出色的表现，而不失时机地予以肯定和赞赏。让他们感到"我可以学得好""汉语不难学""汉字很有意思"，并能学在其中，乐在其中。如果学习者在汉语学习的过程能产生诸如此类的感觉，则功德无量，善莫大焉。

（3）每次课都让学习者在汉语知识、能力方面感到有收获、有长进、有成就感。比如，每次课都明确若干具体的教学目标和教学内容，并注意适当适量。这样才能做到熟练掌握，而只有真正掌握了才有成就感。海外汉语教学尤其应采取这种量化的教学策略。（参见下文）

（4）向学习者传授科学的汉语、汉字观，传授必要的学习理念和方法。例如，向有关学习者说明学习汉语不同于以往学习其他有亲属关系的欧美语言，并说明其缘由和表现，以消除或减少某些学习者对汉语、汉字的成见与偏识，如"汉语难学""汉字太多""学汉语花费的时间太多"等，以明确学习一种"真正的外语"必须付出应有的耐心和精力。

以上提到的几方面是想说明：应该把适合教学环境、教学内容和教学对象特点的教学方法与手段、教学理念与教学策略同样看作是汉语教学的资源，并在教学实践中加以开发、尝试、积累和利用。

3.4 方法与策略资源开发个案例析

下面，结合更为具体的实例，面向海内外特别是海外汉语教学实际，进一步来探讨开发方法与策略资源的途径和切入点，以供参考。

（1）为了让学习者更好地理解和认知汉字，在汉字教学的初始阶段，可以利用诸如"一、二、三、人、口、手、上、下、中、日、月、明、目、耳、刀、木、林、田、山、水、河、湖、晴、情、清、请"等字形、字义乃至字音等有理据可讲的字，来介绍汉字的造字法，揭示汉字形义（音）组合规律，以便加深学习者对汉字形义关系及结构特点的认知，增强他们的汉字"字感"，提高他们的汉字认知能力，激发他们汉字学习的热情和信心。

（2）为了吸引更多的人学习汉语、乐学汉语，在汉语（汉字）教学标准上可考虑采取灵活的措施，可严可不严的宜从宽。如不必计较"耳刀旁"是先"耳"再写"刀"还是先写"刀"再"耳"（当然，教师示范要规范），写出来就"叫好"。因为长远来看，学习者也是要打汉字而不是时时处处写汉字。"写字"不过是他们感知和识解汉字的一个过程和手段。一时发不好的音和调，不意味着永远发不好，师生都不必心灰意冷，"水涨船高""树大自直"，随着汉语整体水平的提高，单个发不好的音和调在具体语流中完全有可能发得好。否则，一味高标准、严要求，则很可能让某些学习者感到汉语真的难学，以致弃走他乡。（李泉，2010）

（3）为了让学习者有收获、有成就感，在教学内容的取舍上应不贪多而求精，采取"小步快走"的教学理念。对每次课的学习目标和学习内容都应有具体的量化要求。如对海外初级阶段的中小学生及社会汉语学习者来说，每次课只要求学会几个汉字（3～5个？），掌握几个生词（3～5个？），能流利地运用乃至背诵下几个实用的短语、语句（3～5句？），要求对所学的"字、词、句"做到"会认读、已理解、能运用、可拓展"。即熟练掌握、熟记于心、脱口而出。如此，才能做到每次课有成就感，日积月累有更大的成就感。①总之，不贪多而求精求熟、目标和内容量化、背诵和复习常规化，可能更适合海外汉语教学课时少、缺乏汉语环境的教学实际，也能让学习者在不断"温故"中不断"知新"，从而不断增强成就感。

（4）要让欧美等学习者明确：学习汉语是在学习一种真正的外语，不同于他们以往学习的亲属语言，如英国人学习德语，西班牙人学习法语，等等。这些语言之间在语音、词汇、语法以及语言背后的历史文化方面都有着"打断骨头连着筋"的亲缘关系，而汉语和中国文化与这些语言及其文化没有这样的亲缘关系，汉字的构成及书写方式更是不同于他们以往所学的拼音文字。因此，学习汉语、汉字对欧美等学习者来说，是在学习和养成一种新的语言习惯和书写习惯，是一次语言学习方式和观念的重大转型（李泉，2009a），必须有充分的，至少是应有的心理准备，必须付出比以往学习亲属语言更多的时间和精力，同时也将获得新的体验和感受，等等，把这样一些理念和看法告诉给学习者，应成为我们的教学策略，而这些策略同样是汉语教学的重要资源，需要不断地去挖掘和总结。

以上这些所谓方法与策略资源的"案例"，更多的是考虑到了国际汉语教学的现状和总体目标，即在汉语国际化的初始阶段能通过教学实践让更多的人走进汉语、学习汉语，扩大汉语学习的市场；让"汉语热"与"热教学"和谐接轨，而不是将"汉语热"冷处理。所谓"热教学"即是讲究方法、技巧、理念和策略及其开发和应用的教学，所谓"冷处理"则是不注重方法与策略资源开发和应用的"硬教学"。

五　小结与余言

汉语教学资源的开发和应用，是国际汉语教学学科建设不可或缺的重要内容，是汉语持续走向世界的重要保障。在海内外汉语教学不断发展的新形势下，汉语教学资源的研究已然成为一个战略性的课题。本文将汉语教学资源分为文字材料资源、网络多媒体资源、知识与能力资源、方法与策略资源

---

① 否则，很可能因教学内容贪多或因学习时间少等原因而学得不扎实，严重者以致"今日学、明日忘，下次还要从头来"，师生都会感到没有成就感。因此，对海外的汉语初学者来说，量化教学内容，特别是"适量化"甚或是"少量化"；熟练教学内容，特别是能够在认知理解的基础上，背诵下所学的内容，可能是一个可行的教学策略。

四类。认为前两类是显性资源,是汉语教学资源的基本形态,是学科建设水平的重要体现;后两类是隐性资源,是汉语教学的潜在资源、"软实力"资源,迄今还没有受到应有的重视,特别是作为资源来看待。然而,后两类资源是教师知识与能力、教学经验与方法等的综合体现,关乎教学质量和效益乃至学习者汉语学习的成败得失,是学科成熟程度的重要体现。为此,本文重点探讨了后两类资源的构成与开发。

知识与能力资源中,外语(包括学习者的母语和师生媒介语)资源的恰当利用,不仅便于课上课下师生的沟通以及教师在海外的工作,更有助于对所教语言(汉语)进行诠释及汉外语言和文化对比教学。汉语资源的开发,则是汉语教学资源开发的核心取向,也是取之不尽的教学资源。教学中应随时随地结合学习者的实际需要扩展、深化和补充汉语教学内容;应结合备课不断积累汉语知识及相关的文化知识,并在教学实践中不断历练自己对汉语现象的阐释能力。这是教学工作对教师的应有要求。其根本目的在于:将有限的教学材料和教学时限发挥出最大化的教学效益;其基本理据是:课堂是师生沟通和交流的场所,语言的选择和使用不宜过于受到限制,否则不利于学习者的参与和语言问题的解决。

方法与策略资源是汉语教学过程中的一种激励性资源,更是一种需要教师结合教学实际进行探索、尝试和提炼的"创造性资源"。这类资源要求教师结合教学实践,不失时机地让学习者感知汉语、汉字的内在规律性、理据性和趣味性,激发学习者的汉语情感和学习兴趣,给他们"正能量";同时,基于海外缺乏汉语环境、学时少等特点,而积极探索适合海外的汉语教学策略和教学方法,如更多采取激励策略、成就感策略,适当使用集体背诵、循环复习等教学方法,适时介绍科学的汉语、汉字观等。实际上,一名优秀的汉语教师,绝不应只是照本宣科的"匠人",而应是智慧型的教学能手和管理行家。他绝不会对学习者的学习动机、学习方法和情感态度等不闻不问、无所作为,而是能够结合实际有所要求、有所策略,既能"叫好"也能"说不";在知识传授、技能训练、课堂管理、教学要求等方面,善于与学生"斗智斗勇",并能赢得学生的爱戴与配合。当然,智慧型教师首先需要自身在知识、能力、素养及教法等各方面都很过硬,否则便难有作为,正所谓打铁还需自身硬。

需要指出的是:(1)在以往教学观念中,"外语"是被要求限制性使用的。

而在开发汉语教学资源的视野下，外语则是作为常规的教学资源来看待的。王丹萍（2012）指出：要尊重教师在教学实践中需要使用媒介语的事实，尊重学生使用母语或其他媒介语进行沟通的权利，以更好地提高教学的效果和效率。（2）在以往教学观念中，"汉语"（教材内容）主要是作为被认知、说明、训练和掌握的对象，其中虽偶有知识和技能的拓展训练，但往往意识不强、力度不够。而在教学资源开发的视野下，汉语本身就是资源开发的重要取向与核心地带，借助教材呈现的语言现象进一步开发教学资源，拓展和深化教学内容，应成为一种基本的教学理念和常规的教学手段。其基本的理据是：教材不过是语言教学的工具和语言学习的材料，师生均应放弃"不越雷池一步"的教材使用观念。而汉语资源的开发、汉语知识的积累和汉语阐释能力的不断提高，正是教师"安身立命"的基础，是教师专业发展的体现和专业发展的必由之路。（3）在以往教学的观念中，激发学习者的动机与情感、传播汉语学习的理念、探索汉语教学策略等，或被视作可有可无，或被当作锦上添花。而在教学资源开发的视野下，借助汉语教学的恰当时机或具体案例，不失时机地嘉勉和激励学习者，不断探索和尝试适合特定教学对象的教学理念和教学方法，则成为一种"无形"的教学资源，一种常规的教学策略。这类"软实力"教学资源同样可以发挥"硬道理"的作用，其价值绝不可低估。

参考文献

曹志耘 2009 论语言保护，《语言教学与研究》第 1 期。
陈建华 2010 中文语言资源联盟简介，《术语标准化与信息技术》第 4 期。
陈章太 2008 论语言资源，《语言文字应用》第 1 期。
李　泉 2009a 关于建立国际汉语教学学科的构想，《世界汉语教学》第 3 期。
李　泉 2009b 汉语国际教育硕士培养目标与教学理念探讨，《语言文字应用》第 3 期。
李　泉 2010 国际汉语教学理念与策略探讨，《国际汉语教育》第一、二辑（连载），外语教学与研究出版。
李宇明 2008 语言资源观及中国语言普查，《郑州大学学报》第 1 期。

邱质朴 1981 试论语言资源的开发——兼论汉语面向世界问题,《语言教学与研究》第 3 期。

孙立峰 2012 从海外汉语教学看汉语国际教育硕士的培养,《学术论坛》第 1 期。

王丹萍 2012 对外汉语教学的媒介语问题,(香港)《中国语文通讯》第 2 期。

赵金铭 2009 教学环境与汉语教材,《世界汉语教学》第 2 期。

郑艳群 2012 《对外汉语教育技术概论》,商务印书馆。

(本文与金香兰合作,载《语言教学与研究》2014 年第 2 期。中国人民大学书报资料中心复印报刊资料《语言文字学》2014 年第 7 期全文转载;河南师范大学《教育科学文摘》2014 年第 4 期摘编)

关于"汉语难学"问题的思考*

提　要　在汉语走向世界的过程中不应忽视"汉语难学"这一国际印象及其负面影响的存在，应在广泛研究的基础上客观地厘清和评估这一问题。文章在评析汉语难学的代表性例证基础上，指出"汉语难学"是个缺乏科学性的命题；不应用个案性的例证来判断某种语言难学或易学；把学习有亲属关系的语言，跟学习没有亲属关系的语言进行难易比较，得出的结论缺乏说服力。文章强调应进一步加强汉语、汉字的本体研究和教学研究，创建和完善多种多样的教学模式，丰富和提高教师自身的汉语、汉字知识和教学技能，并认为这是基于"汉语难学"这一说法所应采取的标本兼治的对策。

关键词　汉语难学　语言结构　对比预测　教学策略

一　引言

"汉语难学"是一种世界性印象，也被说成"公认的结论"。这种印象或结论是否符合实际，是否的确是公认的；汉语难学难在何处，难与不难的标准为何，等等，都缺乏全面的研究和有效的实证。然而，"汉语难学"的印象乃至结论的存在却是客观的，并且流传颇广。据说，法语有句成语：C'ert du Chinois，意思是这简直不可理解，字面意思是"这是汉文（语）"。此外，德语、荷兰语、波兰语等都有字面意思是"这对我来说是汉语"，实际意思是"这对我来说是不可理解的"的说法。（伍铁平，1988）可见，许多外国人都把难学、难做、难以理解的事物比作汉语，把学习汉语视为畏途。

以往我们对"汉语难学"的说法并没有给予足够的重视。探讨汉语难学

---

* 本文为语言教学与研究国际学术讨论会暨《语言教学与研究》创刊30周年庆典（北京语言大学，2009年7月9—10日，北京）会议论文。

问题的文章凤毛麟角。然而，在当今世界对汉语需求越来越多，汉语正加快走向世界之际，"汉语难学"的说法让想学汉语的人闻而生畏，让已学汉语的人信心不足，根本上说不利于汉语的国际推广。因此，海内外同人应对"汉语难学"的说法给予重视，多方面加以探讨和研究，客观地厘清与评估这一问题。

基于此，本文拟对"汉语难学"的相关说法加以梳理和评析，探讨"汉语难学"问题的实质和对策，意在引起人们重视并共同面对这一"世界命题"，进而形成共识和应对策略，促进国际汉语教学健康发展。

二 "汉语难学"之说例述

2.1 基于印象和教学经验得出"汉语难学"的结论。这类说法不难得见，但大多是在论述其他问题时顺带提及的，往往只说出观点而未加阐释，少数提到了难学的原因。[①]

例一，如"在我国（捷克），一般人把汉语看作是世界上最难掌握的语言之一"[②]；又如"美国人对中文的认知程度普遍比较低，认为中文难学会，常常知难而退"[③]等。

例二，印京华（2006a，2006b）指出，尽管我们并不愿意承认汉语难学，但这却不仅是美国非华裔大学生的亲身体会，也是美国外语教师多年教学实践的经验。强调"汉语被公认是难学的语言，倒不是因为汉语的语法难学，汉字难学是主要的原因"。

2.2 基于语言学习对比预测和语言学习经历得出"汉语难学"的结论。其中，基于语言学习对比预测的例三和例四，以及基于语言结构和文字类型对比的例五，是证明"汉语难学"最有代表性的例子，也是我们目前看到的"最有说服力"的论述。

例三，王晓钧（2004）介绍了美国国防语言学院对学习四类语言达到中

[①] 如有关汉语声调、虚词、补语以及"把"字句、"是……的"格式等难学的研究和报道，不是意在得出"汉语难学"的结论，因此这里暂不列举这类研究。事实上，学习任何语言，对于不同学习阶段和不同母语背景的学习者来说，都可能有相对难学的地方，研究和讨论这类问题无疑有助于语言的教学和学习。

[②] 见《第一届国际汉语教学讨论会论文选》，北京语言学院出版社，1986年，第595页。

[③] 见《对美汉语教学论集》，外语教学与研究出版社，2007年，第11页。

等水平所需时间预测：

分类	代表性语种	所需学习时间（小时）	所需在大学学习的学年（每年2个学期，每学期14周，每周5节课）
I	西班牙文、法文、意大利文	875	6
II	德文	1190	9
III	俄文、希腊文、希伯来文	1644	12
IV	中文、日文、阿拉伯文、韩文	2205	16

也就是说，学习中文达到中等水平需要2205学时，每周五节课要学上16年。显然，这样的预测，足以令人对汉语望而生畏。

例四，据印京华（2005）报道，美国外交学院根据五十年教学经验，将美国外交官达到职业要求的语言水平所需强化训练的时间分成四类：第一类有德语、法语和西班牙语等，需要6个月；第二类有希腊语、印尼语、俄语等，需要10个月；第三类有印地语、土耳其语、越南语等，需要12个月；第四类有汉语、阿拉伯语、日语、韩语等，需要24个月。"也就是说，学汉语要用四倍于法语、德语、西班牙语的时间才能达到相同的水平。"

例五，金立鑫（2006）认为，汉语难学几乎是世界公认的结论。他介绍了美国 Foreign Service Institute（1973）的调查报告：对欧美学生来说，根据学习时间和该时间量所能达到的语言水平（预测），将语言学习分为最容易学习、较为容易学习、比较难学和最难学习四个等级。汉语、阿拉伯语、韩语和日语同属于最难学的第四等级。金文认为，导致第四等级语言难学的因素有三个：文字、语法和声调。四种难学的语言均占据了两个以上的难学要素，阿拉伯语和韩语：文字、语法；日语：文字、语法和声调；汉语：文字、声调。

例六，西方汉学家根据个人的汉语学习经历认为汉语难学。如利玛窦就有这样的看法："汉语对于我们西方人来说，发音太难了"，声调"非常难于掌握，区别很小而不易领会"。他感叹没有一种语言像汉语那样难以被外国人所掌握。（张海英，2006）

三 "汉语难学"之说例析

上文列举的是有关"汉语难学"的代表性说法和例证。然而，仅凭这些说法和例证并不能得出汉语难学的结论,更不能得出汉语难学是世界公认的结论。

3.1 "印象和经验"往往因人而异,据此得出结论则很难令人信服。因为印象和经验概而言之都是一种"感觉",很难说出其中有多少科学道理;更重要的是,人们的感觉常常差别很大,甚至截然相反。有人感觉汉语是世界上最难学的语言(如例一、例二),有人则不这样认为,例如,赵元任(1980)就觉得"中国的语言在世界上,对于没有学过任何语言的小孩子,可以算是中等,不特别难,也不特别容易。"张奇志(2007)则表示:其实中文和其他的外语一样,只要教法得当,同样的时间可以达到和其他语言课同样的效果,甚至更好;"我的多数美国学生表示中文比西班牙语和日语容易学,写汉字有意思"。可见,感觉往往相差很大,我们只能尊重不同的感觉,但不能以此得出汉语难学或易学这样"严肃的结论"。

3.2 基于语言学习对比或语言学习经历所得出的"汉语难学"的结论,同样难以成为确论。就上文有关汉语难学的相关例证来看,可以有如下一些质疑和讨论。

例三,我们还未能详知汉语与其他语言"达到中等水平"所需时间是如何预测出来的,不知汉语"语"和"文"的中等水平是如何确定的,亦不知是针对持有什么样的学习态度和学习方法的教学对象、采用何种教法做出的预测,以及是否对不同语系的语言文字采取了更有针对性的教学方法。此外,同为所谓最难学的四种语言,达到各自中等水平所需的时间不一定恰好都是2205个学时和16个学年,也没有人会在大学学习16个学年。显然,这仅仅是一项其可靠性无法保证的学习时限的预测,而且这种预测并没有区分学习者的母语、文字系统及文化背景,与所学语言及其文字系统和历史文化之间的亲疏关系,因而用这种预测得出的结论其科学性、可信性是难以保证的,其负面效应却是不难得见的。

例四,印京华(2005)的报道其参考价值更大些,因为达到的目标即从事的职业要求一致,而学习汉语、日语等非印欧语言所需时间是学习法语等印欧语言的四倍,一如印文所言"孰难孰易,清楚明白"。然而与例三一样,存在未能区分不同语言和文字及其历史文化之间亲疏关系的问题,所得出的"清楚的结论"背后却掩盖了"这种比较缺乏公平性"这样一个清楚的事实。实际上,所有例三、例四这类数字精准的外语学时预测,都难以称得上是科学的结论。因为外语学习本身是一项内涵复杂、外延丰富、相互关联和制约的要素众多而又难以确定和控制的特殊现象。不仅语言间亲疏关系的不同影响学时的预测，就是有着亲属关系的语言学习也存在着学习者（学习需求、动机、策略）、教学者（语言知识、态度、经验、方法）、教材（科学性、实用性、针对性、趣味性）、学习环境（目的语与非目的语环境、历史文化背景差异程度）等制约外语学习效果的诸多因素，因此几乎不可能对达到某种特定的目标进行学时的准确量化，更难以对不同语言的学习时限进行科学化的预测。

例五，主要依据"汉字和声调"两个因素将汉语确定为最难学的语言。但是，赵元任认为，如果将汉字因素去掉，汉语的学习难度属于中等难度，De Francis（1984）也认为，去掉书写系统的因素，"说英语的人学中文并不比学法语难"（引自金立鑫，2006）。而事实上，汉字因素在相当程度上是可以去掉的，严格意义上讲语言要素不包括文字，口语学习也可以不包括文字。因此，至少在一定意义、阶段和目的上，汉语教学可以暂时不考虑文字因素。当然，常规的汉语教学不能不考虑汉语的书写符号——汉字——的学习和教学，但即使把汉字的因素包括进来，也未必就可以得出汉语难学的结论。因为"汉字难学"本身也是一个大有争议的问题，而不是一个天经地义的结论。汉字学习的路径、方法、过程等是否恰当都影响到汉字学习的难易。而且，判断汉字学习的难易不能只看一点不计其他，而应综合看待汉字的难易问题。例如，赵元任（1980）就指出："讲到文字的难易，你得分学跟认跟用，这个不完全一样。"比方，笔画多的字写起来麻烦，可是认起来未必难认；而难认读的字未必难理解。同样，因为声调因素就把汉语确定为最难学的语言，似乎也很难得到"世界公认"。声调仅仅是学习汉语的众多构成要素之一，并且不能算是能否学好汉语的"致命因素"。所谓声调难学主要是说声调不好掌握，学得不像，习得需要一个相当的过程，而不是完全不可掌握。事实上，学习任何语言都会遇到某些难学的地方，但不应就此而认为这种语言就难学。退一步讲，因为汉语声调是学习者母语所没有的，或汉字与其母语的书写系统差距太大，就断定汉语难学，那么对于母语为汉语的学习者来说，英语等印欧语言的形态变化以及书写系统及其规则，是汉语所没有的，那么是否也应将英语等确定为难学的语言呢？[1]

---

[1] 事实上，中国人学英语经历了一个相当艰苦的历程，从小学、中学到大学乃至研究生，足足花了十几年的时间，而且还不能说个个都学得很好，可中国人好像并没有说"英语难学"，这很值得深思。

例六，是说有西方汉学家根据个人的汉语学习经历而认为汉语难学。可是同样是西方汉学家根据个人汉语学习经历和语言对比观察，却认为汉语不难学，甚至认为汉语容易学。例如，明末汉学家安文思说："不管怎样我不得不断言：中国语言比希腊、拉丁或其他欧洲的语言都容易。"又如，曾德昭认为"汉语没有复杂的语法、没有形态变化"，并将简单明了的中文语法和复杂多变的拉丁语法进行了比较，得出的结论是"中文易懂易学"。(高永安，2008) 可见，西方汉学家也是见仁见智，各持其据各讲其理，让我们难以取舍，难以为凭。

3.3 需要指出的是，同样是基于语言结构对比，有人得出的是"汉语并不难学"的结论。例如，陈贤纯 (1986) 指出：就英语和汉语信息编码系统来看，英语第一、第二和第三级编码分别是 26 个字母、词和句子；汉语的三级编码分别是汉字、词和句子。汉语在"字"这一级信息编码上比较困难，但进入下一级编码时就容易得多了。因为词是由字构成的，如果是单音节词，那么第二级编码跟第一级编码是相同的；如果是双音节词，就是把两个有关的字合在一起构成第二级编码。汉语第一级编码难，第二级编码容易，英语则相反，数以万计的词和短语得一个一个地记。陈文的结论是"学习汉语也并不难"。伍铁平 (1988) 通过五个方面的语言结构对比，得出除去汉字的因素"汉语并不比别的语言难学"的结论。

四 "汉语难学"之评论

4.1 综上可见，基于语言学习经验和教学实践、语言结构对比及语言学习对比预测等，有人得出"汉语难学"的印象或结论，有人得出"汉语不难学""汉语容易学"的印象或结论。显然，经验和体会也好，对比分析和调查预测也罢，都事出有因、言之有据。但把两种不同的观点合在一起来看，任何一种观点或结论都有局限性。因此我们的结论是：说汉语"难学"或"易学"是"世界公认的结论"都是不成立的。因为这两种完全相反的观点同时存在，使得任何一种结论都不能成为公认。而证明"汉语难学"不是世界公认的结论，不是"不争的事实"，乃至证明"汉语难学"是个伪命题，则正是本文的首要结论，也是笔者的最大心愿。

4.2 退一步讲，如果一定要对汉语是否难学表个态的话，从上文的分析可以看到：目前还没有足够和有力的证据证明"汉语是世界上最难学的语言""汉语难学"，也没有充分的理由说明"汉语容易学"。比较起来，我们认为这样一些说法可能更符合实际："各国语言里不同的方面各有难有易""汉语不是很难，也不是很容易""汉语不难学（但也不意味着容易学）""汉语不比别的语言难学""汉语有的地方容易学，有的地方难学""对于母语没有声调的学习者来说，汉语声调可能是一个难点"，等等。

4.3 最能证明汉语难学或易学的是：汉族儿童习得母语，比别的民族的儿童习得母语所花的时间更长或更短。然而，事实上不是这样。"对于从小就在某种语言环境中成长的儿童来说，不论哪种语言，也不论哪个民族的儿童，都是在大致相同的年龄就基本上掌握了那种语言（指口语），语言本身根本无所谓难易。七岁以下儿童不论换一个什么环境，都能很快学会一种新的语言便可以说明这一点。"（伍铁平，1988）此外，假如教学试验表明：欧美学习者学习汉语、日语、阿拉伯语和韩语等所谓最难学的语言，达到同样的水平或目标（当然这并不容易确定），学习汉语、汉字比学习其他几种语言及其文字需要花更多的时间，那将是证明汉语难学的一个有利证据。① 然而目前我们还没有看到这样的研究报告。因此，我们可以说"汉语难学"是个伪命题。

4.4 必须指出，在总体上认定"汉语难学"是个伪命题的同时，也不应无视这样一些报道：欧美学习者"学习汉语同学习其他欧洲语言相比，要想达到相同的能力水平，需多付出约一倍的时间"（顾安达，2007）。又如，母语是英语的全日制学生，学会并掌握法语、德语、西班牙语需要6个月左右的训练。要达到同样目标，学习俄语需要10个月，学习印度语需要一年，学习汉语则需要两年。（江蓝生，2007）假如这类报道情况属实，则表明：把欧美人学习其他欧美语言跟学习汉语相比，就不能不承认"汉语难学"又是个真命题，至少是相对意义上的真命题。但不得不指出的是，这种语言学习难易的比较有失客观和公正。这是因为印欧语言之间在语系、文字、文化等方面存在血脉相连的亲缘关系，许多语言之间在语音、语法和词汇方面的同源成分呈现出明显的、成系列的对应特征，这对相互之间的语言学习极为便利。而印欧语系各语言跟汉语没有亲属关系，在文字系统和历史文化传统

---

① 实际上，这样的教学试验研究所得出的结论也只能是"有重要参考价值的结论"。因为有许多因素难以确定和控制，比如学习者的语言情感和学习动机、教材教法以及教师的教学水平等。

方面，中国与欧美各国也存在着巨大的差异①，这对汉语学习者来说缺乏便利性而富于挑战。

4.5　因此，把学习跟自己的母语有亲属关系的语言，与学习跟自己的母语没有亲属关系的汉语，放在一起比较难易，所得出的汉语难学的结论虽是"不争的事实"，却也是个"不公的结论"。从这个意义上来说，把学习有亲属关系的语言跟学习没有亲属关系的汉语相比，得出的"汉语难学"的命题，既是一个真命题，因为相对而言汉语的确难学，又是一个伪命题，因为这种对比缺乏公平性。正因为这种对比缺乏公平性，因而所得出的"汉语难学"的结论，归根结底还是属于伪命题。

五　"汉语难学"之对策

5.1　站在国际汉语教学的角度和国际第二语言教学学科建设的高度，我们不应满足于对"汉语难学"的说法做出个是"真"是"假"的评判，而应进一步在理论上给"欧美学习者学习汉语，比他们学习印欧语系其他语言总体上要难"一个说法。对此，我们高兴地看到，已有学者注意到了这一问题。顾安达（2007）指出，对于欧美人来说"学习汉语同学习其他欧洲外语完全无法相比""应将印欧语系之外的外语教学作为一门独立的学科对待""将外语教学分为亲属外语和文化，以及非亲属外语和文化两个不同的教学领域"。顾安达的看法很有见地。我们认为，区分和建立亲属语言第二语言教学和非亲属语言第二语言教学（真正的外语教学）两类不同范畴的理论体系，应成为国际第二语言教学学科建设的一个重大策略。分别开展亲属语言之间以及非亲属语言之间第二语言学习的对比研究，比之于把亲属语言学习跟非亲属语言学习进行对比研究，更具有理论和实际应用价值。

5.2　区分亲属语言学习与非亲属语言学习，可以使语言教授者特别是学习者更加客观地对待语言学习的难易问题。比如，欧美学习者应明确：欧美各语言、文字和历史文化之间存在着极大的相似性，而它们与汉语、汉字及中国历史文化之间存在着巨大的异质性。因而学习汉语不同于以往学习英语、法语、德语、西班牙语等亲属语言，是一次真正的外语学习、一次对异质文化的接触、一次语言学习观念的突破和学习方式的重大转型。有了这样

---

① 参见本文相关例子，另请参见曹乃云《外国人如何学中文》（1994）个案访谈。

一些基本的观念,才能对学习一种真正的外语——汉语,可能会感觉到的学习之"难"、所需时间之"多",抱有清醒的认识和应有的耐心。这也是除了与汉语和中国有着文字、文化和地缘关系的日本、韩国、朝鲜和越南等少数国家以外,世界上绝大多数汉语学习者应有的心理准备。当然,欧美等国的学习者在他们走进汉语世界的同时,也将感受到学习汉语、汉字和中国文化所带来的强烈的异国性和趣味性,乃至产生强烈的汉语、汉字和中国文化之情缘,并不断转化为学习的热情和动力,体验学习的收获和乐趣。① 而这种对汉语、汉字和中国文化的学习之"趣",无疑将是"冲淡和抵消"学汉语之"难"的巨大动力和力量。

5.3 第二语言教师和第二语言学习者都应树立正确的语言学习难易观。正确的语言学习难易观至少应包括两层含义:(1)各国语言里不同的方面各有难易。(赵元任,1980)即是说,任何一种语言及其文字都有自己的特点,第二语言学习者学习不同的方面会有难易不同的感觉。事实上,任何民族的儿童学习母语也都有感觉难学的地方,如赵元任(1980)指出:"[l] 音也是任何国的小孩儿都难学。不但中国长江流域里头 [n]、[l] 不分,就是在清清楚楚有 [l] 的地方,小孩子也往往很迟才会说。"又如,都德的名篇《最后一课》中,小弗朗茨不会背分词规则,说明动词的词形变化,是印欧语系语言儿童母语学习的一个难点。学习母语尚且有难有易,成年人学习外语更会如此。(2)学习任何一种语言都不会是轻而易举的,都要投入大量的时间、精力和持续的热情。因为学会一种语言不单单是学习这种语言的发音、词汇和语法,也是在学习相关的文化;不仅是体认一种新的文化,更是浸习一种新的生活和思维习惯。指望轻轻松松就可以"速成"一种外语,那是不现实的。

5.4 尽管语言形式上的差异并不必然地等同于语言认知上的困难,然而对语言结构进行异同及难易对比仍然是值得提倡的(李泉,2002)。只是这种对比的目标不应是为了得出某种语言难学的结论,而应立足于为第二语言教学及其教材编写提供策略,立足于揭示和预测某种语言难在何处、所以

---

① 试举两个典型的例子:法国汉学家白乐桑曾表示,"你不知道,当我从一份中文报纸上找到刚刚学到的几个汉字时有多么欣喜,因此误了地铁站是常有的事。""汉字在我的眼里是最美的。""如果没有汉字,我就不会选择学习汉语。"以研究中国道教而闻名的汉学家施舟人,不仅通过汉语的学习成就了他在国际汉学界的地位,而且一生都痴迷于中国文化。正是由于无法割舍的中国情缘,2001 年举家迁居中国福州,成为中国的永久居民。(分别见于国家汉办主办内部刊物《孔子学院》2009 年第 3、1 期)

为难,并为化解学习难点提供建议。这应该是第二语言教学对比研究的基本策略。换言之,我们不赞成利用有限的对比研究得出某种语言难学或易学的周遍性结论,因为这种根据"小本买卖"得出的结论很可能以偏概全。假如对比研究的目的就是为了证明某种语言难学,则这样的研究意图既不够策略——语言学习的难易问题非常复杂,牵涉语言和认知诸多方面的问题,也不够友好——不利于该语言作为第二语言的教学与传播,因而是不足取的。

5.5 从本文的考察和分析来看,在汉语走向世界的过程中,我们应该明确反对"汉语难学"这种既缺乏科学依据,又不策略,乃至不计后果的说法,这至少应该成为海内外汉语教师的共同信念,应该成为政府有关部门汉语国际推广的一个策略。换言之,我们不能默认"汉语难学"这种说法,而应首先在观念上突破这种说法的束缚,并旗帜鲜明地反对这种非科学的说法。退而言之,我们总不能一手高举"汉语国际推广"的大旗,一面附和"汉语难学"的说法吧?而事实上,说"汉语难学"最多的正是我们中国人自己①,中国人问外国人最多的两句话就是"你觉得中文难吗?""您为什么觉得中文不难?"好像非要逼着外国人承认汉语难学才算满足,这真是咄咄怪事!

六 余言

汉语语言学界和国际汉语教学界应进一步加强汉语汉字的本体研究和教学研究,创新和完善适合汉语汉字教学的模式和教学方法;教师应不断丰富自身的汉语汉字及中国文化知识,提高汉语教学和中华文化的传播技能,这一切将不仅直接关系到汉语教学的效果,也关系到汉语好学还是难学的大问题,关系到汉语的国际化进程。因此,这是我们基于"汉语难学"这一国际印象所应该采取的标本兼治的根本性策略。毋庸讳言,面向教学需要的汉语本体和应用研究还不够宽广和深入,教师缺乏汉语汉字知识和教学技能,以及教学路径选择和教法使用失当等,都是造成"汉语难学"印象的内在因素。显然,如果教师对汉语的组合和应用规律不甚了了,对教学中的语言现

---

① 例如,白乐桑回答"你不觉得中文很难吗?"时说道:"我经常听到中文难这样的说法,很奇怪,说这话的都是你们中国人。"见张保淑等《说中文难的都是你们中国人——白乐桑的汉语人生》,《人民日报海外版》2005年7月25日,引自《新华网》2006年7月26日。

象"说不清、道不明",这个是"汉语习惯",那个是"中国人就这么说",学习者不感到汉语难学才怪呢!因此,应不遗余力地加强汉语要素及其教学规律的研究,积极探寻让学习者乐学、易学的教学方法,通过大幅度提升教学质量和效率,来吸引更多的人学习汉语,通过造就更多的国际汉语人才来纠正"汉语难学"这一国际性偏识、破除套在汉语头上的这一紧箍咒,让汉语学习"在蓝天下"顺利进行。

参考文献

曹乃云 1994 外国人如何学中文——与德国朋友黎山先生谈话印象记,《国外外语教学》第 1 期。

陈贤纯 1986 学习汉语也并不难,《语言教学与研究》第 1 期。

程爱民、何文潮、牟 岭(主编)2007 《对美汉语教学论集》,外语教学与研究出版社。

高永安 2008 明末西方人学习中文的理念和方法探析,《语言教学与研究》第 2 期。

顾安达 2007 面向欧美学生汉语教学的观察与思考,《第八届国际汉语教学讨论会论文选》,高等教育出版社。

江蓝生 2006 《商务馆学汉语词典》序,鲁健骥等主编《商务馆学汉语词典》,商务印书馆。

金立鑫 2006 试论汉语国际推广的国家策略和学科策略,《华东师范大学学报》第 4 期。

李 泉 2002 对外汉语教学的学科基本理论,《海外华文教育》第 3 期。

李 泉 2009 关于建立国际汉语教育学科的构想,《世界汉语教学》第 3 期。

王晓钧 2004 美国中文教学的理论与实践,《世界汉语教学》第 1 期。

武铁平 1988 汉语并不难学,《世界汉语教学》第 4 期。

印京华 2005 近五年美国汉语教学状况与发展趋势,《国际汉语教学动态与研究》第 1 期。

印京华 2006a 寻求美国汉语教学的新路:分进合击,《世界汉语教学》第 1 期。

印京华 2006b 提高美国学生汉语文化水平要走好的第一步,《国际汉语教学动态与研究》第三辑,外语教学与研究出版社。

张海英 2006 利玛窦对汉语的学习与认识,《海外华文教育》第 2 期。

张奇志 2007 在美国推广中文教学的尝试和建议,《对美汉语教学论集》,外语教学与研究出版社。

赵元任 1980 从信号学的立场看中国语文,《语言问题》,商务印书馆。

(载《语言教学与研究》2010 年第 2 期)

关于"汉字难学"问题的思考*

提　要　本文力图全面展示汉字"难学"和"易学",特别是"难学"的代表性观点和理据,并进行了力所能及的分析和讨论,认为汉字并不那么难学。实际上,评估一种文字的难易是相当困难的事情,涉及多种变量因素,造成所谓汉字难学的因素也是多方面的,而不应仅仅归因于汉字本身。本文认为,以往举证汉字难学的主要理据,如汉字"数量繁多""难读、难写、难记、难认"等都可以重新认识,可以打折扣,并对其他一些所谓汉字难学之处,也做了某些"易化"的讨论。本文力图彰显汉字学习和使用过程中存在着降难机制,如高频字集中之系统"易化"机制,汉字读、写、认、用之间难易"转化"机制,拼音对汉字难读及打字对难写的"补救"机制。文章认为,随着信息化时代人类文字书写方式发生重大而不可逆转的转变,汉语教师应更新观念、摒弃成见,柔性而非刚性、务实而非务虚地看待汉字难学的问题,提振"汉字信心"。

关键词　汉字难学　语素文字　拼音文字　教学理念

一　引言

"汉字难学"是世界级百年话题。国内在"五四"新文化运动中关于汉字是否需要改革,以及新中国成立后关于汉字是否需要简化的语境中涉及这一命题;国外主要从汉语汉字学习的角度论及这一命题。可以说,汉字难学

---

* 本文初稿在广州大学主办的"对外汉语(汉字)教学与语言服务"国际研讨会(2009年12月22—23日,广州)上宣读过。修改稿在北京语言大学对外汉语研究中心等主办的"国际汉语教学理念与模式创新"国际学术研讨会(2010年11月13—14日,厦门)上做过大会发言。

是海内外普遍性的印象，亦被说成公认的结论。在汉语加快走向世界的当今时代，不管这印象或结论是否符合实际，都不利于汉语走向世界。①

进一步说，"汉字难学"之说虽普遍流行，却未必是客观公正的结论，更未必是终极性的定论。如果说汉字教学或学习效果还不够理想，原因是多方面的，不应单单归因于汉字本身。实际上，与汉字难学相关的问题，从理论到实践都还有广泛的讨论空间。通过对汉字难学相关理据的挖掘和评估，不仅有助于在观念上逐步形成共识，亦有助于拓展和深化对汉字和汉字教学问题的认识，而这比简单地做出汉字难学或不难学的结论更有意义。

本文拟多方位例示汉字"难学"与"易学"的代表性说法，并予以评析，希望有助于全面了解汉字学习的难易问题；进而结合教学实践和个人现有认识进一步探讨"汉字难学"问题，希望有助于优化国际汉语教学中汉字教学的理念与方略。实际上，汉字和汉语不同于拼音文字及其语言的特点，是汉语作为外语教学与其他外语教学的重要区别所在。常规汉语教学无法逾越汉字教学，而汉字教学的质量关乎汉语国际化的进程和水平。因此，无论是基于学科建设还是着眼教学实际，都应进一步加强基于汉语作为外语教学的汉字教学研究，包括教学观念、教学策略、教学模式、教学方法与手段的研究。

二 "汉字难学"之说例述

2.1 汉字难学：基于汉字改革、汉字特点、语文教学

例一，钱玄同（1923）主张汉字改革，提倡简体字。认为"汉字不革命，则教育决不能普及，国语决不能统一"，何以故？"因汉字难识、难记、难写故"。（引自苏培成，2001）王力（1936、1938、1980）明确指出，"难学，就是汉字的致命伤。""汉字之难学，乃是公认的事实。""汉字既然难认难写，那我们就应改革。"（引自王开扬，2004）周恩来（1958）指出，"汉字是难读难写的，因而也就难记。不要说初学汉字的儿童，就是学了多年的成人，对

---

① 据考证在法语、德语、荷兰语、波兰语、俄语、匈牙利语、葡萄牙语的成语或固定短语中，都有把不可理解或难学难做的事比作汉语汉字的说法。可见，外国人历来把"汉文（语）"看得高深莫测，视为畏途。（武铁平，1988）据说号称"钢铁之人"的斯大林向属下交付任务而属下感到畏难时，他就质问："难道比学汉字还难？"（王开扬，2004：24）"汉字难学"这种世界性印象，常常使人对汉字汉语望而却步。

于不少的汉字也还是不认识，或者要读错。"

例二，吕叔湘（1985）指出：汉字的缺点首先是"难学"，原因有四个：（1）看见字形读不出字音，也就不明白字义，得有人一个字一个字地教。（2）笔画多，结构复杂，容易写错。（3）字数多，一般要学上三四千字，才能读书读报。（4）形音义之间有很多交叉关系（有多音多义字、有一音多义字、有一义多音字），容易搞错。

例三，苏培成（2001）指出，现代通用字就有7000字，《中华字海》所收的古今汉字竟多达86000多字。而拼音文字的字母一般只有几十个，比汉字少得多。汉字数量繁多给学习和使用都增加了困难。顾安达（2005）认为，中文拥有为数上万的汉字，区别于由20个到50个符号组成的字母文字系统，而多数汉字除含有表音功能的符号以外，还含有表意功能的符号。"汉字系统以其世界上独一无二的复杂性，极大地制约着西方人学习中文的过程。"

2.2 汉字难学：基于外国人汉字学习经历及教学实践

例四，李培元等（1986）认为，外国学生学汉语最大的困难莫过于汉字。汉字数量多，笔画复杂，对中国人来说，认、记、写汉字也是很不容易的事，这就难怪习惯于使用拼音文字的外国学生感到十分困难了。黎天睦（1987）指出："汉字世界上最难的文字。"王晓钧（2006）认为："学习汉字对于美国学生来说无疑是最具挑战性的任务之一。无论是以英语为母语的学生还是有华人背景的ABC（American born Chinese），无论是教简体字还是繁体字，一个不能回避的事实是——汉字难写、难念、难记、难认。"

例五，周健（2007）指出："汉语难学，汉字尤难学，几乎已成举世公认之论。"原因是：（1）汉字数量巨大，结构复杂，笔画繁多。（2）虽有理据但规律性不强，大部分形声字表义标音功能都比较弱。（3）多音多义字多，近似发音字多，同音字多。（4）一种语言拥有繁、简两种文字，本身就是一大难点。（5）对汉字和汉语的关系及汉字教学的地位缺乏正确认识。（6）汉字教学思路不明确。（7）对学习者汉字认知、习得过程等认识不足。（8）汉字教学方法有缺陷。

以上是基于汉语作为母语和外语两方面有关汉字难学的五类例说，大体上涵盖了有关汉字缺点和汉字难学的主要观点，下文择要加以评析和讨论。

三 "汉字难学"之说例析

3.1 "繁体字难学"当可接受

上文例一认为繁体字难认、难写、难记,故难学。因而主张简化汉字,以利于扫除文盲、普及教育。这是可以理解和接受的。迄今,对比繁简字,国人大都能认可繁体字难学这一论断。试举两例略加证明。其一,据统计,2235 个简化字平均每字 10.3 画,被替代的 2261 个繁体字平均 16 画。繁简相比,平均每字减少 5.7 画。(苏培成,2001)简体字不仅笔画减少了,视读清晰度及书写之便捷都优于繁体字。其二,郭沫若(1964)针对繁体汉字指出:"作为文字使用上确实是难于掌握的工具。它的字数太多,读音不准确。我虽然使用了它已经六十多年,而直到现在还会遇到不认识的字,非得查字典不行。"所以"文字的简易化"看来"似乎是不可避免的"。(引自苏培成,2001)郭老是公认的大文豪、古文字学家,也还有不认识的字需要查字典,这很可以说明繁体字难学。[①]

3.2 常用汉字数量有限且覆盖率高

例二至例五论述现代汉字缺点及难学的理由。以例二吕叔湘(1985)概括的四项最有代表性。其中,"见字不知音"是汉字先天性缺点,另三项缺点以"字数多"为首为重,余下的两个缺点总体上都与字数多少有关系,如总字数多,则"笔画多、结构复杂""形音义之间关系复杂"的情形亦甚。字数繁多是造成汉字难学难用的重要原因,是汉字难学的"物质和心理"基础。故本文首先并重点检讨汉字数量繁多的问题。如能对这一问题有个客观和务实的认识,那么汉字的其他缺点及其给汉字学习带来的困难,亦可重新认识。

(1)汉字是自源文字,数千年来从未终止过使用;且汉字为语素文字,需不断创造新字以记录新语素、新词语。因此,自古至今总共有多少汉字实难确知,只能凭借历代字书来观其大略。如公元 100 年许慎《说文解字》收字 9353 个,公元 753 年颜真卿《韵海镜源》收字 26911 个,1716 年张玉书等《康熙字典》收字 47043 个,1990 年徐中舒主编《汉语大字典》收字

[①] 当然,如果硬要较真的话,那么也要看到郭老的用字范围会远超过一般人,他不认识的字也绝不会是一般的常用字。郭老查字典的例子可能说明汉字是历史悠久的自源文字,因而数量多,非常用字多。

54678 个，1994 年冷玉龙等《中华字海》收字 85000 个。然而，字书里的汉字绝大部分是"死字"，即历史上存在过而今书面语里已废置不用。（费锦昌，2000）因此，切不可拿字书里汉字繁多说事。所谓七八万汉字的 90% 以上不仅跟汉语汉字学习不沾边，跟几乎所有尘世凡人也都不沾边。就是《现代汉语词典》（第五版）亦有大量罕用字，如古语字（垧、伙）、专业字（飑、氡）、专名字（墅、离）、方言字（呔、夯）等，虽汉语母语者亦不过百年一遇，外国人更是千年等一回，故不必为汉字数量繁多而盲目忧惧。

（2）迄今有关现代汉语通用汉字和常用汉字的权威数据是：1988 年国家语委等发布《现代汉语通用字表》7000 字，覆盖率 99.999%。1988 年国家语委等发布《现代汉语常用字表》3500 常用字，覆盖率 99.48%。（周健，2007）事实上，多数汉语母语者连 3500 字量也未能达到，然而，人们的语言文字生活（读书看报、获得社会生活各领域的相关信息、一般书面文字表达及思想情感表达等）基本不受影响，那么原因何在？

据文字学家考证，中国历朝历代通行的汉字，虽有新字不断产生，有旧字陆续隐退，但在总体上维持着通行字总量的相对稳定。（费锦昌，2000）并且这稳定量的通行汉字当中，常用字集中。这使得人们的语言文字生活并没有因"字量未达标"而受到太大的影响。周有光（1992）对汉字使用上的这一特点进行了量化揭示："汉字的使用频率是很不平衡的。各家的频率统计互有出入。斟酌于各家之间，可以得到如下的规律：最高频 1000 字的覆盖率大约是 90%，以后每增加 1400 字大约提高覆盖率十分之一"。具体为：

（字种数）		（增加字数）	（合计字数）	（覆盖率）	（欠缺率）
1000			1000	90.000%	10.000%
1000	+	1400	2400	99.000%	1.000%
1000	+	1400	3800	99.900%	0.100%
1000	+	1400	5200	99.990%	0.010%
1000	+	1400	6600	99.999%	0.001%

周先生把这个规律称作"汉字效用递减率"。据此，我们可以得到或印证如下几个结论。其一，汉字使用频率相差悬殊，常用汉字使用频率和覆盖率远远超过非常用汉字。这说明常用汉字是维持人们语言文字生活的主体。

其二，最高频的 1000 字覆盖率约达 90%；字频统计中的前 2400 字，覆盖率高达 99%。这说明最常用汉字比较集中，而且数量不算大。其三，字频统计序号在 2400 以后的字，无论增加多少，总的覆盖率只有 1.0%；而字频统计序号在 3800 以后无论增加多少，总的覆盖率只有 0.1%。这一递减率说明，2400 常用汉字的应用价值和学习价值最高。其四，正是由于汉字具有常用字高频化和高覆盖率这一运行特点，因此只要掌握两三千个常用字，就可以读懂非专业性的书报，就可以进行一般性的书面交际。这便是汉字虽然总数繁多，但人们的语言文字生活总体上并未受到太大影响的根本原因。

3.3 "汉字效用递减率"之实证

"汉字效用递减率"提出已近 20 年，那么当今中国社会汉字的实际运行情况又是如何呢？据国家语委会发布的绿皮书《中国语言生活状况报告》（2006）报道，对 2005 年报纸、广播电视、网络等媒体的 732 143 010 字次语料的一项调查统计结果是：使用频率最高的 581 个、934 个、2314 个汉字，分别覆盖了全部语料的 80%、90%、99%。[1] 不难看出，后两项覆盖率与周有光（1992）概括的汉字覆盖规律（1000 字和 2400 字分别覆盖 90% 和 99%）大体吻合。这进一步印证了汉字效用递减率是站得住脚的，相关数据可以作为理论研究和汉字教学的参考依据。当然，覆盖率只是"字形拷贝"，汉字形音义之间有很多交叉关系：多音多义字（人参、参加）、一音多义字（推倒、倒班）、一义多音字（血管、流血）。同一个汉字进入词语和句子层面，会有义项的分别、句义的分别，以及意义的"虚实"（白马、马路、马上、马海毛、马大哈）等情形，其认知可谓相当复杂。因此，切不可将覆盖率等同于读懂率。此外，亦不可对"绿皮书"的相关数字及其覆盖率绝对化，因为绿皮书统计的语料限于报纸等媒体语言，生活语料欠缺。尽管如此，绿皮书的调查结果足以鼓舞人心，让汉字研究者、教授者和学习者感到振奋，至少不应继续重复汉字数量繁多的老调。

---

[1] 详见《中国语言生活状况报告（2005）(下编)》，商务印书馆，2006。另据，(1)《中国语言生活状况报告（2006）(下编)》(商务印书馆，2007) 对 2006 年报纸、广播电视、网络等媒体的 987 994 406 字次语料的调查结果是：使用频率最高的 591 个、958 个、2377 个汉字，分别覆盖了全部语料的汉字总数的 80%、90%、99%。(2)《中国语言生活状况报告（2007）(下编)》(商务印书馆，2008) 对 2007 年报纸、广播电视、网络等媒体的 1 007 053 180 字次语料的调查结果是：使用频率最高的 595 个、964 个、2394 个汉字，分别覆盖了全部语料汉字总数的 80%、90%、99%。可见，对 2005—2007 三年超大规模的数字统计结果来看，其相关覆盖率是相当稳定的。

3.4 应学汉字少则难学程度低

事实上，完全可以根据汉字运行效用递减率和汉字在当代语文生活中的实际使用情况，务实而有依据地减少应教汉字字量。若此则上文所说汉字"笔画多""形音义之间关系复杂"等诸多问题将随之得到缓解，汉字难学的程度也会随之减轻。

（1）常用高频字大都是笔画少的，低频字大都是笔画多的。例如，①《辞海》11834字，平均笔画数11.55。（苏培成，2001）②《通用字表》7000字，平均笔画数为10.76；《常用字表》3500字，平均笔画数为9.74。（张静贤，1992）③"语料库汉字"中，使用频率由低到高的3000、2000、1000、500、100、50字，其平均笔画数分别为9.44、8.85、7.92、7.18、6.29、5.86。（邢红兵，2007）可以看出：汉字量越大，平均笔画数越多；反之，则平均笔画数也越少；越是常用的汉字，平均笔画数也少，反之，则平均笔画数也多。这表明：汉字量的大小，影响着平均笔画数的多少，也影响着汉字结构的复杂程度。因此，不能泛泛地说汉字笔画多，结构复杂。实际上，笔画多、结构复杂，主要在初学者认写时会成为问题。然而，初学者应以笔画少和结构简单的常用字为认写对象，而不是相反。何况汉字教学的一个重要任务，就是教会学生"打字"。笔画多少对打字来说都不是问题。

（2）必学应学汉字的数量能控制在一个适度的范围内，那么"汉字形音义之间关系复杂"的问题也会相应减少，由此而造成的汉字难学的程度就会随之降低。例如，据介绍，《7000通用字表》中有700多个多音字。（周健，2007）那么1000个、100个通用字中就可能分别只有70个、7个多音字。当然这只是一种推断，具体数字不一定完全如此，但多音字会随着总字数的减少而减少，所带来的麻烦也会相应减轻，却是基本事实。同理，其他形、音、义之间的复杂现象亦会相应减少。教学实践表明：学习者掌握了一批基本字和常用偏旁部首后，识记汉字的速度以及认知和处理汉字形、音、义之间复杂关系的能力都会大大提高。对汉字的神秘感和畏惧感亦大大减少乃至消除。①

---

① 对任何事物，越不了解就越感觉神秘和畏惧。正所谓会者不难，难者不会。比如，当我们看到人民币上的满文、藏文、维文等文字时，由于完全不懂，便会觉得十分繁难和无从下手。而一旦了解了这些文字的基本构成单位、结构和书写规则，就不会觉得那么神秘和畏惧了，也不会觉得那么难认、难写了。

3.5 拼音文字与语素文字难断优劣

在论述汉字各种缺点及汉字难学的理由中，有一种做法：把汉字跟拼音文字的字母相比较，来证明汉字难学。对此，陈贤纯（1986）指出："说英语字母只有26个而汉字有成千上万，并且以此来论优劣，这是不正确的。"陈先生所言极是。(1) 英文字母大体相当于汉字的笔画。汉字基本笔画不过5至7个左右，复合笔画也不过二三十种。掌握这些笔画显然不会比掌握26个英文字母难到哪里去。①(2) 上文分析表明，掌握成千个汉字是需要的，但绝对不需要掌握上万个汉字。我们主张，常规的汉语学习，可以2400个常用汉字作为过关量。(3) 掌握2400个汉字远远比掌握26个英文字母要难得多（这种比法当然不科学，只为说明问题）。可是，26个字母本身没有意义，谈不上任何交际价值和覆盖率。学了26个字母，还必须记住一个一个用这些字母拼写而成的成千上万个单词，才能进行交际。而汉字本身是有意义的，可以说，学了一个汉字就有一份交际价值。(4) 学习2400个汉字虽然并不容易，可那差不多等于直接学会了2400个单音节词，而且按照并列、偏正、述宾等有限的组合规则可以组合成数以万计的现代汉语词汇。其构词能力之强、覆盖量之大，远非26个字母或者2400个英语单词所能比拟。可见，评估汉字的优劣和效用，不能就事论事，而应全面系统地看问题。拼音文字读音上有先天优越性，学起来似见效快，但未必有长效，因为读音的便利是有限度的，相当数量的单词拼写和读音是不规则的；语素文字读音上有先天缺憾，学起来见效慢，但或可有长效，因为字形的便利逐渐显现；更重要的是，拼音文字和汉字的成词能力和覆盖能力差别巨大。因此，把文字学习跟语言学习联系起来看，拼音文字和语素文字孰优孰劣、孰难孰易，实难决断。

3.6 汉字"写、念、记、认"存在难易转化关系

在论述汉字的缺点及汉字难学的理由中，一种普遍流行的观点是：汉字难写、难念、难记、难认，因而难学。实际上，不应简单地做出这样的定性就算完事，更不应就此得出定论，而应看到它们之间存在着一定的"难易转化"关系。赵元任（1959/1980）虽然也认为汉字学习"在世界上比起来

---

① 吕必松（2008）指出，就书写方法而言，英文字母不是26个，而是104个，因为英文字母有大写和小写以及印刷体和手写体之分。

就相当困难了",但他同时指出"讲到文字的难易,你得分学跟认跟用,这个不完全一样。比方,笔画多的字,写起来是麻烦,可是认起来未必难认,有时候笔画多的字,因为富于个性,反而容易认。认是一回事儿,写又是一回事儿。""学中国字得学几千个汉字,当然很费工夫;可是已经学熟了过后,用汉字的人,感觉方便不方便呐,那我觉得我平常写东西啊,写中国字是很方便。"赵元任(1973/1985)还说过,汉字笔画的双向度安排有重要意义。不仅"能够节省篇幅,加快阅读速度",还便于查找,"在一页印有好多个不同的方块汉字的书里找字,比在不断重复二十来个字母的书里寻找,来得容易。"也就是说,汉字这四难之间一定程度上可以难易"互相转化、相互抵消"。笔画少的字,写起来容易,认起来也不会太难(日、月);笔画多的写起来难,但由于字形信息多,认起来可能反而容易(输、赢);而难写认的字未必难理解;汉字学的时候费事,但一旦掌握了汉字,书写、阅读和查找信息的时候,用汉字比英文等拼音文字方便。因此,即使承认汉字确实存在四难,也要对难的程度打些折扣。汉字"读、写、认、用"之间这种"此时为难,彼处为易"的内在关联和制衡机制,有效地降低了汉字难学的程度。

3.7 教学策略上的问题不应归因于汉字本身

在论述汉字的缺点及汉字难学的理由中,还有一些可以进一步讨论的问题。例如,说汉字难学是因为存在"繁简体的差异","一种语言拥有繁、简两种文字,这本身就是一大难点。"(周健,2007)其实,具体的教学,或教繁体字或教简体字,一般不应二者"并教"。并教可能会带来麻烦,但那不是汉字本身的问题,而是教学策略的问题。事实上,在一定教学阶段,就某些特定的汉字进行繁简对比教学,也许不但不会增加负担,反而有利于对汉字的体认和识记。又如,说汉语"拥有繁、简两种文字"似不够准确。汉语只有一种文字——汉字。简体字和繁体字是汉字固有的两种存在形式。简体字跟繁体字相对应,指同一个汉字的结构较简、笔画较少的字形,或者说是用简体写法写出的汉字;繁体字是指笔画未经简化的汉字形体,或者说已有简化字替代的汉字。繁体字和简体字的文字性质及构字原理完全相同,因而不是两种文字。

四 "汉字易学"之说例述

下面例示"汉字优点"和"汉字不难学或易学"的代表性说法,以便全面地了解汉字的特点和优点及易学之处,亦可作为对上文(2.1、2.2)"汉字难学"说的一个回应。

4.1 汉字优点连带着缺点

例六,吕叔湘(1987)指出汉字的优点包括:第一,一个汉字代表汉语里的一个语素,把字形、字音、字义集合在一起,便于独立使用;第二,音同字不同,便于辨别同音字;第三,汉字的读音因地域不同而不同,因时代不同而不同,因而用汉字写文章,可以通四方,通古今;第四,用汉字印书,省篇幅,节约纸张。值得注意的是,吕先生在列举汉字上述四项优点后随即指出,"这些优点也带来了与此相应的缺点",尤其是上述第一点,是汉字最根本的特点,它带来的缺点也比较多:(1)由于字形不表字音,也不能见字知义,必须有人一个一个地教,不便于自学。(2)由于一个语素一个字,字数非常多,分辨字形、记忆字音、字义都很费劲。(3)由于字形的构造多种多样,很难安排一个明确而简便的次序,不便于编字典、编索引。其次,音同字不同,固然便于辨别同音字,可也容易写白字。错字多是因为音同音近造成的。又其次,汉字能够通四方,通古今,是以脱离口语为代价的。最后,用汉字印书虽可以省篇幅,可是读起来就比较费劲。"省篇幅,伤目力,有得有失。"

4.2 汉字有理据性故易学

例七,刘缙(1989)指出,"汉字集形、音、义于一身,易于理解;构字有理性强,表意功能强,易于识别;音同字不同,便于辨别同音字",汉字构词能力强,故虽有识"多字"之难,却无记"多词"之苦。此外,不少论述汉字优点的大都提到:汉字的结构有一定的理据性、规律性,意符和音符有标识字义和字音的作用,因而有其"易学"之便。

4.3 汉字易学论

例八,吕必松(2008)指出,汉字难学论是一种不真实的理论,因为汉字实际上是容易学的文字;也是有害的理论,因为它误导了语文教学和汉语作为外语教学。第一,中国儿童如果从三四岁开始学习,在学龄前就可以轻轻松松学会一两千甚至两三千个汉字，而拼音文字国家儿童不一定都能在学前阶段养成自主阅读能力。第二，外国人也能很快地学会汉字。对9名6～18岁汉语初学者的教学实验表明：2周24课时后，学生基本上都能认读120个左右的汉字，最好的能认读200多个汉字和由这些汉字组合生成的400多个词语。这说明在听、说、读、写全面要求的前提下，让外国学生用500课时学会2500个汉字并非难事。

五 "汉字易学"之说例析

5.1 对汉字"优点连带着缺点"的评析

关于例六：吕叔湘（1987）概括的汉字四个优点中，跟汉字学习密切相关的是前两点，即"汉字集形、音、义于一身"和"音同字不同"。前者表明：汉字是有意义的，学一个汉字就有一个独立的使用价值，掌握汉字的形、音、义对学习和认知汉语复合词极为便利。因此，如果说学字难，则学词易，学字学词合起来看，学字之难就可打折扣。后者表明：汉字虽可同音，但不同形，便于书面上辨别同音字，便于阅读。汉字另外两个优点中，"通四方，通古今"跟汉字使用有关，而"省篇幅，省纸张"则跟汉字学习和使用都没有关系。

纵观吕叔湘对汉字特点的论述，是否可做如下解读：在吕先生看来，汉字的缺点是缺点（见例一），汉字的优点也连带着相应的缺点（见例六）。故再三强调"汉字难学，这是多数人的一致意见。""总之，汉字难学，这得承认。"（吕叔湘，1988）吕先生对汉字优缺点的认定有理有据，平实中肯。所以，他总体上认为"汉字难学"，不仅得到汉字难学论者广泛的认同，汉字易学论者也能理解吕先生对汉字缺点的论述。尽管如此，我们认为，从对外汉语教学来看，对汉字"优点所连带的缺点"及其造成的难学问题仍可做进一步讨论。

（1）"汉字不表音，也不能见字知义，必须有人一个一个地教。"学习任何一种语言的文字，一开始都有一个一个教的过程，而这也正是外语教师的职责。实际上，汉字教学不会是也不需要每一个汉字都如此这般操作。一个一个地教只是汉字教学过程中阶段性的工作。真正需要一个一个教的（能读、知义、能用、会写），可能三四百或五六百个也就差不多了。学习者掌握了汉字的基本知识和能力，其余的可以在词语、语句和篇章中学习汉字。如果学习两三千个汉字都是孤立地一个一个地读写、释义，那不仅费时费力，事倍功半，而且必然导致汉字难学。

（2）"字数非常多，分辨字形，记忆字音、字义都很费劲。"关于汉字字数多及其连带的难学问题，上文已经做了较为详细的讨论。实际上外国人进行一般性的书面语交际，可能不需要太多的汉字，最有学习价值的2400个常用汉字基本上能满足日常交际的需要。花上一两年时间，听、说、读、写全面启动，掌握2400个常用汉字应该不会有太大的困难。

（3）"由于字形的构造多种多样，很难安排一个明确而简便的次序"。汉字排序的确是个困难，远不如拼音文字那样简便好办。汉字的构造就整个汉字体系来说可谓多种多样，但使用频率最高的不过有限的几种结构，如上（中）下结构、左（中）右结构、左包孕结构、右包孕结构、上包孕结构、下包孕结构等。据统计，汉字至少可以分为14种结构，但以左右结构的字数最多（占60%以上），其次是上下结构，两者合起来占全部汉字的85%以上。（李泉，2006）另据统计：《新华字典》7254个汉字中，左右结构和上下结构字共有6481个，占总字数的89.34%，占合体字的92.63%。（陈阿宝，1986）可见，所谓字形构造多种多样，并不一定真正成为问题。

（4）"音同字不同，固然便于辨别同音字，可也容易写白字。"我们认为，音同字不同是汉字"以形别义"之优点的体现。这是汉字系统内部辨别同音字的一个优佳机制，即用不同形体来区别和实现同音字和同音词的不同表义功能。亦可视为汉字字形不表字音之缺点的补偿。然而这一机制的作用不但没有得到应有的彰显，反而放大了它可能带来的麻烦——写白字。写白字的确是汉字使用中的一个麻烦现象，可是总体归结起来说写白字的机会并不是太多，语言文字修养高的人基本不出现这种情况。偶尔出现一下白字现象，其实并不奇怪，也并不那么可怕。事实上，别的语言文字，比如英文，也不乏拼写错误这类写白字现象。更何况写白字也不应完全归罪于汉字本身，甚至根本就不应该归于"字的问题"，人的因素更为主要，甚至根本上说就是"人的问题"。把"寻人启事"写成"寻人启示"，能心安理得地说成是文字的问题吗？"启事"和"启示"音同字不同，恰是汉字以形别义之优点。把人的错误归结为汉字的错误，把汉字的优点当成缺点，实在有些错位。

（5）"汉字能够通四方，通古今，是以脱离口语为代价的。"汉字通古今、通四方这一优点几乎是整个文字史上独一无二的现象,今天学习汉字可以读懂几百年前甚至几千年前的字义、句义、文义,这是学习别的语言文字做不到的,这难道不是对汉字学习者的一个巨大的奖赏吗?其"脱离口语"的代价主要体现在各种方言中的"有音无字",普通话中并不那么严重。而且"汉字脱离口语"的现象亦不应完全归罪于汉字本身。

综上可见,汉字的优点所带来的"相应的缺点",务实地讲并不那么严重。有的可能不是缺点,如"一个一个地教"的问题;有的实际上可能不是那么困难,如"字数非常多"的问题;有的可能并不像想象的那么复杂和难学,如"字形构造多种多样"的问题;有的问题则不应完全归咎于汉字,如"写白字"的问题。

5.2 对汉字有理据性等优点的评析

关于例七:所列汉字之优点,有的上文已提到并做了讨论。所述汉字其他优点,如构词能力强,故虽有识"多字"之难,却无记"多词"之苦,以及汉字的结构有一定的理据性、规律性,意符和音符有标识字义和字音的作用等,作为理论和观点都是可以成立的。但是,务实地看情况就很复杂。比如,有相当一部分数量的汉字其构造的形、音、义之间原本存在一定的理据性和规律性,如从字形可以联想到字义(一、二、三、人、口、山、水、火、日、月、田),从构成成分可以大致猜出字义(刃、泪、明、从、林)。但是,随着汉字数千年来的不断简化,其符号性越来越强,有的需要字形演变分析后才能看出其形、音、义之间的理据,有的字义跟字形之间已经失去了联系,如"燕"字从现在的字形上已经很难看出像"燕子"之形了。(张斌,2002)又如,形声字在现代汉字中占绝对多数,但形旁和声旁的表义和表音功能并不十分理想。例如,有关声旁表音功能的考察:杨颖泓曾对3755个汉字的分析结果是,声旁有效表音率("奥"与"澳")占7%;声旁无效表音率("罢"与"摆")占14%;声旁半有效表音率("八"与"扒")占12%;有效和半有效表音率合在一起是19%。李燕等对7000通用汉字的考察表明,形声字中声旁和整字声韵调完全相同的占40.54%。有关形旁表义功能的考察:施正宇对2522个形声字的测查结论是,形符有效表义率为83%(含直接和间接表义率);而李燕等对7000通用汉字的考察表明,形符的表义度为43.79%。(引自李泉,2006)可见,现代形声字声旁和形旁的表音和表义功能是有限的。

5.3 对"汉字易学"观点的评析

关于例八，吕必松（2008）不仅明确提出汉字易学的观点，而且分析了易学的原因。第一，汉字的生成元素笔画和部件数量少。学习现代汉字需要理解、模仿和记忆的要素只有24个笔画（分为"横、竖、撇、捺、点、提、钩、弯、折"9个概念），120个左右非整字部件和2500个常用汉字。第二，理解、模仿和记忆这些要素的难度较小。因为有关研究证明，最能帮助理解和记忆的是形象和事件。汉字"象形符号代表形象，象形符号组合代表事件，都可以像讲故事那样解释字义。由此可见，组成汉字库绝大部分的象形字、指事字、会意字和形声字都容易理解和记忆。"我们认为，无论从理论上说，还是从汉字教学实践来看，上述这样的思考、实验和理论研究都是非常有意义的。特别是在汉字难学的观念广为流行的背景下，在汉字难学也得学、难教也得教的客观需求下，研究汉字的特点和长处以及易教易学理论和方法，是颇为可贵的。当然，具体研究和论述，人们也许还会有不同的意见。比如，能认识"一两千甚至两三千个汉字"是否就能真的理解和运用？是否就算学前阶段养成自主阅读能力？另外，如上文所述，现代汉字有许多已经看不出形音义之间的理据，形旁和声旁的表音识义功能也是有限的，因此或许不大可能"都可以像讲故事那样解释字义"。

六 "汉字难学"之评论

6.1 "汉字难学"系主流声音

综上可知，汉字难学还是易学，真是见仁见智。不过，从文献上看，说汉字难学的人多，说汉字易学的人少。诸如"汉字难学是多数人的共同看法""汉字之难学，乃是公认的事实""汉字是世界上最难学的文字"一类说法不难得见，但尚未见到"汉字易学是多数人的共同看法""汉字之易学，乃是公认的事实"之类的说法。可见，"汉字难学"是普遍观念和主流声音，虽未必天经地义，但却是强势舆论。

6.2 "难""易"决定于对汉字固有的信念

汉字有缺点和难学一面，也有优点和利学的一面，这在理论和实践上都是站得住的。但在具体研究中，看重汉字缺点和难学一面的，往往只说缺点和难学的各种表现；看重汉字优点和利学一面的，往往只说优点和利学的各种表现；难易两方面都看到都谈到的，也往往有个人的主观倾向，最终还是认为汉字难学或汉字易学。这是人们对汉字难学和易学的心理倾向，虽无可厚非，却也表明对汉字固有的感觉和信念，始终决定着人们能看到什么样的现象，能讲些什么样的理据。"全面客观"实难做到，"不带感情"谈何容易。

6.3　难学或易学难以得出说一不二的结论

评估一种文字的难易，本身也确实相当困难。就汉字来说，难学易学不仅是一个物质问题（掌握多少字量，掌握哪些字）、心理问题（识记字音、字形和字义，汉字认知能力），也是一个视角问题（着眼缺点还是优点，着眼汉字本身还是把汉字跟汉语结合起来看）、策略问题（理论驱动还是务实考量，只关注某一方面还是通盘评估），因而也是一个学术问题（如何评价、标准为何、参照为何）。此外，汉字学习的难与易在相当程度上还涉及语言背景（与学习者母语及其文字有无亲属关系）、文化背景（是否是所谓汉字文化圈）、学习环境（目的语环境还是非目的语环境）、学习者（学习动机、汉字情感、学习方法）和教授者（教学理念、教学方法、教学能力），等等。可见，评价汉字难易问题的难度，比具体的汉字学习和教学要难得多。亦可预言，基于某一角度或某些方面得出的结论，可能是事实，但不可能就是终极性的结论。难学或易学不可能得出说一不二的结论，见仁见智在所难免，亦各有道理。这是评估汉字难学易学时应具有的心理准备。

6.4　讨论和评估"汉字难学"的现实意义

一如本文引言所说，汉字难学是个世界级命题，更是涉及汉语作为外语教学理论和实践全局的根本性问题。汉语作为外语教学的特点以及效率高低，乃至汉语国际化的程度和水平，在极大程度上都体现在和决定于汉字教学。而我们目前面对的现实是，从学习者、教授者到海内外的语言学家和语言教学专家，多数人都认为汉字难学。于是，讨论和评估"汉字难学"，就成了极有现实意义的课题，而不仅仅是个好玩儿的话题。因此，难学易学虽难以评断，但也得评。虽不可能得出唯一的结论，但广泛而深入的研究和讨论，无疑有助于活跃思想、开拓视野、扩大共识，有助于拓展、深化和更新汉语汉字作为外语教学的理念、策略、目标、模式和方法，乃至有助于形成符合汉语汉字规律和特点的教学法理论。

6.5 汉字不那么难学，也不那么容易学

实际上，全面评价汉字难学还是易学并不是本文的主旨，因为我们还不具备这样的条件和能力。即使允许仅凭个人粗浅的认识来表个态的话，我们也感到相当为难：说汉字难学，我们难开口；说汉字易学，我们口难开。因此本文的表态或恐令人失望：汉字不那么难学，也不那么容易学。这表态似乎有些不清不楚，但却是我们的真实想法。其实，本文的动机是想对"汉字难学"说一声"不"，但不想说"不难学"。因而极尽所能对"汉字难学"予以"打折"，对"难学程度"进行降级。并在相关的探讨中努力说明：某些"难学"未必构成事实，或实际上并不那么严重，或此时为难彼时为易，等等；同时凸显汉字的某些优点和利学之处，以进一步强调汉字并不像传说的那样或想象的那样难学。如果前文的"例示""例析"及其相关讨论，大体能够说明"汉字并不那么难学"，则本文心愿已遂。

6.6 汉字学习效果不理想有多方面因素

强调汉字并不那么难学，不意味着是说汉字好学易学。事实上，从非汉字圈学习者汉字学习的艰难历程来看，不能不承认汉字学习实属不易，特别是汉字学习的初始阶段。但是，教学实践也表明，汉字不仅是可教可学的，也可以教和学得很好。（李泉，2009）汉字教学效果不理想，其原因是多方面的：语言文字类型的差异、汉语学习环境"孤独"、历史和文化的差别、教学和学习方法失当、汉语和汉字教学关系处理不佳、学习时间严重不足、学习者认知策略和习惯的困惑等，都是造成汉字难学的原因。然而，以往我们并没有在这些方面找原因，把汉字学习效果不理想统统归因于汉字本身，这不利于全面地认识所谓汉字难学的问题。比如，实验表明：具有表音文字背景的学生"知道汉字的读音对于汉字意义的学习和掌握是非常重要的"，表明他们"记忆汉字的意义可能依赖汉字读音"。而有表意文字背景的日韩学生"记忆汉字的意义可能不依赖汉字的正确读音"。可见，"汉语作为第二语言的汉字加工策略，受学生母语文字加工的影响。"（江新，2003）这就是说，欧美学习者习惯通过字音来通达字义，而汉字字形上恰好又是不表音的，不表音当然是汉字的缺点，可是文字认知方式和音义加工策略的不同，不能不说是造成汉字难学的一个原因。又如，海外的汉语教学，每周只

有一两个或三四个（最多不过五六个）学时，又要学汉语又要学汉字（且不谈教和学得如何），课后又没有多少时间复习，并且课堂以外几乎没有什么汉语环境，这本身就是一件千难万难之事，而不是汉语汉字本身难学的问题，至少不完全是。时间不能保证，即使学习一种亲属语言也难以取得好的效果。学习一种真正的外语和另类文字，就更无法保证效果。诸如此类的因素，是我们难以认可"汉字难学"的重要原因。然而，当我们看到英语母语者汉字学习（读、认、写、用）的艰辛历程，比如，把"风"写成"冈"、"小"写成"少"、"关系"写成"天系"、"农村"写成"农材"、"美丽"写成"美朋"、"毛泽东"写成"手泽东"、"邓小平"写成"对小平"等（李泉，2006），我们同样也不愿意认可"汉字易学"。

6.7 汉字的优缺点概而言之有六项

从国际汉语教学角度看，本文认为，汉字的优缺点概而言之或可归为如下六项。

（1）见字不知音，缺乏完备的表音系统。这是汉字的先天性缺陷，对此汉字学习者和使用者只能"认命"。在汉语汉字教学过程中，虽然已尽可能利用汉语拼音和形声字的特点来弥补这一缺陷，并且也确实起到了很大的作用，但汉字自身这一缺陷是无法根本改变的。

（2）难查。吕叔湘（1985）指出："汉字还有一个缺点是难查。由于汉字本身不表示语音，遇到不知道读音的字就没法查，所以音序查字法不能单独使用，必得附带别种查字法作为辅助手段。"可是，这别的手段，如部首查字法，国人用起来也绝不是手到擒来，对外国人来说就更加困难。

（3）书写系统不实行分词连写。汉字记录汉语不实行分词连写。因为汉字记录的是汉语的语素，而一个汉字基本上对应汉语的一个语素，所以书面语上区分语素并不困难。但是，中国语文的这一特点，对于习惯了分词连写这一书写和视读习惯的外国人来说，阅读和理解汉文则颇为不便和困难。汉语是非形态语言，字形、词形没有形态变化等形式标记，外国人在阅读理解汉文时，要分清哪个是单音词、哪个是双音词或三音四音词相当困难。所以，尽管不实行分词连写既不是汉语的缺点，也不是中国语文书写上的失误，跟汉字本身更是没有关系，但实践教学表明，这确实给学汉语（特别是书面语）的外国人带来不小的困惑。

（4）汉字集形、音、义于一身，代表汉语的语素。这两个密切相关的特点，恰是汉字跟汉语的特殊关系所在，也正是汉字的优势所在。①其一，汉字的单位是字，字是有意义的，在语言中是可用的；拼音文字的单位是字母，而字母是没有意义的，"是写音位而不是写词素的文字"（赵元任，1959/1980），在语言中是不可用的。其二，汉字记录的是汉语的语素，一个汉字基本上就是汉语的一个语素。而最基本的常用汉字恰是自身成词和组合成词最强的汉字（语素）。不仅学会一个汉字基本上就等于学会一个词，而汉语大量的复合词正是常用单音节汉字（语素）按照一定的组合规律前后叠加起来的。这表明：即使汉字学习的确是困难的，但在词汇学习阶段就省事省时了。掌握了汉字的形、音、义，对学习汉语词汇是极为便利的。这是汉字与汉语相适应的体现，也是汉字与汉语优势互补的一个体现。而英语等拼音文字学会了 26 个或其他几十个字母极其容易，可是学习英文等语言的词汇时却同样需要一个词一个词地去学，并且要记忆大量的发音不规则的单词，以及复杂的词形变化及入句时的数变、格变、时变等，同样甚至更为困难。概括起来说，把汉字学习跟汉语（词汇）学习联系起来、平均起来看，汉字学习并不像人们想象的那样难，至多是先难后易。

（5）汉字系统运行机制优佳。汉字系统数量庞大，通行汉字总量在 7000～8000 字。但是，汉字系统内部存在"效用递减率"，即高频字集中，且数量不大，但覆盖率极高。（参见 2.3）汉字系统这样一种高效的优佳运行机制，不仅有效地弥补了汉字量庞大的缺憾，同时也昭示汉字的学习和使用者：一般汉字使用者掌握 2400 个左右常用汉字，可以获得利益最大化的效果。2400 个汉字多乎、少乎？难乎、易乎？虽仍可有不同看法，但总之不过 2400 字，而这 2400 字"摇身一变"的成词、成语的作用则是难以估量的。遗憾的是，汉字效用递减率及"摇变"功能往往被忽略。此外，汉字读、写、认、用之间同样存在着一个难易相互制衡的优佳机制，可以大大降低汉字难学的程度。（参见 2.6）个体汉字之间这种难易制衡机制，无疑是汉字系统的天赐优点。然而，汉字的这种自身"降难"机制，同样被汉字难写、难

---

① 王宗炎（1992）曾指出：20 世纪 30 年代，他曾试着用北方话拉丁化记日记，发现有许多思想和词语记不下来，记下了过后却看不懂。现在我赞同英国李约瑟教授（Prof. Joseph Needham，《中国科学技术史》的作者）的意见：谈中国历史、文化、哲学、科学，不能用拼音文字（国语罗马字、北方话拉丁化、《汉语拼音方案》都不能用），只能用汉字。他认为拼音文字有五个不便：不便于写文言词语；不便于写某些书名；不便于写某些科技术语；不便于写某些新闻用语；不便于写港台方言某些字眼。

念、难记、难认的强势声音给淹没了。

（6）汉字是一种魅力文字。汉字是人类文字史上寿命最长，且仍生机勃发的文字，是无可比拟的超级明星文字。当然从认知的角度说，它也是最有争议、最为诟病的文字。"汉字自有其独特的魅力，有些人正是基于对汉字的极大兴趣而开始学习汉语的。汉字在汉语学习和体认中国文化方面自有其不可替代的价值。"（李泉，2009）然而汉字也确实吓跑了不少汉语学习者。真是成也汉字，败也汉字。不过，对于那些已经选择学习汉语的人来说，绝大多都表示"非常喜欢汉字""写汉字有意思"，尽管也有不少人表示"汉字很难"。由于"中华民族的优秀文化大部分保留在汉语言文字中。中华民族古代和现代的智慧，也大部分保留在汉语言文字中。"（季羡林，2000）因此，汉字在世界上是颇有魅力和影响的，在了解和体认中国文化方面具有独特的作用。可以说，汉字自身的"形体艺术"和"文化体认功能"使得汉字成为世界上绝无仅有的魅力文字。汉字的艺术价值和文化价值，是汉字巨大的无形资产。汉字自身的魅力和对汉语学习的促进作用，是它走向世界的一个内在动因。学习者的汉字情缘是他们克服困难的原动力。因此，"汉字的魅力"应视为汉字的一个特别的优点，其特别的作用不可低估，至少会对汉字难学起到"打折"作用。

总起来看：（1）和（2）是汉字天生的缺点，实际上可归结为一条，即汉字缺乏完备的表音系统，因而给汉字学习和查检带来极大不便。把"难查"单列为一项重要的缺点，是因为查字典、查词典不仅是外语学习过程中的习惯动作，也是语言文字生活的终身行为。当然，汉语拼音对汉字的这两个缺点给予了一定程度上的弥补，但汉字有音而自身不表音的原始缺陷，后果是严重的。（4）和（5）是汉字的两项天然优点，前者是说由于汉字记录的是汉语的语素，能够为词汇学习带来极高的回报，后者是说常用高频字的学习和应用价值最高。第（3）条实在说不上是汉字自身的缺点，但汉语不分词连写的书写传统，对于习惯了拼音文字书写和认读习惯的汉语学习者来说，它事实上已经成为一个缺点，尽管将这一缺点归于汉字头上有些委屈汉字。第（6）条跟汉字书写、记忆等并没有太直接的关系，但汉字之魅力业已成为汉字的一个特别的优点和汉语学习的一个特别动机。其中，（1）（2）（4）早已被指认为汉字的优缺点，（6）亦早已为人们所提到并被广泛渲染，但似未跟汉字学习的难易程度联系起来，论及汉字难学时常常被遗忘。（3）和

（5）似尚未明确将其指认为汉字或汉语的缺点和优点，但二者实际上已经分别成为汉字和汉语学习的"不便"和"有利"条件。

6.8 评估汉字难易应系统、综合、务实

以往我们评价汉字的难易存在一些偏误现象。其一，评价取向单一。说难就只谈难之所在，说易就只看易之表现。这虽是可以理解的，对体认汉字的特点亦不无益处，但不能作为终极性结论。其二，评价指标之间缺乏互动与综合。对汉字的各项难点及难易点之间、对汉字与汉语关系之间、对汉字及汉语与其他文字及语言之间，缺乏沟通和互动，缺乏与现实状况的联系，缺乏基于量化观念的务实思考，往往就事论事进行静态化的优劣定性，缺乏相关因素的综合考量。其三，评价标准"抓小放大"。评价汉字和汉语的优势和缺失，当然可以全方位、多角度地进行比对和评估，但是进行定性则应以影响全局的优缺点来说事，而不能拿细节性的、枝节性的事例来进行终极性的定性。评估观念上应采取"系统优选"的价值取向，要有系统观念和抓主要难易点的意识；评估标准的选择应抓大放小，而不应舍本逐末；不同标准的定性权重应区别对待，而不应等量齐观。由于存在上述一些问题，其结果往往只看一点之难易，不计其余之难易，缺乏系统和联系观念；往往只看一时之难易，不看他时之难易，缺乏动态和互动观念；或把理论上的"虚难"当作实际的"真难"，夸大了汉字学习的难度；或把某种有限的优势当成绝对的优势，放大了汉字易学的程度，因而所得出的结论还是难以成为确论。下面试举两例以观其大略。

例如，宏观上看，以往对汉字难学或易学的举证中，大都忽略了基于汉字系统的"效用运行机制"和个体汉字读、写、认、用之间"难易转化机制"的考量和评估。事实上"高频字集中"是汉字应用过程中"自身易化"机制；而"此时为难，彼时为易"是汉字学习和使用过程中"难易调节"机制。换言之，汉字系统的这两个机制实质上是汉字学习和运用的"降难"机制。其重要性在于，它们是系统性的、静动结合的、综合多元因素的评估指标，而不是就事论事的单一性、静态性的评价取向。因而是评估学习汉字难易不可忽略的重要标准。

又如，微观上看，就"汉字形、音、义之间存在某些复杂关系"来讲，这无疑是造成学习和使用之难的一个因由，是汉字的一个缺点。但是，总体

上说这只是极少数的汉字所具有的现象，而且亦不是汉字所独有的现象。因而单单说成是汉字的一个缺点和难学的理由，于汉字就有些不公。事实上，拼音文字也存在形、音、义之间关系复杂的现象。吕必松（2008）指出：并不是所有的拼音文字都具有词的读音与字母读音完全一致的特点。拼音文字的词由字母组成，词的读音与字母读音不一致，就是形音脱节。英文单词形音脱节的现象就相当严重。如 write 和 right 读音完全相同，所用字母和字母组合却不完全相同；or 单独成词时的读音和在 work 中的读音也不相同；gentleman 和 ground 中 g 的发音有天壤之别。如此等等，这类情况在英语中普遍存在，是常规而非特殊。所以，学习英语不但也要记住每一个词的读音和意思，还要记住每一个词的字母组合（拼法），同样要花费大量时间去背单词。然而如此这般地学习英语单词却未被说成"难"，反而说成英语单词能见词知音学起来容易。这真有点儿"情人眼里"的味道。

七 结语与余言

那么，汉字学习究竟难乎易乎？我们仍难下决断。可以说的是：汉字学习和使用，有的地方难、有的时候难、某一角度看为难，但换个角度看，就不难或不那么难。以 7000 通用汉字为学习目标，那么别说外国人就是对中国人来说也肯定难。然而以 2000 多个高频汉字为学习对象，则难也是有限的难、相对的难。跟另一种语言和文字比，看这方面为难，看另一方面就不难或不那么难；单独看文字的某一方面或许为难，但跟语言学习结合起来看就不难或反而容易；通过文字、词汇和语言来了解文化，则汉字汉语可能比别的文字和语言更有优势；查字查词及自学的时候，汉字就没有拼音文字那样便利。如此等等情形，都难以让人做出汉字难学或易学的两极化的最终决断。然而，依据本文上述的所有叙述和论述，完全可以做出一个非两极化的终极性论断：汉字并不那么难学。

上文基于外语学习的考量将汉字的优缺点确认为六项，但若论汉字原生态的缺点和优点，概括起来可能都各只有一个，分别是：单个汉字见字不知音，汉字系统缺乏表音机制；单个汉字集形、音、义于一身，汉字系统代表汉语的语素。所谓原生态的优缺点就是与生俱来的、系统性的，不因个体汉字的差异或字量的多少而改变的特点。比如，汉字形、音、义之间关系复杂的问题，难写、难认及笔画多、结构复杂的问题，形声字标音示义功能等问题，就与具体汉字和字量的多少有关，因而不是汉字根本性的、系统性的特点。换言之，汉字的其他优缺点大都是由这两个优缺点延伸出来的，是第二或第三层次上的优缺点，比如"难查""难记""可以独立使用""构词能力强"等。汉字这两个最根本的优缺点，自身又构成一种相互关联和映衬、相互制衡和优缺互补的关系。汉字表音上有缺陷故难学，表意上有优势故利学①，而拼音文字表音有优势故利学，但表意有缺陷故不利于学。把拼音文字称作表音文字，把语素文字称作表意文字，总体上凸显了两类不同文字的根本特点和优势，妙矣！可见，汉字和拼音文字都符合难易相生相克，优缺互掣互补的辩证原理。② 或可戏言：天赐文字于人类，无贵无贱，各自适合而已；无偏无向，难不会只有难，易不会唯有易，难易之时与难易之所不同而已，然难易之和当大体相近矣，善也！

  本文力图全面展示汉字难学和易学的代表性观点和理据，以加深我们对汉字特点和汉字教学策略的全面认识和把握（这实际上更是本文的目的所在），同时进行了力所能及的分析和讨论，并据此认为汉字并不那么难学。本文强调，以往多数人主张的汉字难学的主要理由大都可以重新认识，可以打折扣，比如，汉字数量繁多的问题，汉字难读、难写、难记、难认的问题。对其他一些所谓难学之处，本文也做了些"易化"的讨论。同时，本文还力图强调和彰显汉字的某些优佳运行机制和其他利学之处。并强调造成汉字难学的因素是多方面的，而不应仅仅归因于汉字本身。在信息化时代的今天，随着人类文字书写方式发生重大而不可逆转的转变，随着对汉字教学研

---

① 这在汉字学习过程中都有明显的体现。例如，有学者调查了学汉语平均年限为5年的学习者的相关情况，结果显示：读音方面的困难多于书写，见字不知音是最大的困难。绝大部分学生对汉字的基本结构与特征已有一定的认识，尤以形声字的形旁判别率为高。另有学者的调查表明：利用意符对汉字意义识别很有帮助。（参见李泉，2006）

② 比如，"汉字形音义之间关系复杂"一向被认为是汉字的一个不小的缺点。但是，换一个角度看，它也正是汉字的一个不小的优点。因为没有形、音、义之间的这种复杂关系，仅利用谐音来表达意思和寓意的语言文化现象就无法实现，如贴"福"字是倒过来贴，取"福倒"的谐音"福到"；年年有鱼——年年有余；孔夫子搬家——净是书（输）；热水器广告词：随心所浴（欲）；止咳药广告词：咳（刻）不容缓；诗词谐音："我失骄杨（杨开慧）君失柳（柳直荀），杨柳轻飏直上重霄九"（毛泽东）等。又如传统文化中的对联、对对子、猜字谜等文字游戏，现今的网络文字等，也都是利用汉字音同字不同义不同、多音多义字、一音多义字等特点来实现的。可以说，如果没有"形、音、义之间关系复杂"这一特点，汉字的文化展现力和特有的交际功能将大大削弱，中国人民的语言文字生活将黯然失色。

究的深入，随着教学手段的现代化，海内外汉语教师应更新观念、摒弃成见，柔性而非刚性、务实而非务虚地看待汉字难学的问题，尤其应提振教师自身和汉语学习者的"汉字信心"。事实上，信心和信念，在外语教学和学习中至为重要，因为改变一种观念，就会改变一种心态和做法，就会带来一种效果。

参考文献

陈阿宝 1986 汉字现状与汉字教学，《第一届国际汉语教学讨论会论文选》，北京语言学院出版社。

陈贤纯 1986 学习汉语也并不难，《语言教学与研究》第1期。

费锦昌 2000 《汉字整理的昨天和今天》，语文出版社。

顾安达 2005 渡过汉字的难关——当西方人尝试阅读中文，《国际汉语教学动态与研究》第4期。

国家语言资源监测与研究中心编 2006 《中国语言生活状况报告（2005）》（下编），商务印书馆。

季羡林 2000 我们要奉行"送去主义"，《对外汉语教学：回眸与思考》，外语教学与研究出版社。

江　新 2003 不同母语背景的外国学生汉字知音和知义之间的关系研究，《语言教学与研究》第6期。

黎天睦 1987 《现代外语教学法——理论与实践》，北京语言学院出版社。

李培元等 1986 汉字教学简述，《第一届国际汉语教学讨论会论文选》，北京语言学院出版社。

李　泉 2006 汉字研究与汉字教学研究综观，《汉语研究与应用》第四辑，中国社会科学出版社。

李　泉 2009 关于建立国际汉语教育学科的构想，《世界汉语教学》第3期。

李　泉 2010 关于"汉语难学"问题的思考，《语言教学与研究》第2期。

李　泉、阮　畅 2012 "汉字难学"之教学对策，《汉语学习》第4期。

刘　镏 1989 汉字教学的难和易，《世界汉语教学》第1期。

吕必松 2008 汉字是容易学的文字，《世界华文教学》第4期。

吕叔湘 1985 汉语文的特点和当前的语文问题,《语文学习》第 5 期、第 6 期。

吕叔湘 1987 汉字和拼音字的比较,《光明日报》1 月 6 日。

吕叔湘 1988 语文工作的过去和现在,《语文研究》第 1 期。

苏培成 2001 《现代汉字学纲要（增订本）》,北京大学出版社。

王开扬 2004 《汉字现代化研究》,齐鲁书社。

王晓钧 2006 汉字教学与汉语习得,《中文教材与教学研究》,北京语言大学出版社。

王宗炎 1992 汉字使用者看汉字,《语言文字应用》第 3 期。

武铁平 1988 汉语并不难学,《世界汉语教学》第 4 期。

邢红兵 2007 《现代汉字特征分析与计算研究》,商务印书馆。

张　斌（主编）2002 《新编现代汉语》,复旦大学出版社。

张静贤 1992 《现代汉字教程》,现代出版社。

赵元任 1959/1980 《语言问题》,商务印书馆,1980。

赵元任 1973/1985 谈谈汉语这个符号系统,《赵元任语言学论文选》,中国社会科学出版社,1985。

周恩来 1958 当前文字改革的任务,《人民日报》1 月 13 日。

周　健 2007 《汉字教学理论与方法》,北京大学出版社。

周有光 1992 《中国语文纵横谈》,人民教育出版社。

（载《汉语国际传播研究》2013 年第 1 辑,商务印书馆）

针对"汉字难学"之教学对策

提　要　本文尝试从观念和策略上探讨应对国际汉语教学中"汉字难学"的问题。主张汉语学习者和汉语教师应确立正确的汉字观、汉字学习观、汉字教学观。比如，任何一种语言和文字都有好学和难学之处，或此时为难彼时为易；单独学汉字不太容易，但跟汉语学习结合起来看其优势便得以体现；汉字纵有千千万，但应该学习的汉字数量很有限；教师应确立乐观务实和充满人文精神的汉字教学观，并在教学实践中努力化解汉字难学的问题，等等。

关键词　国际汉语教学　正确汉字观　汉字学习观　汉字教学观

一　引言

汉语教学国际化进程中，面临诸多新老课题，如国际汉语教育学科建设、汉语教学的语言标准、教学模式、教材内容取向等，而这其中"汉语难学"和"汉字难学"是我们无法回避而必须首先面对的国际性课题。"汉语难学"缺乏令人信服的理据，是个伪命题（李泉，2010）；而"汉字难学"不仅有汉字"见字不知音"等先天缺憾为基础，教学实践也有所体现，特别是汉字学习的初始阶段。当然是否就此做出汉字难学的终极性结论，那也不一定。然而，不管汉语难学、汉字难学是伪命题还是真命题，都不应忽视和低估这种既有的观念对汉语学习者的负面影响，对汉语国际传播的消极作用。

学汉字不容易，对母语为拼音文字的学习者来说尤其如此。然而，常规汉语学习是无法回避汉字的。崔永华（2008）指出：汉字能力是汉语学习的基础条件；汉字能力是积累汉语词汇的关键，因此"解决好汉字教学问题，对提高汉语教学的效率至关重要"。教学实践充分证明：汉字是影响学习者汉语学习信心、进程、效率、水平的关键因素，汉语学习的成败很大程度上取决于汉字学习的成败，汉字教学的突破就是汉语教学的突破。（李泉，2009）

以往的汉字教学研究已经取得了颇丰的成果（李培元等，1986；陈绂，1998；吕必松，1999；万业馨，2004；刘社会，2004；孙德金，2006；邢红兵，2007；周健，2007；赵金铭，2008；江新，2011等），主要集中在：基于"语"和"文"的教学顺序而进行的教学模式研究，以及汉字教学原则、教学方法研究，汉字结构特征分析、汉字习得偏误分析等，其中有些成果业已成为共识，如汉字教学应"认写分流、多认少写"，把汉字教学跟汉语教学结合起来等。然而，以往对汉字教学和学习观念的探讨还不多见，而观念的问题同样影响着汉字教学和汉字学习的信心与效率，甚至比具体的教学和学习方法更为重要，因为观念上的突破，往往会带来行动和效益上的突破。为此，本文假定"汉字难学"是一个有一定真实性的命题，并据此尝试从汉字教学和学习的观念上探讨应对"汉字难学"的对策。

二 学习者应树立正确的汉字学习观

根据我们多年对来华留学生和海外汉语学习者的观察和了解，不论是喜欢汉字的，还是对汉字感觉头疼的，他们中的许多人（包括刚开始学汉语的和学了很长时间的）都没有形成正确的汉字观念，主要表现为对汉字学习盲目悲观和盲目乐观，以及对学习汉字的方法和应学汉字的数量认识模糊，等等。对此，易洪川（2001）曾指出，应通过必要的汉字知识讲解，让留学生了解"汉字系统与汉语系统在字、词对应上的不完整性，汉字个体乃至义符类部件的表意性以及字的广泛适用性"。学生有了"反映汉字真实概貌的汉字观"，便可以克服"对汉字盲目的畏难情绪"，建立起包括汉字"可以学好并且值得学好"在内的正确的汉字观。易先生的看法很有见地，非常重要。

同时，我们还认为，在汉字教学中既要结合实例介绍汉字的构成特征及造字的方法和理据，也要说明现代汉字在漫长的发展演变过程中多数已经看不出理据性，多数形声字标音和别义的功能大大弱化，等等。这样不仅可以帮助学生建立正确的汉字观，也有助于克服对汉字学习的盲目乐观心理，让他们在汉字学习之初就对汉字的构字规律和理据性有个客观而清醒的认识：不是每个汉字都像"人、口、手、上、下、日、月、山、水、明、清、湖"那样，能讲出字形、字理、字义来，等等。这就是说，汉语教师应以各种可能的方式，积极引导和帮助学习者树立正确的汉字观和汉字学习观。当然，何谓正确的汉字观和汉字学习观是值得探讨的问题。我们初步认为，这指的应该是科学的汉字观和务实的汉字学习观，其具体内涵除了要求学习者避免对汉字学习盲目畏难和盲目乐观的心理外，更应让他们准确地了解汉字的性质和特点，汉字跟汉语的关系，以及要把汉字学习跟汉语学习结合起来，把汉字的数量跟所要学习的汉字数量区别开来，等等。

2.1 要向学习者明确

任何一种文字都可能有优点，有缺点；有难学之处，有便学之处；或此时为难，而彼时为易；单独看为难为易，跟语言学习结合起来难易就可能都需要打折扣。比如，"赢"字写起来难，可字形结构复杂却也容易辨识和记忆；"厂""广"不难写，可是记忆和辨识对于初学者来说却很困难，即使放在词里来学，初学者也往往把"工厂"写成"工广"，或把"广州"写成"厂州"。又如，跟拼音文字相比，汉字缺乏表音机制，字音得一个一个去学、去记，但是，表意体系的汉字，往往一个语素就是一个单音节词，因而学了一个汉字就有一个汉字的交际价值，如中级阶段学了"勿"字，就可能理解"请勿拍照""请勿入内"的意思。进一步看，现代汉语以双音节词为主，而双音节词大都是由两个单音节语素通过有限的结构关系组合而成。李芳杰（1998）指出："合成词的音即构词字的音；合成词的词义与构词字字义通常也有直接或间接的关系。因此，学会一个字，就会产生对含有这个字的新词'似曾相识'的效果。"据统计，"学会957个汉字，就可以阅读《骆驼祥子》的95%"，而"对于一个掌握957个英语单词的母语非英语的人来说，即使懂得英语语法也未必能了解《骆驼祥子》英译本全书的大意"。可见，单独学习汉字并不容易，但是，把汉字学习跟汉语词语学习结合起来看，汉字的优势就得以显现，不仅学一个汉字基本上就等于学会了一个词，而且汉字的构词能力极强，构词的规则又跟汉语基本的句法结构规则（如偏正、述宾、述补、并列、主谓等）一致，因此先期的"汉字难学"，就变成了后期（乃至同期）的"汉语好学"。

2.2 要请学习者了解

学习一种跟以往所学外语很不一样的语言——汉语,特别是世界上几乎独一无二的汉字,肯定会感觉困难,尤其是汉语、汉字学习的初始阶段。比如,学过法语的英国人、学过英语的德国人、学过西班牙语的法国人,再来学习汉语时,多数人会觉得汉字难学。不仅汉字完全另类,汉语跟学习者的母语及既往所学的外语相比,也相当特别(如汉语没有形态变化,而主要靠意合)。为此,在汉语教学之初就应设法让学习者了解:学习一种跟自己母语有亲属关系的语言(及相近的文字系统和文化传统),跟学习一种与自己母语没有亲缘关系的语言(及文字系统和文化传统)是大不相同的。汉语、汉字和中国文化对于绝大多数学习者来说,是一种"真正的外语""另类的文字""异质的文化"。因此,在学习的初始阶段感觉不适应、不知所措,甚至觉得很困难,都是极为正常的现象,正所谓"万事开头难"。因此,既不必大惊小怪,也无须盲目悲观。同时,也要让学习者了解,汉字是中国文化的基本元素和典型符号。学习汉字可能不容易,可是掌握汉字对学习和运用汉语、对了解和理解中国文化的作用也是无可比拟的。想真正掌握汉语,想准确而深刻地理解中国文化,不学习和掌握汉字是万万办不到的。

2.3 要对学习者说明

汉字纵有千千万,但对绝大多数学习者来说,需要学习的汉字不过一两千,多则不过三千个。大体上说,对于只学汉语口语的学习者来说,汉字可学可不学,然而学汉字对学口语无疑有百益而无一害;对于一般汉语学习者(如汉语进修生)来说,掌握1000多个汉字基本上就能满足一般性的文字交际和阅读需要;对于以汉语言为专业或以汉语为工具学习其他专业(如经济、法律等)的学习者来说,掌握2000多个汉字大体能满足专业学习的基本需要。当然,这只是根据教学经验及相关研究做出的粗略估算,未必准确。但是,教师特别是学生树立正确的字量观是非常必要的,因为"汉字难学"也包括字数多的因素。因此,首先要在心理上破除学习者对汉字"数量多"的恐惧。要把汉字的数量与学习者所应学习的汉字数量区别开来。尤其不能一说汉字的数量就拿字书说事,因为字书上的字数只能令人望字兴叹,如《康熙字典》(1716年)47043个,《中华大字典》(1915年)44908个,《汉语大字典》(1990年)54678个,《中华字海》(1994年)85000多。(费锦昌

2000：17—18）实际上，这类字书里大多数的汉字都是从不使用的死字，千年等一回的文言古语字，百年一遇的罕用字，使用范围极窄的地名字、人名字等，跟当代中国人的语言文字生活完全不相干。实际生活中常用汉字数量相当有限。据国家语委会发布的《中国语言生活状况报告》（2006）报道，对报纸、广播电视、网络等媒体的7.3亿多字次语料的统计结果是：使用频率最高的581个、934个、2314个汉字，分别覆盖了全部语料的80%、90%、99%。这给我们一个欢欣鼓舞的启示：无须为汉字数量多而担忧，实际生活中常用汉字有限。这一类研究成果对确定对外汉字教学的字量很有参考价值。[①]

2.4　要让学习者明白

"学外语没有捷径，人人平等，都要付出劳动。什么方法也离不开个人的努力和勤奋。"（季羡林，2000：25）对于许多学习者来说，汉语和汉字的背后是一种新的生活、新的习惯乃至新的思维方式，因而不能指望轻轻松松就可以速成汉语和汉字。特别是对于母语为拼音文字的学习者来说，学习汉语和汉字是他们语言和文字学习观念上的一次突破，是学习和认知方式上的一次重大转型。因此，要有持续的热情、足够的投入和应有的耐心。（李泉，2010）实际上，学习一种语言文字，即使对母语者来说也是终身之事。王宁（2002）就指出："一个以使用汉字为文化教育背景的人面临终身识字的问题。"季羡林（2004）说过一段耐人寻味又道理深邃的话："一个人要想精通本国语和外国语必须付出极大的劳动；穷一生之精力也未必真通。可是要想达到一般交际的目的，又似乎非常简单。"[②] 我们的解读是，语言文字中蕴含丰富的民族历史和文化内容，语言文字又是随着时代和社会的发展而发展，并反映时代和社会的变化。因此，即使是终身学习也难以真正精通。无论文化水平多么高，语言文字功底多么深，都免不了要查字典查词典，也还免不

---

① 另据：（1）国家语言资源检测与研究中心《中国语言生活状况报告（2006）（下编）》（商务印书馆，2007：1—6）对2006年报纸、广播电视等媒体的987994406字次语料的调查统计：使用频率最高的591个、958个、2377个汉字，分别覆盖了全部语料汉字总数的80%、90%、99%。（2）国家语言资源检测与研究中心《中国语言生活状况报（2007）（下编）》（商务印书馆，2008：1—5）对2007年报纸、广播电视等媒体的1007053180字次语料的调查统计：使用频率最高的595个、964个、2394个汉字，分别覆盖了全部语料的80%、90%、99%。从2005—2007三年的常用汉字统计结果看，其相关覆盖率相当稳定。

② 季羡林《留德十年》，中国人民大学出版社，2004，22页。

了写错字用错字。然而，语言文字这种交际工具的伟大之处在于，它们没有门槛限制，任何人都可学可用；而且，学一点儿就得一点儿，就能用一点儿，多学就能多得多用，如此而已。

三 教师应树立正确的汉字教学观

实际上，教师同样或者说更应该树立正确的汉字观和汉字教学观，并在教学实践中恰当地加以体现。当然，何为教师正确的汉字观和汉字教学观，依然是个值得探讨的问题。简单说来，就是教师要确立科学的汉字观和务实的汉字教学观，也即要准确地把握汉字性质和特点，汉字形、音、义之间的关系，汉字的正字法和构词法，以及汉字与汉语之间的表现关系等；能够确立有针对性的、基于现实的、积极的汉字教学理念，并能结合汉字自身的规律及与汉语之间独特的关联开展教学。而科学的汉字教学观也应体现在科学的汉字教学活动中。对此，上文已有所涉及，因为要求学习者确立的科学和务实的汉字观和汉字学习观，首先也是对教师的要求。下面试结合教学实践进一步探讨相关问题。

3.1 确立"汉字并不那么难学"的观念

"汉字并不那么难学"应成为海内外汉语教师的一种基本信念，并通过教学实践来展现这一信念。假如能在教学实践中让学习者感到汉字并不那么难学，乃至感到汉字好学，则善莫大焉。退一步讲，即使做不到这一点，也不能跟某些学生一起抱怨汉字难学，更不应主动抱怨汉字难学。"汉字难学"虽有一定的事实依据，但更多的可能还是一种观念上的瓶颈。因此，汉语教师不仅自己更要帮助学生在观念上突破"汉字难学"这一瓶颈。事实上，汉字并不像一些人想象的那么难学。教学实践表明，掌握了基本笔画笔顺、基本结构规则和一批常用汉字后，学习者的困难就会大大减轻，特别是当汉字学习走过了最初的以 300～500 单个汉字学习为主的"峡谷地带"，进入结合词语学习来体认和记写汉字阶段以后，会觉得汉字不那么难学了。因为随着字量的增加，汉字作为单音节语素构词上的优势便开始展现，单字学习之难在学习大量的双音节复合词时得到回报和补偿。比如，初学"天"字需要死记字义、字音，可是一旦掌握了它的读音和意思，那么学习由"天"构成的大量的复合词如"今天、明天、后天、昨天、大后天、天下、天气、白天、黑天"等就相当便利了，不仅意思不成问题，就是读音的困难也会因为通过大量相关合成词的反复复现而得以克服。

3.2 确立乐观务实的汉字教学观

要明确"学一个汉字就有一份收获"，掌握50个汉字就有相应的交际价值。在海外汉语汉字"环境非友好"的情况下，汉字教学尤其"要看到成绩，要看到光明，要提高学习者的信心和勇气"。要在使学习者掌握的有限汉字发挥"无限的交际功能"上花力气，要在利用汉字自身优势条件上下功夫，而不是只看到汉字本身和学习者汉字学习的缺失，并且只盯住这些缺失。① 教师要想方设法让学习者感到汉字学习的快乐、收获和希望。同时要告诉学习者，汉语（口语）是第一位的，能说、会交际是最重要的。而一旦学习者集中精力把口语学好了，再学汉字则不仅更加符合语言学习"先语后文"的一般规律，而且学起来也更加便利了，正可谓"留得青山在，不愁没柴烧"。汉字学习当然是汉语学习的一部分，不仅对听说汉语有帮助，更是读写汉语所不可或缺的。但是，汉字根本上说还是"读写的汉语"，很大程度上可以说是汉语学习的"第二步"。语言大师赵元任（1976）就指出："学讲中文是最基本、最主要的，远比花大量时间用正确笔画学写汉字重要得多。因为学讲中文是一种活生生的体验。"（引自赵金铭，2008）事实上，听、说、读、写全面要求的外语教学理念，是高标准和理想化的要求。外语教学和使用的实践表明，许多人的外语技能并不均衡，而且也往往不需要均衡。

3.3 确立充满人文精神的汉字教学观

在坚持"汉字并不那么难学"这一信念的前提下，应充分认识到使用拼音文字的各国汉语学习者，由于文字类型、语言系属、历史文化传统、思维

---

① 比如，只专注于形声字表意表音功能的"失效性"上，而不是强调充分利用其有效性上。把形声字标音示义的低效当成了无效甚至是缺点，显然是不合适的。乐观和务实的做法应是：感谢现代汉字还有"那么多"能标音和示义的形声字，而不是抱怨其功能太低。又如，有些研究和分析可能很有学术价值，但从评估留学生汉字学习成败得失的角度看就值得商量，如"中国的现代汉语常用字是3500个。在农村识字不足1500个的人是文盲半文盲；在城镇识字不足2000个的人是文盲半文盲。"对留学生识字量的调查显示"中级班学生1000字或945字的人均综合识字量，无论在农村还是城镇都属于义盲；高级班学生1616字或1621字的人均综合识字量，在城镇也还属于文盲"。（李大遂，2008）令人困惑的是：明明掌握了1000或1600多个汉字，却仍然被定性为"文盲"，这样一种评价取向和评估标准可能需要商量。实际上，参照标准本身就是一个带有主观性的历史产物，是否恰当都值得重新评估，对外国人的汉字教学尤其不能采取这样的评估观念和做法。应该始终看到汉字的成词功能等各种优势，看到学习者的进步和收获。

习惯和认知方式等，与汉字、汉语及"中国方面"存在明显的差异，因而学习汉字必定会有些困难，特别是汉字学习的初期。所以，汉语教师要充分体察和体谅学习者在最初的汉字学习阶段必定或可能遇到的各种困难，深切体会和理解初学者识记字音、字形和字义的困难，并给予应有的关怀、耐心的帮助，以及持续的支持和鼓励。比如，编写初级教材，要充分利用汉语拼音来标识汉字和句子；课堂教学中汉字的板书或书写临时出现的词语，都应随手标注拼音，特别是汉语汉字学习的初始阶段。因为汉字没有读音的机制，读音的困难在最初的单字和词语学习阶段相当明显，而学习者大都对拼音不陌生，教师能给些"拼音标注"，可以减少他们读不出字音的焦虑感和对汉字学习的畏惧情绪。又比如，教汉字自当认真书写笔画、笔形，按书写规则一笔一画地示范汉字书写，以便于学习者体认和模仿汉字的结构特点和书写规则。但是，学习者在模仿过程中以及对他们写出的汉字，则应给予适当的宽谅和容忍度，而不必苛求笔画、笔顺一定正确，不必将诸如先写三横再写一竖的"王"字算作书写不正确。同时纠正书写偏误等，也要讲究方式和技巧。充分体谅汉字入门阶段的学习难处，避免挫伤学习者的积极性。

3.4 发挥聪明才智努力化解"汉字难学"

这既是务实的汉字教学观，更是汉字教学的行动方向。科学的汉字观应体现在科学的汉字教学活动中。我们认为如下几点比较重要或可尝试：

（1）不断充实汉字知识和理论。教师应尽可能多地掌握常用汉字的字源、字理、形义演变过程等科学的汉字知识及相关的历史文化知识；准确地把握汉字与汉语之间特殊关系；不断学习、探索和丰富汉字教学的方法、技巧和手段，这是教好汉字、避免"汉字难学"乃至易化汉字学习的充要条件。相反，缺乏应有和丰富的汉字和汉语知识，未能遵循乃至违背汉字自身的规律和特点，不仅汉字教学效果差效率低，也是造成汉字难学的重要原因。

（2）把握汉字一石二鸟——"字"与"词"兼备的功能。对汉字跟汉语这种特殊关系的认识，以及"拉长时段"把初期的汉字难学跟后期的词汇易学结合起来看待汉字学习的难易，以减轻乃至消除学习者的心理压力和精神负担；把握汉字"识、记、写、用"之间的难易转化机制，如难写（如"输、赢"）不一定难记（结构复杂，提供的识记信息也多），难认（如

"己、已")不一定难用(如"自己、已经"),不孤立地看待所谓的每一种"难",从而更加全面客观地看待汉字的难易问题等,这些都应成为教师汉字教学和学习者汉字学习的认知理念。

(3)利用拼音,辅助汉字教学。汉字真正难学之处在于"见字不知音",也即作为语素文字的汉字的最大特点是表意而不表音,而利用汉语拼音,恰好能够弥补汉字缺乏表音机制的缺憾。因此,汉字和汉语教学的初期(包括有需要的任何阶段和场合),应最大限度地利用和发挥汉语拼音辅助读音功能,以减少和降低汉字和汉语学习的困难。吕叔湘(1985、1988)就指出:"在外国人学汉语方面,汉字是个大障碍,需要更多地利用汉语拼音。"他还就小学语文教学中"注音识字提前读写"发表过这样的意见:"有了拼音的基础,把汉字引进去并不困难","因为通过拼音,无师自通,不需要字字问老师,把拦路虎一脚踢开了。"可见,利用汉语拼音辅助汉字的教学和学习,是化解汉字难学的一个极好的方式和途径。①

(4)利用电脑辅助汉字教学和学习。汉字难学中仅次于难读的难写问题,可以利用汉语拼音输入法打汉字来解决。在信息化时代和电脑不断普及的今天,各国的语言文字生活中"写文字和写语言"的机会已经并将继续减少,这是一种客观趋势。因此,汉字难写实际上主要是难在汉字学习初始阶段的"峡谷地带"(识、写、认、记最常见的 300~500 个汉字的过程),因为包括中后期学习阶段在内以及真正用汉字进行书面交际时,都可以通过打汉字来进行和实现。这种方法还可以强化学生的拼音能力,提高汉字识别能力。因为念不准、拼不对,就得不到所要的汉字。因此,教学生打汉字、辨认汉字和提取汉字,应成为海内外汉字教学的一项基本策略。可以认为,借助汉语拼音和教会学习者打汉字分别是汉字难读和难写的"降难"措施,应在各种可能和必要的场合善加利用。

(5)确定科学而务实的识字量。有关汉字的教学字量,不同的教学目标有不同的规定,如教育部《全日制义务教育语文课程标准》(2001)规定:九年义务教育阶段学生应"认识 3500 个左右常用汉字"。对外汉语教学界

---

① 这一点以往并没有受到应有的重视。初级汉语教材几乎是急急忙忙就丢掉了拼音这个拐棍,遑论中高级教材。理由是怕学习者对拼音产生依赖感。然而,这只是看到了问题的一面,忽视了非汉字圈汉语学习者初学语素文字在读音上的实际困难。实际上,过早地丢掉拐棍,是造成汉语难学的一个重要因素。因此,为降低初学汉字和汉语的难度,拼音这一拐棍不宜过早丢掉。

目前相关的标准有:《汉语水平词汇与汉字等级大纲》收汉字 2905 个;《高等学校外国留学生汉语言专业教学大纲》收汉字 2503 个;《高等学校外国留学生汉语教学大纲（长期进修）》收汉字 2605 个。（参见李泉，2006）这些字量的确定，总体上参考了汉语母语者的 3500 字量标准。而近年的一些大规模的汉字应用统计结果显示，当代中国语言文字生活中高覆盖率的常用汉字并不是 3500 这个字量。因此，应结合有关常用汉字覆盖率的最新研究成果，着眼于电脑的普及带来的人们书写方式的转变这一现实和发展趋势，研制不同用途的汉字量标准。因为应学汉字量的多与少，直接影响到汉字是难学还是易学。为此，我们建议将覆盖率达 90% 和 99% 的 1000 个和 2400 个最常用汉字，分别作为汉语进修生和汉语言专业本科生的汉字"过关量"（"1000"和"2400"这两个字量，是依据《中国语言生活状况报告》（2006）中提到的，934 个、2314 个汉字分别覆盖了 7.3 亿多字次语料的 90%、99% 而"取整数"确定的参考指标），因为这两个字量的应用价值和学习价值最高。基于汉语国际化进程初始阶段的实际，可考虑将最常用的 500 和 800 高频汉字分别作为海外小学和中学的汉字"过关量"。因为这些汉字中包括了所有汉字的基本笔画、基本结构类型及其他特征。当然，具体数字量还可以评估和调整，具体是哪些汉字也还需要根据多种因素进行筛选。但是，应教应学的汉字量不宜定得过高，应该成为汉字教学的一个理念、一项原则。上面提出的几项汉字教学量的参考标准，不仅是出于务实的考量，更是遵循了"常用高频汉字覆盖率高且数量集中、数量有限"这一汉字应用规律。汉字教学重在增长学习者的汉字知识和汉字能力（包括打汉字的能力），而不是以单纯追求识认汉字数量的多少为目标，尽管认知一定数量的汉字是必需和必要的。

四 结语

实际上，无论汉字难学还是易学，都得学。难学需要努力去攻克，易学需要进一步提高效率。假如更多地关注汉字及其应用的缺点，如不表音，笔画数和书写顺序跟字形、字义之间无规律可言，以汉字为基础构成的词语在汉语书面表达中不标识词界（不实行分词连写）等，而认定汉字不容易学或难学，那就更应该想方设法化解汉字难学，突破汉语学习过程中的汉字瓶颈。本文主要从学习者和教师所应具有的正确的汉字观、汉字学习观和汉字教学观的角度，讨论了汉字学习和教学的观念和策略问题，意在呼吁不仅要研究汉字自身的优缺点，汉字教学的原则、方法和技巧等，也要研究汉字学习和教学的观念和策略，因为这也是一种更为重要的汉字学习和教学的"方法"，很值得探讨。

参考文献

陈　绂　1998　谈汉字及汉字教学，《对外汉语教学探讨集——北京地区第一届对外汉语教学讨论会论文选》，北京大学出版社。

崔永华　2008　从母语儿童识字看对外汉字教学，《语言教学与研究》第 2 期。

费锦昌　2000　《汉字整理的昨天和明天》，语文出版社。

国家语言资源检测与研究中心编　2006　《中国语言生活状况报告（2005）》（下编），商务印书馆。

季羡林　2000　《汉语与外语》，语文出版社。

江　新　2011　解决汉字难学的对策，《国际汉语》第一辑，中山大学出版社。

李大遂　2008　关系对外汉字教学全局的几个问题，《暨南大学华文学院学报》第 2 期。

李芳杰　1998　字词直通，字词同步——关于基础汉语阶段字词问题的思考，《语言教学与研究》第 1 期。

李培元等　1986　汉字教学简述，《第一届国际汉语教学讨论会论文选》，北京语言学院出版社。

李　泉　2006　汉字研究与汉字教学研究综观，《汉语研究与应用》第四辑，中国社会科学出版社。

李　泉　2009　关于建立国际汉语教育学科的构想，《世界汉语教学》第 3 期。

李　泉　2010　关于"汉语难学"问题的思考，《语言教学与研究》第 2 期。

刘社会　2004　对外汉字教学十八法，《汉语口语与书面语教学》，北京大学出版社。

吕必松（主编）1999　《汉字与汉字教学研究论文选》，北京大学出版社。

吕叔湘　1985　汉语文的特点和当前的语文问题，《语文学习》第 5、6 期（连载）。

吕叔湘 1988 语文工作的过去和现在,《语文研究》第 1 期。
孙德金（主编）2006 《对外汉字教学研究》,商务印书馆。
万业馨 2004 从汉字研究到汉字教学,《世界汉语教学》第 2 期。
王　宁 2002 汉字教学的原理与各类教学方法的科学运用,《课程·教材·教法》第 10、11 期（连载）。
邢红兵 2007 《现代汉字特征分析与计算研究》,商务印书馆。
易洪川 2001 关于培养留学生的汉字观,《国际汉语教学学术研讨会论文集》,《语言研究》增刊。
赵金铭 2008 汉语作为第二语言教学：理念与模式,《世界汉语教学》第 1 期。
周　健 2007 《汉字教学理论与方法》,北京大学出版社。

（本文与阮畅合作,原稿以《"汉字难学"之教学对策》为题,载《汉语学习》2012 年第 4 期）

文化教学定位与教学内容取向

提　要　文章结合当前国际汉语教学的现况,分析了语言类和文化类教材的文化取向。文章认为,近年来伴随汉语走向世界步伐的加快,汉语教学中文化教学的地位和作用过于凸显,甚至冲击了汉语教学本身。主张国际汉语教学应坚持汉语教学的优先策略和主体地位,文化教学应为语言教学服务,因而是第二位的。文化内容取向应符合外语教学的目标和规律,应重视文化选择的"学习者视点";语言类教材的文化介绍应该侧重当代交际文化,文化类教材的内容取向则应采取柔性策略。

关键词　汉语作为外语教学　文化教学定位　文化内容取向

一　引言

　　文化教学是外语教学不可缺少的组成部分。但是,正如文化的定义难以取得共识一样,教材编入哪些文化内容也往往见仁见智。本文取广义的文化定义,即文化包括历史文化、地理文化、制度文化、思想意识、艺术文明、民俗文化、交际文化,等等。据我们考察,现行几十部不同时期的语言类和文化类对外汉语教材中的文化内容之丰富,几乎涵盖了上述广义文化的各个方面。然而,将无所不包的广义文化内容都纳入对外汉语教学中,是否必要、可行?目的、效果如何?都还需要探讨。

　　近30年来,文化教学研究取得了丰硕成果(参见卢伟,1996;周思源,1997;李晓琪,2006;张英,2007;等等)。其中即使从国际第二语言教学视野来看,也不乏原创性成果。如张占一(1984、1990)提出的交际文化和知识文化的区分,以及由此引发的讨论,大大丰富和深化了第二语言文化教学研究的内涵。然而,以往谈及文化教学的定性、定位大都是从课程设置的角度，从语言教学角度进行探讨的不多，专门探讨文化内容取向的文章更是少见。本文拟结合当前国际汉语教学出现的新情况，进一步探讨文化教学的定位及内容取向。

二 文化教学的定性定位

2.1 文化教学地位过于凸显

近年汉语走向世界步伐加快，文化教学的地位和文化的传播功能在舆论上得到较多宣传，有"淡化""矮化"汉语教学的倾向。（李泉，2010）代表观点如：通过汉语国际推广推动中华文化走向世界，使他国文化认同中华文化的价值理念（李枫，2009）；又有流行的说法如"汉语教学是手段，传播中华文化才是目的"，等等。然而这类目标很可能只是一厢情愿。

从外语教学的角度来看，汉语教学就是我们的根本目的。海内外汉语学习者首先需要的是学习汉语。即使以学习和研究中国文化（汉学）为目的，首先也要学习汉语。掌握了汉语才能更好地了解中国文化。事实上，汉语学习和传播的过程，就是了解和传播中国文化的过程，只不过是以"润物无声"的方式来体现的，而这在我们看来恰是文化传播的最佳方式。

2.2 文化教学应摆在第二位

外语教学首先是教语言，基本目标是培养学习者语言交际能力。但是"由于某一民族的某一文化现象在这个民族语言里有所表现"（吕叔湘，1988），因此，外语教学必须诠释语言里的文化现象，否则就不能很好地理解和运用这种语言。张占一（1990）将文化分为交际文化和知识文化，前者指交际时能直接影响信息准确传递的语言和非语言的文化因素，后者指不直接影响准确传递信息的语言和非语言文化因素。这种区分是很有意义的。

就汉语作为外语教学来讲，所谓交际文化是指那些跟汉语的理解和表达密切相关的文化因素，包括隐含在汉语结构系统和表达系统中反映汉民族的价值观念、道德规范、风俗习惯、审美情趣、思维方式、行为方式等方面的文化内涵，它们体现在汉语的语汇、语义、语法、语用和汉字系统中，也体现在汉语交际过程及其行为中。这些文化内涵对汉语的理解和运用有着重要的作用，是汉语教学文化取向的主要内容，如与问候、打招呼、称呼、感谢、致歉、请求、拒绝、礼尚往来、宴饮聚会等语言交际活动相关的用语和身体语言。所谓知识文化是指社会历史、思想观念、书法绘画、园林艺术、文学艺术等广义的文化，它们与汉语本身及汉语交际不是直接相关的，因而不属于汉语作为外语教学的学科研究范畴。

进一步说，交际文化是外语教学必须教授的，知识文化虽不是必须教的，但对语言能力的提高也有裨益。然而，无论哪一种，都是为培养和提高学习者语言交际能力服务的。因此可以说，在外语教学中文化教学是第二位的。

2.3 汉语教学的优先策略

在汉语教学和文化传播关系问题上，季羡林（2000）曾明确指出："我们首先要送去的就是汉语。'射人先射马，擒贼先擒王。'汉语是'王'。中华民族的优秀文化大部分保留在汉语言文字中。中华民族古代和现代的智慧，也大部分保留在汉语言文字中。中国人要想弘扬中华民族的优秀文化，外国人要想学习中华民族的优秀文化，都必须首先抓汉语。为了增强中外文化交流，为了加强中外人民的理解和友谊，我们首先必抓汉语。因此，我们要奉行送去主义，首先送出去的也必须是汉语。"季先生的话值得我们深思和重视。越是想把中华优秀文化、价值体系传播出去，越是要汉语先行，越是要加强汉语教学本身的研究和学科建设；而不宜本末倒置，文化先行，那样很可能适得其反。因此，汉语教学优先策略应成为文化传播的重要策略。

2.4 汉语教学的主体地位

目前存在着借助汉语教学来推广中华文化的意图。这当然无可厚非，事实上汉语教学确实能起到传播中华文化的作用。但是，汉语教学有其自身的教学规律，其承担的文化内涵是有特定要求的，其文化传播是有自身规律的。让汉语教学承担过重的任务，给予过多的寄托，效果可能适得其反。例如，蒋向艳和陈捷（2010）指出："过多的中国文化介绍占据了大量的授课时间，致使汉语教学进度极其缓慢，在一定程度上打击了中学生继续学习汉语的积极性。因为他们感到没学到什么东西，没什么进步，很容易放弃。可见汉语课上过多地介入中国文化的介绍会搅扰学生对汉语本身的学习、记忆和运用。"两位作者认为："向法国中学生教授的是'汉语'，而不是中国文化。认识到这一点，才不至于花费大量时间和精力向学生介绍中国文化方面的东西，而忽略了法国中学汉语课程的真正目的：教学生汉语。"这里反映的课堂上"大讲中国文化"的情况，在当前海外汉语教学中有一定的普遍性。其实，我们的教师应该清楚：教授汉语本身就是教授和传播中国文化。

三 文化内容的取向

3.1 总体原则与具体策略

对于以语言交际能力培养为目标的教材来说，文化内容取向和选择的总原则应该是：相关的语料符合外语教学的目标和教学规律，也即必须优先选择与外语理解和交际密切相关的文化，即交际文化，而不是包罗万象的知识文化内容。属于知识文化的内容，如社会历史、思想观念、书法绘画、园林艺术、文学艺术等，虽然不是不可选择的，但要注意适合学习者的目的语水平，并且要以语言教学优先策略和主体地位来衡量广义文化内容的取舍，同时要对相关语料进行可学性处理。

文化内容选择和呈现的具体策略，前人有过很好的论述，例如，李铭建（1990）指出：文化介绍应改变面面俱到的大杂烩和旅游手册式的方法；重点应放在对当代中国人的介绍上；对文化的介绍应当注意不同地域、民族之间的对照。赵金铭（1997）指出：文化取向应先认同，后找差异；应取双向文化的态度，介绍自己，亦应旁及他人；不宜褒贬，力避说教，无须宣传，不能强施于人；不要迎合某些外国人好古猎奇的心理，力戒渲染消极文化；教材要立足于当代文化，立足于主流文化。这些意见很有见地，可视为文化取向的具体策略。

3.2 文化取向的学习者视点

教材的文化取向不仅应站在教授者的立场上来考量，还应站在学习者的角度来考量文化内容的取向和选择。所谓学习者视点，是说在课文内容、文化内容和文化点的取向和选择上，应多从学习者的视角、从跨文化的角度来抉择，而不能完全以编教者个人的视点、爱好来衡量内容的取舍。

第一，在课文内容、文化内容和文化点的取向和选择上，要充分考虑中外文化的差异，考虑学习者的感受，考虑所选内容的实际教学效果。

比如，我们有教材介绍"刮骨疗毒"的故事，意在表现关羽的大英雄气概，可是有些学生的感觉却是血淋淋的、十分恐怖的。朱瑞平（2006）曾指出："很多外国青年人看了中国的武打电影后，得出的基本印象是：中国武术就是打人的,暴力是中国人解决问题的唯一手段。这完全是对中国武术的误解。"2008 年 7 月,在北京教育学院参加教师培训的一位华人教师告诉笔者:在教法国中学生青海民歌《在那遥远的地方》时,学生不理解:为什么"我"愿抛弃了财产,跟她去放羊?为什么"我"愿做一只小羊,跟在她身旁?为什么"我"愿她拿细细的皮鞭,不断每天打在"我"身上?他们认为这是暴力、变态,不是爱情。这正如程棠(2000)所指出的那样:"有不少课文,中国人认为是容易理解的,而外国人不明白;中国人认为寓意深刻,而外国人觉得可笑;中国人认为是天经地义合乎情理的,外国人认为不合法;中国人认为是真善美,外国人则不以为然。"但是,也有例外,郭振华(1991)在提到教材选文时指出:"社会主义真的善的美的东西是完全可以大力宣传的,也会受到外国朋友欢迎的。"郭先生举例说,一位日本留学生读了"我们的同志在困难的时候,要看到成绩,要看到光明,要提高我们的勇气。"写道:"这个句子,让我特别感动,我想毛主席的文章有鼓舞人的力量。"可见,如何才能让异文化学习者能够真正理解我们认为值得教的某些文化现象,而又不至于造成误解或曲解,是教材编写必须加以考虑的,而这其中"学习者视点"的介入是必不可少的。

第二,教学内容应与语言教学的水平相适应,与学习者目的语学习的真正需要相适应,与文化因素教学和文化知识教学的服务性相适应。编写各类知识文化教材有个先决条件,或者说是一个硬性的原则,即教材的语言难度要适合学习者的汉语水平,要做到通俗易懂。

遗憾的是,目前教材的通病正是难度过大,难以阅读。比如,某本 1994 年出版的《中国文化》,作者说这本书"适合二年级外国留学生使用。一年级第二学期亦可视情况试用"。其内容包括中国地理概况、古代神话、汉字、少数民族、四大发明、石窟艺术、古代历法、陶瓷、烹饪、古代建筑、古代诗歌、中国画、书法、中医药等专题。但据我们的教学经验,即使三、四年级留学生也因难度太大而无法使用该书。

周小兵等(2010)运用词汇等级统计分析等量化手段,系统考察了九部汉语文化教材,结果发现:"语言太难是中国文化教材的通病之一,也是难学难教的重要原因。"这证实了我们的经验观感。我们认为,"太难"的原因可能是介绍得太专业、太深入。可是,似乎不这样介绍就失去了相关文化的"原汁原味"。而有一些专业性强的知识文化,如书法、中国画、医药学等,似乎也较难通俗化。因此，究竟要不要编写这类教材，如何增强其通俗性和可学性，编写目标、原则和策略是什么，都值得研究。

3.3 语言类教材文化内容取向

近年出版的汉语教材，文化内容的取向总体上看已突破了以往以古为主的倾向，而是越来越贴近当代中国社会的现实问题，展示当代中国的社会风貌和人民的生活现状。当然，这类"现代化"的教材中也不乏少量的"涉古文化"和"名家名篇"，但大都选择和处理得比较好。事实上，诸如涉古文化（如端午节、古今价值观）等，当然是文化内容的一类取向，只是不要太多、不要太细，并且应涉及其发展变化，要联系当今现实状况。

事实上，包括这类整体上较好的教材在内，其中的课文也还包括诸如"国宝大熊猫""藏羚羊""可可西里""长角苗和生态博物馆""楼兰古国""沙漠里的奇怪现象""祥林嫂""武则天""张良捡鞋的故事""忠告烟民"等。虽然没有绝对的理由表明这类内容不能选编为课文，但它们可能给一些学习者造成的印象或带来的效果是：炫耀（如国宝大熊猫）、猎奇（如可可西里）、少见（如长角苗、沙漠里的奇怪现象，甚至永远也见不到，如楼兰古国）、离现实太遥远（如张良、武则天）、让人反感（如忠告烟民，其实这种说教对不吸烟者来说一点儿意义都没有，甚至还会让他们产生"烟雾缭绕"的不快联想；而对吸烟者来说，他们不会因为编教者的忠告而戒烟，甚至会认为吸烟也是吸烟者的权利）。可见，文化内容的选择不仅要贴近现实，还要考量所选内容可能带来的实际效果。

3.4 文化类教材内容取向

文化类教材的内容取向应采取柔性策略，即以当代文化和主流文化为主，但不宜绝对化。（李泉，2008）这是因为，文化是一种历史积淀，有延续性和发展性，许多情况下古代文化跟当代文化不容易截然分开，如"敬老"的传统、"家乡"观念。而主流和非主流有时也不是泾渭分明的。即使能分出主流与非主流，也不能说所谓非主流文化就不是教材的选择对象。例如，相对于儒家文化来说，老庄哲学所代表的道家文化影响没有那么大。但无论从老子和庄子的思想本身，还是从中国文化史的角度看，道家文化都应成为教材内容的选择取向。

因此，"纯文化"类教材，文化内容的取向不宜绝对化，既可以是古代的，也可以是现代的；既可以是主流的（如儒家文化），也可以是非主流的（如风水、面子）。只要学习者有需求，有兴趣，就可以编入教材。

四 小结

针对近年来出现的过于强调汉语教学中的"文化教学"和"文化传播功能"的新情况，本文强调在国际汉语教学中，应坚持汉语教学的优先策略和主体地位；应遵循汉语作为外语教学的基本原理；应明确文化教学为语言教学服务的性质。

在此基础上，讨论了文化内容取向的原则。总的观点是，文化内容取向应该符合外语教学的目标和教学规律，必须选择的是与外语理解和交际密切相关的文化，而不是包罗万象的文化内容。语言类教材应该重今薄古，主要教授交际文化，展示当代中国社会风貌；文化类教材对古今文化、主流与非主流文化，宜采取有倾向性但不绝对化的柔性策略。

参考文献

毕继万 2009 《跨文化交际与第二语言教学》，北京语言大学出版社。
程 棠 2000 《对外汉语教学目的原则方法》，华语教学出版社。
郭振华 1991 中级阶段对外汉语教学的几个问题，国家汉办《中高级对外汉语教学论文选》，北京语言学院出版社。
季羡林 2000 我们要奉行"送去主义"，张德鑫主编《对外汉语教学：回眸与思考》，外语教学与研究出版社。
蒋向艳、陈 捷 2010 法国巴黎中学汉语教学状况及分析，《第九届国际汉语教学研讨会论文选》，高等教育出版社。
李 枫 2009 对汉语国际推广的几点思考，《光明日报》12月21日，引自世界汉语教学学会网站，2009-12-28。
李铭建 1990 中国文化介绍的取向，《中国对外汉语教学学会第三次学术讨论会论文选》，北京语言学院出版社。
李 泉 2007 对外汉语教材中文化偏误分析，袁博平主编 Theoretical and Empirical Approach to Applied Chinese Language Studies, London:

Cypress Book Co UK Ltd。

李　泉　2008　文化教学的刚性原则和柔性策略，李坤珊主编《留学生在华汉语教育初探——汉语作为第二语言习得研究》，北京大学出版社。

李　泉　2010　国际汉语教学学科建设若干问题，《第九届国际汉语教学研讨会论文选》，高等教育出版社。

李晓琪（主编）2006　《对外汉语文化教学研究》，商务印书馆。

卢　伟　1996　对外汉语教学中的文化因素研究述评，《世界汉语教学》第2期。

吕叔湘　1988　南北朝人名与佛教（题注），《中国语文》第4期。

张　英　2007　对外汉语文化教学及研究综述，《汉语研究与应用》第五辑，中国社会科学出版社。

张占一　1984　汉语个别教学及其教材，《语言教学与研究》第3期。

张占一　1990　试议知识文化与交际文化，《语言教学与研究》第3期。

赵金铭　1997　论对外汉语教材的文化取向，陈恩泉主编《双语双方言》第五辑，汉学出版社。

周思源（主编）1997　《对外汉语教学与文化》，北京语言文化大学出版社。

周小兵、罗　宇、张　丽　2010　基于中外对比的汉语文化教材系统考察，《语言教学与研究》第5期。

中国对外汉语教学学会等　1995　对外汉语教学的定性、定位、定量问题座谈会纪要，《世界汉语教学》第1期。

朱瑞平　2006　汉语国际推广中的文化问题，《语言文字应用》增刊。

（载周小兵主编《国际汉语》第一辑，中山大学出版社，2011）

文化内容呈现方式与呈现心态*

提　要　考察发现，进入21世纪以来语言教材已经改变了以名家名篇为主的做法，文化教材也逐步呈现出古今兼顾的态势。本文主张，语言教材应着力反映当代中国社会生活及其文化，并认为流传并影响至今的古代文化、当代社会生活中体现出的传统文化、被中国接受并影响至今的外来文化，都应视作当代中国文化。文章举例探讨了教材中文化内容呈现的得与失；强调文化呈现不应抱着"展示"和"弘扬"的心态，而应秉持平和、务实、超然的心态；呼吁加强具有普世价值的文化观念、中国吸收外来文化的介绍。

关键词　对外汉语教学　文化教学　文化内容呈现方式　文化内容呈现心态

一　引言

近30年来，几代汉语教师在教学和教材编写实践中，对中国文化教学进行了积极的探索（参见张占一，1990；李铭建，1990；赵贤州，1992；吕必松，1995；卢伟，1996；周思源，1997；赵金铭，1997；程棠，2000；李晓琪，2006；张英，2007；等等），各类教材中"琳琅满目"的中国文化就是这种努力的表现。但是，宽泛化的文化融入、文化呈现，目的为何，效果如何，理据何在等，都值得检视和讨论。在国际汉语教学快速发展对教材需求不断增多的新形势下，更加有必要从理论到实践对教材文化内容的选择、呈现和诠释加以研究和总结，以便更好地促进和拓展文化教学观念上的共识，提升教材编写质量。

针对近年来国际汉语教学的新情况，我们曾对文化教学的定位和内容取

---

* 《世界汉语教学》编辑部和匿名审稿专家对本文提出了宝贵的修改意见，特此深表谢意。

向进行了初步探讨。(李泉,2010)本文拟讨论对外汉语教材中文化内容的呈现方式、呈现原则和呈现心态,并进一步涉及文化内容的选择问题。所说的文化是广义的,包括物质文化、精神文化、知识文化、交际文化、理论道德、风俗习惯、文学艺术等,以及当代中国国情,简言之,既包括古代传统文化,也包括当代文化乃至当今中国人的生活状况。

二 文化内容呈现方式述评

根据对几十部不同时期各类教材的考察,可以看到:自20世纪80年代初以来,对外汉语教学界就十分重视中国文化的体现、融入、介绍和揭示。下面试分别例析迄今对外汉语教材中文化内容选择与呈现的几种主要方式,并例示21世纪以来的相关变化。

2.1 单项语言技能教材中的文化体现

单项语言技能教材中的文化体现主要指口语、阅读或听说等语言技能训练教材中的文化体现。这类教材的课文题材及其内容都是广义的中国文化,具体课文中有的也包含与语言交际直接相关的所谓交际文化内容。例如,《话说中国》(杜荣、Helen T.Lin 等编,上册,外文出版社,1985;下册,华语教学出版社,1990)是一部中级口语教材,内容涉及中国地理、历史、政治、经济、社会、教育、哲学思想及当代中国社会生活。课文以对话为主,兼有少量叙述体。上下册20课分别为:

(1)《美丽的三大流域》;(2)《辽阔的国土》;(3)《愉快的旅游》(介绍北京、西安、苏州、杭州等);(4)《从炎黄子孙谈起》;(5)《"汉人"和"唐人"的由来》;(6)《话说宋元明清》;(7)《纪念碑前话百年》;(8)《你了解中国的政治制度吗》;(9)《谈谈中国的政府组织》;(10)《在李教授家里做客》(谈及"反右""文革"等);(11)《史密斯先生来到农民家》;(12)《史密斯先生看到中国的工业》;(13)《史密斯先生谈中国商业见闻》;(14)《每逢佳节倍思亲》(介绍春节、元宵节、端午节);(15)《左邻右舍四家人》(谈论人口政策、婚姻、家庭等);(16)《轻歌曼舞话友谊》(介绍少数民族及节日);(17)《教育杂谈》(相声);(18)《在大学里》;(19)《在"五四"纪念会上的讲话——中国思想文化(一)》;(20)《在毛泽东思想讨论会上的发言——中国思想文化(二)》。

该教材语言真实、地道，内容叙述客观、平实。课文古今文化、物质与精神文化兼顾，既不刻意炫耀又不回避社会问题（如离婚率上升等）。基本上实现了该教材"既可以提高汉语水平，也可以增进对中国文化的了解"的编写目标。此外，由于教材主要是为美国大学生编写的，所以副课文里介绍了美国的地理、历史、政治、现代经济、社会结构、当今教育等，以便于学生用汉语谈论美国问题。

不难看出，《话说中国》的设计理念是"语言和文化并重"，采取的是"学汉语，谈文化"的实施方式。这不仅在当时开创了单项技能训练类教材编写的一种新模式，其设计理念与编写方式亦为后来的教材所承续，并成为汉语教材中文化内容呈现的一种主要模式。当然，该教材虽无"幼稚化"倾向和"说教"味道，但"正面化"和"时代印迹"则不难得见。不过，正面化是教材内容呈现的一种方式，时代印迹是教材编写的必然特征。《话说中国》既可以当作口语教材使用，也可以当文化教材使用，是一部汉语教学与文化教学结合并处理得较好的教材，也是对外汉语教学界第一部中外合编教材，第一部真正意义上的国别化教材。

2.2 综合技能训练课教材中的文化体现

通过综合传授语言知识、综合训练语言技能的综合课教材来融入和呈现中国文化，是文化介绍和诠释的重要途径和常规方式。其中20世纪80年代初至90年代末，综合课教材主要是通过选择文学作品来教语言，其文化主要是文学作品中体现的传统文化、思想观念、价值观念、生活习俗等，其中只有少部分是反映当时社会生活的文学作品。如一套当年广泛使用的《中级汉语教程》（北京语言学院出版社，1987—1988），上下册22课，基本上都是文学作品：

（1）《飘来的孩子》（民间故事）；（2）《草船借箭》（《三国演义》）；（3）《醉人的春夜》（短篇小说）；（4）《唢呐情话》（李准《黄河东流去》）；（5）《香山红叶》（杨朔）；（6）《篝火旁的野餐》（玛拉沁夫）；（7）《一件小事》（鲁迅）；（8）《觉慧与鸣凤》（巴金《家》）；（9）《央金》（刘克）；（10）《班车》（蒋子龙）；（11）《亡人逸事》（孙犁）；（12）《我的乳母》（溥仪《我的前半生》）；（13）《有一个青年》（张洁）；（14）《徐悲鸿与马车夫》（廖静文《徐悲鸿一生》）；（15）《陕北姑娘》（张贤亮《肖尔布拉克》）；（16）《孔乙己》（鲁迅）；（17）《百

合花》(茹志鹃);(18)《雷雨》(曹禺);(19)《我的几个先生》(巴金);(20)《傻二舅》(苏叔阳);(21)《林道静与卢嘉川》(杨沫《青春之歌》);(22)《贾宝玉奇缘识金锁》(曹雪芹《红楼梦》)。

　　以选择文学作品作为综合课教材的内容,在二十世纪八九十年代是一种主流做法。① 名家名篇语言优美、内容深刻,承载着深厚的历史文化和思想观念,也许正因如此前辈们才精心挑选并编入课本中。但也应看到,绝大多数课文,无论从学习者当前还是日后对汉语的使用需求来看,实用价值都不大。实际上,即使到了汉语学习的高级阶段,也不应"完全"是文学作品、"完全"不顾及中国人的现实生活。当然,这类综合教材通过"副课文""注释""文化知识介绍"等方式,也反映了一些现实生活(如"募捐义演""北京的街道""晨练"),但主要还是文化内容(如"孔子及其私学""科举制度""重九登高的来历""明黄色"等),以正面和主体形式反映当代中国社会现实还很不够。这不符合绝大多数学习者对"实用汉语"的需要,亦不能满足他们了解当代中国社会的愿望。然而,我们不应过多指责前人,前辈们在综合教材编写方面已然做出了不懈努力,应该理解并感谢他们在特定时代做出的探索。实际上,从外语教学的历史来看,以选编文学作品为主曾是中高级教材编写的主流倾向,毫无疑问,文学作品今后也仍是外语教材内容的重要取向。

　　社会在进步,学科在发展,如今以名家名篇为主的教材编写时代已经过去。21世纪以来,国内编写的包括综合课教材在内的新一代教材,基本上都摆脱了以文学作品为主的做法,而是更加贴近中国的社会现实,内容的选择和文化的取向丰富多彩,所选少数文学作品也增强了"适合语言教学"的考量和权重。例如,近年来广泛使用的《新实用汉语课本》(初中级综合课本,6册,北京语言大学出版社,2002—2009)、《发展汉语》(初、中、高"听说读写"系列配套教材,26册,北京语言大学出版社,2004—2006)②、

---

① 不过,20世纪90年代中期出版的《桥梁——实用中级汉语教程》(上下册,陈灼主编,北京语言文化大学出版社,1996年第一版;2000年第二版)已经开始摆脱文学作品特别是名家名篇为主的选文倾向,而是更加注重反映现实生活,课文内容更加适合语言学习和课堂操练,加之其他方面的一些优势和特色,使得该教材自问世后被广泛选用,成为20世纪90年代中后期以来一部具有代表性的、经典的中级综合教材。

② 《发展汉语》(第二版)(已由北京语言大学出版社2011年陆续出版),除保持教材内容今古兼顾、以今为主,突出实用性等特点外,整套教材在反映社会生活的广度、体现国情民生的深度,以及文化领域的拓展、文化呈现的视角等方面,做出了新的探索和努力。

《博雅汉语》(初、中、高综合课本,9册,北京大学出版社,2004—2008),等等。

2.3 文化介绍类教材中的文化内容呈现

以中国文化介绍为主的文化类教材,在编写理念上,往往追求尽可能全面介绍中国文化,尽可能呈现中国特有的文化内涵和文化现象。如《中国文化面面观》(华语教学出版社,1993),内容如下:

(1)《中华民族》;(2)《中国人的姓名》;(3)《中国饭菜》;(4)《北京的名菜馆和名菜》;(5)《茶叶》;(6)《四大发明》;(7)《古代著名医药学家》;(8)《传统节日(一)》;(9)《传统节日(二)》;(10)《婚俗》;(11)《工艺美术》;(12)《丝绸》;(13)《陶瓷》;(14)《古代绘画及著名画家》;(15)《汉字的书法艺术》;(16)《京剧》;(17)《相声》;(18)《古代诗歌和著名诗人》;(19)《宋词、元杂剧及其代表作家》;(20)《谈谈古典诗词》;(21)《古代小说概要及四大文学名著》;(22)《黄河》。

"从目录上看,主要内容是古代文化知识,对学习者了解当代中国、学习语言、与汉语母语者交际,作用不大。""历史文化内容太多是中国文化教材的通病。"(周小兵等,2010)这一结论符合20世纪80年代以来乃至今天,文化类教材的实际情况。

可喜的是,近年来文化类教材的内容取向和选择正在发生变化,以往那种"大而全"(面面俱到)、"深而细"(专业化笔法)、"不涉今"(以古为主)的内容取向和单纯介绍的呈现方式已经逐步有所改变。表现为内容古今兼顾、突出针对性,并注意到了中外文化的双向交流;在"笔法"上也更加趋向通俗化和可读性。例如,王海龙著《文化中国·中国文化阅读教程Ⅰ》(北京大学出版社,2002):

(1)《中国人的文化传统》;(2)《请客吃饭与面子问题》;(3)《美国人走不走后门》;(4)《中国礼俗》;(5)《中国人的送礼习俗》;(6)《太聪明的杨修》;(7)《寒食节》;(8)《谁是最勇敢的人:文官还是武将?》;(9)《空城计的故事》;(10)《中国的皇帝制度》;(11)《刚烈的皇后和愚蠢的皇帝》;(12)《溥仪皇帝登基》;(13)《从皇帝到战犯到公民》;(14)《传统的中国家庭》;(15)《家》;(16)《传统·女儿经》;(17)《宋代·沈园故事》;(18)《中国的"小皇帝"》;(19)《"抢孙子"的风波》;(20)《读书做官:中国的科举考试

制度》;(21)《范进中举》;(22)《给爸爸的信》;(23)《父亲的信》;(24)《丁龙先生的梦》;(25)《伍老师》;(26)《我最爱的老师和最恨的老师》。

《解读中国·中国文化阅读教程Ⅱ》(北京大学出版社,2002):

(1)《中国人的节日》;(2)《过年·祝福》;(3)《苗族人的过年习俗》;(4)《纽约鬼节游行记趣》;(5)《圣诞节前夜的凡卡》;(6)《卖火柴的小女孩》;(7)《中国人的宗教和信仰》;(8)《中国人的姓是从哪儿来的?》;(9)《中国人的避讳》;(10)《关于寺庙》;(11)《狂泉的故事》;(12)《千里姻缘一线牵》;(13)《史湘云说阴阳》;(14)《中国农民》;(15)《中国历史上的农民起义》;(16)《陈涉世家》;(17)《湖南的农民运动》;(18)《刘姥姥和巧姐儿》;(19)《桂珍姐》;(20)《中国的现代化》;(21)《马可·波罗》;(22)《巴黎的"中国公主"的故事》;(23)《中国人与世界大事》;(24)《香港回归的那一天》;(25)《当美国人认为世界上只需要一种语言时》。

这两本中国文化阅读教程很有特色,表现在:单元主题着眼于中国文化的大处和理解中国文化较内在的命题;文化内容取向以古为主、古今兼顾,以中为主、中外兼顾;内容呈现方式:叙述和解释相结合,历史和当今相对照,文化陈述和用故事反映文化相结合。其中,与中国历史、中国人和中国文化有关的涉外选题,如《巴黎的"中国公主"的故事》、《丁龙先生的梦》(百年前一位华工,捐献一生积蓄创建哥伦比亚大学汉学系的故事)、《马可·波罗》,都非常有代表性。诸如很能体现中国人智慧的《空城计》,很能体现中国人生死之恋的《沈园故事》(间接反映了中国封建家长制对人性的摧残)、很能反映当今中国人现实生活的《中国人与世界大事》等,都是很好的文化点。

作者对教材的编写怀有高度的责任感,编写态度极其严肃,看不出教材有"溢美"或"贬损"中国文化的意图,倒是能看出作者"力图以小见大,透过现象看本质,帮助其他文化持有者尽可能客观地体悟中国文化"的努力。相信学习者读懂了这两本书,将会对中国历史、传统文化和习俗,中国人价值观念、情感世界,以及当今中国社会现实的某些方面,有一个比较准确、生动和深刻的理解。这比某些文化教材"热情夸赞"或"平铺直叙"中国文化的做法效果要好得多。

当然,正如编者在两本书的"前言"中强调的那样:"写一本教外国人领悟中国文化的教材殊非易事""比学术著作难写"。的确如此,一方面对文化内容的取向和具体内容的选择，常常见仁见智；另一方面，文化本身是个复杂现象，对文化的呈现（内涵的揭示、解说和表述）更是"殊非易事"，并且同样会见仁见智。比如，适当地中外兼顾是可取的，但是"外"不能太多，尤其要"外"得合适，如上文所述选"丁龙"和"马可·波罗"就很合适，而选择俄国的《圣诞节前夜的凡卡》和丹麦的《卖火柴的小女孩》，就看不出跟"阅读中国文化"有什么关系。此外，教材还存在其他一些可商榷之处：有些课文可能由于话题所致，生词偏多偏难，如《读书做官：中国的科举考试制度》；有的内容陈述和观点表达还需斟酌，例如，（1）"中国人很实惠，不愿意走极端，他们的宗教信仰也不那么坚定和偏执。"（2）"道教是中国人自己的宗教，中国人几乎都信仰它。"（《解读中国》，64—65）这两句话说得可能都过于绝对。前一句话的中国人即使是指汉族人，也有些绝对，如果包括少数民族（如藏族、回族）就更成问题；后一句话说"中国人几乎都信仰道教"，即使"中国人"指的是汉族人也不符合事实。这似乎有些吹毛求疵，可是，如果考虑到使用教材的外国人读了这样的句子可能产生的认知效果的话，还真得咬文嚼字。这也正是编文化教材"难"的重要原因。

三 当代文化内容的呈现问题

3.1 当代中国文化思考

许多教师和教材编写者感到：除了坚信"中国人的生活就是中国文化"这种广义文化的信念，否则寻找当代的代表性文化点似乎很困难。的确，中国文化和中华文明主要是几千年来积淀下来的，所以难免一提中国文化就言必称古代。正因此，文化类教材在内容取向上大都厚古薄今。有人甚至认为"当代就没有文化，文化都是古代的"（2009年8月在桂林召开的一次国际汉语教学研讨会上，一位学者就持这样的观点）。这种观点有一定的代表性，值得思考，也值得商量。显然，说当代中国没文化是不可接受的，也是不符合逻辑的。当今的中国人既不可能只生活在古代文化中，更不可能生活在没文化的状态中。中华文化从来没有过断层，一直是国内各民族文化相互交融，中华文化与外来文化相互交流；今天的中国必定延续着、发展着中国的传统文化，也必然不断继续吸收外来文化，并同时创造着新的物质文明和精神文化。这无论从逻辑上还是从事实上说，都应该是成立的。

因此，需要研究和探讨如何从当代中国社会现实，从中国人的生活中去寻找延续至今的古代文化，去发现当代中国吸收的外来文化，去概括当代中国发展的新文化，并予以恰当地呈现。这其中包含着如何看待和分析当代中国十几亿人生活的文化状态，如何理解和认定当代中国文化的问题。这里不避浅陋，举例探讨相关问题，意在引玉。

3.2 当代中国文化例示

可否认为，古代文化流传至今的，便也是当代中国文化？

比如，对当代中国人思想观念、道德伦理、行为规范等仍有着重要影响的儒家文化，具体如"己所不欲勿施于人"等，虽然是典型的传统文化观念，但流传并影响至今。那么，从汉语教学"中国文化呈现"的角度看，是否也可以看作当代中国文化？因为这样一些文化内涵确确实实影响着当代中国人的观念和行为。"活"在当代的古代文化便也是当代文化。

可否认为，当代社会生活中体现出的传统文化，亦应看作中国当代文化？

比如，每年的春运，数亿人东西南北大流动：一票难求、花钱受罪、代价沉重，也要回家。最典型的例子是：2008年南方雪灾，几十万上百万人滞留在广州站，有人手举"我要回家"的纸牌告示天下，站前广场人头攒动，拥挤不堪，出不来进不去，吃不上喝不上，妻子走散了，孩子挤丢了，有人休克了……这一切让无数人揪心，而这种"回家过年"的信念也感动了无数中国人。这是当代中国人的现实生活，也是中国传统文化在当代的体现。"家""年"的团圆观念，"家乡""老屋"的乡土观念，看看"俺爹俺娘"、让爷爷奶奶"亲亲孩子"的亲情观念，这些由古至今的观念不就是中国当代文化吗？对外国人来说，如果不从文化角度来解读，他们可能难以理解当代中国的春运现象。

可否认为，外来文化被中国接受并影响至今的，即是中国当代文化的一部分？

例如，在宗教信仰和思想观念方面，远的如"佛教"，近的如"科学社会主义"。事实上，改革开放30年来，中国向西方学习了许多先进的科学和技术，也接受了不少西方的文化观念和生活方式，如法制观念、隐私的观念、时间就是金钱、女士优先、过洋节（如圣诞节等）、用感谢回答对方的称赞、采用西式婚礼、AA 制，等等。这些都是中国人自觉自愿的选择，并已成为我们观念和生活方式的一部分，因而也应看作当代中国文化。教材理应反映这种"西化"的现实，展示一个开放的中国形象，而不必一味寻求中国特有的文化现象。事实上，愿意吸收外来文化并不断吸收外来文化，这本身就是值得向外国人介绍的中国文化特色。比如，中国传统上回答对方赞美和表扬用"哪里，哪里，您过奖了""不敢当，不敢当""哪里呀，还差得远呢""您这样说，我真不好意思"等。而今天越来越多的中国人愿意采用西式回答法："谢谢，谢谢""谢谢你的表扬""谢谢您的夸奖"，这不就是中国人吸收外来的交际文化吗？

我们还认为，诸如当今中国在处理国家关系上秉持的原则，如早年提出的"和平共处五项原则"，近年提出的处理与周边国家关系的"以邻为伴、与邻为善、睦邻友好、和睦相处"原则，以及对内构建"和谐社会"的国家理念、对外构建"和谐世界"的国际主张，等等，都应该视为当代中国文化。实际上，"睦邻友好""和平相处"的和谐理念，就是中国古代"以和为贵""和而不同"价值观念在当今中国社会的体现和发展。

3.3　当代中国文化挖掘

事实上，当今中国人的生活和文化比以往任何时候都丰富多彩。今昔生活的变化，中西文化的交融；眼界视野的开拓，思想观念的解放；日子好过了，生活压力也大了；富裕的人多了，贫穷的人还是不少；开车的人多了，乱停车的也多了；等等，这些不都值得我们在教材中恰当地加以呈现吗？当然一个好的选题和呈现方式并非信手拈来，需要我们有眼光、有创意。比如，电影《刮痧》就是一个极好的例子，它反映出的中美文化冲突，就是中国家庭亲情关系的自然联结，与美国家庭契约关系的法律保障之间的冲突，这是价值观念的文化冲突。《刮痧》还反映出移民文化休克和文化适应问题。（毕继万，2009：445—447）又如，电视连续剧《家有儿女》是一部情景喜剧，风靡中国，深受观众喜爱。世界图书出版公司北京公司精选购买了其中的 12 集，改编成一套（三册）《家有儿女》中高级汉语视听说教材（2009 年出版），并配有与剧情相关的"文化点滴"，介绍代表中国文化特质的观念、行为和事物。可以相信，学了这套教材不仅学到了鲜活的生活口语，更能很好地了解中国的家庭、教育和社会生活，而谁又能说没感觉到当代中国文化呢？

四 文化呈现原则与呈现方式例析

4.1 文化内容的呈现原则

文化内容和文化点的选择不容易,选好了内容如何呈现更不容易,需下功夫斟酌和推敲。因为汉语教材用于跨文化教学,文化的介绍和解说要避免无意间伤害了持另一种文化的汉语学习者,比如,教材中介绍"东坡肉"的做法、"东坡肘子"的来历,就可能"伤害"了穆斯林学习者,而且面对穆斯林学生,教师也会感到不好教。同时也要避免误导了学习者,比如,有的教材存在文化内容选择不当或者解说不当的现象。(李泉,2007)我们建议,文化内容特别是文化点的选择和呈现应遵循如下几个原则:多角度、有限定、中外对比、古今联系、不炫不贬。(1)多角度,意味着不是单一的取向,而是尽可能多地介绍多元的观点。(2)有限定,就是尽可能避免周遍性的表述,少用"中国人……""中华民族……""总是……"等说法。(3)中外对比,要求不仅要说明中外在相关文化上的差异,还要尽可能说明差异的原因。(4)古今联系,要求对当代文化的阐释要尽可能地联系历史,对传统文化和习俗的介绍要与时俱进,联系现实。(5)不炫不贬,要求对己方文化不炫耀、不溢美,对他方文化不贬损、不排斥,以中性的立场进行客观描述。(李泉,2008)

4.2 文化内容呈现方式例析

文化内容的呈现方式,包括文化内容的选择、表述和解说,这其中是很有讲究的。因为对文化内容的阐释和表述是否准确和恰当,不仅直接影响学习者的认知和理解,也影响教学效果和学习效果,乃至学习者的情感态度。因此,文化内容的呈现除了要参酌上文所主张的原则外,也还要讲究方式方法,以便于课堂操作和增强文化教学的效果。

例一:情景设计既很自然而又非常恰当,内容呈现也就显得真实自然。上文提到的《话说中国》许多课文就是这样。比如《纪念碑前话百年》的情景设计,是由导游向几位游客介绍人民英雄纪念碑的浮雕内容(虎门销烟、太平天国、武昌起义、"五四运动"、"八一起义"、游击战争、胜利渡江),通过一幅幅浮雕的讲解来介绍近百年的中国历史。又如,《轻歌曼舞话友谊》的情景设计,是琳达、约翰等几位留学生到中央民族大学艺术系,通过跟舞蹈班同学座谈,来了解中国各主要少数民族及其民族节日和习俗等。再如,

《在毛泽东思想讨论会上的发言》的情景设计，是通过一位学者的发言，来介绍毛泽东思想的含义和丰富的内容，并主要说明了毛泽东思想的三个特点——实事求是、群众路线、独立自主，以此来达到介绍当代中国思想文化的目的。

例二：内容呈现视角新颖，呈现方式独到而有创意。例如，在几十部不同类型的教材中，有十余篇以"孔子"为题的课文，但大都章法相仿：先是孔子的出生地、生卒年、生平简介，然后是一条条介绍孔子的代表性观点；或者通过师生对话来解释孔子的主张。其中《博雅汉语（准中级，加速篇Ⅱ）》（北京大学出版社，2005）第十四课《采访孔子》就显得别具一格。课文首先对孔子的成就做了简单地概括，接着写到：为了让大家更好地了解孔子，我们的记者跨越了两千多年的历史，对孔子进行了"采访"。下面请听记者和孔子的"对话"。

记者：孔先生，非常高兴今天有机会能和您聊一聊。能不能请您先简单介绍一下自己的情况，特别是您从小的生活和学习经历。

孔子：好，我是鲁国人，老家在泰山南边的曲阜。……

其实，整个课文的内容跟别的教材的"孔子"课文都差不多，但别的课文或是平铺直叙，或者是"隔墙对话"（师生问答），显得呆板、俗套。《采访孔子》让记者穿越时空隧道，亲自跟孔大圣人直接"对话"，这就显得生动有趣、亲切自然，课堂教学也会有真切感。

例三：要考虑教材跨文化教学的属性，要注意从学习者的视角来衡量内容的取舍和表述方式。（李泉，2010）在这方面有的课文就值得商讨。例如，2005年出版的一本综合教材中，有篇课文选自一位著名学者的文章《三十年河东，三十年河西》，课文中有这样的话：

事实上，在今天，西方文化已经呈现出强弩之末的样子。具体表现就是以西方文化为主导的世界，出现了很多威胁人类生存的弊端，比如生态平衡遭到破坏、全球气温变暖、淡水资源匮乏、森林被过度砍伐、江河湖海受到污染、动物物种不断灭绝、新疾病频繁出现等，所有这些都威胁着人类的发展甚至生存。

21世纪应该是东方文化的世纪，东方文化将取代西方文化在世界上的主导地位。当然取代并不意味着消灭，准确地说，应该是在过去几百年来西方文化所达到的高度上，用东方"天人合一"的综合思维方式，把人类文化的发展推向一个更高的阶段，也可以称为"东西文化互补论"。

前后两段话中诸如"西方文化已经呈现出强弩之末""东方文化将取代西方文化在世界上的主导地位"等内容，可能是个重要的预言或构想，也可能揭示或预示了某些事实。可是，作为对外汉语教材的内容就可能不太合适，因为两段话不符合"不炫不贬"的文化选择和表述原则。前一段话贬损、指责的味道太浓，后一段话炫耀、自美的色彩鲜明，两段话的观点可能都过于绝对。文中还赞美中国"天人合一"的东方思维模式和中医的整体观念，排斥西方的"分析型"思维模式和西医"头痛医头，脚痛医脚"的做法。这种好恶鲜明的对比呈现法，也不符合跨文化教学的要求。我们甚至担心如果遇到一些个性强的西方学生，课堂上不仅很难"跨文化"，反而可能造成文化的"对立"和"冲突"，或是师生之间、生生之间的尴尬与不和谐。汤一介（2010）指出："当今的世界是个文化多元化的世界，过去'西方中心论'已经错误了，现在'东方中心论'，不是重复过去的错误吗？所以我不大想用实力、崛起等词汇来讲文化问题。大家都在平等互助中发展，不是更好吗？"

五 文化内容的呈现心态

5.1 文化内容呈现心态回顾

以往我们对文化内容的呈现，虽然不少教材前言中都表示"尽可能全面、客观地介绍中国文化"，但从实际内容选择和表述上来看，从字里行间流露出的"神情"来看，实际上存在着"展示"和"弘扬"中国文化两种心态。①

（1）展示心态。内容的选择和呈现意在向学习者展示中国特有的文明、独特的文化。所以，许多教材文化内容的选取角度和目标是找中国特色、找代表性的元素。于是多选择茶文化、酒文化、八大菜系、烤鸭、京剧、故宫、汉字、书法、瓷器、端午节、春节、婚俗、礼俗、龙、熊猫、孔子、屈

---

① 这两种心态只是角度有所不同，呈现的方式和具体表述或有不同而已，实质上不但没有什么区别，而且往往相互关联："展示"的根本目的也是为了弘扬，"弘扬"也需要展示实例或事实。本文区别这两种心态，主要是为了从不同角度来说明问题，换言之，也是为了行文便利。

原、诸葛亮……应该说,这种展示心态并没有什么错,这些内容确实是中国文化的代表性符号。但是,仅仅津津乐道于此,一味追求和寻找中国特有、中国特色、独有文明、独有文化的做法,并不一定就好。从语言教学的角度看,可能造成生词过多过偏,课文过难,对学习者语言技能的训练和掌握效果欠佳。从文化传播的角度看,可能造成中国"奇特、神秘",甚至"陈旧、落后"的印象。此外,这种展示心态,很容易导致教材内容选择走向好古、猎奇之路,如介绍"明黄色""景泰蓝""楼兰古国"等,从而造成无论从语言教学还是文化介绍的角度看都可能"跑偏"的结果。

(2)弘扬心态。内容的选择和呈现意在向世界宣传中国悠久的历史、灿烂的文明、独特的文化,乃至秀美的山川。于是,不少语言和文化教材便选择介绍黄帝炎帝、四大发明、四大名著、兵马俑、都江堰、长江长城、黄山黄河、中医中药、气功武术、道家文化、儒家文化,等等。从中国人的立场看,这样做不但没有错,而且还是很爱国、很自豪、也很自然的事情。因为这些确实是中华文化和文明的代表,有许多也确实是中国对世界文明和文化进步的贡献。但是,从跨文化教学的角度看,这种强烈的弘扬色彩就不一定合适,至少效果未必尽如人愿。因此,不是说不能介绍这些内容,而是强调要注意介绍的"心态"和"笔法"。过于强烈的宣传心态、过于鲜明的弘扬笔调,也许会适得其反。

展示和弘扬两种心态,本质上说无可厚非,向外国学生、向世界介绍和宣传中国文化并没有错,特别是站在中国人的立场上。但是,从跨文化语言教学的角度看,这两种文化呈现的心态都不够最佳,"展示"的背后多少有些炫耀的成分,这恰是不够自信的表现;"弘扬"的意图多少会让人产生抵触的情绪,因而不够策略。

5.2 文化能否被接受决定于是否需要

一种文化(观念、现象、行为等),不大可能一宣传就被理解,一介绍就被接受,更不可能轻而易举就被认同。某种文化是否被理解和认同,取决于异文化族群是否需要。西方传教士没少向明清皇帝介绍西方先进的学科、技术和观念,我们的皇帝们接受了吗?开明如康熙这样的君王,也不过自己认认真真学习了一些几何学等西学,并允许翻译了一些西方的自然科学著作,却没有在大清国推广洋人这一套。一种文化是否被认同取决于对方是否需要，是否是对方所无而又是对方所需，当然也还有时机、机遇等其他条件。中国共产党人接受"马克思主义"和"共产党宣言"，"五四"时期中国接受西方"科学"与"民主"的观念，那不是马克思、恩格斯的推荐和德国人、法国人的大力传播，而是中国社会变革发展的需要，是我们中国人自己的选择。

近些年来汉语之所以有些"热"，那也是外国人自身有需求，是他们认识到了汉语在当今和未来的价值（求职就业、观光旅游、了解中国、研究中国文化，等等）。说白了，是外国人自己想学汉语（当然也包括中国文化），所以我们才可能教汉语传播中国文化。假如外国人不想学汉语，不用说展示和弘扬中国文化了，连汉语也教不成。因此，我们当然要抓住"外国人想学汉语"这种千载难逢的机遇，积极促进汉语教学及其学科建设的发展，更好地满足各国汉语学习者的需要。而在汉语传播的同时，中国文化自然就得到了传播，人家觉得有用、有意思、有价值，自然就接受了。比如，就像我们接受"女士优先"这种观念一样，接受我们的"和而不同"的理念。

5.3　文化内容的呈现心态思考

在全球政治多极化、经济一体化、文化多元化的背景下，我们应该进一步明确不同文明、不同文化、不同价值观多样并存是文化发展的规律，是人类共生共存的必要条件；不可能也不应该用一种文化统一世界，或要求所有国家都接受一种价值体系。因此，我们主张在汉语教学过程中，对中国文化内容、中国文化元素的选择和介绍，应取"平和的心态""务实的心态""超然的心态"。（1）平和的心态，即把文化呈现的心态放平和些，平视人家的文化，也平视自己的文化，而切不可居高临下，亦无须仰视他种文化。（2）务实的心态，即明确语言课和语言教材中文化介绍和阐释的目的，主要是为了学习者更好地理解和运用汉语，是为汉语教学服务的；文化课和文化教材中的文化介绍和阐释的目的，是为了学习者较系统地了解和认知中国文化，便于学习者更好地学习语言和了解中国。（3）超然的心态，即把文化介绍的目的定位在使学习者了解进而能理解中国文化，而不是一定让人家认同和接受中国文化；人家认同与否宜顺其自然，不可强求；当然外国学习者喜欢、认同和愿意接受中国文化，那也是我们"固所愿也"；同时不必把汉语教学的文化传播功能看得太重，不必寄予过多和过高的期望，因为外语教学的文化传播功能是客观存在的，但是也是受限和有限的。

六　结语与余言

从本文对现有语言和文化教材的考察来看，进入 21 世纪，教材文化内容的呈现总体上已经摆脱了厚古薄今的做法，而是古今兼顾、以今为主，特别是语言类教材；文化类教材也开始逐步摆脱以古为主，面面俱到的做法，而是采取古今兼顾、以古为主，或是古今兼顾、以今为主。文化内容的遴选更加关注体现中国文化某一方面较为内在的主题。

古今兼顾、以今为主的文化取向，面临着如何认定当代中国文化这一新的课题。本文呼吁应从中国人的现实生活中去寻找延续至今的古代文化，去发现当代中国吸收的外来文化，去概括当代中国发展的新文化，并予以恰当地呈现。我们认为，从对外汉语教学的角度看，流传并影响至今的古代文化、当代社会生活中体现出的传统文化、被中国接受并影响至今的外来文化（包括改革开放以来吸收的外来文化），都应视作当代中国文化。此外诸如构建"和谐社会""和谐世界"等理念，亦应视为当代中国文化。对当代中国人生活没有影响或不被认可的传统文化，则不宜视为当代中国文化，如男尊女卑、旧时婚俗、纳妾、守丧，等等。

本文在以往研究的基础上进一步强调，文化内容特别是文化点的呈现和诠释应遵循多角度、有限定、中外对比、古今联系、不炫不贬等原则。文章分析了若干教材文化内容呈现方式，强调情景设计要真实自然、呈现方式力求新颖别致，以增强文化教学的效果。要考虑教材跨文化教学的属性，注意从学习者的视角来衡量内容取舍和表述方式。本文认为，以往某些教材的文化内容呈现存在"展示"和"弘扬"的心态。这两种心态，本质上无可指责，特别是站在中国人的立场上，中国文化无论是物质的还是精神的，值得国人骄傲和自豪的实在太多太多。但是，从跨文化语言教学的角度看，展示和弘扬的意图多少会让人产生抵触和防范的心理，因而都不够策略。实际上，一种文化是否被认同取决于对方是否需要，而不取决于展示得是否巧妙，弘扬得是否够力度。因此，在国际汉语教学中，文化呈现应取平和、务实、超然的心态。

我们还想强调，汉语教学和教材编写，不应一味寻找中华文化的代表性符号，不应一味强调中华文化的独特。因为当今世界对中国的了解还很不够，对许多国家和民族来说，中国仍然是个很神秘、很落后的国家，许多人对中国或者完全不了解，或者停留在百年前、三十年前的状态。所以，我们不应有意无意地进一步自我神秘、自我怀旧。应加强当代中国及其文化的介绍，加强具有普世价值的文化观念的介绍，加强中外文化交流的介绍，加强中国吸收外来文化的介绍；应宣传中国文化的开放性和包容性，宣传中国的对外开放政策。让世界知道中国并不神秘，中国人民是跟他们一样的人民。因为无论是人民、国家还是文化，过于独特、神秘、不食人间烟火，那么也就难以让人接近，对汉语和中国文化的传播并不见得有利。因此，在教材编写，特别是对外宣传中应以恰当的方式，让外国人了解诸如中国政府"积极鼓励、提倡本国人民，特别是广大青少年学习和使用世界其他民族的语言。比如，目前中国学习英语的人数超过3亿，高校开设的各国语言专业已有60多种。"（刘延东，2009）这样一种外语学习的规模和力度，在世界上恐怕也是不多见的，如此等等，从而树立一个开放的中国形象，一个尊重世界各民族文化，愿意与世界各民族平等相待的中国形象。这样才更有利于国际汉语教学事业和中外文化交流事业的发展。

即使如此，也还要恰当地评估汉语教学的文化传播功能。汉语教学跟其他外语教学一样，是一门学科，有其自身的教学规律。外语教学中的文化教学有其特定的内涵和功能，文化教学不宜喧宾夺主。过于强调汉语教学的文化传播功能，是对汉语作为外语教学是一门学科的误解，是对汉语教学文化传播功能的扩大化、理想化、超负荷化。

参考文献

毕继万 2009 《跨文化交际与第二语言教学》，北京语言大学出版社。

程　棠 2000 《对外汉语教学目的原则方法》，华语教学出版社。

李铭建 1990 中国文化介绍的取向，《中国对外汉语教学学会第三次学术讨论会论文选》，北京语言学院出版社。

李　泉 2007 对外汉语教材中文化偏误分析，袁博平主编 Theoretical and Empirical Approach to Applied Chinese Language Studies，Cypress Book Co. London：UK Ltd。

李　泉　2008　文化教学的刚性原则和柔性策略，李坤珊主编《留学生在华汉语教育初探——汉语作为第二语言习得研究》，北京大学出版社。

李　泉　2010　文化教学定位与文化内容取向，参加中山大学国际汉语学院主办首届国际汉语文化教材研讨会论文，2010年1月9日，中山大学。

李晓琪（主编）2006　《对外汉语文化教学研究》，商务印书馆。

卢　伟　1996　对外汉语教学中的文化因素研究述评，《世界汉语教学》第2期。

刘延东　2009　在外国汉语教师奖学金生开学典礼上的致词，北京外国语大学，2009年11月10日。

吕必松　1995　在对外汉语教学的定性、定位、定量问题座谈会上的讲话，《世界汉语教学》第1期。

汤一介　2010　中国学问不能解决一切问题，《报刊文摘》4月28日，第2版。

张占一　1990　试议知识文化与交际文化，《语言教学与研究》第3期。

张　英　2007　对外汉语文化教学及研究综述，《汉语研究与应用》第五辑，中国社会科学出版社。

赵金铭　1997　论对外汉语教材文化取向，陈恩泉主编《双语双方言》第五辑，香港：汉学出版社。

赵贤州　1992　关于文化导入的再思考，《语言教学与研究》第3期。

周思源（主编）1997　《对外汉语教学与文化》，北京语言文化大学出版社。

周小兵、罗　宇、张　丽　2010　基于中外对比的汉语文化教材系统考察，《语言教学与研究》第5期。

（载《世界汉语教学》2011年第3期）

教学模式与分技能设课教学模式思考

提　要　本文对教学模式研究的现状、有关教学模式含义的代表性说法以及教学模式的特性等进行了简要的概括和评论，指出不必刻意强调教学模式的"稳定性、系统性"及在教学过程中"必须遵守"等，因为没有一成不变的模式，也没有十全十美的模式，过于理想化并不利于模式的创建、概括和探索。文章认为，教学模式的设计和建构、总结和提炼都是为了解决相关教学中出现的各种各样的问题，因此多样性和层次性是教学模式的两个本质特性，唯其如此才有研究和应用的价值。在此基础上，讨论了目前在国内占主流地位的分技能设课教学模式的基本原理、基本理念和应用价值，并认为这种模式虽有其独特的价值，但还应进一步加以评估和完善。

关键词　对外汉语教学　汉语教学模式　教学模式本质特点　分技能教学模式

一　引言

教学模式（Model of Teaching）的概念是美国学者乔伊斯和韦尔（Bruce Joyce & Marsha Weil）等提出的，他们在1972年出版的《教学模式》一书中系统地介绍了多种教学模式，试图系统地探讨教育目的、教学策略、课程设计和教材等因素之间的相互影响，以及由此形成的可以使教学行为模式化的各种可供选择的类型。（吴立岗，1998）20世纪80年代以来，国内教育界对教学模式进行了广泛的研究，取得了不少成果。如今，教学模式研究已成为国内教育界的热门话题。近年来国内对外汉语教学界也开始重视对教学模式的研究和探讨。但是，迄今国内外的专家学者对于什么是教学模式，并没有一个统一的认识。这可能因为，人们对教学模式研究和描述的角度不同，所强调的内涵也必然不同,定义也难以一致。例如,有的从教学结构上来揭示模式,有的从教学法的角度来定义模式,有的从程序上来界定模式,有的从教学的设计和组织上来描述模式,有的从学习环境的角度来概括教学模式,等等。(周淑清,2004)

教学模式定义的不同已然表明,人们可以从多层面、多角度对教学模式加以研究,同时也提示我们不一定、不可能甚至不必要期望有个定于一尊的教学模式的定义。教学模式的研究和概括,是为了解决教学中出现的问题,而教学中遇到的问题是多种多样的,不仅不同类型的教学遇到的问题不尽相同,即使是同一类型的教学遇到的问题也不会完全相同。例如,英语作为外语教学和汉语作为外语教学出现的问题就不完全相同,即使是同一种语言教学,不同区域、不同国家、不同教学类型、不同教学阶段、不同教学对象等要解决的问题也不会完全一样,其教学目的、要求和方法等自然也就不会完全相同,因而为解决各种问题而设计的教学模式,或从教学实践中总结概括出来的教学模式也就必然多种多样,其定义也就各有不同。但是,既为教学模式就应该有一些共同的、不变的基本要素。

本文基于上述认识,来探讨教学模式及对外汉语教学模式研究的概况、教学模式构成的本质要素、汉语分技能教学模式的应用价值等相关问题。

二 教学模式化研究概述

为便于对教学不同模式内涵的理解和进一步讨论,下面列举有关教学模式定义的若干代表性看法:

(1)"教学程序"说。例如,所谓的教学模式,就是在一定的教学思想的指导下所建立起来的完成所提出教学任务的比较稳固的教学程序及其实施方法的教学策略体系。(甄德山,1984)教学模式是依据教学思想和教学规律而形成的在教学过程中必须遵守的比较稳固的教学程序及其方法的策略体系,包括教学过程中诸要素的组合方式,教学程序及其相应的策略。(吴立岗,1998)

(2)"教学范型"说。例如,教学模式就是在一定的教学思想指导下,围绕着教学活动中的某一主题,形成相对稳定的、系统化和理论化的教学范型。(李秉德,1991)所谓对外汉语教学模式就是从汉语独特的语言特点和语言应用特点出发，结合第二语言教学的一般性质理论和对外汉语教学理论，在汉语教学中形成或提出的教学（学习）范式。（马箭飞，2004）教学模式是指具有典型意义的、标准化的教学或学习范式。（赵金铭，2006）

（3）"学习环境"说。例如，所谓教学模式，就是给学生提供一种能使学习得以产生的学习环境，这种学习环境的创设是在一定的教学理论和教学思想指导下，通过教学实践的检验，将课堂教学诸要素用科学的方法组成较稳固的教学程序，通过运用恰当的教学策略，规范教学过程中的各种形式的交互活动，以促使学习的真正产生。（周淑清，2004）

（4）"教法体现"说。例如，教学模式是教学法的具体体现，教学法是理论性的，而教学模式则是描写性的，是把教学活动与教学过程用一系列概念、术语明确描述下来的一种相对固定的形式。（陈莉，1997）

（5）"结构框架"说。例如，教学模式可以理解为开展教学活动的一整套方法论体系，它实质上是在一定教学思想或教学理论指导下建立起来的、较为稳定的教学活动结构框架和活动程序。（皇甫全等，1998）

（6）"课程设置及教学方法"说。例如，教学模式指课程的设置方式和教学的基本方法。如现在国内通行的基础汉语教学模式可以称作"分技能教学模式"，这种教学模式根据技能项目设置课程，教材采用结构—功能法安排，课堂教学采取交际法和听说法结合的方式。（崔永华，1999）

（7）"整体格局"说。例如，教学改革要从整体的格局上考虑，整体的格局决定着教学的走向。所谓整体的格局，其实可以概括为教学模式。教学模式体现了教学的指导思想，体现着教学法的发展。（鲁健骥，2003）

上述各种说法的共同倾向在于，强调教学模式是在一定的"教学思想和教学理论"指导下建立起来的，强调教学模式的"稳固性"；不同之处在于对于教学模式的本质认识上，有人认为它是一种"程序"，有人认为它是一种"范型"，有人认为它是一种"环境"，有人认为它是一种"教法"，有人认为它是一种"框架""格局"，等等。由于个人的学术背景不同，所说的教学模式的教学类型（层次）、教学对象和教学内容不同，特别是所针对的具体问题不同，因而对教学模式所下的定义也就不可能完全相同。从这个意义上说，我们不必要，也不容易从中选出一个或几个最佳定义，因为缺乏客观性的评价标准。相反，这些关于教学模式的定性意见，对全面理解和把握教学模式的内涵和特点都有启发和参考价值,某种意义上说,这些定义从不同角度揭示了教学模式某些的普遍性特征或特定类型教学模式的特点。当然,就我们个人来说,对某些具体说法也还是有不理解或不甚赞成的地方,比如,不必过于强调教学模式的"稳定性、系统性",不必刻意强调教学模式在教学过程中"必须遵守",不必要求教学模式应是"一整套方法论体系"等,因为没有一成不变的模式,也没有万能的模式,更没有十全十美的模式。过于理想化并不利于模式的创建、概括和探索。只有在教学实践中不断修正和完善才能形成成熟的教学模式、高效的教学模式。未经教学实践检验的教学模式,无论多么有系统性、理论性,也无论如何的"一整套",也只能是个"模型",要想成为"模式""范式"就必须经过教学实践的检验。

三 教学模式的特点和构成要素

关于教学模式的构成要素,一般认为应包含"理论基础、教学目标、操作程序、实现条件(手段与策略)、评价"等五个要素。(皇甫全等,1998)此外,有人提到教学模式还包括"师生角色"(师生在教学活动中的地位)(吴立岗,1999)、"主题"(每种教学模式的主线)、"内容"(课程设计方法)(李秉德,1991),等等。

就我们现有的认识来看,系统性的外语教学模式的构建应当涉及模式的理论基础、教学目标、课程设置、教学内容安排的重点和顺序、教材编写的方法和教材选择的原则、教学的方法以及实施程序和环节、教学评价的方法等诸多因素。其中,模式的理论基础,特别是教学目标和课程设置是构成教学模式的关键性因素,直接和间接地影响教学模式其他要素的取向和形成。因为一种教学模式的形成总要有某种教学理论或理念的支撑,总要解决某种问题,总要有课程上的考虑和安排。而教学内容、教材和教法等要受教学目标和课程的制约和影响。

关于教学模式的特性,我们看到的说法如,"完整性、个性、简明性、操作性"是各类教学模式的共同特点(李秉德,1991),教学模式具有"理论化、系统化、程序化"的本质特点(陈莉,1997),教学模式具有"优效性、参照性、可操作性和开放性"(吴立岗,1998),一套教学模式应该具备"整体性、理论性、简明性、可操作性和明晰的目的性"等特点(汲传波,2006)。这些研究无疑都是很有启发和参考价值的。但是在我们看来，教学模式的根本特性可能只有两个，即教学模式的多样性和层次性。

显然，无论是设计和建构一种教学模式，研究一种既成的教学模式，还是从教学实践中总结和提炼某种教学模式，从根本上说，都是为了探讨或总结解决教学中的某些问题的路径和方式、方法。而教学中的问题大小不等，多种多样。就外语教学来说，不仅不同的语言由于教育传统、文化背景和语言本身等的不同，可以有不同的教学模式；即使是同一种语言，由于不同的教学环境、教学条件、教学对象、教学阶段、教学内容、教学目标等的不同，也可以有不同的教学模式。再退一步讲，就是教学环境、教学条件、教学对象、教学阶段、教学内容、教学目标等相同相近，也可以有不同的教学模式。因此，教学模式的多样性是其根本的特征，唯其多样才更有研究价值和应用价值。

进一步来看，这多样性的教学模式是基于解决语言教学中的不同问题而形成的，或是针对不同问题而设计的。问题有大有小，广泛涉及某种语言教学的整体构架和走向、课程设置、课堂教学、文字和语言要素教学，以及学历和非学历、长期和短期教学、在目的语国和非目的语国、初中高不同教学阶段、特定的教学目标、不同的教学手段等，因而所形成的教学模式就会有宏观性的、微观性的，或是介于二者中间性的。因此可以肯定地说，教学模式是有层次的，不同层次上的教学模式有不同的特点和适用范围，即使是同一个层次上目标相同的同一门课程也可以有不同的教学方式、方法意义上的教学模式，可谓条条大路通罗马。当然，不同的教学模式不仅有其适用对象和目标需求的问题，也还有个优化优选的问题，教学模式需要研究和实验的重要原因也正在这里。

四　对外汉语教学模式研究概说

对外汉语教学模式是对外汉语教学理论和教学实践的重要接口。它决定着对外汉语教学的走向，直接影响着特定目的的汉语作为第二语言教学的质量和效率。因此，从20世纪50年代初从事正规的对外汉语教学以来，对教学模式的探索就一直没有停止过，只是不同时期重视的程度不同，探索的意识强弱不同而已。早期的研究、讨论和实验主要集中在是"语文分开"还是

"语文同步",以及"分开"在何时、分到什么程度,"同步"有无阶段性侧重及侧重到什么程度上。(钟梫,1965/1977;吕必松,1990;程棠,2000)当然早期的研究和讨论并没有明确地从教学模式的角度来探讨汉语作为第二语言教学的路径和方法问题,或者说理论意识还不够鲜明。

20世纪70年代末80年代初,对外汉语教学界进行了一次影响至今的实质性的教学模式的改革和创新。鲁健骥(1983、1999)《基础汉语教学的一次新的尝试——教学实验报告》系统地介绍了这次教学实验的目的、做法、效果和存在的问题。由于北京语言大学在中国对外汉语教学领域独特的历史地位,加上具有较高水准的《初级汉语课本》等配套教材的出版发行,这项被称作"分技能教学"的教学模式在80年代逐步被中国对外汉语教学界所广泛采用,至今仍是国内对外汉语教学的主流模式。

20世纪90年代中后期,国内对外汉语教学界的教学模式研究的意识逐渐增强。出现了"实况听力教学模式"(孟国,1997),"语文分开,集中识字教学模式"(张朋朋,1999),"词汇集中强化教学模式"(陈贤纯,1999),"汉语交际任务短期教学模式"(马箭飞,2000),"汉语教学新模式设计"(杨惠元,2000),等等。与此同时,有关教学模式的理论研究和探索,以及对现有教学模式的反思也开始受到人们的重视。例如,陈莉《试论教学模式的建立及意义》(1997),崔永华《基础汉语教学模式的改革》(1999),吕必松《汉语教学路子研究》(2003),鲁健骥《口笔语分科 精泛读并举——对外汉语教学改进模式构想》(2003),马箭飞《汉语教学的模式化研究初论》(2004),赵金铭《对外汉语教学模式创新与教材编写》(2007),崔永华《试论综合课课堂教学设计——教育学视角的分析》(2007),汲传波《论对外汉语教学模式的建构——由美国明德大学汉语教学谈起》(2007),等等。

毫无疑问,无论是对某种教学模式的实践,还是对现有教学方式和教学模式的反思和改进,乃至是新教学模式设计和对教学模式的理论探讨,都是值得欢迎的。在国际汉语教学的新形势下,对汉语教学模式的研究、探索和实验尤其值得鼓励和提倡,以期形成多种独具特色的教学模式,为国内外的汉语教学提供多种模式化的范式。教学模式研究的意义,就在于促进多种多样教学模式的形成,以期实现教学理论的实践化和可操作化、教学实践的理论化和模式化,从而优化理论和实践的结合,高效力地满足汉语、汉字教学的多种需求。

五　分技能设课教学模式思考

综上，我们认为，就常规的汉语作为第二语言教学来讲，目前国内占主流的按听、说、读、写技能设课的教学模式仍是一种值得进一步探讨和完善的教学模式。

分技能设课教学模式是针对此前基础汉语教学"整整一个学期，几乎不分课型"的综合教学模式而进行的改革。改革者认为，综合教学模式"从内容到方法（包括教材、教学方法和测试等），偏重于语言知识的传授，而不适于语言能力的训练"；综合教学模式强调"听、说、读、写全面要求，突出听说"的要求并不完全适应汉语预备教育的任务。"听说"只是教学最初阶段的重点，就整个预备教育阶段来说，"听读"才是教学的重点。此外，教学改革也借鉴了20世纪70年代已经介绍到中国的国外新的外语教学法理论，如功能意念大纲、交际法等。始于1979年年初的这次教学改革，就是在这样的背景下进行的。（鲁健骥，1983/1999、2003）

教学改革和试验涉及教学安排和课程设置，第一学期：听说课（12学时），听力理解课（6学时），汉字读写课（6学时）；第二学期：精读课（8～10学时），听力理解课（4学时），阅读理解课（4学时）。两个学期各有侧重，但总的目的侧重于听读能力；各种课型相互配合，虽有主次，但任何一种课型都不能代替其他课型；第二学期的课程是第一学期的继续和深化。其课程设置的理念是，"语言知识是为语言能力的培养服务的，是语言能力训练的基础。""用语言能力来命名各种课型，并不意味着忽视语言知识的传授"。此外，教改实验同时涉及教材的编写原则和方法，涉及每门课程的教学方法和教学要求，以及测试的要求和安排，等等。教改后的教学模式的总格局是"把突出'听、说'改为突出'听、读'"。（鲁健骥，1983/1999、2003）

毫无疑问，这是一次有针对性、有理论支撑、有明确目标、有配套教材、有教法和测试要求的、系统性的教学模式改革。改革者自己总结说，"两年的实践表明，试验的结果是令人鼓舞的，试验基本达到了预期的目的，学生的四种语言能力，尤其是听、读、说的能力比较强"。（鲁健骥，1983/1999）我们认为，由于这一模式既扭转了以往综合教学模式相当程度上存在的以语言知识教学为纲的问题，又强调了知识传授在能力训练中的重要作用；既总结了以往的教学经验，又借鉴了当时国外的外语教学新理论；既突出了技能培养和训练，又突出了汉字教学和"听读"训练。因此，就这次教改试验本身来看，应该说它是比较成功的。崔永华（1999）指出，"这一模式带有一定的中国特色，与国外倾向于依赖单一的教学理论建立教学模式的做法很不相同。"

分技能教学模式以培养学习者汉语交际能力为目标，以综合训练和分技能训练相结合为基本教学途径，以不同的技能有不同的训练方式方法为基本理念，强调不同的训练方式有不同的评价标准。其理论基础和教学理念是，语言能力包括听、说、读、写的四种主要技能，培养学习者的汉语能力，具体而言就是培养学习者的听、说、读、写能力，而不同的技能应有不同的训练方法，不同的训练方法可以使训练和学习更有针对性。竞技类项目和连续性操作动作技能的分解训练的做法就是基于这样的原理。

此外，就汉语和汉字来讲，口语和书面语之间在语言材料和表达方式上差别较大，表意体系的汉字又不同于印欧语言的表音体系文字，在认知和识写方面尤其需要采取特别的训练方式和方法。因此，汉语教学分技能设课和训练既有语言能力构成方面的理据，也有基于汉语书面语和汉字特点的考量。

分技能设课的教学模式是目前国内汉语教学的主要模式，但不意味着它应该是唯一的模式，更不意味着它是最好的模式，因为我们目前还缺乏对这种模式进行的系统的理论研究和实践总结，缺乏对比实验和科学的评价体系，而不同的课型的具体目标、教学方式方法和评价标准等都还缺乏理论研究和实践总结，所有这些也正是这种模式需要进一步完善的地方。事实上，这一模式建立的初期，试验者自己就指出了它存在着"第一学期的听说课和第二学期的精读课任务太重"，"阅读量不够"等问题。此后，吕必松（1990）对这一模式有过评介，崔永华（1999）对这一模式的特点和不足也有过评论，鲁健骥（2003）对这一模式提出过改进意见。国外有学者批评这一教学模式，其理由是语言能力是一种综合能力，听和说是分不开的，没有人只会说不会听，读和写的能力也是密切相关的。这种批评并不能从根本上否定按技能设课的教学模式。因为强调分技能训练，并不是机械化把听和说割裂开来，而是侧重和针对、突出和强化某一项技能而已，球类训练的分技能也不是只发球不接球。国外许多汉语教学单位不按技能设课或不分那么细，这可能适合国外一些汉语教学单位的学时学制和教学要求。他们可以也应该探索和采取适合国外教学对象及其条件和要求的教学模式。教学模式本来就不应该只是一种，而应该根据需求和条件等加以实践和探索。

我们主张，在广泛研究和探索适合各类教学对象的教学模式的同时，应该大力加强对现有的分技能设课的教学模式的系统研究，研究和总结这种教学模式的理论基础和理论依据、教学目标和教学理念、不同课型技能训练的基本程序、技能分解训练和综合训练如何分工和协调、不同阶段技能训练的逻辑顺序及其理据，等等。我们感到，目前存在的问题可能正在于我们没有对包括上述问题在内的诸多问题进行深入系统的研究和有效的实验对比。事实上，只有在对现有教学模式深入系统研究的基础上，才可能总结成败得失及其缘由，也才能更有针对性地设计新的教学模式。

也许正是由于我们对现有的教学模式缺乏理论总结和完善，缺乏实验和对比研究，因而共识性的理论和成熟的课堂操作范式并不多，有些教师根本就没有上出技能课程的特色，以至于教学效果并不突出。但是没有达到这种模式的理想的或良好的状态，没有上出课型特点来，不一定就是这种教学模式本身的问题，很可能表明我们还没有使这种模式真正模式化、普及化。因此，我们相信总体上按听、说、读、写技能设课和编写教材、分技能进行训练的教学路径是一种值得进一步完善的教学模式。

参考文献

陈　莉　1997　试论教学模式的建立及意义，《北大海外教育》第一辑，北京大学出版社。

陈贤纯　1999　对外汉语中级阶段教学改革构想——词语的集中强化教学，《世界汉语教学》第 4 期。

程　棠　2000　《对外汉语教学目的原则方法》，华语教学出版社。

崔永华　1999　基础汉语教学模式的改革，《世界汉语教学》第 1 期。

崔永华　2007　试论综合课课堂教学设计——教育学视角的分析，《第八届国际汉语教学讨论会论文选》，高等教育出版社。

洪　芸　1998　速成汉语教学模式设计，《北京第二外国语学院学报》第 2 期。

皇甫全、王本陆　1998　《现代教学论学程》，教育科学出版社。

汲传波　2006　论对外汉语教学模式的构建，《汉语学习》第4期。

汲传波　2007　论对外汉语教学模式的建构——由美国明德大学汉语教学谈起，《第八届国际汉语教学讨论会论文选》，高等教育出版社。

李秉德（主编）1991　《教学论》，人民教育出版社。

李世之　2001　对外汉语教学新模式刍议，《语言文化教学与研究》，人民教育出版社。

刘川平、萧　莉、康庆玮　2001　提高对外汉语教学效率的有效模式——初级阶段相对强化教学试验报告，《外语与外语教学》第6期。

鲁健骥　1983　基础汉语教学的一次新的尝试——教学实验报告，《对外汉语教学思考集》，北京语言大学出版社，1999。

鲁健骥　2003　口笔语分科　精泛读并举——对外汉语教学改进模式构想，《世界汉语教学》第2期。

吕必松　1990　《对外汉语教学发展概要》，北京语言大学出版社。

吕必松　2003　汉语教学路子研究，《暨南大学华文学院学报》第1期。

吕必松　2005　《语言教育与对外汉语教学》，外语教学与研究出版社。

马箭飞　2000　以"交际任务"为基础的汉语短期教学新模式，《世界汉语教学》第4期。

马箭飞　2004　汉语教学的模式化研究初论，《语言教学与研究》第1期。

孟　国　1997　《汉语实况听力中阶》，北京语言大学出版社。

孟　国　1997　《汉语实况听力高阶》，北京语言大学出版社。

束定芳　2004　《外语教学改革：问题与对策》，上海外语教育出版社。

谭春健　2004　"听后理解"教学模式探讨，《云南师范大学学报（对外汉语教学版）》第4期。

王　玮　2000　对外汉语教学中的"1+1"教学模式，《天津师大学报》第2期。

吴立岗（主编）1998　《教学的原理、模式和活动》，广西教育出版社。

杨惠元　2000　第二语言教学的新模式（实验设计），《汉语学习》第6期。

张和生　1997　美国明德大学的汉语教学，《中国高等教育》第1期。

张朋朋　1999　语文分开、集中识字的思路和具体做法，《汉语速成教学研究》第2辑，华语教学出版社。

赵金铭　2006　从对外汉语教学到汉语国际推广，《汉语研究与应用》第四辑，中国社会出版社。

赵金铭 2007 对外汉语教学模式创新与教材编写,《第八届国际汉语教学讨论会论文选》,高等教育出版社。

甄德山 1984 教学模式及其管理浅议,《天津师范大学学报》第 5 期。

周淑清(主编)2004 《初中英语教学模式研究》,北京语言大学出版社。

钟 梫 1965 十五年汉语教学总结,《语言教学与研究》(试刊)第 4 期,1977 年内部印刷,又收入盛炎、沙砾编《对外汉语教学论文选评》,北京语言大学出版社,1993 年。

(载《多维视野下的对外汉语教学研究——第七届国际汉语教学学术研讨会论文集》,广西师范大学出版社,2009)

体系内语法与体系外语法
——兼谈大语法教学观

提　要　本文区分体系内语法和体系外语法，前者是各类语法大纲中的语法体系，后者指体系外的各种语法成分和语法现象。体系内语法和体系外语法同样重要，不同的是，初中级阶段以体系内语法教学为主，中高级阶段以体系外语法教学为主。迄今课堂上的语法教学可能"还差一公里"，所差的"这一公里"既有体系内的语法又有体系外的语法，而以后者居多。本文主张树立大语法观，既研究和教授体系性的语法，也研究和教授非体系性的语法；既研究体系性语法的构成、分级和排序等相关问题，也研究非体系性语法的范围和具体内容，并在教学中根据需要加以揭示和解释。

关键词　对外汉语教学语法　大语法观　体系内语法　体系外语法

一　体系内语法与体系外语法

对外汉语教学语法的研究与教学，可分为狭义和广义两种。前者指汉语的词类、句法成分、基本句法结构及其扩展式，以及汉语的句类、句型、句式等，也即各类语法大纲、教学语法专著、教学语法参考书和语法教材中所呈现的详略不等的体系性的语法[①]，可称之为体系内语法；后者指体系外的语法成分和语法现象，如一个个具体的虚词或实词的特定用法或特殊用法、一个个具体的概括程度有限的格式、一个个篇章成分或有篇章功能的语言成分在具体语境中的篇章作用等，可称之为体系外语法。

所谓体系内的语法（包括关于对外汉语教学语法体系本身的研究），是

[①]　根据我们不完全统计和估测，这一类成果迄今已出版上百部。另参见孙德金主编《对外汉语教学研究论著索引（1950—2006）》（商务印书馆，2006），李泉（2006），张旺熹（2010）等。

近 30 来对外汉语语法研究的重点,并且取得了不少可喜的成果。[①] 体系性的语法是学科成熟的标志,是教材编写、各类测试和课堂教学的依据和重点。掌握主谓、动宾、动补、偏正等汉语的基本句法结构,陈述、疑问、祈使、感叹等主要句类,存在句、比较句、连动句、主谓谓语句等常用句型,以及"把"字句、"被"字句、"连……都……"、"一……就……"等常用句式和格式,对于汉语学习者来说,既是必需的,更是全面发展语言能力所必要的语言基础。

但是,体系内的语法不可能包罗万象,不可能面面俱到,不可能把所有的语法现象都纳入语法体系中。语法体系注重的是本身的系统性和概括性、内容的规范性和实用性。然而,实际语言现象是十分复杂的,仅仅掌握体系性的语法是远远不够的,全面理解具体语言现象和自如地运用汉语进行交际,还需要掌握大量的非体系性的语法知识。换言之,体系外的语法研究和教学是无法忽视,也是不能忽视的。例如,陈贤纯(1991)指出:以往的一种语法教学模式是将语法分为两个部分,一是句子框架(句型);二是语法的细微点,即词与词之间、词与结构之间的语义制约。句型运用得正确,句子也不一定对,因为多数结构的运用是受语法点限制的,比如,"我比他站得早"就是语法点的错误。陈先生这里所举语法点偏误的例子,即属于本文所说的体系外语法现象。换言之,"A+'比'+B+V+'得'+adj."的格式是体系内语法(一种典型的比较句式),且学习者使用正确,但所造的句子不可接受,因为"站"用得不合适(当用"来"或"排"),这便是词汇语义的不同,乃至"汉外"认知角度和认知方式的不同,所造成的语言偏误现象。可见,只教句型和体系性语法是不够的,还应该研究和教授语法点等非体系性语法。

二 汉语教学的大语法观

我们建议,在对外汉语教学中树立大语法观,既研究和教授体系内语法,也研究和教授体系外语法。前者已经得到多数人的认可,后者虽然也在研究也在教,但大都是随机性的,总体上重视不够,研究广度和力度不够。

[①] 参见 243 页注所列举的文献,另参见国家汉办教学处编(2003),李泉(2007),李泉、金允贞(2008)等。

实际上，体系内语法和体系外语法同样重要，不同的是，初中级阶段以体系内语法教学为主，中高级阶段以体系外语法教学为主。

体系性语法是相对确定的、有数的；非体系性的语法是不确定的，甚至是难以穷尽的，可又实实在在地影响着语言的理解和表达。体系性的语法要考虑哪些语法内容可以进入体系，哪些内容不必进入体系；但非体系性语法则没有这个限制，只要某一词语或语言现象涉及语法问题，那么教学中就应该有意识地去揭示相关的语法意义，去解释其中的语法功用，否则，就会影响学习者的语言理解和语言表达。

根据我们的观察和教学反思，目前汉语教学中的语法研究和教学还不够全面，不够到位。实际课堂中的语法教学可能"还差一公里"，即某些语法或与语法相关的语言现象，学习者似懂实不懂或理解有偏差（不准确、不到位，未解真义），而教师亦未能给予及时的揭示、恰当的解释以及必要的点拨与训练。所差的"这一公里"既有体系性的语法又有非体系性的语法，而以后者居多。

下面，试通过几组实例来展示教学中遇到的一些语法现象，以呼应上面的某些意见和主张，并希望能进一步引起人们对实际课堂中语法教学问题的关注。

三 基于汉语特点的语法现象例示

（1）不好不要钱。
（2）骗你小狗。
（3）说了也没有用。
（4）去了就知道了。

例（1）：曾有学生在小摊上听到这句话后不解其意，问笔者"不好不要钱"是"不好的不要钱"的意思吗？显然这是误解。该句的语义是"要是不好的话，就不要钱"，而摊主说这话的真实意思是"（我这儿）都是好的"。例（2）：省去了假设关联词"要是……，（就）……"的紧缩句，表面意思是"我要是骗你，我就是小狗"，言外之意是"我没（不）骗你"。可事实上许多汉语学习者连表层意思也不了解，更不用说言外之意。此外，"小狗"的贬义文化隐喻也是学习者未必理解的。

例（3）："说了也没有用"以及"说了你也不懂"等说法，是省略"即使/就是……也……"的关联复句，其中隐含着说话人"不想说"的意思，而许多汉语学习者听了这样的话似懂非懂。例（4）：要根据具体语境才能确知是紧缩的条件句（只要……就……），还是假设句（如果……，就……），而无论是哪种紧缩句，都表示说话人建议"应该去"的意思，而这点"小"意思也不是所有学生都能体会到的。

汉语口语中表达逻辑语义关系的复句常常省略关联词语，与这一特点相关而形成的大量紧缩句是课堂教学中需要加以说明的。比如，例（2）及相关的说法"骗你是小狗""骗你我是小狗""骗你不是人""骗你孙子"，我们曾问过不少有相当汉语水平的留学生，绝大多数没有真正理解这些句子的意思，有的学生毫不犹疑地回答"骗你孙子"是"骗（了）你的孙子"的意思。这说明，加强口语语法研究和建立口语语法教学体系的必要性。

四 基于汉语书面语的语法现象例示

（5）日服三次。
（6）人手一册。
（7）请置于阴凉干燥处。
（8）取本品适量涂抹于面部，轻轻按摩后，清水洗净。

例（5）（6）的字学生都认识，但调查表明：留学生汉语言专业本科二年级学生中，还有不少人不明白这两个句子的意思，特别是例（5）。主要原因在于不了解名词做状语的用法，不知道"日"和"人"在这里是"每日""每人"的意思。当然，不了解"服"和"册"在书面语里的意思和用法，也是不理解整个语句意思的一个原因。例（7）（8）是古汉语遗留下来的"动词+于"用法，"于"相当于"在"。

现代汉语书面中存在大量文言语法成分（孙德金，2012），而即使是高级阶段的汉语教学也很少涉及包括例（5）—（8）这样的应用书面语的教学。因此，学生不仅缺乏对汉语书面语语法的全面了解，也缺乏对汉语书面语词汇或词汇的书面语用法的应有的学习，如例（5）中的"服"，学生学过"衣服""服务员""服务"，但很可能没学过"口服""服药"等表示"喝下"意思的"服"。因此，在对外汉语教学语法研究中，同样应该加强书面语语法的研究并建立相应的书面语语法体系。

五 基于搭配和组合的语法现象例示

(9) 这东西不是味儿了。
(10) 你来得不是时候,早一个月来就好了。
(11) 王老师有水平。
(12) 老刘有力气。
(13) 你要不是我亲生的,我能这么疼你吗?像你这样闹,早打扁了你了。(《城南旧事》)①

例(9)(10)中"不是+名词",即"不是"与部分中性名词组合后,整个结构带有了明显的主观性,其语义向负面、消极方向偏移。如例(9)"不是味儿"是"不是好味儿"的意思,例(10)"不是时候"是"不是好时候(合适的时候)"的意思,以及同类用法的"不是办法(不是好办法)""东西放得不是地方(不是好地方)"等,这种"不好(不当)"的意思,汉语学习者往往是读不出来的。例(11)(12)中"有+名词",即"有"与部分中性名词组合后,同样有了明显的主观性,其语义向正面、积极方向偏移。如例(11)(12)的"有水平""有力气"以及同类用法的"有学问""有价值"等,分别是"水平高""力气大""学问深""价值高"的意思。② 这种主观化的语义色彩,如果不在课堂上给予分析和说明,汉语学习者是不大可能了解的,或者理解得不到位。

例(13)中"打扁"不能换成"打伤""打坏""打疼",尽管它们与"打扁"属于相同的语义语法范畴,但由于具体词汇及词义的不同,因而在具体的语境中就有分工。"打扁"是虚拟性的,即用夸张性的语言来强调"打"的程度,因为实际上不可能将人真的打成扁状。"打扁"其状可怕、其程度极高,但事实上并未打,更未打扁(原因在于你"是我亲生的",所以

---

① 林海音的《城南旧事》是我们近年为留学生汉语言专业本科生二年级开设的"中国经典小说研读"课的教材,此例及下文所有《城南旧事》中的例子均为课堂教学中遇到的语法(包括语篇语法)现象。
② 例(9)—(12)各例所谓名词语义偏移现象,详见邹韶华《名词在特定环境中的语义偏移现象》,《中国语文》1986年第4期;《中性词语义偏移的原因及其对语言结构的影响》,《语法研究和探索(四)》,北京大学出版社,1988。

"我"这么疼爱你，否则"像你这么闹"，"我"早把你打成扁的了）。简言之，"打扁"只是一句虚指用法的"狠话"。而"打伤""打坏""打疼"虽相对"打扁"的程度轻，但都是实义性的实指用法，很可能是真的打，并分别致其"伤""坏""疼"，而这是完全不符合上下文语境和说话人（英子妈妈）意图的。

汉语中大量存在诸如（9）~（12）这类因搭配和组合而产生的语言的主观性和主观化的语言现象，如果课堂教学不加以揭示和解释，汉语学习者往往似是而非，不解真意。实际教学中同样会遇到大量的诸如例（13）这样的语言现象，从开发教学资源、深化教学内容以及加强语法教学的角度看，同样应该揭示和解释这类现象，使学习者知其然，也知其所以然。当然，做到这一点并不容易，许多情况下难以说出个所以然，我们上面对"打扁"及相关词语的分析和解释，最多不过"聊备一说"。然而，这却是汉语教学、语法教学努力的方向。否则，我们的语法教学就真的可能"还差一公里"，教学实践已表明了这一点。

例如，我们曾将例（13）作为一道四选一的填空测试题：

你要不是我亲生的，我能这么疼你吗？像你这样闹，早打＿＿＿了你了。

（A.伤　B.疼　C.扁　D.坏）

测试的结果是，学生选哪一个选项的都有，并且所选比例大致差不多。可见，实际教学中不能仅仅停留在教授所谓体系性的语法"动补结构"或"动结式"层面上，还应结合具体的语境和语句说明这类由于词汇语义的不同而产生的语义语法现象。换言之，非体系性的、零碎的语法点的教学同样，甚至更为重要。

六　基于格式的语法现象例示

（14）好嘛！这一等就是六年啦！（《城南旧事》）

（15）这孩子长得俊倒是俊，就是有点薄，眼睛太透亮了，老像水汪着。(《城南旧事》)

（16）你也没按亲生那么疼她，她也不能拿你当亲爹那么孝顺。(《城南旧事》)

（17）我管小桂子她爹叫什么呀？（《城南旧事》）

（18）哪个是疯子，哪个是傻子，哪个是骗子，哪个是贼子，我分也分不清。（《城南旧事》）

例（14）"这一等就是六年"以及"他一走就半小时""一坐就是一上午""一买就是半口袋（开心果）""（压岁钱）一给就是几百块"等相关说法，所构成的"一+v.+就（是）+数量成分"格式，表示说话人认为动作行为的时间过长、数量过多。试比较不用这一格式的相应说法"这等了六年"以及"他走了半小时""坐了一上午""买了半口袋（开心果）""给了几百块（压岁钱）"，就不难看出该格式的主观倾向（后者不表示说话人认为"时间过长""数量过多"的主观倾向，至少主观倾向不明显）。教学中如果对此不加以比较和点拨，学习者很可能把这个格式（这句话）的真正意思给"划过去"。①

例（15）"俊倒是俊，就是有点薄"以及"好倒是好，就是有点贵""冷倒是不冷，就是风大"等相关说法，所构成的"A 倒是（不）A，就是 B"格式，表示承认前面所说的某种情况是事实，但重点指出后一种情况值得注意，这一基本的语义关系也需要结合实例加以说明，以便使学习者准确理解和恰当运用这一复句格式。

例（16）"拿你当亲爹"以及"拿你当外人""拿它当扇子"等相关用法，所构成的"拿 A 当 B"的格式，可以理解为并可以说成"把 A 当 B"，而例（17）"管小桂子她爹叫什么"以及"管他叫叔叔"等同类说法，所构成的"管 A 叫 B"格式虽大体上可以理解为"把 A 叫 B"，但一般不能说成"把 A 叫 B"。

例（18）的"分也分不清"以及"学也学会不""看也看不懂"等相关说法，所构成的"A 也 A 不 B"格式的含义和用法，同样值得研究，并在教学中给予必要的说明和训练。

---

① 对外汉语教学体系性的各类语法大纲一般都收入"一……就……"格式，教材中也都教授和训练这一格式，但主要限于"一到春天各种各样的花儿竞相开放""（不下雨就旱）一下雨就涝"以及"一学就会""一看就懂"等，表示条件和结果关系的用法，不包括这里的"一+v.+就（是）+数量成分"表示说话人主观上认为数量过多、时间过长等意思的用法。而"一+v.+就（是）+数量成分"所表示的主观倾向性用法已经语法化，即所有符合该格式的用法均表示"时间过长"或"数量过多"的意思，因此教学中是不应忽略的。

概言之，我们是想通过以各例所展示的应用范围有限的这类"口语化小格式"，来强调非体系性语法研究及其教学对学习者汉语理解和运用的必要性和重要性，因为它们直接关乎学习者语言（口语）能力的发展。①

七　基于语篇的语法现象例示

（19）秀贞已经在编我的辫子了，编得那么紧，拉着我的头发根怪痛的，我说："为什么用这么大的力气呀？"我当时要是有这么大力气倒好了，我生了小桂子，浑身都没劲儿，就昏昏沉沉地睡，睡醒了，小桂子不在我身边了。(《城南旧事》)

（20）"（英子）我要听三叔的故事。"她好像没听见我的话，向着槐树发呆，跟着眼泪掉了下来。"还说呢，人都没影儿了，都没影儿了！老的！小的！"(《城南旧事》)

（21）看他那模样儿，两只眼儿到底有多深！你还没看清楚他，他就把你看穿了。(《城南旧事》)

（22）大概刚才喝了凉开水，人好些了，我的头已经不晕了。(《城南旧事》)

（23）我抬头看着疯子，知道她的名字叫秀贞了。她拉着我的手，轻摇着，并不放开我。(《城南旧事》)

例（19）的"当时"是个普通的指代时间的词语，有些学生甚至不把这个词当回事，就那么马马虎虎、似知非知地就"划过去"了。教学检测发现，不少学生并不确知此处的"当时"在上下文语句中究竟指的是何时，而不确知它的所指是何时，便是没有真正读懂这段话的意思。例（20）的"还说呢"，许多学生并不确知其消极不满的主观化用法，更不了解它在篇章中承上启下的连接功能。该句中的"人""老的""小的"所指代的分别为谁？也有学生说不清道不明，而说不清道不明即是没有真正读懂这段话，没有真正走进故事的情节之中。例（21）两个"你"的虚指用法，也有必要加以点拨。因为这里的"你"绝非听话的对方（英子），而是说话人自指。例（22）的"人"指的是谁，以及它与下文的"我"的同指关系，也是许多学习者似

---

① 所以，我们主张基于语体来建立对外汉语教学语法体系，即对外汉语教学语法体系由共核语法、口语语法、书面语语法三个子系统组成（李泉，2003）。

知实不知的地方。例（23）中"疯子""她"和"秀贞"的同指关系，同样并不是所有学生都清楚的。

以上各例往往是一些汉语学习者"阅读疏忽"、理解有误，或根本就不解其意、不知所指所说为何的地方，但是他们对单个词语、单个句子表层意思的理解并没有问题，缺乏的是连贯的语篇语义的认知，以及与话语内容和故事情节的结合能力。当然，这里例示的现象是否都是篇章语法研究的内容，或许还需要讨论。但是，要想让学生真正读懂原文，真正理解相关词语的意思和用法，这些地方就都需要结合具体语境加以检测和点拨，否则，就很难说他们读懂了相关语段和语篇的意思。而脱离具体语境的教学，仅仅是"识字、识词、识句"教学，而不是语境背景下的"语句、语段、语篇"教学。前者只相当于查词典、翻语法书、理解句型乃至"对答案"，后者才是基于"读懂"的语境语篇背景下的第二语言的学习和教学。

八　结语

学习一种第二语言，无论是以何种方式必定要学习这种语言的语法，掌握一种外语，无论是以何种方式必定以掌握这种语言的语法为主要标志。语法教学绝不是语言教学的全部，更不能替代语言教学，但是语言教学必定要教授语法，虽然教授的方式和方法可以、也应该有所不同。因此，"淡化"语法教学不仅是不必要的，也是不可能的。

语法教学的最终目的是为了使学习者准确地理解汉语的各种语言现象，并能恰当地运用汉语来表达自己的思想，而不是为了教语法而教语法。因此，语法教学应立足于具体语境的背景下，应与语义教学和内容教学结合起来，与实际语句和语篇结合起来，如此才"接地气"，也才更便于学习者语法感知和语法理解。换言之，语法教学要随时随地结合具体课文的语篇和语境来进行，而不应仅仅停留在课文"语法点/语言点"的讲练上，也不应仅仅停留在体系性语法知识的讲解上。本文主张树立大语法观，既研究和教授体系性的语法，也研究和教授非体系性的语法。既研究体系性语法的构成、分级和排序等相关问题，也研究非体系性语法的范围和具体内容，并在教学中根据需要加以揭示和解释。

最后，我们希望借助维特根斯坦的一段话来支持本文的讨论和相关看法:"语言是工具袋,囊括着各种各样用途各异的工具,语言的意义即取决于它的用法,尤其是在特定语境中的使用,衡量意义的标准则是我们共同生活于其中的各不相同的生活方式所组成的现实世界,只有把语言与人们的生活联系在一起,才能真正理解语言的意义;语言不仅是传递信息的手段,其本身也对传递信息的构成具有至关重要的作用。"[①]

参考文献

陈贤纯 1991 谈语法教学,《第三届国际汉语教学讨论会论文选》,北京语言学院出版社。

国家汉办 2002 《高等学校外国留学生汉语教学大纲(长期进修)》,北京语言文化大学出版社。

国家汉办 2002 《高等学校外国留学生汉语言专业教学大纲》,北京语言文化大学出版社。

国家汉办汉语水平考试部 1996 《汉语水平等级标准和语法等级大纲》,高等教育出版社。

国家汉办教学处 2003 《对外汉语教学语法探索——首届国际对外汉语教学语法研讨会论文集》,中国社会科学出版社。

胡壮麟 2001 关于英语语法教学的再认识,《外语论坛》第1期。

李 泉 2003 语法在对外汉语教学中的地位和作用及相关问题,《对外汉语教学语法探索——首届国际对外汉语教学语法研讨会论文集》,中国社会科学出版社。

李 泉 2003 基于语体的对外汉语教学语法体系构建,《汉语学习》第3期。

李 泉 2006 对外汉语教学语法研究述评,《世界汉语教学》第2期。

李 泉 2007 对外汉语语法教学研究综观,《语言文字应用》第4期。

李 泉、金允贞 2008 对外汉语教学语法体系研究纵览,《汉语研究与应用》第六辑,中国社会科学出版社。

刘月华等 2001 《实用现代汉语语法》(增订本),商务印书馆。

吕叔湘 1962 《中国人学英语》,商务印书馆。

吕叔湘 1979 《汉语语法分析问题》,商务印书馆。

[①] 维特根斯坦《哲学研究》,生活•读书•新知三联书店,1992年,147页。

吕文华 2014 《对外汉语教学语法讲义》，北京大学出版社。

沈家煊 2001 语言的"主观性"和"主观化"，《外语教学与研究》第 4 期。

孙德金（主编）2006 《对外汉语语法及语法教学研究》，商务印书馆。

孙德金 2012 《现代书面汉语中的文言语法成分研究》，商务印书馆。

王　还（主编）1995 《对外汉语教学语法大纲》，北京语言学院出版社。

王明华、黄晓芳、金国华 2012 现代汉语语法教材的针对性、通俗性、时效性和实用性原则，《国际汉语教材的理念与教学实践研究——第十届国际汉语教学学术研讨会论文集》，浙江大学出版社。

张旺熹 2010 对外汉语教学语法研究概说，《对外汉语研究》第六期，商务印书馆。

赵金铭 1994 教外国人汉语语法的一些原则问题，《语言教学与研究》第 2 期。

赵金铭 1996 对外汉语语法的三个阶段及其教学主旨，《世界汉语教学》第 3 期。

（压缩稿载《国际汉语教学研究》2015 年第 1 期。此为全文）

论专门用途汉语教学

提　要　专门用途外语教学及其研究状况，是衡量一种语言作为外语教学成熟与否的重要标准。在汉语加快走向世界的过程中，无论是基于现状还是展望未来，作为汉语的母语国都应大力推进专门用途汉语教学的发展，以满足学习者对汉语应用的多元化需求。专门用途汉语教学是汉语作为外语教学科学建设应有的内涵，它的发展和完善是学科发展和深化的必然。专门用途汉语与日常广泛使用的通用汉语在词法、句法及篇章语法等方面并没有本质差别，区别主要在于语言的使用目的、交际领域、词汇的专业化、文体语域、语篇语体等方面有所不同。专门用途汉语教学研究基本内容包括定性定位、理论基础、基本理论、需求分析、教学大纲、教材编写、教师发展等。

关键词　汉语作为外语教学　专门用途汉语教学　需求分析　教学原则

一　引言

一种语言作为外语教学是否成熟与发达，可有多种评价标准，如教学理论与教学方法完善与丰富的程度，进入主流教育体系的层次及程度等，其中，专门用途外语教学及其理论研究深入与否，亦是衡量该语言作为外语教学完备与成熟的重要指标。换言之，评估一种语言国际化程度的重要指标之一，是该语言专门用途外语教学及其研究情况。

所谓专门用途外语是相对普遍使用的通用外语而言，指用于某种专业领域、特定范围和固定场合的外语。外语教学的理论与实践表明，现代外语教学早已打破了通用外语教学一统天下的格局，专门用途外语教学已经成为外语教学和研究的重要组成部分。专门用途外语教学，英语称作 English for

Specific Purposes(ESP)，与通用英语教学 English for General Purposes(EGP)共同构成了英语作为外语教学与研究的主流。

在汉语加快走向世界的过程中，无论是基于现状还是展望未来，作为汉语的母语国都应大力推进专门用途汉语教学的发展，以满足学习者对汉语的多元化需求。本文简要回顾专门用途汉语教学的历史和现状；进而探讨专门用途汉语教学的发展趋势、学科定位、理论基础、研究框架等相关问题。

二　专门用途汉语之内涵及发展趋势

本文所说的专门用途汉语包括一般所说的专业汉语，如理科专业汉语、工科专业汉语、中西医专业汉语、文史哲专业汉语、政经法专业汉语等；同时也包括与跨文化语言生活、语言交际密切相关的"业务汉语"，如涉外和在外的外交汉语、外贸汉语、媒体汉语、军事汉语、旅游汉语、工程汉语、公司汉语、航空汉语、酒店汉语、办公室汉语，特别是广泛需求的商务汉语、经贸汉语，等等。这就是说，用于某种专业领域、特定范围和固定场合的汉语，并不限于跟学科密切相关的专业汉语，还包括特定业务、特定场合、特定环境中使用的汉语，因此称之为专门用途汉语比称之为专业汉语更为恰当。国内英语界也大都把 English for Specific Purposes（ESP）译为专门用途英语或特殊用途英语。因此，我们可以把专门用途汉语英译为 Chinese for Specific Purposes（下文行文有时用简称 CSP），并参照通用英语教学 English for General Purposes（EGP），把通用汉语教学英译为 Chinese for General Purposes（下文行文有时用简称 CGP）。

来华学习理科、工科、医学、文史等各类专业的汉语预科生或称专业预科生教育，是专门用途汉语教学的重要组成部分。对他们实施强化性的专业汉语教学，有利于更快更好地提高他们的普通汉语能力和专业汉语能力，从而有利于他们在华高校的专业学习质量和提高我国高校的教育声誉。随着我国经济的持续发展、综合国力的增强和国际地位的不断提升，汉语和中国文化的国际地位也在不断提升，来华接受我国高等教育的留学生（包括政府奖学金生和自费学历生）也在逐年增多，这其中既包括非洲和东南亚等第三世界国家的学生，也有欧美等发达国家的学生，为了帮助他们更好地学习我国高等学校相关专业，有必要在正式入系专业学习之前进行预科汉语教学，包括普通汉语学习和专业汉语学习。专业汉语教学在可预见的未来仍将是我国高等学校留学生教育的重要组成部分。某种意义上说，这类预科生汉语教学比普通进修生的汉语教学更为重要，因为他们在一两年的预科汉语教学后，要进入相关专业接受学历教育，说白了是要拿中国高等教育文凭的，因此这类来华留学生将成为我国高等教育国际化的重要标志。

另一方面，随着全球经济一体化趋势的进一步发展，中国企业大量走出去，国外企业大量走进中国，海内外这种独资、合资企业数以万计、十数万计，因此，对商务汉语、经贸汉语、金融汉语、工程汉语、公司汉语、办公室汉语、接待汉语、生存汉语等需求旺盛。与此同时，随着中国出境游客的持续大量增加，不仅走遍亚洲各国、欧美澳各国，也走向非洲各国，可以说中国人已经逐步走向世界的每一个角落，因此，世界范围内对航空汉语、旅游汉语、旅行社汉语、酒店汉语、购物汉语等需求将越加迫切。国外的旅游等服务业很需要直接用相关领域、特定场合的实用汉语来服务中国游客。可以说，海内外的"业务汉语"教学与培训是一个亟待研究和开发的领域。

海内外汉语学习人数的不断增加，汉语学习多层次、多领域、多目标，专业化、职业化、实用化的趋势越加明显。这不仅在理论上预示着专门用途汉语教学的地位和作用将越加突显，教学实践也验证了这种趋势，相关的论述例如，近年来国外企业越来越多地提出培训汉语的要求，国内外的中文学校纷纷开设商务汉语课程，商务汉语教材也层出不穷。（张黎，2006）每年有30%～40%的来华留学生是学习医科、经济、管理、工科、法学、教育、理科等专业的（赵悦，2007），其中仅医科（西医和中医）留学生每年即达2万人（朱德君，2009）。可以预计，随着中国高等教育逐渐被国际社会认可，来华学习各种专业的留学生还将持续增加，对专业汉语的需求亦将随之加大，商务汉语教学及教材编写的快速增长就是这种市场需求的宏观体现。据赵金铭（2009）考察，北京语言大学汉语言专业2003—2007年留学生毕业论文中，仅经贸方向的商务汉语论文就有475篇，这是以学历教育方式学习专业汉语的微观体现。随着中外经济、政治、商业、文化、旅游等在广度和深度上的密切交流，海内外特别是海外，对特定领域的"业务汉语""工作汉语"等实用汉语存在着巨大的潜在市场需求。

不仅如此，中国政府在大量派出留学生赴海外高校学习的同时，也积极促进来华留学教育事业的发展。2010年9月29日，由教育部主办、北京大学承办的"新中国接受外国留学生六十周年纪念活动"在北大隆重举行，国务委员刘延东在讲话中强调："新中国成立60多年特别是改革开放30多年来，中国政府高度重视来华留学教育，来华留学工作取得显著成绩。"并指出，"不久前中国颁布的教育规划纲要强调，要继续扩大教育对外开放，提高教育国际化水平，当前来华留学教育面临蓬勃发展的大好机遇，真诚欢迎各国青年来华留学。"（http://pkunews.pku.edu.cn.2010-09-30）而进入我国高等教育的来华留学生，如果汉语水平未能达到相应的入系学习专业的汉语水平，那么省时有效的办法就是进行预科汉语即专业汉语教学。

三　CSP相关研究与现状评估

早在20世纪80年代初改革开放以来，伴随着来华留学生的人数、规模和学习层次的增加，以非洲等第三世界来华留学生为主，开始进入我国高等院校学习相关的专业，从那时起国内有关院校就先后开设了科技汉语、医用汉语、理工汉语等课程，并编写了相关的教材（吕必松，1990）。据不完全统计，20世纪80年代以来，国内出版的各类CSP教材不下于150余种，这其中商贸类汉语教材占绝大多数。随着专门用途汉语教学的开展，CSP的教材编写和教学研究也陆续开展起来。最早出版的CSP教材当属《外贸洽谈500句》（北京语言学院和北京外贸学院合编，华语教学出版社，1982）。90年代初出版了《商业汉语》（黎杨莲妮、李更新，1990）、《经贸初级汉语口语》（黄为之，1993）、《商用汉语会话》（郭力，1993）等，90年代末期和进入新世纪以来，CSP教材的种类和数量不断增加，到2006年仅商务汉语教材就至少已有45种（路志英，2006）。

中国大陆最早一篇基于对外汉语教学来探讨科技汉语词汇和句法特点的文献是《汉语科技文体的语言特点》（杜厚文，1981）。文章指出科技汉语的一些特点，如：（1）大量使用专门术语（正数、负数）；（2）大量使用抽象词语（物体、体系）；（3）保留部分文言词语和严谨的书面表达方式（如：设有两个变量X和Y，若对于X的变化范围内……）；（4）外来科技词语、科技翻译词使用较多（伏特、夸克）；（5）连词、介词和具有关联作用的副词用得比较多；（6）科技汉语文体中多用陈述句，疑问句和祈使句主要见于习题和操作说明中，几乎不用感叹句和倒装句；（7）科技文体在描述试验、下定义、表达定理时，有许多固定格式和词组（如：与……成正比/反比、把……分解成……）；（8）科技文体中单句复杂化，并较多使用假设、条件、让步等复句。由此，我们可以了解科技汉语的语汇、语法、语体和语用上的某些特征。此后不断有 CSP 教学研究及教材编写研究的文献，例如，黄慰平《科技汉语教材的"五性"》(1987)、石金才《关于编写外交人员初级汉语教材的设想》(1990)、王砚农《谈谈中医汉语系列教材》(1992)、张黎《商务汉语教学需求分析》(2006)、赵悦《基于目标与对象差异的商务汉语课程体系框架设计》(2007)、程乐乐等《医学汉语教材编写刍议》(2008)、李晓琪《系列商务汉语教材编写探索》(2009)、张晓慧等《关于研制商务汉语教学功能大纲的思考》(2010)等，这样一些研究成果对 CSP 教材建设和 CSP 教学无疑有着重要启发和借鉴意义。

综上不难看出，专门用途汉语教学与 20 世纪 80 年代初以来国内普遍开展的通用汉语教学几乎是同步进行的，并且在教学体制、教学模式、教学方法以及教材编写和研究等方面取得了一定的成果。专门用途汉语教学是对外汉语教学研究和学科建设的重要组成部分，其建设和发展不但拓展了对外汉语教学的空间和领域，也标志着汉语作为外语教学逐步走向完善和成熟。其中，(1)80 年代中后期由于有关部门的重视，科技汉语（包括医学汉语）教学研究及教材编写曾经"小热"了一阵子，遗憾的是这种发展势头没有保持下去。(2)21 世纪以来由于中外经贸交流的扩大，经贸汉语特别是商务汉语教学研究及教材编写呈现一枝独秀的趋势。先后召开有关研讨会 10 余次，"目前国内已出版的商务汉语教材已逾 80 种"（李晓琪，2009）。另外，有关部门研制了《商务汉语考试大纲》(2006)，商务汉语水平考试已在新加坡、韩国、美国、日本、泰国、法国等 20 多个国家举行。所有这些都表明商务汉语在各种 CSP 教学研究中不仅走在了前面，而且方兴未艾。

然而，总的来看，专门用途汉语教学、教学理论研究、教材编写及研究还相当薄弱。表现在：(1)现有对外汉语教学学科理论体系研究的重要论著及相关文献，基本上都没有提及这一领域。当然这并不意味着学者们完全不认可这类教学的学科地位，但却表明人们对这一领域重视不够。(2)CSP 教学自身的基础理论研究还没有广泛地开展起来,迄今还没有形成一套成熟的专门用途汉语教学理论和多种完善的教学模式。(3)各类专业汉语教学还缺乏教学大纲、教学标准和教学规范。(4)现有专门用途汉语教学领域还不够宽泛,发展也不够平衡。(5)教材种类还不够齐全,缺乏品牌教材,许多领域尚无正式出版的教材。(6)现有教材研究成果主要集中在早期的科技汉语和近年的商务汉语教材的编写研究,而且大都是教材编写构想或所编教材的理论和实践总结,这当然是需要的,但仅有此还不够。根据我们考察和估计,迄今有关专门用途汉语教学及教材研究的文献不足百篇,专著更是凤毛麟角。(7)专门用途汉语教学师资队伍建设亟待加强,目前专业化从教人员少之又少。

以上情况表明,专门用途汉语教学虽然起步不算晚,也取得了一些教学经验和研究成果,但总体上并没有受到应有的重视,亦没有获得应有的发展,更谈不上与通用汉语教学并驾齐驱。这种状况不适应学科发展和建设的需要,也不适合近年来汉语教学快速发展的形势需要。因此,大力开展专门用途汉语教学理论研究和教材建设,已成为海内外汉语教学特别是专业汉语教学从业人员的紧迫任务,政府主管单位、出版界及高校专家学者和广大同人亦应给予大力支持并积极参与,以便不断完善学科建设,满足各类专门用途汉语学习者的需求。

四 CSP 教学理论基础与 CSP 学科内涵构成探讨

专门用途汉语教学的发展,不但有汉语学习市场的需求,更是学科自身发展的必然,亦有相关理论的支撑。

首先,常规的、通用的外语教学一般以全面地培养学习者听、说、读、写综合语言能力为目标,这自有其理论依据和客观需求。如听和说、读和写是难以截然分割的,甚至听、说、读、写四项基本能力总体上都是相互关联、相互促进的;而四项能力齐头并进、综合发展,更是全面体认和掌握一种外语的体现,也是外语学习者竞争实力的体现。然而,外语教学和外语使用的实践表明:对于许多学习者来说,听、说、读、写样样俱佳只是一种理想化的目标,实际很难做到;而现实语言生活中,许多时候并不是听、说、读、写全面使用,往往主要使用一种或一两种言语技能,比如"说"(如导游)、"听"(收听信息)或"听说"(一般交流),口译或笔译(通用外语和专业外语的口译、笔译),阅读(通用外语和专业外语文献阅读、文献检索等),写作(一般工作交流、信息发布等),等等。实际生活、工作、学习和交流对外语的专门化、实用化需求更是多种多样,而语言需求的多元化不仅对外语教学目标的多元化提出了要求,更为开展各种各样专门用途外语教学提供了可能和必要。

其次,相关的语言学理论、语言教学法和语言教学理论,为专门用途汉语教学的发展提供了理论基础和方法论支撑。例如,社会语言学明确语言的社会属性、交际功能和社会变体;系统功能语言学强调语言的人际功能、语篇功能以及复句与词组理论、语域与语类理论,语言教学和文体学等语言应用理论,都为专门用途语言教学提供了坚实的理论基础和语言分析的方法论基础。又如,外语教学的功能法认为,人们的职业不同,对外语的需要也不尽相同,不可能也没有必要学会所有的词汇,因此,应根据外语学习者的具体目标和实际需要来选择相应的教学内容,"学生将来用什么,教学中就教会他们什么"(陈莉萍,2000),功能法主张"学习语言从功能到形式,从意念到表达法"(盛炎,1990),这些看法和主张几乎直接构成了专门用途外语教学的理论基础和核心理念。再如,现代外语教育强调以学习者为中心,而专门用途外语教学正是这种教育原则最直白的体现,真正做到了根据学习者的特定需要开设课程、编写教材。此外,专门用途汉语教学与美国外语教学界制定的21世纪外语学习的五个标准(沟通、文化、贯连、比较、社区)中的"贯连"(Connections)亦有着某种理念上的契合。贯连就是联系其他学科,即用所学习的目的语与其他学科衔接,学习从一个新的视角去获取新知(陈绂,2006)。专门用途外语教学强调外语教学跟不同学科的专业结合、跟语言运用的不同领域和业务结合,正是专门外语联系其他学科和领域的表现,也是外语教学在整个教育体系中的地位和作用的体现。

可见,专门用途汉语教学的开展绝不是一时兴起的权宜之计,而是汉语作为外语教学科学建设应有的内涵,它的发展和完善是学科发展和深化的必然。因此,应该把专门用途汉语教学及其研究看作汉语作为外语教学的一个分支学科。实际上,专门用途外语教学就是外语教学的一个分支学科,英语作为外语教学的理论和实践、20世纪80年代以来对外汉语教学发展的理论与实践，都证明了这一点。这里强调加强专门用途汉语教学研究，是针对这一领域的教学和研究目前还相当滞后的现实。因此，我们呼吁应站在学科建设的高度，着眼于不同汉语学习群体对汉语使用的多元需求，来研究和规划专门用途汉语教学学科建设问题。这项工作，在汉语加快走向世界，学习者对汉语的需求多样化、实用化、专门化的今天，尤其显得重要和紧迫。

专门用途汉语教学研究关乎汉语作为外语教学学科建设的发展和深化，关乎不同汉语学习者对汉语的实际需求，关乎专门用途汉语教学规律的探寻和教学质量的提升。因此，必将涉及诸多理论问题、学术问题及教学实践中的各种问题，这些问题构成了专门用途汉语教学研究的基本内容、基本框架。当然，"这些问题"究竟是哪些问题本身就是一个值得研究的问题。这里就专门用途汉语教学研究的基本问题举例如下，意在能起到引玉之效。

（1）定性定位研究。包括专门用途汉语教学的第二语言教学属性，专门汉语教学与通用汉语教学之共性与个性，专门汉语教学与通用汉语教学之关系，专门用途汉语教学的范围和主要类型研究，等等。

（2）理论基础研究。包括专门用途汉语教学的语言学基础、篇章语言学基础，教学法基础、教学理论基础、学习理论基础，以及具体相关专业基本知识和理论研究，等等。

（3）基本理论研究。包括专门用途汉语教学的教学目标、教学原则、教学方法研究，教学起点及课程设置、课程研究、教学模式研究，等等。

（4）需求分析研究。包括专门用途汉语教学的目标需求分析、学习需求分析、专业需求分析研究，需求分析的方法研究、需求分析的原则研究，以及教学内容、教学设计、课程设计、教学实施研究，等等。

（5）教学大纲研究。包括不同专业类型及不同用途汉语教学大纲，教学标准的研究和建设，专门用途汉语教学评估标准研究与评价体系建设，教材的评估标准研究，等等。

（6）教材编写研究。包括专门用途汉语教材编写的基本原则，编写设计模式，专业知识的体现及体现的程度，教材内容的呈现方式（综合型、单一技能型等），等等。

（7）教师发展研究。包括如何建立专门用途汉语教师队伍，特别是专业汉语教师队伍的建设问题，教师自身"汉语"和"专业"两方面知识与技能发展问题，等等。

这些问题不可能覆盖专门用途汉语教学研究的所有问题，如中医汉语实际上必然还要涉及中国的传统文化、中国古代的哲学思想，如阴阳五行、天干地支等，但是仅上述这些问题目前均尚未得到全面的研究，许多议题甚至根本未曾进行过研究和探讨。上述许多问题，实际上涵盖了多样的具体内容，如不同专业或不同用途的大纲就可以包括专业词语大纲、专业功能与意念大纲、专业话题与场景大纲，乃至专业文化大纲（如中医文化、商务文化）等。可见，专门用途汉语教学研究任重道远。

五 结语

本文强调，专门用途汉语教学是汉语作为外语教学的一个组成部分，并建议视之为对外汉语教学的一个分支学科。专门用途汉语，并不是与日常广泛使用的通用汉语完全不同的另一种语言。相反，其词法、句法及篇章语法等与通用汉语并无二致，或者说本质上并无区别，根本上说是一种语言；所不同的主要不是语言本身，而是用途、场合、应用范围、专门化程度等。当然，在词汇专业化、短语固定化、表达方式专门化、单句复杂化和复句常用化等方面，在不同语法成分、不同句式和不同语法结构的使用频率等方面，二者亦有明显的差别，从这个意义上说，专门用途汉语与通用汉语在语言上也是很有差别的，这也正是区分二者的重要理据之所在，但这主要还是语言的使用目的、交际领域、应用范围、文体语域、语篇语体等不同所致。

把外语教学大而别之为通用外语教学与专业外语教学，从理论到实践都是必要和可行的。专业外语教学是外语教学实践发展的必然产物，是全方位多领域国际交往，特别是国际政治、经济、商贸、科技、文化发展和交流的必然需求。事实上，诸如英语这样强势语言的专业外语教学和研究已经相当发达，不仅如此，专业外语教学的某些理念已经渗透在通用外语教学之中，如"对 ESP 发展起着里程碑式作用的需求分析已在 EGP 教学中得到了推广"（束定芳，2004：102），外语教学中复合型、应用型人才培养观念的确立亦是专门用途外语教学影响的体现。总起来说，CSP 教学是国际汉语教学的重要组成部分，是扩大和提升汉语国际化的重要途径，目前已经呈现出"热需"的市场，并且也将是一个潜在的巨大市场。因此，应该站在学科发展和建设的高度，积极规划和发展专门用途汉语教学，并加强基础理论和应用研究。

我们呼吁有关部门和学术团体应加强专门用途汉语教学师资队伍的规划与建设，因为这是学科建设和发展的关键因素和根本因素。现有从业教师亦应积极主动地发展自己的知识结构和能力结构。汉语教师出身的教师应努力向"专业"汉语教师发展，也即学习和吸收相关专业或领域的知识和理论并运用于教学实践；专业教学出身的教师应努力向"汉语"教师发展，也即学习和吸收汉语知识和理论，以及外语教学的知识和理论并运用于教学实践。可以说"汉语知识与教学技能＋相关专业知识与教学技能"这种复合型教师，是专门用途汉语教师合理的知识和能力结构。

参考文献

陈　绂　2006　五个"C"和 AP 汉语与文化课教材编写,《语言文字应用》增刊。

陈莉萍　2000　《专门用途英语研究》，复旦大学出版社。

程乐乐、朱德君　2008　医学汉语教材编写刍议,《海外华文教育》第 2 期。

杜厚文　1981　汉语科技文体的语言特点,《语言教学与研究》第 2 期。

国家汉办、北京大学商务汉语考试研发办　2006　《商务汉语考试大纲》，北京大学出版社。

胡壮麟、朱永生、张德禄、李战子　2005　《系统功能语言学概论》，北京大学出版社。

黄慰平　1987　科技汉语教材的"五性",《对外汉语教学研究会第二次学术讨论会论文选》，北京语言学院出版社。

李晓琪　2009　系列商务汉语教材编写探索,《对外汉语教学与研究》第 1 期，南京大学出版社。

刘　珣　2000　《对外汉语教育学引论》，北京语言大学出版社。

陆俭明　2010　进一步以科学态度对待汉语教材编写,《第九届国际汉语教学研讨会论文选》，高等教育出版社。

路志英　2006　商贸汉语教材编写和研究的基本情况述评,《汉语研究与应用》第四辑，中国社会科学出版社。

吕必松　1990　《对外汉语教学发展概要》，北京语言学院出版社。

单韵鸣　2008　专门用途汉语教材的编写问题,《暨南大学华文学院学报》第 2 期。

盛　炎 1990 《语言教学原理》，重庆出版社。

石金才 1990 关于编写外交人员初级汉语教材的设想，《世界汉语教学》第 3 期。

束定芳 2004 《外语教学改革：问题与对策》，上海外语教育出版社。

王　静 2005 基于"需要分析"的特殊目标汉语教学设计，《语言教学与研究》第 5 期。

王砚农 1992 谈谈中医汉语系列教材，《世界汉语教学》第 4 期。

吴勇毅 2004 《对外汉语教学探索》，学林出版社。

翟乃刚 2009 试论专门用途汉语体系的构建，《教育研究》第 2 期。

张　黎 2006 商务汉语教学需求分析，《语言教学与研究》第 3 期。.

张　黎 2007 《经贸汉语课程研究》，商务印书馆。

张晓慧、李　扬 2010 关于研制商务汉语教学功能大纲的思考，《第九届国际汉语教学研讨会论文选》，高等教育出版社。

赵金铭 2009 商务汉语论文标题的内容与词语分析，《国际汉语教育》第二辑，外语教学与研究出版社。

赵　悦 2007 基于目标与对象差异的商务汉语课程体系框架设计，《国际汉语教学动态与研究》第四辑，外语教学与研究出版社。

朱德君 2009 《实用医学汉语·基础篇》编写刍议，《多维视野下的对外汉语教学研究——第七届国际汉语教学学术研讨会论文集》，广西师范大学出版社。

（载《语言文字应用》2011 年第 3 期）

论专门用途汉语教材编写

提　要　文章回顾了专门用途汉语教材编写和研究的基本情况，列举了专门用途教材编写的前提问题和基本问题研究的内容，认为这些问题都直接或间接影响着专门用途汉语教材编写的内容取向、专业化的程度、教材的语体风格、教材的难易度，以及专门用途汉语教材的编写面貌、作用和效益。文章讨论了专门用途汉语教材编写的基本原则和理念，主张对专业语言不贪多、不求全，将专业知识的介绍限制在主要用来解释相关语言现象的层面上，不走单纯的专业知识介绍的路线，因为专业知识、专业理论不属于专业汉语范畴。本文对专业汉语与通用汉语结合的比例提出了相关建议。

关键词　专门用途汉语教学　通用汉语教学　教材编写原则

一　引言

随着海内外汉语学习多层次、多目标、专业化、实用化的趋势越加明显，不仅在理论上预示着专门用途汉语教学的地位和作用将越加突显，教学实践也验证了这种趋势，来华学习各类专业的留学生不断增多。（李泉，2010）2009年3月13日教育部发布了《关于对中国政府奖学金本科来华留学生开展预科教育的通知》（教外来[2009]20号），《通知》要求：在1～2年的预科教育之后，学生应具备一定的汉语交际能力和跨文化交际的能力；掌握汉语基础词汇和基本语法点，掌握一定量的专业词汇和科技汉语的常用表达句式，等等。《通知》的发布，表明专业汉语教学已经引起国家教育主管部门的关注。因为来华留学生的专业教育是中国高等教育国际化的重要标志，其人才培养的质量直接影响我国高等教育的声誉。

专门用途汉语教学不限于对预科留学生的科技汉语、中医汉语、理科汉语、文史汉语等专业汉语的预科教学，也包括专门领域、专门业务的汉语教学，如商务汉语、经贸汉语、外交汉语、旅游汉语、工程汉语、酒店汉语、办公室汉语等，并且后者是一般意义上的专门用途汉语的主体。对留学生的预科汉语教育，可能只是中国高等教育特有的"专业汉语"教育，跟汉语国际化的程度、跟汉语汉字乃至中国文化的异质性有关。

本文主要讨论来华接受我国高等专业教育的留学生的专业汉语教材编写问题，诸如《科技汉语教程》《中医汉语读本》《文史汉语课本》等的编写原则问题，其中所探讨的问题和提出的建议也涉及或适用于《商务汉语》《经贸汉语》等业务性较强的专门用途汉语的教材编写和教学问题。

二　专门用途教材编写与研究述略

首先，专门用途汉语教学及教材编写始于 20 世纪 80 年代。其中，北京语言学院在国内较早开设了理工班、中医班、西医班等专业汉语课程，并于 1982—1987 年先后编写了《科技汉语教程》《中医汉语》《医学汉语教程》等教材。（吕必松，1990）此外，中国对外汉语教学学会 1987 年在全国范围内组织理工、医学院校分别编写了《大学科技汉语教程》《大学医用汉语教程》。（张亚军，1990）90 年代出版了《外贸口语 30 课》《商用汉语会话》《经贸初级汉语口语》等专业汉语教材。（刘珣，2000）进入 21 世纪以来，商贸汉语教材的编写发展较快，到 2006 年上半年至少已出版有关教材四十余种，如《国际商务汉语》(1997)，《经贸洽谈 ABC》(2002)，《商务汉语提高》(2005)，《体验汉语——商务篇》(2006) 等（路志英，2006：附录），此后又出版了一大批各类专门用途汉语教材，如《实用综合旅游汉语》(北京大学出版社，2006)，《购物汉语》《职场口语》(华语教学出版社，2007)，《科技汉语高级阅读教程》(北京大学出版社，2008)，《医学汉语：实习篇Ⅰ、Ⅱ》(北京大学出版社，2008、2009)，《发展商务汉语：口语篇、听力篇、读写篇》(上海外语教育出版社，2010)，等等。据我们考察和推测，迄今海内外已出版的以商务汉语为主的专门用途汉语教材应不下百余种，且每年都有新教材问世。

其次，在开展专门用途汉语教学及教材编写的同时，相关的研究成果也不断增加。如郑玉《如何设计〈大学科技汉语〉》(1988)，黄慰平《浅谈科技汉语教材的编写》(1990)，褚佩如《〈外交公务汉语〉的编写特点》(2004)，沈庶英《经贸汉语综合课的定位》(2006)，赵金铭《创建商务汉语教学与研究体系》(2007)，曹秀玲《对韩商务汉语教材建设问题的思考》(2007)，单韵鸣《专门用途汉语教材编写问题》(2008)，陈丽宇、蔡美惠《任务型科技华语课程教学设计》(2011)等，据检索和估计，目前有关研究文献应有百余篇，内容包括专门用途汉语教学的课程设置、教材编写、课堂教学，相关用途的语言语体分析，专门用途测试研究等，其中多数是教材编写方面的研究成果。

最后，如果我们对近30年来已出版的各类专门用途汉语教材及有关专门用途汉语教学研究的各类文献，均在百余种/篇的考察和估计大致不离谱的话，那么，这些成果本身虽然都很有价值，但跟已经成熟而发达的专门用途英语教学、教材及其研究相比，乃至跟通用汉语教学、教材及其研究相比，其发展和建设的水平都显得相当薄弱。

三 专门用途汉语教材编写需要研究的问题

专门用途汉语教材研究是专门用途汉语教学研究的核心问题，不仅涉及专门用途汉语教学理论与实践的诸多问题，也涉及教材自身编写理论和实践的诸多问题。

3.1 专门用途教材编写的前提问题研究

（1）特定专业（如法律、经济、历史、中医、数学、物理）对学习者的汉语水平需求研究；已入系留学生专业学习过程中遇到的问题主要是汉语水平问题还是专业知识本身的问题，抑或是对中国文化掌握和了解得不够问题，等等。

（2）专业汉语学习者研究，包括学习目标、学习动机、学习情感、汉语汉字基础及对中国文化的了解程度，学习时限及实际汉语水平，学习者以母语掌握的专业知识（如数理化知识），等等。

（3）专门用途汉语教学目标研究，课程设置与课程设计研究，专门用途汉语教学与通用汉语教学的衔接或结合模式研究，等等。

（4）特定专业或特定用途汉语语体特征研究，常用词汇、常用短语、常用句式、常用复句格式、特殊表达方式以及篇章衔接成分等的调查及频率统计分析，等等。

（5）所谓针对性、实用性、科学性和趣味性等教材编写和评估的一般原则，在专门用途汉语教材中所指为何、如何体现，专门用途汉语教材有哪些特定的编写原则，等等。

（6）相关的标准、大纲和规范的研究，如商务汉语教学词汇等级大纲，商务活动场景大纲，涉外企业办公室汉语应有大纲，相关的"专业或领域汉语"的界定及标准，等等。

上述列举问题都直接或间接影响着专门用途汉语教材编写的内容取向、专业化的程度、教材的语体风格、教材的难易度等。而目前我们对这些问题还缺乏研究，更未形成共识。因此，应加强这些基础性、前提性问题的调查和研究，更好地保证专业汉语教材的质量。

3.2 专门用途教材编写的基本问题研究

（1）专门用途汉语教材与通用汉语教材的共性为何，前者的主要特征何在，等等。

（2）专门用途汉语教材的类型、不同类型教材的体例设计研究，等等。

（3）不同类型专门用途汉语教材的编写目标、编写原则、内容取向（汉语教学为主取向，专业教学为主取向）和呈现方式、评估标准研究，等等。

（4）所谓专业知识内容包括哪些，仅限于常用专业汉语词汇体现出的比较零散的知识，还是也包括该专业的基本理论、系统的知识体系，为什么？等等。

（5）如何呈现专业知识，如专业词汇、专业惯用语、特有的句式和表达方式（称说法等）、专业知识内涵等，在教材中所占多大比重为宜，乃至教材要不要涉及有关的知识（如专业理论知识），理据是什么？等等。

（6）不同类型的专门用途汉语教材，如口语、听力、阅读、综合等的教材目标、编写模式与原则、内容取向、专业特点的体现，等等。

上述列举的这些问题都需要在教材编写之前或编写过程中予以明确，因为它们不仅影响到专门用途汉语教材的编写面貌，更影响专门用途汉语教材的作用和效益。

比如，2005年出版的一本《中级商务汉语案例教程》，有一课《肯德基的中国化》，讲了三个内容：肯德基的"中式外衣"（说的是"北京前门店"

建筑和装饰风格的中国化);肯德基的"中国心"(讲的是肯德基不断推出诸如"芙蓉鲜蔬汤、榨菜肉丝汤、老北京鸡肉卷"等,口味非常符合中国人习惯的饮食);肯德基的变与不变(变是指穿上"中式外衣"与换上"中国心"等,不变指的是它的标准化服务规则等)。这篇课文内容和语言表达都很好,上起课来效果会很不错。但是,从课文到练习,"商务汉语"的味道似乎很不明显。把这篇课文放到通用汉语阅读教材或者是综合教材中,似乎也很合适。如果是这样,那就涉及专业汉语教材与通用汉语教材的区别,换言之,不同类型的专门用途汉语教材的特征体现在哪些方面,就很值得探讨。

又如,在一篇介绍中级和高级两部《科技汉语阅读教程》的文章(单韵鸣,2008)中,编者谈到的编写原则之一是"知识系统化",因此《中级》教程中选取了生物、化学、材料、数学、物理、计算机及人工智能等六大题材的主题,基本涵盖了理工科专业的所有基础学科。《高级》则在此基础上,以理工科培养计划中的公共课为纲,将高等数学、大学物理、大学化学、概率统计、线性代数、工程制图、计算机应用等学科作为主题纳入教材的选材当中。这是一种有益的探索,而且有一定的代表性。但是,这样一种科技汉语编写原则也是值得讨论的,即"专业知识"是不是要系统,能不能做到系统化,系统化到什么程度。

四 专门用途汉语教学及教材编写原则探讨

4.1 专门用途汉语教学及教材编写原则和理念

(1)既属于汉语作为外语教学之范畴,即应遵循汉语作为外语教学的理论和教学规律,将专门用途汉语教学置于通用汉语教学基础之上,或者说专门用途汉语教学依赖于通用汉语教学的基本理论与方法。

(2)既称为专门用途之汉语,在课程设置、教材编写和课堂教学中,即应体现"专业"之特色、"专门"之用途,并以此有别于通用汉语教学。

(3)既属于汉语作为外语教学之专业汉语教学,即应采取汉语教学与专业知识相结合的教学原则,并以汉语教学为主,专业知识教学为辅。

(4)既称为专门用途汉语教学,即应在教学和教材内容(话题、论题、场景、情境、语域)上与相关专业、特定职业或专门业务及其活动相关联。

(5)所谓专业知识的教学,主要是特定专业的常用词汇、常用短语(词组)、专门的表达方式或称谓法、常用的复句格式、特有的语篇结构,特定的活动场景、典型的业务活动等的教学,以及与"专业词语"学习和理解直接相关的专业知识的教学。

(6)而所谓专业知识的教学,在内容取向和教学方法上,个人认为应以"确有必要""适当适量""解释为主"为原则,而不必追求知识化、系统化、专业化。

(7)进一步来说,专门用途汉语教学与教材编写,其专业内容的选择与呈现,应坚持有所为有所不为的原则,坚守语言教学为主的学科方向;对专业语言不贪多、不求全;将专业知识和理论的介绍限制在主要用来解释相关语言现象的层面上;不走单纯的专业知识介绍的路线,因为从根本上说,专业知识、专业理论不属于"专业汉语"范畴。

(8)专门用途汉语教材的编写,既应遵循通用教材的编写原则,又当遵循专门用途教材特有的原则和章法,既体现与通用汉语教材的共性,也要彰显专业汉语教材的个性。

4.2 专门用途汉语教学及教材编写原则和理念阐释

本文认为,上文(3)和(8)两个原则,实质上涉及专门汉语教学与教材编写理论与实践的根本问题和诸多相关问题,值得做些阐释:

其一,"以汉语教学为主,专业知识教学为辅"只是专门汉语教学一个总的指导性原则。这一原则应具有广泛的共识性,但它缺乏量化观念,可操作性差。进一步来说,"通用汉语"与"专业汉语"按照多大比例进行配置和融合,是专门用途汉语教学的根本问题,关涉专门用途汉语教学的全局,影响教材编写的内容取向和"取量"。需要在广泛调查和研究的基础上提出科学可行的量化标准,为专业汉语进行量化定性,也为教材编写提供量化标准。

为积极促进这一问题的研究,我们不揣浅陋,提出如下参考标准:专门用途汉语教学的课程设置量、具体专业汉语课程的内容、具体专业汉语教材的内容,其"专业汉语"与"通用汉语"的内容比例为:零起点开始的初级阶段和中高级阶段,可分别考虑确定为"二八开"和"三七开"。比如,每周20课时的话,那么,初级阶段:专业汉语课4课时/周,通用汉语课16课时/周;中高级阶段:专业汉语课6课时/周,通用汉语课14课时/周。当然,课程内容和教材内容不像课时量这样好划分,但应尽可能按照相关比例来选择材料、配置词汇和语法现象,安排话题和场景,等等。否则,如果没有量化的观念，就很可能想怎么编就怎么编，科学性、实用性等都难以保证。我们建议和提醒：从事专门用途汉语教学和教材编写，千万不要有包打天下的想法；应分清专业汉语教学能做什么，不能做什么，该做什么，不该做什么。在"专业内容"上贪多求全，乃至越俎代庖，不仅将偏离语言教学的学科方向，也不会取得理想的教学效果。教育部 2009 [20 号]《通知》的相关要求是"掌握一定量的专业词汇和科技汉语的常用表达句式"（见本文"引言"），这恐怕还是比较实际的。

其二，专门用途汉语教材的编写原则，首先应遵循通用汉语教材的基本编写原则，如科学性、针对性、实用性、趣味性等原则，但应明确其具体的内涵所指。比如，何为专门用途汉语教材编写和评估的科学性原则；如何既能充分体现通用汉语教学的性质和特点，又能充分体现专业汉语教学的性质和特点，等等，都需要结合实际加以研究。其次，还应研究和制定专门用途汉语教材编写的特有原则，如可以考虑将"恰当体现专业汉语语汇、语体、语篇特点""精当展示专业汉语话题、场景、活动特点""适量呈现专业汉语特有文化现象"（如商务文化、中医文化、交际习俗文化）等，确立为专门用途汉语教材编写的特有原则。

五 结语

专门用途汉语教材的结构原则，可以根据具体专业、业务、用途等进行创新设计。但我们相信，"结构、功能、文化"相结合仍将是一种主流结构模式。"结构"包括通用汉语和专业汉语的词汇、语法及篇章成分等；"功能"包括通用汉语和专业汉语的基本功能、场景、话题等；"文化"包括通用汉语的一般交际文化和知识文化，也包括专门用途汉语之交际文化和知识文化。换言之，专门用途汉语教材的编写当实行"双轨制"，即专业汉语与通用汉语在结构、功能、文化方面的结合，结合的比例参照上文所说的"二八开"和"三七开"。

专门用途汉语教材的编写应注意以下几个环节：对学习者的需求分析及对学习者需求的取舍、教材定性定位、确定教材目标、制定编写原则、设计结构方式及体例、规划实施途径和质量保证措施、形成教材编写大纲和编写工作计划书，等等。

我们还建议，课文编写力争科普化、趣味化、段落化，力戒学术化、理论化、知识化。目前，专业汉语教学在总体功能定位、具体目标设定、教材编写和课堂教学中，存在着过于专业化、知识化、理论化的倾向，脱离了语言教学的范畴，致使专门用途汉语教学走上了一条"教材越编越难，课越上越难，包袱越来越重"的不归之路。

参考文献

曹秀玲 2007 对韩商务汉语教材建设问题的思考，《对外汉语研究》第三期，商务印书馆。

陈丽宇、蔡美惠 2011 任务型科技华语课程教学设计，《海外华文教育》第2期。

褚佩如 2004 《外交公务汉语》的编写特点，《世界汉语教学》第2期。

黄慰平 1990 浅谈科技汉语教材的编写，《中国对外汉语教学学会第三次学术讨论会论文选》，北京语言学院出版社。

李　泉 2011 论专门用途汉语教学，《语言文字应用》第3期。

刘　珣 2000 《对外汉语教育学引论》，北京语言文化大学出版社。

路志英 2006 商贸汉语教材编写和研究的基本情况述评，《汉语研究与应用》第四辑，中国社会科学出版社。

吕必松 1990 《对外汉语教学发展概要》，北京语言学院出版社。

单韵鸣 2008 专门用途汉语教材编写问题——以《科技汉语阅读教程》系列教材为例，《暨南大学华文学院学报》第2期。

沈庶英 2006 经贸汉语综合课的定位，《语言教学与研究》第5期。

张亚军 1990 《对外汉语教学法》，现代出版社。

赵金铭 2007 创建商务汉语教学与研究体系，《国际汉语教学动态与研究》第一辑，外语教学与研究出版社。

郑　玉 1988 如何设计《大学科技汉语》，《第二届国际汉语教学讨论会论文选》，北京语言学院出版社。

（本文与吕纬青合作，载《国际汉语教材的理念与教学实践研究——第十届国际汉语教学学术研讨会论文集》，浙江大学出版社，2012）

教学大纲与教材编写

摘　要　各类外语教学大纲可以概括为"语言标准""语言大纲"和"课程标准"三种，它们有着不同的功用，但都程度不同给予外语教材编写以直接或间接的指导。本文初步讨论了各类大纲自身的作用、相互关系及其对教材编写的指导作用。同时呼吁应加强汉语作为外语教学的各类大纲建设，加强教材编写的大纲意识和大纲利用。

关键词　汉语作为外语教学　教学大纲　教材编写

一　引言

本文讨论的"教学大纲与教材编写"，指的是外语教学大纲与外语教材编写，实质上想说的是汉语作为外语/第二语言教学的各类大纲的关系及其对汉语教材编写的指导作用。这实际上是一个很大的课题，要能从理论和实践上阐述清楚各类外语教学大纲对教材编写直接或间接的指导作用，绝不是本文所能胜任的。我们这里只是抛砖引玉，呼吁在国际汉语教学不断发展的新形势下，加强各类大纲的更新、完善和进一步的建设，推进汉语作为外语教学的学科建设，加强教材编写的大纲意识和大纲利用，不断提高教材编写的质量和水平。从而不断满足海内外汉语教学实践发展的需要。

二　教学大纲的种类及相互关系

一般认为，教学大纲是根据教学计划而制订的，教学计划是根据一定的教育目的和培养目标制定的教育和教学工作的指导文件，是制订各类大纲的重要依据。据此，并结合汉语作为外语教学的实践和当今外语教学各类大纲的性质和特点，为说明问题方便，我们暂且把相当于传统意义上的教学计划称作"语言标准"，如汉语标准、汉语能力标准、汉语知识标准等；把相当于传统意义上的教学大纲以及海内外教育界和外语教学界称之为课程目标、课程纲要、课程标准的,如外语学习目标或外语学习标准,一律视为"语言大纲",其中包括各类综合的和专项内容的教学大纲、课程大纲、考试大纲。在语言标准和语言大纲之下的传统意义上的课程规范仍称作"课程规范"。

这样来看,汉语作为外语教学的"大纲"可以分为"语言标准""语言大纲"和"课程规范"三大类。其中,"语言标准"是最上层的大纲,是关于某种语言作为外语教学的总体规划、发展纲要、方向政策以及知识和能力教育教学的总方针,是该语言作为外语或第二语言教学的纲领性文件,指导和影响着各类语言大纲的规划、制订和内容的取向等。"语言大纲"是中层的大纲,是根据相关的语言标准制订的各类教学大纲、水平大纲、考试大纲、通用课程标准等。"课程规范"是最下层的大纲,它是根据相关的语言标准和语言大纲制订的各类课程的性质、作用、要求、内容、方法及评价等的说明。

显然,无论是语言标准、语言大纲和课程规范中哪一类外语大纲,实际上都是十分重要的。因为它们对外教学的总体规划和设计、教学大纲的设计和编制、教材的设计和实施、课堂教材及各类测试,都具有标准性、规范性、指导性的作用,都可以在相关问题、特定范围、有关方面起到决定性或支持性的作用。语言标准和语言大纲尤其具有"决策者"的权威地位。

举例来说,假如我们只以普通话的标准语音作为汉语语音教学的标准,并把这样的要求作为国际汉语教学"语言标准"之一的"语音标准",那么这个标准在现阶段的国际汉语教学实践中就是理想化的高标准,实际操作起来即使对国内的汉语教学来说也并不容易都能做得到;假如在确立以标准的普通话语音作为汉语教学标准的同时,把带有各地方音色彩的普通话语音也算作是规范的,并把这样的语音教学要求确立为"语音标准",那么在国内外开展汉语教学就更加方便可行;假如对海外的汉语教学取大华语的概念,在不影响相互交流和理解的前提下,将各种靠近"普通话"、接近"国语",以及海外不同区域、不同国别和社团的"共同官话"的语音,都视为汉语/华语的语音规范,并把这样宽式化、多元化、区域化的汉语语音规范作为汉语国际化进程初始阶段的"语音标准",那么海外的汉语教学和传播就将便利易行。可见,三种不同的"语音标准"对汉语教学和传播会有三种不同情形的影响。如果我们再把词汇、语法等标准包括进来,结合世界各地汉语/华语使用和教学的实际,进一步来考虑汉语(语音、词汇、语法、汉字)教学和传播的"语言标准"问题,那么同样会有三种跟上述语音标准宽严取舍一样的情况,而"语言标准",不仅会对海内外的汉语教学和传播产生重大的影响,对教材编写、课堂教学、评估测试等都会有着直接而重要的影响,甚至直接影响到汉语/华语教师的标准及其选任。这是"语言标准"影响语言教学和传播的方针、政策、进程以及语言教学内容取向和要求的例子。

同样,根据语言标准制订的各级各类语言大纲,更是直接或间接地影响着语言教学和传播的各个方面。例如,海内外不同国家和地区、不同学校和机构的"汉字标准",就直接影响汉字教学大纲的制订。当然,假如有学校的汉语教学标准之一就是"只教拼音,不教汉字",那就又当别论了。不过,这也是语言标准(政策)具有"生杀"大权的一个例证。假如有关国家、学校的语言标准中有"教授汉字"的规定,那么就有一个汉字教学标准问题。汉字标准主要指汉字教学的繁简字取向,以及汉字教学的数量标准等。那么,依据汉字标准制订的汉字教学大纲就应该按照"标准"规定的繁体字或简体字教学取向及教学字量规定,结合本单位汉语和汉字的教学目标制订出相应的汉字教学大纲,做出汉字教学的等级划分及教学原则和要求等规定。进一步来看,有关的汉字标准、汉字教学大纲又规定或指导着"课程规范"特别是其中汉字教学规范的制订。海内外各类汉语教育机构的"汉字标准"中,除了"不教汉字"以外,不外乎有这样几种"标准":只教简体字(中国大陆也称规范字),只教繁体字,教繁体字但也认简体字,或教简体字但也识繁体字。那么,据此制订的课程规范就将涉及是否设置单独的汉字课。单独开设汉字课,其课程规范如何制订,教材如何编写,如果有繁简汉字"照应性"教学的话,那么二者如何照应;如果不单独开设汉字课,那么汉字教学主要安排在哪种课型中,其课程规范如何制订,教材又如何编写,等等,都足可以说明语言标准、语言大纲决定和影响课程规范的制订。而语言标准、语言大纲和课程规范,都直接或间接地影响着汉语教材的设计和编写。

三 教学大纲与教材编写

就外语教学来讲,教学大纲是否科学和完善、是否先进和实用,是各级各类外语教学学科建设是否规范和成熟的重要标志。一方面,不同性质和功用的大纲,应该是该类大纲所涉及的理论与实践的结晶,是外语教学理论、语言习得理论、教学实践经验的科学集成与体现。而绝不仅仅是词汇、语法等语言要素或功能项目的等级分类表。好的外语教学大纲不仅应该反映和代表当时学科理论研究的水平，还应具有理论超前性和理论创新性。一些新的外语教学法流派和外语教学理念，恰是通过教学大纲来体现和传播的，这在外语教学史上不乏其例，功能意念法主要就是通过功能意念大纲得以体现和传播的。另一方面，教材编写首先要求有教学理论、教学思想和教学经验的支撑，而绝不仅仅是编写的方法问题和技术问题。一部科学实用的教材，特别是有新理念、新理论、新方法的教材，必然是吸收了外语教学的新思想、新观念、新成果的产物，而各类科学实用并具有时代水平的大纲，应该也必须体现这些新的思想和新的研究成果。

正因为大纲在很大程度上反映和体现了外语教学研究的理论水平，包括先进的理念、科学的结论、公认的成果、成熟的教学经验，乃至超前的理论意识和创新观念；而好的教材、更新换代的教材、引领航向的教材，必须在编写理论、编写设计和编写实施中有创新、有特色。而各类大纲不仅是教材编写获取"资源"的地方，更可以是教材编写获取"灵感"的地方。因此，教材编写者更多地关注教学大纲的研究和发展，充分吸收和利用大纲反映出的语言教学理念、教学思想和具体内容。实际上，大纲与教材的关系十分简单，并不需要进行学术论证。但是，以往的事实表明，在编写汉语教材时我们往往忽略对大纲的遵循和利用，更谈不上主动吸收和借鉴英语等其他外语教学大纲、教学法流派的思想和理念，因此，许多教材缺乏科学性和创新性。这实在是一种极大的失误。诚然，现有一些大纲内容有些陈旧，缺乏新理论和新理念，等等，但这是大纲本身的更新和建设的问题，不应该成为我们"淡忘"乃至"拒绝"大纲指导的理由。

实际上，教材编写必须接受大纲的指导和约束还有其内在性的理据，表现为：语言本身是由语音、词汇、语法及文字等多种要素构成的体系；语言现象是复杂的；人们的言语作品——语言事实是无穷无尽的；恰当的语言运用是由交际双方的关系及语境和语体等多种因素决定的；外语教学及其教材编写是一项系统性的工程；学习者的语言学习时间有限，所接触的语言样本是十分有限的。所有这一切都强烈地表明：教材编写必须以对语言构成要素进行统计分析及等级划分的语言大纲为依据，否则教材语言要素的选编就将是随意性的，缺乏科学依据。而教材编写不仅需要选择和确定语言要素，还要选择和确定语言功能项目、话题范围及内容、学习任务和任务活动项目、语言运用场景及文化知识和文化因素，等等，因此，教材设计和编写不仅要接受综合性的教学大纲、课程大纲的指导和约束，还要接受各类单一内容、单一功能的大纲的指导和约束。此外，一种教学大纲可以体现几种教学理论，一种教学理论也可以派生出几种教学大纲。因此，现代外语教材编写的趋势是，越来越倾向于借鉴和利用多种大纲的指导，吸收多种大纲的思想、理念和资源。完全按照一种大纲的要求和资源来编写教材的情况越来越少。

总体上说，各类大纲对外教学的全局或局部领域有着全方位、多领域的指导作用。概而言之，整个教学活动、全部教学工作，都是在教学大纲的指引下进行的。汉语教材自不例外，同样要受到教学大纲的指导和约束。换言之，教学大纲的思想、内容、要求等多数要通过教材来体现和实现。可见，教材与大纲之间有着密切的关系，甚至可以说教材是大纲的"微缩版"、"简易图"，也即教材必须体现大纲的"影子"（思想、理论和理念等）和"实物"（大纲中的语言要素等教学内容）。这就要求，编教材必须首先研究相关的大纲乃至多种大纲，并从中汲取营养选择与教材水平或等级相关的内容。这是教材编写的一道基本程序，而且是不可逾越的一道程序。否则，所编教材或者营养不足或者营养不均衡，导致其"发育不良"。事实上，我们迄今编写的一些教材正存在这样的问题。不重视大纲的权威地位和指导作用，至今仍是一些教材编写者的惯常行为。而如果教材编写不接受大纲的指导、不遵循大纲的要求、不从大纲中选择教学内容、不按照大纲划分的等级来编写教材，那么，所编教材的科学性就难以保证，表现为教材等级、难易程度、所融入的词汇、语法、汉字、文化知识等内容，以及所涉及的功能项目、场景情景、所确定的教材目标和教学理念等，就难以保证恰当、适量、有序、系统、准确、先进，从而最终难以保证教材的质量和应有的效益。

综上，我们可以明确一个简单的事实："大纲在前，教材在后"，即先制订大纲，后编写教材；先解读大纲，再编写教材。这是教学活动中，大纲和教材之间的一条基本的逻辑顺序和逻辑关系。这样一种逻辑关系可以有效地避免教材编写的盲目性、随意性，可以保证教材编写的科学性、实用性和适用性。教材编写要依据大纲、利用大纲，根本的目的就是为了保证所编教材的高质量、高效益。当然，各类大纲本身必须具有科学性，必须是在科学研究基础上制订的。

四 结语与余言

各类外语大纲性质不同、管辖的范围不同,但对于外语教学和传播的重要性却是共同的。大纲之所以重要,就在于"语言标准"类大纲可以为语言教学和传播确定目标、方针、政策、标准;依据语言标准制订的各类"语言大纲",能够为语言教学提供水平等级标准和教学等级标准、水平测试标准和教学测试标准,能够为不同等级的教学提供相关的教学内容、教学要求、教学方法建议,为教材编写提供等级标准和教学内容资源,等等;而在语言标准和语言大纲指导下,结合教学目标制订的各类课程和课型的"课程规范",能够明确其课程性质、课程目标、课程任务、教学内容、教学原则、主要教学环节与方法、主要活动方式和训练手段、评估测试的原则与方法,从而可以为教材编写提供多种具体的参考,等等。正因为不同性质和类型的大纲分别有着如此重要的功能,就要求我们应高度重视大纲的设计和研制。然而,近些年来各类汉语教学大纲的修订、开发和研制,远远落后于教学实践的发展。[①] 这应引起海内外汉语教学界的高度重视。

[①] 近20年间对外汉语教学界已经出版的各类大纲有如下20种:[1]《汉语水平等级标准和等级大纲(试行)》,中国对外汉语教学学会汉语水平等级研究小组,北京语言学院出版社,1988。[2]《中国汉语水平考试大纲·初、中等》,北京语言大学汉语水平考试中心,现代出版社,1989。[3]《汉语水平词汇与汉字等级大纲》,国家对外汉语教学领导小组办公室汉语水平考试部,北京语言学院出版社,1992。《汉语水平词汇与汉字等级大纲》(修订本),国家汉语水平考试委员会办公室考试中心,经济科学出版社,2001。[4]《对外汉语教学语法大纲》,中国国家对外汉语教学领导小组办公室组织编写,王还主编,北京语言学院出版社,1995。[5]《中国汉语水平考试大纲·高等》,北京语言大学汉语水平考试中心,北京语言学院出版社,1995。[6]《中高级对外汉语教学等级大纲(词汇·语法)》,孙瑞珍主编,北京大学出版社,1995。[7]《汉语水平等级标准和语法等级大纲》,国家对外汉语教学领导小组办公室汉语水平考试部,高等教育出版社,1996。[8]《HSK中国汉语水平考试大纲·基础》,北京语言大学汉语水平考试中心,现代出版社,1998。[9]《对外汉语教学初级阶段教学大纲》,杨寄洲主编,北京语言大学出版社,1999。[10]《对外汉语教学中高级阶段功能大纲》,赵建华主编,北京语言大学出版社,1999。[11]《对外汉语教学初级阶段课程规范》,王钟华主编,北京语言大学出版社,1999。[12]《对外汉语教学中高级阶段课程规范》,陈田顺主编,北京语言大学出版社,1999。[13]《高等学校外国留学生汉语言专业教学大纲》,国家对外汉语教学领导小组办公室编,北京语言大学出版社,2002。[14]《高等学校外国留学生汉语教学大纲(长期进修)》,国家汉办,北京语言大学出版社,2002。[15]《高等学校外国留学生汉语教学大纲(短期强化)》,国家汉办,北京语言大学出版社,2002。[16]《商务汉语考试大纲》,国家汉办/北京大学,北京大学出版社,2006。[17]《国际汉语能力标准》,国家汉语国际推广领导小组办公室,外语教学与研究出版社,2007。[18]《国际汉语教学通用课程大纲》,国家汉语国际推广领导小组办公室,外语教学与研究出版社,2008。[19]《新汉语水平考试大纲》(HSK 1—6级),国家汉办/孔子学院总部,商务印书馆,2009—2010。[20]《新中小学汉语考试大纲》(YCT 1—4级),国家汉办/孔子学院总部,商务印书馆,2009—2010。这些成果不仅是大纲建设的宝贵财产,也是汉语作为外语教学学科建设的重要成果,在对外汉语教学实践中已经历史性地发挥了不可替代的作用,并将继续不同程度地在教学和教材编写中发挥指导作用。只是这些大纲大都未能随着外语教学理论的发展和教学实践的深入与时俱进地加以修订和完善。从海内外汉语教学快速发展的形势需要来看,从学科建设的高度来看,现有大纲的种类还不够丰富,如还缺乏"语言标准"类大纲,一些常规性的教学大纲如"文化大纲"等至今尚未出台,等等。因此,我们呼吁应加强各类大纲的制定和完善。

实际上，大纲的修订、更新和创建不仅应成为学科建设的基础工作和经常性的工作，更应该成为学科建设的前沿领域和重大项目。大纲研制、研究和建设的成果应该成为学科发展的标志性成果。教学工作的开展和教学实践的深入，离不开各类大纲的指导和约束，大纲在教学、测试和教材编写等外语教学理论和实践中应该起到引航和规范的作用。因为大纲高度凝练了外语教学学科的理论、理念和教学法理论发展的成果，科学地集成了语言要素、交际功能、交际任务、文化知识等语言教学内容和教学方法研究的各项成果。汉语作为外语教学的各类大纲同样应该具有这样的学科地位和对学科发展的促进作用，对汉语教材的设计和编写同样具有指导、支持和约束作用。在很大程度上可以说，大纲是为教材编写服务的，当然大纲的功用不限于此，但各类大纲特别是各类"语言大纲"其主要的和经常的功能是服务于教材编写，尤其是其中的教学大纲，如语法、词汇、汉字及功能、文化大纲。即使有的大纲主要是为了别的目的而制订的，如水平等级大纲主要是为水平测试服务的，但也可以为教材编写提供参考，乃至成为教材内容的选择资源。

需要指出的是，教材编写理所当然要接受大纲的指导和约束，要体现和渗透教学大纲的思想、理念及相关的教法。但是，教材编写也不能过于迷信大纲的理论、方法和相关的原则要求、等级划分、数据规定，而应根据所编教材的实际需要合理地吸收和借鉴，不能生搬硬套，也不能不越雷池一步，而应有所发挥和突破。同时，教材编写还要遵循教材编写理论、编写原则的指导，并且同样要有所突破和创造。

参考文献

蔡雅薰 2009 《华语文教材分级研制原理之建构》，（台北）正中书局股份有限公司。

程 棠 1989 对外汉语教学的一项基本建设——《汉语水平等级标准和等级大纲》读后，《语言教学与研究》第 2 期。

程晓堂 2002 《英语教材分析与设计》，外语教学与研究出版社。

李清华 1999 《汉语水平词汇与汉字等级大纲》的词汇量问题，《语言教学与研究》第 1 期。

李　泉（主编）2006　《对外汉语课程、大纲与教学模式研究》，商务印书馆。

李　泉（主编）2006　《对外汉语教材研究》，商务印书馆。

李　泉　2008　关于建立国际汉语教育学科的构想，《世界汉语教学》第3期。

李　泉、金允贞　2008　论对外汉语教材的科学性，《语言文字应用》第4期。

李　泉　2010　国际汉语教学理念与教学策略探讨，《国际汉语教育动态·研究》第一、二辑（连载），外语教学与研究出版社。

姜德梧　2004　关于《汉语水平词汇与汉字等级大纲》的思考，《世界汉语教学》第1期。

教育部高等教育司　2007　《大学英语课程教学要求》，上海外语教育出版社。

欧洲理事会文化合作教育委员会编　2001/2008　《欧洲语言共同参考框架：学习、教学、评估》(中译本)，外语教学与研究出版社。

施正宇　2007　对外汉语教学各类大纲的统计分析，袁博平主编 Theoretical and Empirical Approach to Applied Chinese Language Studies，Cypress Book Co. UK Ltd.

张宝林　2007　关于对外汉语教学大纲的思考，《第八届国际汉语教学讨论会论文选》，高等教育出版社。

赵金铭、张　博、程　娟　2003　关于修订《(汉语水平)词汇等级大纲》的若干意见，《世界汉语教学》第3期。

赵金铭　2010　对外汉语教学法回视与再认识，《世界汉语教学》第2期。

（载北京华文学院《世界华文教育》2012年第3期）

第二语言教材的积极功能和消极作用

摘　要　第二语言教材应具有教学功能、课内外媒介功能、文化传播功能、激发学习者兴趣的功能,以及促进学科建设等积极功能。低质量的教材则具有误导教学和学习者,以及教学和学习效益差等消极作用。高质量教材也会因时代性、凝固化和程序化等缘故带来某些负面的影响。探讨教材的积极功能和消极作用,有助于全面认识教材的功能,以便教材设计和编写中更好地发挥教材的应有作用,避免教材的消极因素。教学中应充分利用教材,但不宜照本宣科;应创造性地使用教材,而不宜盲目崇拜教材。

关键词　第二语言教材编写　教材的积极功能　教材的消极作用

一　引言

所谓教材的积极功能,指的是合格的、优秀的第二语言教材所具有的基本功能、主要功用;所谓教材的消极作用,既包括质量低的第二语言教材的消极影响,也包括合格的、优秀的教材在教学活动中可能产生的负面影响。

探讨第二语言教材的积极功能和消极作用,有助于拓展和深化对教材属性和功用的认识,有助于更新教材观念和教材使用观念,更有利于教材的开发、设计、编写和使用。本文针对汉语作为第二语言教学教材编写和研究的现状,讨论第二语言教材的积极功能和消极作用,并提出相关的教材设计和编写要求及教材使用建议。

二　第二语言教材的积极功能

2.1　教学功能

教材本质上说是一种教学工具,是完成教学内容和实现教学目标的重要工具,"用之于教学"是教材最基本、最重要的功能,也是教材跟一般学术著作的重要区别所在。教材的内容、形式、种类、层级、规模等可以不同,但用于教学的功能始终不变,实际上也就是教材的工具属性始终不变。从教师角度看,教材的教学功能就是教师借助教材传授语言要素及其运用知识,训练和拓展学习者的技能语言。从学习者角度看,教材的学习功能就是教材的认知功能,即学习者利用教材来认知所学语言,参照教材所述语言事实来学说语言。

现代科学技术的发展给教育观念和手段带来了很大的变化,教学早已经不仅仅限于课堂。但是,无论何种形式的教学,教材用于教学的功能和教材的工具性都不会有根本的改变。换言之,一切高质量的教材对教师的施教、学生的学习和教学过程有序有效地展示,都应具有积极的引导和促进作用。

这就要求教材的设计、编写和使用,要把教材看作是语言教学和学习的工具,而作为工具则需具备方便、实用、高效等特点。就第二语言教材来讲,要体现其便捷、管用、有效的工具效能,则应具备如下一些基本特点:教材目标明确,内容的呈现有利于教学目标的实现;内容系统完整且详略得当,重点和难点突出;教材中所体现的教学理念、教学方法适合教学内容;内容的编排结构合理,内在逻辑性强,便于系统地学习有关语言的语音、词汇、语法和文字等知识,便于发展学习者的听、说、读、写等语言技能;教材能够恰当地融入目的语国家的文化和社会生活,便于培养学习者跨文化交际能力,等等。这样的教材才可能好用、有用、实用。

2.2 课内外媒介功能

教材是课堂教学中师生之间沟通与合作的媒介。教师传授语言和文化知识、培训语言交际技能,学习者习得知识、获得技能,都要凭借教材来进行。可以说,教材是连接师生之间的"桥梁",是语言教学活动实施的"剧本"。明确教材的媒介功能,就要考虑教材的设计思想、教学方法和教学原则,既要符合语言教学规律,又要符合语言学习规律;同时教材内容的呈现要便于教易于教,也即便于课堂操作。

教材的媒介作用不限于课内,还体现在向课外延伸语言学习的功能上,即通过教材把学习者的课外自学活动和课外语言实践联系起来,拓展语言学习的空间和范围。因为语言教材仅仅是学习目的语的样本和范本,它只能涵盖目的语的部分语言事实。显然，不能说学了一套或几套教材就算掌握了目的语，只能说学了一套或几套教材，就分别有了不同程度进一步学习其他语言材料的基础和能力。（刘润清等，2000：64）语言获得的事实表明，真正掌握一种外语绝不仅仅是靠学习几本教材所能实现的。在很大程度上说，外语教材的学习乃至整个学校的外语学习都只是外语学习的基础，尽管这个基础对于全面地掌握一种语言是至关重要的，但它不是语言学习的全部内容。学习者能有意识地利用这个语言基础与目的语使用者进行广泛的交流活动，才能真正掌握目的语的使用规则。

这就要求教材的设计和编写（包括课文编写、样本选择、活动安排、练习设计和场景设置等）应该有利于学习者跟目的语社会接触，有利于学习者通过课本来学习和习得课本以外的语言现象，有利于学习者脱离教材、走出教室，在目的语社会独立地发展他们的语言能力。换言之，教材媒介功能要求教材的设计和编写不但要便于学习者"学教材"，更要引导和便于学习者"通过教材来学习目的语"。编写在目的语国使用的教材尤其应该注意引导学习者通过教材的话题、课外任务等将学习者引入目的语社会，通过完成课外语言实践活动和特定的任务，来学习语言和提高语言运用能力。目前，国内编写的各类汉语教材在这方面做得还很不够，甚至连这样的意识都还不够明确。现有教材的内容特别是练习跟目的语社会的结合不够、联系不够、利用不够，就是教材课外延伸功能失缺的表现。

2.3 文化传播功能

第二语言教学历史表明：语言传播的过程，也是相关文化传播的过程。一定意义上说，教授一种语言就是在介绍这种语言所体现和依托的文化，学习一种语言就是在解读这种语言所蕴含的文化。因此，第二语言教材，不管是自觉的还是不自觉的，无不通过语言要素和课文内容来反映目的语国的社会历史和文化习俗。这是因为，一方面，语言系统本身就是一种文化，语言要素（特别是语汇）在相当程度上反映着民族的历史和文化，而课文内容只要是关乎目的语国的，便往往涉及该国的历史文化、当代国情、社会生活，如大禹治水、万里长城、三顾茅庐、倭寇、科举、国共合作、改革开放；另一方面，第二语言教学本身也要求揭示语言中所蕴含的文化因素，特别是与语言交际密切相关的文化因素，如打招呼、问候、感谢、拒绝等交际活动中所蕴含的习俗文化、价值观念等。此外，根据需要教材中也可以谈及人类共同面临的社会和自然问题，共通的情感和价值观念，还可以进行文化异同（而不是好坏）的比较。

可见，第二语言教材必然承担文化传播和交流的功能，这既是一种客观事实，也是一种客观需求。因此需要研究和讨论的，不是第二语言教材是否和应不应该具有这样一种功能，而是如何恰到好处地发挥这种功能，既不能无视这种功能，也不能夸大这种功能。也就是说，要研究的是文化介绍的原则、取向、内容和方式，以及文化内容、文化要素如何同语言结构、语言功能教学相互协调和融合的问题，还要客观地估量第二语言教材文化传播的有效性和有限性，尤其要避免过分夸大第二语言教材的文化传播功能，避免给予教材以过多的文化传播"负担"。因为第二语言教材首先是、根本上也是"语言教材"，文化承载和教学是为语言教学服务的。

因此，对外汉语教材编写，既要克服刻意"弘扬中华文化"的心理，又要避免一味地追求文化差异和过分地强调中华文化如何独特的做法。在第二语言教学及其教材编写中，揭示和介绍文化根本目的是为了提高学习者的目的语交际能力。因此文化的介绍以让学习者了解为目的，而不以让学习者认同为目的。学习者了解所学语言的有关文化是语言学习和使用的需要，是应该的、合情合理的。但是，学习者是否认同和接受该文化或该文化的某种具体现象，则不是必需的，而是因人而异的，是随其所愿的。教材的文化融入和呈现应自然、平实，解释和说明应客观、中性；尤其不宜自我炫耀，不宜咄咄逼人，更不宜有强加于人的味道；当然也不应该自轻自贱，自我贬损，媚外崇洋。

2.4 激发兴趣的功能

语言教学实践表明，一部好的外语教科书，能够不断唤起学习者强烈的学习热情。难易适度、长短适中、语言实用、生动有趣的基础教材，常常会使学习者学了一课就急着学下一课，在不断产生成就感的同时不断产生进一步学习的欲望；课文内容文化含量较高、新知性较强、语言优美、富于哲理，练习项目有刺激性、击活性、挑战性，这样的中高级教材不仅能够满足成年人语言学习上的需要，也能够满足他们智力上和情感上的需要，从而不断调动和增强他们学习的信心和动力。

"好的教材"不但有利于语言知识的传授和技能训练,还具有激发和强化学习者学习兴趣和学习劲头的作用。然而,"差的教材"不仅不具有这样的功能,还会使学习者感到灰心失望,甚至产生厌学的情绪。因此,教材编写除了要在针对性、科学性等方面下功夫以外,还要在如何唤起学习者学习欲望上花工夫,使教材语言知识的编排、文化内容的选择及表达的角度、练习的内容和方式等,都能够符合学习者的认知过程,满足他们的情感特点和心理需求,所学语言适合学习者当前语言学习和未来语言交际的需要,从而使学习者不断产生对进一步学习的期待、对未知"世界"的憧憬、对异国"风情"的向往。换言之,通过教材的学习,能够不断激发学习者的语言情感和语言学习动机,这是第二语言教材编写的理想境界,做到这一点极不容易,但这是很值得教材编写者去努力的。

2.5 学科建设的功能

教材不仅能够在很大程度上决定教和学的质量和效果,而且集中体现了教学目标、教学原则、教学内容和教学要求,是教学大纲得以实施的根本保证。因此,教材建设在学科建设中占有重要的地位,教材建设的水平体现学科发展的水平,同时教材建设也促进学科的发展。具体说:(1)教材编写促进语法、词汇、功能、文化等各类教学大纲、课程规范的研制。(2)教材可以体现某种新的教学法和教学理论,并通过实践检验这种理论,从而推动学科理论研究的发展。(3)教材的研究、开发和使用,可以检验教学大纲,促进课程建设,乃至推进教学改革,提高教学质量。(4)教材的创新可以带动教学策略和学习策略的更新。(5)对教学效果的评价主要依据教材,而教材的更新将促进评价手段和方法的改进。(6)教学实践经验可以通过教材来体现,成功的教学经验可以上升为教学理论和教材编写理论,并用于指导教学和教材编写。所有这些,都表明教材编写与研究在整个学科建设中所具有的重要价值和可能起到的重要作用,表明教材建设对学科建设的拉动作用。

以上列举的教材的积极功能,准确地说,是合格的和优秀的第二语言教材应具有的基本功能,换言之,教材设计和编写应该尽可能充分地去实现这些积极的功能。相反,如果教材没有很好地实现这些功能,便不能称之为合格的第二语言教材。可见,教材的积极功能需要遵循第二语言的教学规律和教材编写规律去创造和实现,并在使用中努力发挥这些功能,否则这些积极的功能"不会是自己到来的"。

三 教材的消极作用

3.1 低质量教材的消极作用

第二语言教材在常规的教育教学中，不仅有着几乎不可替代的施教功能，还具有诸如文化传播、激发学习者学习兴趣、推动学科建设等其他功能，然而，实现这些功能的前提条件是，教材必须是优秀的、良好的，至少也应是合格的。换言之，不合格的教材、质量低下的教材，则不仅不能发挥教材的这些应有的作用，反而会带来不少消极的作用。也就是说，不规范、硬伤多、水平低、质量差的外语教材，在教学中将起到消极的作用，会不同程度地影响教学的质量和效益。这类不合格的外语教材主要缺陷表现为：

（1）教材编写不符合第二语言教学和学习的规律。比如，教材编写整体上走的是母语教学的路子，走的是知识教学为主的路子，没有充分体现或根本没有体现出第二语言教学培养学习者语言交际能力的根本目标。

（2）教材编写缺乏第二语言教学理论和教学方法的指导。比如，看不出教材所体现出的教学理念、教学原则和教学方法，没有正确处理好知识传授与技能训练的关系，不利于学习者形成扎实的语言基础，不利于其语言能力和语言学习能力的形成和发展。

（3）缺乏语言教学大纲的指导，教材编写过于随意。比如，教材的知识和技能训练体系不完整、不系统，词语、语法及汉字等语言文字要素的选取和编排相当随意，不利于学习者全面形成语言知识和语言能力系统。

（4）教材编排结构不合理，缺乏内在逻辑关联。比如，教材内容难易不均，忽难忽易，没有体现由易到难、循序渐进的教材编写原则，不便于课堂操作。

（5）教材语料陈旧，语言注释、文化说明科学性差。比如，教材中大量存在缺乏真实性、缺乏交际性的语言材料，语言生硬、不自然、不地道，甚至大量存在语言不规范的现象。语法注释不够准确、不实用，甚至是完全错误的。语言点的说明没有吸收语言研究的新成果。文化阐释不准确、不恰当，甚至是错误的。

（6）教材练习形式单一，练习目的不明确，练习质量低。比如，教材中主要采用造句、填空或泛泛地回答问题等练习形式，缺乏贴近真实交际活动的练习题型，缺乏自主完成任务的挑战性练习，不利于培养学习者创造性语言运用能力。

（7）教材的编写目的不明确，教材编写基本原则体现不充分。比如，没有明确陈述教材的编写目标，或虽表述了编写目标但教材实施错位，无法实现教材的预期目标。针对性、科学性、实用性和趣味性等教材编写的基本原则没有体现或体现得不充分。

（8）教材编写思路不清，或思路陈旧。比如，教材编写设计平平淡淡，缺乏创意，仍然沿用被普遍淘汰的陈规旧习，不仅无所突破和创新，而且连一般教材的水平也达不到，属于低水平重复的教材。

（9）教材编写缺乏前期调研，编写手段和编写技术落后。比如，缺乏对教材编写研究成果的吸收，缺乏对现有相关教材的全面调研，对同类教材的优劣得失心中无数，不仅没有继承科学而成熟的编教做法，反而采纳了某些被教学实践证实是不科学、效率低的做法。此外，教材编写缺乏利用现代教学手段的意识，不利于学生自学和拓展学习空间。

如此等等，还可以列举一些不合格教材、质量低劣教材的各种表现。列举这些不合格教材的种种表现，一方面是希望为教材编写和评估提供一些"反面"参考，但更重要的是想借此说明：不是所有的教材都具有积极的作用，不是所有的教材都可以担负起便捷高效的施教功能和其他正面的功能；许多不合格的教材、存在大量缺陷和硬伤的教材，不仅不能承担和发挥教材应有的作用，反而会带来诸多消极的、负面的影响，不利于课堂操作和教学质量的提高。教材编写之所以重要，之所以是一门科学和艺术，原因也正在于此。

3.2 高质量教材的消极作用

实际上，合格的、良好的、优秀的教材，在有些情况下也发挥不了教材应有的作用，甚至同样也会带来消极作用。好教材的消极作用表现在以下几种情况：

（1）任何一种优秀的教材都是相对的，都是特定时代和特定教学理论指导下的产物，都会不同程度地存在缺憾，可以说几乎不存在十全十美的教材。因此，如果照本宣科地使用这类教材，跨越时代使用这类教材，都将使教材的某些缺陷所带来的消极作用得以彰显。

（2）任何一种优秀的教材都只能最大限度地适合某一类教学对象，而不可能适合所有同类教学对象。教学环境不同，学习者的需求也会有所变化，学习者的认知习惯也会有所不同，采用这样的教材而不加以调整、补充和完善，就会使教材的消极作用得以凸显。

（3）任何一种优秀的教材都已然是"固化"了的产物，这就在一定程度上规定和限制了教材的教学方法、教学环节、教学进程以及交际训练的方式。而这些诸多的"规定动作"，一方面可以保证的教材内涵的科学性、教学的程序性、训练的高效性，但另一方面也在相当程度上限制了教材使用的灵活性，包括教学方法的创新性、教学进程的自主性、教学资源的选择性、教学环节的自选性，这便是"固化教材"先天具有的消极因素，优秀教材也不例外。

（4）事实上，越是优秀的教材，教师和学生被动地使用教材的现象越加严重。有的教师过于迷信这类公认的优秀教材，在使用中不越雷池半步。此外，教师本身缺乏驾驭教材的意识和能力，教学中不能主动而灵活地使用教材；或者惰性和依赖性过强，缺乏创造性使用教材的意识和能力，教学中按部就班地使用教材。简言之，教师被教材而左右，而不能左右教材，这在某种意义上也可以看作是教材的消极作用。

以上列举的教材的消极作用，有的是教材自身先天性的缺憾；有的主要是教师使用教材不当所带来的，而不完全是教材本身的问题。但是，凝固化和程式化的教材形式在一定程度上确实也是对教师使用教材的某种束缚。

四　结语与余言

探讨教材的积极功能和消极作用，目的不在于评价教材的利弊与功过，而是希望有助于全面认识教材的功能，并进一步体认和把握教材的性质和特点，以便在教材设计和编写中更好地发挥教材的应有作用，尽可能地避免教材的消极因素。

比如，明确教材教学工具属性和课内外的媒介职能，便可以进一步明确："教教材"是语言教学的目标和途径，"学教材"是语言学习的目标和途径（至少是教学和学习的"当下"目标和途径），但不是整个语言教学和语言学习的唯一目标和最终目标，也不是语言教学和学习的唯一途径和全部途径。树立这样一种教材理念，有利于教学和学习中灵活自主地使用教材，有利于教学和学习中对其他各种教学资源的开发和利用；有利于更好地避免在教材编写和课堂教学中，把教材当作知识体系来编，当作知识体系来讲的做法，而是更加关注语言要素、语言成分用法的教学与学习。又如，明确第二语言教材的文化传播功能和激发学习者学习动机的功能，就应在教材编写和教材使用中，更加关注学习者对目的语及其文化的情感、态度和学习动机问题，增强教材的趣味性、可学性，尽可能避免文化内容呈现和解说不当的现象。再如，明确低质量教材的消极作用，有助于避免教材编写中的粗制滥造；明确高质量教材可能带来的消极作用，有利于克服盲目的"教材崇拜"，在教学中能够根据实际情况合理地、创造性地选择和使用教材。

实际上，好的教材，应该在更新教师的教材观念和教材使用观念上有所作为，引导教师既"教教材"也"用教科书教"，而不是"死教教材""只教教材"；在引导学习者更新对教材的态度和使用方法上有所作为，引导学习者既"学教材"也"用教材学"，而不是"死学教材""只学教材"。做到这些绝非易事，但要发挥教材的更大作用，要编写出更新换代的创新教材，就应该不断更新观念，不断探索和尝试，不断拓展教材的积极功能。

参考文献

程晓堂 2002 《英语教材分析与设计》，外语教学与研究出版社。

道格拉斯·布朗（H. Douglas Brown）2003 《原则导向教学法——教学互动的终极指南》（中译本），施玉惠等译，台湾培生教育出版股份有限公司。

丁安琪 2010 《汉语作为第二语言学习者研究》，世界图书出版公司北京公司。

李　泉 2004 第二语言教材的属性、功能和基本分类，中国人民大学对外语言文化学院编《汉语研究与应用》第二辑，中国社会科学出版社。

李　泉 2004 第二语言教材编写的通用原则，中国应用语言学会编《第三届全国语言文字应用学术研讨会论文集》，香港科技联合出版社。

李　泉 2010 国际汉语教学学科建设若干问题，《第九届国际汉语教学研讨会论文选》，高等教育出版社。

刘润清、吴一安等 2000 《中国英语教育研究》，外语教学与研究出版社。

欧洲理事会文化合作教育委员会（编） 2001 《欧洲语言共同参考框架：学习、教学、评估》（中译本），外语教学与研究出版社，2008。

王弘宇 2003 中国大陆汉语教材出版的成就与不足，《世界汉语教学》第1期。

赵金铭 1997 对外汉语教材创新略论，《世界汉语教学》第2期。

赵金铭 1998 论对外汉语教材评估，《语言教学与研究》第3期。

赵金铭 2004 跨越与会通——论对外汉语教材研究与开发，《语言文字应用》第2期。

中国对外汉语教学学会等 1995 对外汉语教学的定性、定位、定量问题座谈会纪要，《世界汉语教学》第1期。

（载北京华文学院《世界华文教育》2011年第1期）

汉语教材编写的根本问题探讨

提　要　目前汉语教材尤其是优质教材的数量、种类，都还未能满足海内外多层次、泛目标、大众化、普及型汉语教学的实际需要。教材的"瓶颈"绝不仅仅是数量和种类还不够充足，更是教材的质量总体上不够好。教材编写的根本问题说到底是理论研究的问题，是理念恰当和理念创新的问题。提高教材水平和质量的关键在于加强与教材编写相关的各种理论问题的研究，包括教材理论、教材编写理论，以及与教材编写相关的第二语言习得理论、语言本体理论、语言学理论、跨文化教学等理论研究。现有教材存在的问题主要不在于编写方法和技巧是否恰当，而在于缺少可借鉴的"理论和思想"资源，在于理念创新不够和编写实施欠功夫。

关键词　汉语作为外语教学　汉语教学理论　教材编写　教材研究

一　引言

　　汉语教材编写和研究，是迄今为止对外汉语教学学科建设取得成果比较多、成就比较大的一个领域。近年来，随着汉语走向世界步伐的加快，汉语教材出版的数量及教材研究的成果亦是与时增多，近30年来海内外业已出版的各类教材的数量超出人们的想象。然而，由于信息不畅、流通不便而见不到所需的教材，教材内容或容量不适合某一教学群体（如成人教材就不适合儿童使用），总体上就缺少某类教材（如专门用途汉语教材、全拼音或以拼音为主的汉语教材），教材内容或方法过于陈旧，所能见到的教材质量不高等原因，使得某一教学单位或教师，选择教材的余地不大，工作在教学一线的汉语教师要找到一本适合自己教学对象的教材并不容易。因此，尽管总体上说，随着汉语教材数量的不断增多，教材的种类和高质量的教材也在增多,但目前汉语教材尤其是优质教材的数量、种类,都还未能满足海内外多层次、泛目标、大众化、普及型汉语教学的实际需要,特别是海外。

教材数量的增多是汉语教学不断发展的体现。然而,从教学实践对教材的需求以及从教材研究的角度看,当前更需要的不仅仅是教材数量的增长,更是教材编写质量的提高。教材的"瓶颈"绝不仅仅是数量和种类还不够充足,更是教材的质量总体上还不够好的问题(尽管海内外都有不少公认的好教材,但这样的教材还太少,不能满足多元化汉语教学的需要),换言之,我们缺少的是实用、好用的优质教材,而不完全是缺少教材。实际上,教材数量及种类的问题并不会真正成为制约汉语教学发展的根本问题,至少不会长久成为一个问题,因为以现有具备教材编写条件的汉语教师之众,以现有的教材编辑和出版速度之快,要想在一定时期内把教材的数量和种类搞上去并不是一件很难的事。当然,这种"速编速印"只能是应急之举,优质教材不可能是靠"短平快"的方式编写出来的。而当下海内外汉语教学缺少的也正是适情对路、科学实用的优质教材,而不是或不仅仅是缺少教材。

如何确定和突破教材设计和编写的质量瓶颈,这是汉语教材编写及其研究的核心问题。在当下海内外汉语教材与日增多的形势下,尤其有必要强调"教材编写质量第一"的观念。如何提高教材编写的质量,怎样才能编写出更多的优质教材,涉及教材理论和教材编写实践的诸多问题。实际上,包括汉语教材在内的第二语言教材编写是一门学问,是第二语言教学的一个重要的分支学科。有关对外汉语教材编写,前人已经进行了多方面的研究和探讨,也取得了不少共识,如教材编写要有较强的针对性、科学性、实用性和趣味性,设计理念要新颖、有特色,课文语言要地道、有示范性和交际价值,实施要准确到位,有利于教材目标的实现等,这些都值得我们在教材设计和编写实施中很好地加以体现。然而,从现有教材编写的实际来看,既有的教材编写理论创新不明显,编写实施及细节打磨欠功夫,这使我们觉得对外语教材性质、特点、功能、类型等教材基本理论的研究,对外语教材编写理论的研究,以及面向汉语教学和教材编写的汉语本体研究还是一个相当薄弱的环节。

本文即是想说明:提高教材编写质量的根本途径是加强教材的理论研究。换言之,教材质量不高主要是由于教材理论、教材编写理论以及与教材编写相关的第二语言习得理论、语言本体理论、语言学理论、跨文化教学理论等研究薄弱所致。

二　加强相关理论研究是提高教材质量的根本途径

教材编写的根本问题说到底是理论研究的问题。与教材编写相关的理论研究不够充分、深入和细致，是教材编写质量难以提升的真正瓶颈。以往常常就教材谈教材，其实这是很不够的。因为教材编写质量的提升，绝不仅在于编教者自身能力的提高，更在于汉语作为外语教学学科理论及相关理论研究的全面、充分和深入。

（1）汉语教材研究和建设，是汉语作为外语教学学科研究和建设的重要组成部分。学科理论对教材理论和教材编写实践有着深刻的影响和全面的指导作用。因此，教材研究应与学科理论结合起来，而不能孤立地就教材研究教材。比如，对外语教材性质和功能的认识、对教材编写原则的研究，以及教材的设计和编写、评价和选择等，都离不开外语教学理论的支撑、指导和约束。如汉语作为外语教学是一种第二语言教学，第二语言教学不同于第一语言习得和教学的性质、特点、方式和要求等，决定了对外汉语教材的编写目标和编写原则等不同于为母语者编写的语文教材。又如，教材编写中对语言要素的选择、编排和阐释以及课文的编选，往往不是教材本身的理论所能解决的，而需要语言理论、教学理论、习得理论、跨文化交际理论来给予指导和支持，如教材中对汉字、词汇、语法项目的选择和安排，就需要汉语语言学、汉字学的理论和知识及相关研究成果的支撑。可见，教材的问题绝不仅仅是教材自身的问题，而应将教材的研究置于汉语教学学科理论与实践的大背景中。

（2）教材是教学理论与教学实践联系最为直接和密切的一个领域，教学理论和教学法、教学思潮和教学理念，大都要通过教材得以体现和传播。因此，教材的创新，首先需要有教学理论、教学思潮和教学理念的创新，没有新的理论和理念就不可能编写出有新意的教材。比如，英语教学史上不少著名的创新教材就是某种新的教学法流派的代表作品，如美国麦克米伦公司出版的《英语九百句》(*English* 900)即是听说法的样板教材，英国广播公司和原西德电视台等合作拍摄的《跟我学》(*Follow Me*)则是功能法（亦说交际法）的典型教材。可见，加强汉语教学理论研究，探索和提炼适合汉语教学特点和教学规律的教学理论、教学模式、教学原则、教学理念，是提高教材编写水平和增强教材新意的重要途径。

就汉语教材编写与研究来看，还要关注和加强汉语和汉字的特点及其教学与习得规律的研究，关注和加强面向汉语教学需要的中华文化的研究。因为汉语、汉字和相关的中华文化是汉语教学的内容，对教学内容的知识、理论和教学规律认识清楚了，才可能编出好教、好学的教材来。陆俭明（2010）就曾指出：汉语教材质量的提高，有赖于汉语作为第二语言教学的本体研究（包括语音、词汇、语法和汉字研究）。这些方面的研究成果越丰富，"汉语教材编写就越心中有底，编出来的汉语教材质量也就越高。"的确如此，比如，我们不清楚"连……都/也……"格式的基本含义是什么，也不知道它的内部构成规则（例如，"这个字连老师也不知道怎么读。/他的事我连问都不问。/连你也这么看，我可就真没什么说的了。"），那么就难以在教材中准确地诠释和练习这一格式。

（3）教材编写根本上说是理论和理念的问题，而主要不是具体的编写方法与编写技巧的问题。因为没有恰当、新颖的教学理论和理念的指导，教材的设计与编写方法也不可能有新意。所谓理论和理念，主要指外语教学观、语言观、学生观、教法观、教材观，也即编教者在这些方面是否具备恰当而科学、创新而切实、突破而合理的思想与观念。具体来说，是否符合外语教学的基本目标、基本理论与基本方法，是否符合语言规律、语言学习规律和语言教学规律，是否全面体现了外语教材的基本属性、基本功能和编写原则，是否遵循了教材设计和编写的基本程序和基本原理，是衡量教材是否合格与优秀的一些根本性的标准。比如，教材内容的选择不利于语言技能的训练，或内容的编排忽难忽易而不是难易适度、循序渐进，这样的教材就不是好教材。又如，是把教材当作一种金科玉律的范本来教教材，并只限于教教材，教材内容又仅限于学习者的学习生活、校园生活、家庭朋友；还是把教材当作一种资源性的范本，既教教材也通过教材教语言，把语言教学跟目的语社会联系起来，这两种不同的教材观，其教材的设计、编写和使用的指导思想，以及教学方法和效果是很不相同的。因此，教材的设计和编写应主要着眼于教材编写的"思想凝练"，注重观念的集成与创新，而不应仅限于教材编写方法和技巧的整合与创新。

（4）随着国际汉语教学事业和学科建设的发展，教材研究和建设也取得了令人瞩目的成就。就中国国内来看，已经初步形成多种层次、多种类型、基本可以满足多种需求的教材体系。据我们的统计和估计，1980年至今，仅国内各类期刊和文集上发表的对外汉语教材编写研究的文章就有800～1000篇。教材数量的大量增加，品种的多样化，理论研究的不断深入，标志着教材建设所取得的成就。可以预见，随着海内外汉语教学的不断发展，教材的数量还要增加，品种还需丰富。但是，从教材研究和建设的角度看，我们现在急需的可能不是进一步增加教材的数量和品种，而是结合对外汉语教学和教材研究的成果，借鉴国际上外语教学和教材研究的成果和理念，对汉语教材编写理论与实践加以科学总结，为进一步的教材编写提供系统性的理论支持。否则，不断编写出的教材就难以有质量上的全面提高。

（5）在几十年的对外汉语教学发展历程中有过不少经典的教材，近些年来在不断增加的各类教材中，又出现了一批堪称优秀的汉语教材，不少教材从范文（对话）语言、呈现形式到练习设计都有了很大的提高，教材反映当代中国社会生活的广度不断拓宽，有些编创或改编自电视剧的视听说（或口语）教材，语言生动鲜活、真实地道。总体上说，教材编写水平和质量在不断提高。但是，毫无疑问，我们的教材还存在很多问题，高质量的优秀教材数量还不够多。一些教材还存在"意识形态因素过重""前期研究不足""精心设计与精心实施不够""细节打磨不够""语境真实性不够""有虚假语言交际"等现象，而缺乏外语教学理论、教材编写理论和其他相关理论的指导是其中的重要原因。

三 从个案分析看加强相关理论研究的必要性

以上论述是想强调，教材的问题不仅涉及外语教学理论与实践的方方面面，也涉及与之相关的其他学科（如语言学、教育学、心理学、跨文化交际学等）的知识和理论，研究教材不应只限于教材自身，而应拓展研究的范围；提高教材编写的质量和适用性，不应仅限于研究教材自身的理论与编写实践问题，也应加强与外语教材编写相关的其他各种理论问题的研究；现有教材水平整体上未能达到一个比较理想的境界，关键在于相关的支撑理论研究不够，可利用的资源匮乏。简言之，教材的问题不仅仅是编写方法和技巧的问题，也不仅仅是编写原则的落实问题，而是许多问题还缺乏应有的研究，更没有形成共识的问题。

下面试图通过对一个案例的"夸张性"分析来讨论其中的问题，借以印证上面提出的一些看法，并进一步呼吁加强汉语教材基本理论及相关问题研究的必要性和迫切性。

多年前曾经有一部短期初级口语教材，第一课有一段练习是这样设计的：

（1）你这件衣服真漂亮！
　　——哪儿的话，不太好。
（2）你的成绩不错啊！
　　——哪儿的话，还差得远呢。

不难看出，编者是想教学生用"哪儿的话"来回答对方的夸赞。可是，这一练习设计是很值得商量的。其一，初级汉语口语的第一课就编这样的内容，以我们的教学经验肯定难，甚至没法教，即便是为有一定汉语基础的短期班编写的教材也不合适。其二，练习没有任何语境设计，什么样的场合、什么人说的、什么人回答的，都不得而知。学习者能否真正掌握"哪儿的话"的意义和用法值得怀疑。其三，孤零零地给出这么两个对话，不仅难教难学，而且学习者真正用起来很可能让汉语母语者感到别扭。

然而，在一部对外汉语教学研究的学术著作中却认为这是"汉语教学从一开始，语言与文化就同时起步"的一个例子，并进一步阐释道："中国人谦虚谨慎，即使受到夸赞，也会言不符实地予以否定。西方人则偏向尊重自我价值，在受到夸赞时，一定用表示感谢的话语来回答。这段话不正鲜明地显示出汉语礼貌规范的文化特征么。"

这个例子本身、我们的质疑和前辈专家的肯定，如允许较真和放大问题的话，就可以提出许多值得进一步讨论的问题，而这些问题都直接影响教材的编写，这也说明加强与教材编写相关的理论研究的重要性和紧迫性。具体来说，可以进一步质疑和讨论的问题包括：

——不要说初级口语的第一课，就是整个初级口语要不要教"哪儿的话"这种俗语套子都很值得商量。因为这类话语虽然是地道的中国话，但却不是多数中国人在多数场合都使用的。"哪儿的话"的使用要受到性别、人物关系、使用场合、交际内容等多方面的限制，绝不是任何人在任何场合，在受到夸赞时都可以使用这一话语。果如此，那么这类话语套子的教学价值就很值得怀疑。然而，教材编写者和认可这一例子的专家却显然未必这样认为。这就表明，对汉语教学的内容，对不同阶段的教材该编入或不该编入哪些内容，也即我们对"教什么"的问题还缺乏理论上深入细致的研究，还未形成共识性的原则。

——不管在哪一阶段，如果要教这类自谦性的交际用语，如何解释其语义内涵、文化内涵和语用规约，是需要教材编者仔细琢磨的，甚至琢磨了也不一定能说得全、说得准。这就涉及汉语言学、汉文化学的问题。教材中对许多语言和文化现象"说不清、道不明"正是本体研究不够造成的。同时，也要明确我们的教学的目的是让学习者听得懂、明白意思，了解特定的交际对象在某些场合下有这样一种说法，还是让外国学习者也学着去用？两种教学目标各自的理据是什么？要不要与时俱进，同时介绍当今中国人也在用感谢的方式回答对方的夸赞？这些问题都值得我们进行理论思考和探讨。

——"汉语教学从一开始，语言与文化就同时起步"这一观点是否成立？如果成立，那么在多大程度上、对哪些交际文化的教学是可行的？教有交际文化内涵的语句，要不要区分"只求懂不求用"和"既求懂又求用"两种情况？哪些交际文化分别属于这两种不同的情况？进一步说，存不存在这样一种情况：在跨文化交际的过程中，目的语一方的交际者对使用这种语言的外国人是有心理距离和言语距离要求的，即要求外国人保持外国人的身份，说适合他们说的目的语，尤其不宜过于"亲近"，过于模仿一些"皮毛"，过于"拿腔拿调"。教材中出现的"你像大姐一样关心我，帮助我，我真不知道怎么感谢才好"，是否属于"硬让外国人说不该他说的中国话"？（李泉，2007）上述问题同样值得研究，但目前都还缺乏理论探讨，更未形成共识，而这些问题直接影响教材内容的选择、阐释和教学目标的确定。

——用"哪儿的话"这个例子来说明"中国人谦虚谨慎，即使受到夸赞，也会言不符实地予以否定"。这种解释是否合适？异文化学习者会对中国人和中国文化产生什么样的认知心理？"言不符实地予以否定"的解释会不会让他们产生"中国人很虚伪"的印象？说"西方人在受到夸赞时，一定用表示感谢的话语来回答"对方，是"西方人偏向尊重自我价值"的表现，这样解释是否全面和准确？用"感谢"来回答是否也显示出对对方的尊重，而不仅仅是对自我价值的尊重？与此相关，中国人在言语形式上"否定"对方的称赞,是否就是谦虚的体现?"哪儿的话"是否就是"言不符实地否定"?这样一种通过否定来回答对方的夸赞,其背后的文化心理为何?这些问题同样缺乏研究,从而不仅影响教材编写,也影响课堂教学。

——这两个"对话"完全没有交际的场景,什么人跟什么人这样对话没有任何交代。那么这是否算作"课本语言""虚假交际"?是否属于为了练习而练习的枯燥游戏?教学效果,特别是在初级阶段,能保证吗?进一步说,如何设计练习?如何进行语境设计?如何设计有文化差异的交际性练习?设计这样的练习想达到何种目的?这些问题也还没有达成共识。

——再进一步说,我们究竟应该教外国人什么样的汉语?让外国人说什么样的汉语?是否越是这类民俗文化色彩浓厚的语言(如"瞧您说的,哪儿的话呀?""你看你,来就来呗,带什么东西呀?"),就越应该教、越应该练,外国学习者就越应该学、越应该说?教,怎么教;不教,用什么样的话语来替代?是否存在这样的现象:有时外国人的目的语越地道、越拿腔拿调、越"胡同话",特别是在他整体语言水平并不高的情况下,目的语国的某些人心理上越是不舒服、不接受,而希望外国人说适合他"身份"的目的语?(李泉,2007)如果有这样的情况,那么这是否也是跨文化交际的一条奇怪的规约?如果确有这么一条规约,那么对教材内容的编选,特别是对民俗语言文化内容的选编和阐释有什么要求和启示?

——在初级口语教材中就急急忙忙地教"哪儿的话"这样的中国话,其理念肯定是出于"以学习者为中心"。编者一定认为学习者需要这样的话语套子,才在课文中去教,在练习中去练。可是,就学习的阶段性及学习者的水平看,就这句话使用的频率及对使用者和使用场合等的要求来看,就现有的练习方式及练习例句本身来看,编者实际上是否真正做到了以学习者为中心则是很值得怀疑的。

必须申明:上面由关于"哪儿的话"的练习及前辈学者的相关评论而生发的诸多思考和质疑,实在地说,有些过于吹毛求疵,有些联想过度。实际上,许多问题跟这个练习的设计者和相关评论的专家完全不相干。对此,还请前辈和时贤给我些谅解。坦白地说,这里就是想拿这个例子来"说事"。想说明的是:假如上述问题都还算个问题的话,那么对其中许多问题的回答无论是肯定还是否定,抑或是另有诠释,其所需要的理论、理据和理念,不仅超出了问题本身,也超出了教材的范畴,而需要运用更多的外语教学、语言学、教育学、文化学、跨文化交际等方面的知识和理论来解释与回答。这正是我们认为教材编写绝不仅仅是方法和技巧的问题，更多的是"思想和理论"问题的重要原因。

四　结语

　　以上讨论和个案分析似乎可以表明：汉语教材编写的方方面面（哪怕是一个例句）都需要有理论和理念来支撑。假如说目前汉语教材的质量还不尽如人意的话，那么问题绝不仅仅出在教材本身，而是与教材编写相关的大大小小的理论问题还缺乏足够的研究所致。对相关的问题缺乏理论研究和探讨，就没有相关的理论资源可以借鉴和运用，教材编写自然也就无所适从，也就难免想怎么编就怎么编，其质量就难以保证。因此，理论研究薄弱是教材编写难以上一个台阶的根本原因与瓶颈。着眼于汉语教材编写研究的历史与现状，展望教材编写与研究的发展趋势，可以认为，当下很有必要系统地探讨对外汉语教材编写及与之相关的一些基本理论问题，当然必不可少地要涉及教材编写实践中的问题。实际上，对外汉语教材研究完全可以成为对外汉语教育学科的一个分支学科，或曰"对外汉语教材学"。我们认为，教材研究至少应包括如下几方面的内容：教材的基本问题、基本理论和基本原理。

　　"基本问题"研究应包括外语教材的内涵和属性、功能与分类等。这些方面的研究成果，特别是共识性的成果，可以使教材编者和使用者更好地把握教材的含义和属性、功能与类型，从而在教材设计、实施和使用中充分而恰当地体现出不同类型教材的特性和功能。

　　"基本理论"研究应包括教材与教学理论、教材与教学大纲、教材编写的基本原则、第二语言教材评估等。这些方面的研究成果，特别是共识性的成果，可以使教材编者和使用者更好地了解教学理论、教学法和教学模式对汉语教材编写的指导、支持和制约原理；掌握诸如"语法大纲""功能大纲"等主要而实用的外语教学大纲的基本特色与价值；了解现有汉语教学大纲的种类与功能及其在国际汉语教材编写中的应用价值；能够从诸如任务型语言教学大纲、欧洲语言共同参考框架等新型的语言教学流派和语言教学标准中把握外语教学的新思潮、新理念、新方法，能够从对语言教学目标、外语人才观、语言能力观等的新认识中,获得启发和灵感,并运用到汉语教学特别是教材编写中去。同时,希望基本理论方面的研究成果能够有助于教材编者全面了解教材编写的各项基本原则及其理据,在教材编写设计与实施中,体现诸如针对性、科学性、实用性和趣味性等要求和特色。此外,教材评估是教材设计、编写、使用和评价这样一个循环系统中的必要环节,其评估的含义和用途、类型和要求、标准和体系,以及评估原则等,也应该为教材编者所熟悉。因为评估的一些指标往往就是教材编写优劣的指南,而评估的类型、要求与原则往往就是选用教材的一些标准和方法。

"基本原理"研究主要是外语教材编写基本要求,特别是教材编写的基本程序的研究。程序可以保证工作进行得科学、合理和有效。因此,一定意义上说,教材编写的程序就是教材编写的"制度""规范"和"原理",它可以很好地保证教材编写的质量。遗憾的是,一些教材编写者在编教前,对教材的编写程序往往了解不够、重视不够、准备不够,执行不力,乃至根本就不执行,而是上来就编。这是一些教材水平不高的根本原因。实际上,教材编写要有充分的思想准备、理论准备、资料准备,并且要在各项准备的基础上制订出完备而实用的编写方案。此外,诸如教材编写的针对性、科学性、实用性和趣味性等核心原则,以及目标原则、认知原则、文化原则、特色原则等基本原则,虽不属于程序上的问题,但它们却是编教设计和实施中不可忽视的工序,因此,教材设计和编写的基本原理中,也包含对这些编写原则的设计与实施。毫无疑问,还要对与教材编写相关其他问题进行理论研究和探讨,如教材编写的语言标准和规范问题、教材的语体呈现问题、教材内容特别是文化内容的取向和选择问题,等等。

总之,教材的基本问题、基本理论和教材编写的基本原理,以及与教材编写相关的其他理论与实践问题研究全面了、讨论充分了,相关的成果多了、共识多了,教材编写便有了广泛的理论依据,教材编写的整体水平和质量便可以得到全面的提升。

参考文献

胡文仲　2006　《胡文仲英语教育自选集》,外语教学与研究出版社。
李　泉　2002　近20年对外汉语教材编写和研究的基本情况述评,《语言文字应用》第 3 期。
李　泉　2004　第二语言教材的属性、功能和基本分类,《汉语研究与应用》第二辑,中国社会科学出版社。
李　泉(主编)2006　《对外汉语教材研究》,商务印书馆。
李　泉　2007　论对外汉语教材的实用性,《语言教学与研究》第 3 期。
李　泉　2011　第二语言教材的积极功能和消极作用,《世界华文教育》第 1 期。
李　泉　2012　《对外汉语教材通论》,商务印书馆。
陆俭明　2010　进一步以科学态度对待汉语教材编写,《第九届国际汉语教学研讨会论文选》,高等教育出版社。
欧洲理事会文化合作教育委员会编　2008　《欧洲语言共同参考框架:学习、教学、评估》(中译本),外语教学与研究出版社。
徐子亮、吴仁甫　2005　《实用对外汉语教学法》,北京大学出版社。
赵金铭　2004　跨越与会通——论对外汉语教材研究与开发,《语言文字应用》第 2 期。
赵金铭　2008　汉语作为第二语言教学:理念与模式,《世界汉语教学》第 1 期。
赵金铭　2009　教学环境与汉语教材,《世界汉语教学》第 2 期。

(载《国际汉语教育研究》第二辑,高等教育出版社,2013)

通用型、区域型、语别型、国别型
——谈国际汉语教材的多元化*

提　要　本文探讨了通用型、区域型、语别型、国别型四类汉语教材的内涵和特点、适用范围和编写理据、设计和编写要求以及四类教材的共性与个性。四类教材各有优势与不足，不宜用一种类型替代其他类型的教材编写和研究。通用型教材具有广阔的编创空间，现在和将来都应是教材研究和编写的重点；应确立汉语教学区域化、语别化的概念，并加强区域化和语别化汉语教材的研究和编写；国别型教材的编写应注意内涵的体现，不要使国别化流于形式和口号。此外，值得强调的是，各类教材的编写都应以汉语汉字的基本知识及其组合规律与应用规律的教学为主，都应注意教材内容的中国化问题。

关键词　国际汉语教材编写　通用型教材　区域型教材　语别型教材　国别型教材

一　引言

新中国成立以来，国内已出版各类对外汉语教材共计8380册，5483种。（范长喜等，2012）近十几年来出版和修订重印的教材估计不下三四千种，

---

* 本文为"中国人民大学科学研究基金（中央高校基本科研业务费专项资金资助）项目成果"（"明德青年学者计划"的阶段成果），项目名称：国际汉语教材编写理念创新研究，项目编号：2013030254。本文初稿曾以《国际汉语教材：通用型、区域型、国别型》为题，在香港大学中文学院主办的"首届国际汉语教学研讨会"（香港，2013年12月4—6日）上宣读，增补后以《汉语教材：通用型、区域型、语别型、国别型》为题，在北京大学和哥伦比亚大学主办的"第五届中青年学者汉语教学国际学术研讨会"（纽约，哥伦比亚大学，2014年5月23—24日）上做过大会主旨发言。此次发表又修改了题目和内容。

目前已基本解决了国内汉语教材的"温饱"问题。随着世界范围内学汉语人数的增多，国外出版的各类汉语教材也不断增多，但不少国家和地区仍然缺乏教材，总体上说海外还处在解决教材"温饱"问题的阶段。海内外教材数量不断增多，但公认的好教材以及可选适用的教材还不够多，加之信息和流通等方面的原因，教学一线选择一套合适的教材并非易事，特别是海外。可见，教材编写与研究仍是当下和今后一项重要工作，其中加强教材编写的理论研究、理念创新研究尤为重要。

近年来，教材的国别化问题受到广泛重视，也取得了一定的成就。这无疑是好事，因为研究国内编写的教材如何更好地适合国外的教学，研究国外编写的教材如何更好地适应当地的教学，这本来就是汉语教材编写与研究的应有内涵，是教材针对性的重要体现。但是，有些学者把国别化教材看成是教材编写的"趋势""主流""大势所趋"，乃至教材编写的根本出路，则有些强调过头。海内外教材编写者和出版机构如果一窝蜂地都来编写所谓国别化教材，对于国际汉语教材的编写和研究来说未必是好事，至少不符合教材编写、研究和使用的多元化要求，多元化是教材编写和研究的常态。

鉴于此，本文根据教材适用范围和所用诠释语言的不同，将汉语教材分为通用型、区域型、语别型、国别型四类，探讨它们的内涵和特点、适用范围和编写理据、设计和编写要求以及各自的优势与局限，进而提出相关建议，希望有助于促进教材编写理论研究和理念创新。

二 通用型汉语教材

2.1 通用型教材的基本内涵

通用型教材是为某一类教学对象及特定教学目标编写的教材。"某一类教学对象"指的是成人或非成人、在校生或非在校生、学历生或非学历生等，也可以指初、中、高不同阶段的语言学习者，但一般不限于特定国家和母语背景的学习者。"特定教学目标"指的是全面提高汉语听、说、读、写综合语言能力，或是提高口语、听力、阅读、写作等专项语言技能。

2.2 通用型教材的编写理据

无论从理论上说，还是从教材出版成本和利益最大化考虑，任何教材都应追求适用对象的广泛化，应用价值和经济效益的最大化，而不是相反。更重要的是，汉语对几乎所有学习者来说都是一种"真正外语"，汉字更是一种"另类文字"（特别是对非"汉字圈"的学习者来说），不仅在书写方式上，更在认知、记忆和运用等多方面都是一种全新的文字体系。汉字与汉语的关系跟其他语言与相关文字的关系有很大的不同。因为世界上许多语言都是拼音文字（音素文字或音节文字），其字母是没有意义的，汉字是语素文字"唯一的代表"，本身是有意义的。（吕叔湘，1985）汉语、汉字这些对学习者来说具有普遍性的特点，是编写通用型教材的重要理据。除此之外，英语作为第二语言教学具有广泛影响的教材大都是通用型教材，如《新概念英语》。国内过去和现在广泛使用的教材也都是通用型教材，如《初级汉语课本》《发展汉语》（第二版）；海外编写和面向海外编写而广泛使用的教材也大都属于通用型教材，如《中文听说读写》《新实用汉语课本》等。这说明，通用型教材始终是第二语言教材的主流品种。

2.3 通用型教材的主要特点

（1）教材编写的理想境界是让更多同类教学对象和学习目标的学习者都能使用。因而，淡化使用对象的国别特征和学习者母语背景，以"普遍的外国人"为教学对象，并针对特定学习群体的学习需求设计和安排教学内容。

（2）以对外国人汉语教学的普遍规律和教学经验为统领，更加关注汉语、汉字自身的特点，关注汉语文的体裁、语体特点及其呈现，注重语言知识的系统性和科学性。

（3）课文话题、教学内容和话语场景以中国为主，偶尔兼顾海外内容和场景（如"圣诞节""中国城""中文学校"），或国际性话题（如"环保""素食者""求职就业"）。

（4）主要的缺点是，对非教材注释语言母语者的针对性差，即在语音、词汇、语法、文化及学习方式和学习特点等方面，难以给予系统性的关照和针对性的训练，难以兼顾和体现某些具体国别学习者的学习生活、社会环境和文化习俗。

（5）汉语通用型教材更适合在中国编写和使用，因为来华学习者往往不仅仅是某一特定国家的学习者，换言之，来自不同国家的汉语学习者可能被编在一个教学班级里，因此中国国内编写的教材大都是通用型的。海外或面向海外编写的通用型汉语教材，要特别注意教材的容量不能过大，要适合海外学时少的特点；内容取向上要注意"中国内容"和"海外内容"的兼顾，前者应占据绝对多数，后者占据少数。

（6）可能的优势是，可以为不同国别、不同区域和不同母语的学习者所选用，有可能系统地展示汉语、汉字的知识，可以较为全面地介绍当代中国的方方面面。如果设计和编写得好，可能成为某一类型及其特定教学对象的品牌教材，特别是系列教材或系列配套教材。

需要说明的是：通用型教材实际上还可以细分为普遍性通用、区域性通用和国别性通用三个小类。这里说的主要是普遍性通用教材。如果是区域性和国别性通用教材，则上面特点（4）所提到的缺点和不足就可以得到程度不同的克服和弥补。也就是说，通用型教材如果以某一区域或某一母语为背景则亦可以归入其他教材类型，如《中文听说读写》（英语注释）和《汉语言文字启蒙》（法语注释）亦可算作国别型或语别型教材。

三 区域型汉语教材

3.1 区域型教材的基本内涵

区域型教材是为某一地理区域的汉语学习者编写的教材，如面向东南亚、中亚、北欧、南美、非洲等编写的各类汉语教材。教材的媒介语可以是该区域的通用语（如果有的话）或是英语等其他通行较广的语言。区域型教材仍然是以提高学习者汉语听、说、读、写综合语言能力，或是提高听说、读写等某一两项语言能力为目标。

3.2 区域型教材的编写理据

同一地理区域即地缘国家，在语言、文化、宗教、历史、传统以及气候、物产、饮食、习俗、生活方式等多方面相同相近的地方多，并且汉语教学的历史与传统、模式与特点等也往往相同相近，至少在上述多方面同一区域相关国家的汉语教学具有较多人文环境和自然环境方面的共性，并因此而有别于其他区域。正所谓"一方水土一方人"。这就为区域型通用汉语教材的编写提供了客观基础。

3.3 区域型教材的主要特点

（1）区域型教材是某一区域通用的教材，因此也是一种通用型教材。区域型教材应该遵循和体现通用型教材的一些特点和要求，也即在话题、课文内容、文化内涵、教学模式与教法等方面应体现该区域的共性特征和教学需求。

（2）教材编写的理想境界是让本区域内更多国家、更多的同类教学对象都能使用所编教材。为此，应充分提取本区域语言学习、教学方式、话题语境、文化风俗、气候环境、物产饮食等人文和自然因素的共性特征，并以适当的比例和恰当的方式加以呈现。

（3）区域型教材的编写要求是，课文话题、教学内容和话语场景仍然以中国为主，适当兼顾有关区域的生活内容和场景。如为北欧编写的区域教材应适当呈现那里的人文和自然特点，如与"雪"有关的生活、文化及相关的词汇和课文内容；为非洲某一区域编写的教材应适当体现与"旱季""雨季"有关的工作、习俗及相关的词汇和课文内容。

（4）从理论上说，区域型教材的使用范围小于通用型，但针对性应该更强于通用型教材。区域型教材既要考量学习者的目的语水平、学习需求、学制学时等因素，也要考量该区域的文化传统、宗教信仰及气候、物产、习俗等共性特征，并在教材中给予恰当体现。

（5）可能的优势是，可以为该区域不同国别和不同母语的学习者所选用，有可能系统地展示汉语、汉字的知识，可以较为全面地介绍当代中国的方方面面。如果设计和编写得好，可能成为特定区域内所普遍选用的教材，并有助于推进区域教学的规范化和标准化。

需要指出的是，区域型教材的编写应以区域化教学观念的确立和区域化教学共性与个性的研究为基础。事实上，汉语国际化的过程，也是汉语教学区域化的过程。由于地理环境以及历史文化传统以及汉语教学的历史和现状的不同，使得地缘区域有诸多共同点，非地缘区域有诸多差别。因此，区域化是个客观存在，而在教材的话题、课文内容中恰当地结合和呈现不同区域汉语学习者的人文环境和自然环境特点，也正是教材针对性的应有内涵。

四 语别型汉语教材

4.1 语别型教材的基本内涵

语别型是为共同使用某种语言的学习者编写的汉语教材。如为以法语、德语、西班牙语等为母语或通用语的汉语学习者编写的教材。语别型教材不限于某一国家的学习者使用。语别型教材也是以提高学习者综合汉语能力或是专项汉语技能为目标。

4.2 语别型教材的编写理据

汉语作为第二语言的教材编写，最基本的要求应是注重汉语与学习者母语及相关文化的关照和比较，以增强教材的针对性和实用性。持有同一种母语的汉语学习者，不仅母语背景相同，其文化、习俗、宗教乃至社会历史、社会生活等也相同或相近。这就是为编写语别型教材提供了语言和文化对比的便利。

4.3 语别型教材的主要特点

（1）语别型教材也是一种通用型教材，是持有相同母语的汉语学习者通用的教材。因此，语别型教材最大的特点应该是充分体现汉外语言及文化对比研究的成果，也即教材应着重呈现经过语言及文化对比后所发现的教学重点和难点，以及应该繁复和简约之处。

（2）教材编写的理想境界是，让共同使用某一母语的更多国家、更多的同类教学对象都能使用所编教材，即追求该语别母语者的普遍适用性。为此，应充分考量和提取有关地区和国家在人文因素和自然因素方面的共性特征，并给予恰当地呈现。

（3）语别型教材的编写在遵循科学性、实用性和趣味性等教材编写的一般原则的同时，更要体现对该语别汉语学习者的针对性教学，即在语音、语法、词汇、汉字教学方面，在话题选择、内容叙述、注释说明、练习设计等各方面详略得当、重点突出。

（4）语别型与通用型教材的区别在于，前者明确是为某一母语的汉语学习者编写的，使用对象均是该母语者的某一学习者群体；后者是为持不同母语者编写的，使用对象可以是不同国家、不同母语者。

（5）语别型与区域型教材的区别在于，前者有共同的母语或通用语，但不限于某一国家或某一区域，因而更加关注学习者母语的特点及与汉语的差别，并在教材中给予应有的体现；后者不限于是否有共同的母语或媒介语，而是限于共同的地缘区域，因而更加关注该区域共同的地域特征和人文特征。

（6）在生词注释、语法翻译等方面，语别型教材的针对性和实用性强于通用型和区域型。因为前者直接用学习者的母语注释和翻译，后二者用媒介语来注释和翻译，显然，前者更便于学习者准确地认知和掌握。

需要强调的是，是否进行汉外语言及中外文化的对比，对比的深度广度及由此做出的学习难点和重点的预测是否准确，教材在词汇和语法教学及课文内容中对中外语言文化的差异呈现得是否充分和准确，是编写语别型教材成败得失的关键。

语别型教材的优势是，可以也应该进行汉外语言对比，进而预设汉语教学的难点和重点，以增强教材的针对性，提高教学的质量和效益。然而，这在很大程度上说只是一种理想境界。因为进行系统的汉外语言对比并预测出学习和教学的重点与难点绝非易事，且不说许多情况下根本就是缺失这项前期的对比工作，就是对比了也不一定就能准确地预测出教学的重点和难点，而往往是所预测的难点并不一定难，而没有预测到的地方却成为学习的难点。当然这并不是语别型教材本身的缺憾，而是编教者对比、预测和实施的问题，因此，语别型教材仍然是教材编写的一种重要类型。

五　国别型汉语教材

5.1　国别型教材的基本内涵

国别型教材是专为某国汉语学习者编写的教材。如为泰国、越南、匈牙利、瑞士、巴西、阿根廷等国学习者编写的汉语教材。国别型教材可以是综合教材，也可以是专项技能教材。

5.2　国别型教材的编写理据

一方面，某一国别汉语学习者有着共同的母语，有自己独特的历史、国情和文化传统及生活习俗，有相同或相近的教育体制。专门为某国编写某种第二语言教材不仅可以更好地照顾到这些方面，也可以更好地进行语言和文化的对比，更好地解决教材的"当地化"问题。另一方面，不同国家即使是有共同母语或通用语，有大体相同相近的文化传统，但实际上这些国家之间在社会生活和文化习俗的各方面也还会存在各种各样大小不等、程度不同的差异，而没有共同母语或通用语的国家之间的差别就可能更大更多。以上两方面正说明编写国别型教材的可行性和必要性。

5.3 国别型教材的主要特点

（1）国别型教材也是一种通用型教材，是某国汉语学习者通用的教材。国别型教材最大的特点应该是充分体现对该国学习者汉语教学的重点和难点，以及他们的生活环境、学习环境和学习习惯及他们有兴趣的话题和教学内容。

（2）教材编写的理想境界是，使该国同类教学对象都能使用所编教材，即追求在该国的普遍适用性。为此，应充分考量和提取该国具有同样学习目标的教学对象在汉语、汉字认知上的特点和学习需求，并给予恰当地呈现和充分地训练。

（3）国别型教材同样要遵循教材编写科学性、实用性、趣味性等一般原则，更要体现出对该国别的针对性教学，即在汉语语音、语法、词汇、汉字和文化教学方面，在话题选择、内容叙述、注释说明、练习设计等各方面详略得当、重点突出。

（4）国别型与语别型教材的区别在于，前者限于某一国家使用，后者不限于某一国家使用。国别型关注语言的对比和狭义文化（具体国别文化）的对比，语别型关注语言的对比和广义的文化（有关国家共性文化）对比。因此，理论上前者针对性弱于后者。

（5）国别型与语别型教材一样，在生词注释、语法翻译等方面，其针对性和实用性强于通用型和区域型教材。因为前二者是用学习者的母语或通用语来对译，后二者是用某种媒介语来对译，理论上说，前二者比后二者更便于学习者准确地认知和掌握。

需要明确的是，国别型教材意味着可以更好地进行汉语和该国别语言及两种文化的系统对比，从而在教材中做出相应的安排。因此，与有同样预设的语别型教材一样，是否进行对比、对比的深度广度以及在此基础上进行的教学难点和重点的预测是否准确，直接影响国别教材质量的高低和可能的优势能否以及在多大程度上实现。汉外两种语言和文化、习俗、国情等的对比工作做得好、落实得好，则国别教材的优势才能得以实现。相反，为某国编写的教材就很可能只是贴了"国别型教材"的一个标签。当然，这不意味着不能编写国别型教材，事实上，20 年前中美合作就编写出了《话说中国》（上册，1985；下册，1990）这样在体例设计、话题选择及内容安排等方面颇有示范意义的国别型教材。（李泉，2011）

六 再比较与再讨论

6.1 四种类型教材的共性与差异

（1）从根本上说，这四类教材都应以提高学习者汉语综合能力或说、听等专项能力为教材编写的基本目标。因此，都可以是综合教材或单项技能训练教材。这就要求，各类教材的设计和编写，都应以汉语汉字自身的知识系统及其组合规律、应用规律和教学规律为根本着眼点来安排和取舍教学内容。中国文化的教学、外国文化的融入和规避、有关国家国情因素的考量等，都应以便于汉语汉字的教学和有助于提高汉语交际能力为目的，而不能淡化乃至挤压汉语本身的教学。可见，从教材目标、结构方式和主体内容看，四类教材没有根本区别。

（2）从本质上说，这四类教材都属于"通用型教材"，分别是世界范围内通用、某一区域内通用、某一共同语别相关国家通用、某一国家相关教学对象本质上说通用。然而，它们虽均为通用型教材，但通用程度各不相同甚至差别很大，其中，通用型可以使用的范围最广，国别型的使用范围最窄，区域型和语别型的使用范围居中（二者使用范围难分高下），也即：通用型>区域型、语别型>国别型。

（3）一般来说，教材适用对象越广、国别越多，对学习者的母语、文化、社会环境等的关照就难以全面和充分；相反，则能给予更充分的关照和体现。因此，就针对性而言，国别型最强，通用型最差，语别型略强于区域型，即：国别型>语别型>区域型>通用型。

（4）从注释的准确程度上看，用学习者母语来对译汉语词汇、解说语法现象，应好于用媒介语的效果，因此，国别型和语别型教材的"对译"和"解说"比通用型和区域型教材应更准确、更易于理解。国别型只针对某一国家学习者，语别型针对有共同通用语的不同国家学习者，因此前者注释的准确性应高于后者。通用型适用范围大于区域型，区域型又有着自然和人文环境相同相近的优势，因此区域型教材注释的准确性应优于通用型。综上，就注释的准确程度上说：国别型>语别型>区域型>通用型。

（5）从教材编写和出版的应用价值和经济效益上看，显然教材设定的适用范围越广，其应用价值和可能的效益也就越大，相反则不然，至少理论上说应该是这样。而追求最大化的应用价值和经济效益，应该是教材设计和编写的基本理念。如果精心编写和正式出版的教材仅仅为少数学习者使用,那这种不计成本和效益的做法至少不是教材编写的常态。因此,从教材应用价值和效益最大化的角度看:通用型>区域型、语别型>国别型。

(6)从对语言及文化对比要求的程度上看,通用型只能是汉语与其他外语的泛比,更多的是关注汉语自身特点的教学,如注重汉语虚词、量词、关联词语的教学以及由教学经验获得的诸如汉语补语、把字句等的教学。区域型在语言上也只能是汉外泛比(有通用语的可以进行细比),但可以也应该体现出相关区域的自然和人文特点,以增强教材的实用性、趣味性和学习者的成就感。比较起来看,国别型和语别型教材对汉外语言及文化的对比要求最高,尤其是前者,因此这两类教材既有条件也有义务进行语言及相关文化对比,而只有对比并在此基础上有针对性地安排教学内容,才能体现出这类教材的特色和优势。因此,从便于对比和应该对比的要求和可能的程度上看:国别型>语别型>区域型>通用型。

(7)综上,将四种类型教材的主要异同归纳如下表1所示:

表1 四种类型教材的共性与差异简表

对比项 类型	(1)教材目标与结构方式	(2)理论上使用范围广度	(3)教材针对性的强度	(4)注释理解的准确度	(5)应用价值与效益	(6)对比要求的程度
通用型	＋	＋＋＋	＋	＋	＋＋＋＋	＋
区域型	＋	＋＋	＋＋	＋＋	＋＋＋	＋＋
语别型	＋	＋＋	＋＋＋	＋＋＋	＋＋	＋＋＋
国别型	＋	＋	＋＋＋＋	＋＋＋＋	＋	＋＋＋＋

对表1的几点说明:表中(1)都是一个"＋",表示四类教材在编写目标与结构方式上没有根本性的区别;(2)中"＋"越多表示教材使用范围理论上越广;(3)中"＋"越多表示教材针对性理论上越强;(4)中"＋"越多表示教材注释和理解的准确度理论上越高;(5)"＋"越多表示教材应用价值和经济效益理论上越大;(6)"＋"越多表示教材对语言和文化的对比要求在编写实践上越高、越强。不难看出,各类教材有共性有差异,只有充分体现不同类型教材的编写要求,才可能实现不同类型教材的特点和价值。教材编写绝不仅仅是个类型选择的问题,更不是一个"标签化"的问题,而是一

个"思想凝练"和理念创新的问题，是一个精心设计和精心实施的问题。（李泉，2013）

6.2 若干意见与建议

（1）这四类教材各有优势和不足，也各有自己的适用范围和功用。很难说哪类教材最优，哪类教材最差，更不应用一种类型替代其他类型的教材编写和研究。从教材自身的设计、研究和应用需求来看，这四类教材都需要编写和进一步研究，从满足和推进汉语国际化的需求和进程来看就更是如此。汉语的国际化实际上就是汉语教学和教材编写的多元化，是教材类型和体系的多元化。

（2）通用型现在和将来都应是教材研究和编写的重点。通用型只是一个总名，因为它可以编出各种各样、各具特色的通用型教材。换言之，通用型可以有广阔的编创空间，通用型教材的大量存在就说明了这一点。具有教学法、教学理念和教材编写理念创新并广泛流行的教材大都是通用型。批评通用型教材的理由是：没有哪一种教材可以包打天下，可以适用于所有的教学对象。这话本身并不错，但用来批评通用型教材却未必合适。通用型的"通用"是相对的、有限的通用，它追求的是最大限度地满足某类教学对象的特点和学习需求。

（3）鉴于同一地理区域在地缘语言、文化、宗教、历史、习俗以及汉语教学传统等多方面的共性优势，我们建议应确立国际汉语教学区域化的概念，加强区域通用型汉语教材的研究和编写。鉴于某些语言在世界范围内或某些地区通行较广，建议应加强诸如法语、西班牙语、阿拉伯语、葡萄牙语、俄语、德语等语别通用型汉语教材的研究和编写，促进汉语国际化进程中地缘区域化和语别类型化优势的形成和发展。其中，"汉语教学区域化"既是地理概念，也是人文概念。编写这类教材，有利于推动和促进区域内各国汉语教学共性和个性的研究，有利于区域化教学大纲（语言、文化、话题）、教学模式和评估体系的建立。确立这一观念，有利于发挥汉语母语国的辐射功能，如中国东北院校与俄罗斯和日本及朝鲜半岛、西部院校与中亚、西南和东南院校与东南亚汉语教学的交流与合作。

（4）国别型需要研究和编写，因为这类教材有属于它的适用范围和应用价值。理论上说可以做到基于汉外语言及文化对比来编写教材，其针对性最强。但是，这类教材对于"对比"的要求很高、很明确。不进行或进行得不全面、不准确的对比，相应措施不到位，就不能真正实现国别型教材的优势，"国别化"就成为一句口号。然而，对汉外两种语言及文化进行全面和深入的对比绝非易事，对编教者的要求相当高。当然，这不意味着国别化教材不能编，中外合编即有助于实现对比的要求。

（5）各类教材的编写，都应以汉语汉字的基本知识及其组合规律与应用规律的教学为主，都应以中国话题、中国故事为主，都应以自然而恰当地介绍和展示中国人思维方式、价值取向、历史传统和文化习俗等为主。换言之，各类教材的编写都要注意教材内容的"中国化"问题，特别是所谓的国别化教材。因为学汉语最终是要跟中国人打交道，不管是口头的还是书面的。当然，这绝不意味着汉语教材不能有"外国的话题和故事"，为了学习和交流的方便，为了增强教材的趣味性和学习者的成就感，完全可以在各类教材中适当融入"外国的内容和文化"，但融入的量要有度，呈现方式要恰当。

参考文献

陈　绂　2014　如何使海外汉语教材更具国别性，《云南师范大学学报（对外汉语教学与研究版）》第 2 期。

陈　颖、冯丽萍　2014　论语言教学环境对本土教材编写的影响，《云南师范大学学报（对外汉语教学与研究版）》第 2 期。

狄国伟　2013　国际汉语教材本土化问题、成因及实现策略，《课程教材教法》第 5 期。

董淑慧　2014　汉语教材编写的本土化特征，《海外华文教育》第 1 期。

范常喜、杨峥琳等　2012　国际汉语教材发展概括考察，《国际汉语》第二辑，中山大学出版社。

津田量　2010　日本汉语教材综合研究及分析，《汉语学习》第 2 期。

李　泉　2004　论对外汉语教材的针对性，《世界汉语教学》第 2 期。

李　泉　2011　文化内容呈现方式与呈现心态，《世界汉语教学》第 3 期。

李　泉　2012　《对外汉语教材通论》，商务印书馆。

李　泉　2013　汉语教材编写的根本问题探讨，《国际汉语教育研究》第二辑，高等教育出版社。

李香平 2011 当前留学生汉字教材编写中的问题与对策,《汉语学习》第 3 期。

刘乐宁 2010 论汉语国别教材的适用性,《海外华文教育》第 2 期。

吕叔湘 1985 汉语文的特点和当前的语文问题,《语文学习》第 5 期、第 6 期。

王　方 2014 初级汉语教材功能与语法相结合的量化研究,《汉语学习》第 3 期。

吴思娜 2013 外国留学生听力课堂活动与教材需求分析,《汉语学习》第 1 期。

吴应辉 2013 关于国际汉语教学"本土化"与"普适性"教材的理论探讨,《语言文字应用》第 3 期。

杨德峰 2012 上世纪 80 年代以来的对外汉语语法教材的"得"与"失",《汉语学习》第 2 期。

赵金铭 2009 教学环境与汉语教材,《世界汉语教学》第 2 期。

赵金铭 2014 何为国际汉语教育"国际化""本土化",《云南师范大学学报（对外汉语教学与研究版）》第 2 期。

郑通涛、方环海、张　涵 2010 国别化：对外汉语教材编写的趋势,《海外华文教育》第 1 期。

周小兵、程　燕 2013 汉语教材中成语的系统考察——基于 31 册综合教材与《大纲》的分析,《汉语学习》第 6 期。

（本文与官雪合作，载《汉语学习》2015 年第 1 期）

汉语教材的"国别化"问题探讨*

提　要　近年提出的教材国别化的理念和导向不符合教材编写多元化原则，多元化才是第二语言教学和教材编写的常态。现有教材国别化的理据并不充分，教材编写要贴近外国人的思维、生活和习惯的观点值得质疑。国际汉语教材编写应体现汉语汉字的特点及其教学规律，国别型教材的内容应主要贴近"中国故事"、适当贴近人类共同的情感和价值观、有限贴近"外国故事"。国别化与国别型虽一字之差，但内涵相去甚远。不必高估国别型教材的作用和价值，它的某些优势并非唾手可得；不必低估通用型教材的作用和价值，它的某些弱势并非那么严重。教材编写与研究应秉持多元化的原则，在此前提下，汉语母语国应更多地研究和编写有创新示范意义的各类通用型教材，国别型教材主要应由有关国家自己去编写。

关键词　国际汉语教学　国际汉语教材　教材的针对性　教材国别化　国别型教材

一　引言

21世纪以来，世界范围内"汉语热"持续升温，因应形势发展的需要，中国政府有关部门实施了对外汉语教学观念的重大转变，发展战略"从对外汉语教学向全方位的汉语国际推广转变"，工作重心"从将外国人'请进来'

---

* 本项研究为中国人民大学科学研究基金（中央高校基本科研业务费专项资金资助）项目成果（项目编号：2013030254，项目名称：国际汉语教材编写理念创新研究）。本文在第四届汉语国别化教材国际研讨会（重庆大学，2015年5月23—24日）上做过大会主题发言，《世界汉语教学》匿名审稿专家对本文提出了很好的修改意见和建议，在此一并深致谢意。

学汉语向汉语加快'走出去'转变",推广理念"从专业汉语教学向大众化、普及型、应用型转变"。(许琳,2007)这样一些转变,以及世界各地孔子学院的建立,进一步促进了汉语教学的国际化。

近年来,随着海外各国学习汉语人数的不断增多,以及学习目标和需求的多元化,缺少合适的教材便成为海外汉语教学面临的突出问题。在此背景下,面向海外的教材编写问题或者说教材的本土化和国别化问题受到了广泛重视,发表了不少重要文章,如赵金铭(2009、2010、2014a)、顾安达等(2009)、周小兵等(2013)、郭熙(2013)、吴应辉(2013)、狄国伟(2013)等,广泛探讨了教学环境及海外汉语教学的多样性与汉语教材编写、海外汉语教材的现状与需求、汉语教材本土化与对策等问题。迄今以"国别化"名义召开的国际汉语教材研讨会已有四次[①],进一步促进了"国别化"汉语教材的编写研究。

不仅如此,教材的编写和研究是国际汉语教学一项长期的战略性工作,教材国别化问题涉及教材编写乃至学科理论建设与教学实践诸多方面的问题。比如,汉语教材编写的根本问题与关键因素、新形势下国际汉语教材编写的主要类型与体系、教材编写与汉语教学的语言环境、海外汉语教学的多样性及对教材编写的要求、海内外汉语教学的共性与个性及教材编写的异同、汉语教材本土化的内涵与表现、海外汉语教材中"中国故事和文化"与"外国故事和文化"的兼顾与比例,等等。这些问题不仅涉及汉语国际化的进程和发展趋势、学科建设的发展方向和研究重点,更直接关乎汉语教材编写的架构和内容取向,特别是面向海外编写的汉语教材的质量和效用,很值得探讨。当然,值得讨论的问题还包括教材"国别化"的背景、理据、内涵、途径及定位,等等。

本文在前人相关研究的基础上,探讨教材"国别化"观念的由来、教材"国别化"的理据、教材编写"三贴近"(贴近外国人的思维、生活和习惯)问题、"国别化""国别型"与"通用型"的比较及各自的地位与功用、"国别化"提法和导向的适当性与可行性,同时涉及"国别型"教材的实质问题、国际汉语教材的编写趋势及国际"分工"等相关问题。

[①] 四届"汉语国别化教材国际研讨会"分别是:第一届 2009 年 12 月 19—20 日在厦门大学召开,第二届 2011 年 10 月 28—31 日在桂林电子科技大学召开,第三届 2013 年 11 月 2—3 日在中国海洋大学(青岛)召开,第四届 2015 年 5 月 23—24 日在重庆大学召开。

二 教材"国别化"观念的由来

2.1 基于"通用型"缺乏针对性而提出编写国别型教材

事实上,至少20年前就有国内学者针对海外缺少教材而当时国内编写的基础汉语教材主要是通用型,缺乏对使用对象的深入了解和对使用环境的关照,于是,呼吁加强国别和语别型教材的编写,以增强教材的针对性和实用性。例如,任远(1995)指出:现有教材基本都是没有国别、语种针对性的"通用式",而"单凭一种译文远远无法对付国别、民族、文化、心理等差异所造成的特殊性。"同样是英语,英国、美国、加拿大、新西兰等以英语为母语的学生,印度、巴基斯坦等以英语为通用语的学生,各自的情况千差万别,"同一部英译的课本到底是针对谁的呢?"为此,文章指出,"编写针对不同国家、不同语种的'新一代'基础汉语教材,确是当务之急。"杨庆华(1995)也指出,"现有教材几乎都是通用式教材。这种状况,难以满足不同国家、不同母语、不同学习环境的学习者的不同要求。"吕必松在谈到教材问题时指出:专门针对国外汉语教学的特点编写的教材很少,大部分教材对国外不适用,海外学者也指出国内编写的一些教材不适合国外的情况。(《世界汉语教学》编辑部,1998)例如,澳大利亚的徐家祯(1997)就表示:大陆编写的课本跟海外大部分大学的学时安排不适应。课文中适当包括重要而有用的中国地名是允许的,但如果出现很多对海外学生来说不重要的地名就不恰当了,如"中关村、王府井"这类的地名以及玛丽、安娜这类"毫无意义"的外国人名。[①]

以上意见反映了20世纪90年代以来海外对汉语教材实用化、多元化的需求增多,而当时的教材主要是通用型的,且大都是为国内编写的,因此不能满足海外教学的实际需要。其中,相关研究所提出的一些问题切中要害,改进措施恰当可行。比如,任远(1995)指出:现有"通用式"教材的弱点表现在:一是教材"量"的剪裁与当地的学制、学时不相吻合;二是课文内容过于"通用化",缺少与当地国情、民俗相结合,难以具有较强的吸引力;三是语法条目、词汇选择不是建立在语言对比基础上,难以一针见血地

[①] 徐先生指出中国大陆编写的教材的另外一些问题,如:有的课文不适合成年学习者的需要;提高学生语言交际能力这一目的不明确;语言教学和文化教学的结合不紧密;语法句型解释得不够清楚、简洁;语法句型的安排系统性不强,太琐碎;语法、词法的讲解不精确;没有一套听、说、看、写都配套的课本,等等。

解决问题。据此，文章提出新一代教材必须在"教材容量、课文内容、语言对比"上下功夫。

可见，20世纪90年代中后期提出应加强"国别、语别"教材编写的主要理据有二：一是教材编写更新换代的学术动因（如何增强教材的针对性）；二是国内编写的通用型教材不适合海外教学实际的情况（如何增强教材的实用性）。值得注意的是，相关的论述中并没有明确提出教材编写应"国别化"，而这并不是认识上的局限。我们认为，这一期间海内外学者对教材更新换代的研究及其具体意见和建议是有学术意义和应用价值的，主张教材编写不应只关注国内，也应关注国外；不应只编通用型，也应加强国别型、语别型教材的编写，是对外汉语教材编写研究的进步，很有前瞻性和导向性。

2.2 基于"走出去"需要而提出教材编写应"国别化"

本世纪以来，随着教学实践和学术研究的深入，特别是为促进教材"走出去"以满足海外汉语教学的需要，而逐步形成了"国别化"的观念。甘瑞瑗（2004）在其博士论文中较早将"国别化"定义为"针对不同的国家而实行不同/差别的汉语的教学与研究"。该文虽提出了国别化对外汉语教学的理念与研究方向，但主要研究的是国别化（面向韩国）的对外汉语教学词表。许琳（2007）表示："我们正在着手对走出去的汉语教材从根本上进行改革，改革的目标是教材的三贴近，即贴近外国人的思维、贴近外国人的生活、贴近外国人的习惯。编写方式是中外合作。"文章虽未提及教材国别化，但所提出的"三贴近"却被主张和支持教材编写国别化的学者普遍认可。梁冬梅（2008）指出，"不少专家学者已经意识到了编写国别汉语教材的重要性"，但目前一些所谓国别汉语教材在针对性方面做得还远远不够，"没有充分考虑学习者的特点，没有考虑学习者的母语和汉语之间的差别"，"教材内容没有与当地情况适当结合，没有针对学习者的难点设计练习"。

2009年12月19—20日，厦门大学汉语国际推广南方基地主办了"2009年汉语国别化教材国际研讨会"，明确提出"国别化汉语教材""汉语教材国别化"的观念。郑通涛等（2010）从汉语国别化教材编写理论认知的深化、国别化教材的编写实践、国别化教学与文化因素、国别化教材的立体化建设等几方面系统地梳理了这次会议的成果，并概括了会议形成的"五个重视"

的共识：重视国别化的文化表征与各国的教育体系；重视国外非常规学生的学习需求；重视网络传播媒介的巨大作用；重视校际合作、地区合作和国际合作；重视建立国别化教材评价指标体系。这些意见和建议显然值得重视。更重要的是，这次会议以后，"汉语教材'国别化'的呼声越来越高"（陆俭明，2013）。汉语教材和教学的国别化、本土化的讨论受到了空前的重视，发表了大量相关的文章①，甚至连出版界、媒体都参与了中国教材如何走出去、汉语教材如何国别化的讨论。

三　教材"国别化"理据问题探讨

3.1　教材"国别化"的必要性值得探讨

"教材国别化"已成为当下的热门话题，不少学者把"国别化"看成是教材编写的"趋势""主流""大势所趋"，乃至教材编写的"根本出路"，如"国别化：对外汉语教材编写的趋势"（郑通涛等，2010），"针对不同国别的本土化教材的编写更是成为汉语教材编写的主流"（陈颖等，2014），编写本土化教材"成为国际汉语教学事业的大势所趋"（董淑慧，2014），如此等等。教材的国别化既然如此重要，就应该对其所以重要的理据有明确的共识。然而，迄今对这一问题的讨论还很不充分，而这个问题并非不言自明。②

从上文的叙述看，20世纪90年代提出要编写"国别、语别"教材，是学科发展特别是教材更新换代研究的某种必然。其主要理由是：国内编写的通用型教材容量过大（多数内容也偏难）不适合国外的教学；课文内容缺少与当地国情、民俗的结合；通用型教材缺乏与学习者母语的对比。但是，近年来提出的教材"国别化"理据似乎并不明确，虽然也可以看到一些相关论述，但跟需要"（国别）化"相比，还缺乏说服力。事实上，只有对编写国别化教材的必要性和可行性进行充分、深入和细致的讨论，才可能编写出更有针对性和实用性的国别教材，否则，很可能在理论和实践上"走偏"，所编教材也不一定真正体现国别型教材应有的内涵和要求。实际上，目前已有

---

① 参见2010年及以后的《海外华文教育》《云南师范大学学报（对外汉语教学与研究版）》《华文教学与研究》《语言文字应用》《语言教学与研究》《世界汉语教学》等学术期刊，各类"对外汉语教学"书刊、文集以及一些大学学报等。
② 不少文献直接谈国别化教材的设计、某国国别教材的编写、如何编写国别化教材、如何使海外汉语教材更具国别性、国别教材的编写策略等，没有或很少涉及为什么要编写国别化教材的问题。

一种不恰当的倾向：认为教材内容和文化取向越国别化越好，与本土结合得越多越紧密越好。由此看来，进一步探讨"国别化"的理据有助于更好地了解教材国别化的必要性，有助于编写出更好的国别型教材。为此，我们愿从近年来有关教材"国别化"研究的文献中梳理和概括相关的理据并加以评析，希望有助于深化对这一前提性和关键性问题的讨论和共识的形成。

3.2　教材"国别化"必要性的相关论述简析

3.2.1　教材"国别化"的间接性理据

一些论述国别化教材的重要文献并没有直接论述"国别化"的理据，但是，从中还是可以看到一些相关的理据性论述：（1）在 2009 年召开的"汉语国别化教材国际研讨会"的总结报道中，就有可以作为举办国别化教材研讨会以及编写国别化教材理由的相关论述："为适应全球化背景下汉语国际推广的目标，进一步促进对外汉语教材的研究，深化汉语国际教育推广的效果"而主办"本次研讨会"。（2）"只有转变以往以'教师为中心'的理念，树立'以学生为中心'的理念，教材的国别化问题才具备现实操作的可行性。"（3）"'国别化'是为了更好地达到'影响学生文化'的目的。"（4）"当前的国际汉语教育教材，大多数是以编者理念、方式、方法为主导本位编写而成的通用性教材，难以满足不同国家、地域、环境里的汉语学习者的不同需求，教材国别化背后隐藏的是多元文化的现实，是各个国家教育体系的特征，所以，研究国别化的文化表征与各国的教育体系，应该成为需要长期着力解决的关键问题。"（5）"试图编写一部适用于所有国别、所有学习者的汉语教材是无可能的。'国别化'的汉语教材正体现出明确的使用对象与教学目标，与学习者文化背景与日常生活紧密联系等特点，即汉语教材的针对性的要求"。（郑通涛等，2010）

上述理据中：其一，有的看法很值得重视，如观点（1）。为适应海外汉语教学的快速发展，促进有关国家和地区国别型教材的研究和编写，以满足教学之需，这是汉语母语国应尽的义务。但是，教材编写的顶层设计是否因此就需要"国别化"则可以见仁见智。

其二，有的看法与实际情况不符，如观点（2）。就我们所接触到的对外汉语教学界的前辈和同行，所看到的有关教材编写研究的文章及参与编写的教材讨论，都是极尽可能地在考虑教材使用对象的需求和使用环境的特点，教材的设计和相关的安排都是"因为学习者和为了学习者"。当然，考虑得是否周全、实施是否恰当和到位则不敢一概而论，但至少不能说没有以学习者为主的观念。这种好像教材编写者从来都是我行我素，不考虑学习者的特点和需求，不考虑中外文化的差异的表述，实在是对教材编写者的一种误解。

其三，有的观点鲜明但很需要商量，如观点（3）。"国别化"根本的目的是为了增强教材的针对性，以便于学习者更好地学习汉语，而不应是更好地"影响学生文化"。退一步来说，拿什么文化，又是怎样去"影响学生文化"呢？如果拿中国文化去影响，那不是跟"国别化"有所抵牾吗？"国别化"不就是要关照学习者自己的文化、习俗等"文化表征"吗？

其四，有的观点看起来是可以接受的，如观点（4）（5），但要较真的话，也不尽符合实际。比如，不仅是当前就是今后也还会"以编者理念、方式、方法为主导编写教材"，因为编者的"理念和方法"是基于教学实践和学习者的需求而形成的，而不是"想当然"。退一步讲，不以编者为主导又该怎样编教材呢？说通用性教材"难以满足不同国家、地域、环境里的汉语学习者的不同需求"，这话似乎有道理，不同国家的学习者的确可能有"不同需求"（比如在语音和语法方面），但是，通用型教材的目标是试图尽可能地照顾到不同国家汉语学习者的"共同需求"，即按照汉语汉字自身的系统规律来呈现教学内容，也即关注的是特定学习目标的汉语学习者的普遍需求，而不是个别国家少数学习者群体的特殊需求，这也正是通用型教材的优势所在。说"试图编写一部适用于所有国别、所有学习者的汉语教材是无可能的"，这似乎更加正确，但实际上，通用型教材也只是相对的通用，是某些区域、某些国家、某些学习对象的相对通用，有哪一位编者试图编写一部适用于"所有国别、所有学习者"的汉语教材呢？显然，这种泛泛的批评是没有什么价值的。事实上，所谓国别化教材也不过是通用型教材的一种，是持有相同国别和母语的汉语学习者通用的教材，而"同一国别和母语、同样的学习目的和起点、有着相同文化背景的一类学习者，他们之间的学习动机、学习兴趣、性格特征、认知风格、兴趣爱好、文化修养，以及对目的语及其目的语国的情感态度等，也存在差异性"（李泉，2004）。可见，"国别化/型"教材的针对性同样也是相对的、有限的，以此来批评"通用型"教材缺乏针对性，不过是"五十步笑百步"而已。

3.2.2 教材"国别化"的直接性理据

有些文献谈到了国别化教材的必要性，或教材本土化的"欠缺与成因"，可以看作是从不同角度说明教材编写应"国别化"的理据。例如于海阔等（2012）在谈到编写国别化教材的必要性时指出，现有教材在海外大多水土不服，许多国内外专家和同行已就此进行过论述，比较突出的问题主要有：（1）内容上太"中国化"，未能与当地的国情、民情、地情相结合，如初级阶段出现太多"王府井"这样的地名和"弗朗西斯"这样的音译名。教材中口语和书面语有时分得不够清楚，课文内容太单调、不实用、缺乏真实性等。（2）教材未能充分体现汉语的特征，对字和词的关系关注得不够，忽略了汉语"字"的教学设计，词本位占主导地位。使用的语法术语太多，解释得不够清楚简洁，修辞教学未引起应有的重视等。（3）学时安排上大陆编写的教材跟海外多数大学的学制不相适应。阅读材料和练习太少，编排不够合理，难度太大，语言教学和文化教学的结合不科学、不紧密等。

上述意见即使确实存在，也未必就是编写国别化教材的充分理据，比如：

关于必要性（1），"未能与当地的国情、民情、地情相结合"，看起来是个理由，但也并不那么严重。因为即使是国别教材也只能是适当、有限地结合，并且应是该国普遍熟知的事物、文化、地名、建筑和风情等，如为法国、英国和爱尔兰编写的汉语教材可以分别出现"埃菲尔铁塔、塞纳河""伦敦、大本钟""都柏林、大河之舞"，如此等等。而就"王府井"这样的地名来说，只要课文话题和内容表述需要则完全可以编进教材（如"我去过北京的王府井"），而有经验的编者是不会把太多的人名、地名编进教材的。至于说"教材中口语和书面语有时分得不够清楚，课文内容太单调"等，这跟是否需要编写国别教材完全无关。

关于必要性（2），如果确实是一些教材存在的问题，那也跟"国别不国别"不大相干。何况"词本位占主导地位""修辞教学未引起应有的重视"是不是个问题很值得怀疑，至多是可以讨论的学术问题，而不是一个公认的错误。

关于必要性（3），能否成为"必要性"同样值得讨论：主要是为来华留学生编写的教材，不适合海外的学制是很正常的现象，但不一定非要编写国别教材，面向国外编写的通用型教材也可以大体上解决这个问题。而"阅读材料和练习太少"等问题,是教材编写本身的问题,跟编哪种类型的教材没有关系。至于说"语言教学和文化教学的结合不紧密",那要看跟哪种文化结合?如果是跟中国文化结合不紧密,那倒还是个问题,但也不必太过担心,因为本来就是语言教材,以语言为主并无错,文化本来就是第二位的,是为了更好地学习汉语服务的,而不是相反。如果说跟有关国家的文化不紧密,那也不一定成为编写国别教材的理由,因为即使结合也不一定"过于紧密",主要还是规避某些外国文化和习俗的禁忌,如给伊斯兰国家编写的教材不应出现"东坡肉、梅菜扣肉"这样的词语。

一个有趣的事实很值得玩味:《实用汉语课本》(1981)是一部通用型教材,出版后"很快为世界各地的汉语学习者所选用;古波、帕兰卡、丁云等书中的主人公也就伴随着各国一届又一届的学习者度过了汉语学习的启蒙阶段,有的学生从中学用到大学,有的学习者当了汉语教师以后又用这套书来教自己的学生"。据统计,该教材的第一、第二册在很多欧美国家大学中的使用率曾高达75%。"可以说凡有汉语教学的地方,几乎都有这套书的踪迹。""共出过英、法、德、俄等注释本,仅英文版在20年间就印行了17次。"(刘珣,2003)当然,这种"奇迹"是特定时期和多种原因造成的,但至少启示我们:假如教材的质量没有保证,假如这是一套国别型教材,则绝无可能使用时间这么长、使用范围这么广。

综上来看,上述这些教材"国别化"的理据大都是可以商量的,并不都是"硬邦邦的理由",不少"必要性"并不能成为编写国别教材的真正理由。如果仅仅以这样一些间接和直接的"必要性"作为教材"国别化"的因由,作为教材"国别化是大势所趋"的依据,并不能令人信服。如果因此而都来关注和编写国别教材,忽视通用型、语别型和区域型等其他类型教材的研究和编写,则实在得不偿失。

四 教材编写"三贴近"问题的讨论

近年来,面向海外编写的教材要"贴近外国人的思维、贴近外国人的生活、贴近外国人的习惯"的观点颇有影响,有学者甚至将其视为"汉语国际教育新思维",主张要"认真推行国家汉办/孔子学院总部提出的'三贴近'原则"(刘英林、马箭飞,2010)。"三贴近"已然成为教材"国别化"的重要理论依据，海内外许多赞同教材"国别化"的学者大都引此为据。我们认为，如果把这"三贴近"理解为多从这几个角度考虑外国人的相关特点和需求，反过来思考如何结合外国人的"这些特点"来编写更有针对性的汉语教材，那么"三贴近"的原则是可以接受的。然而，仅从字面来看恐怕还看不出这层意思，字面上表达的不是"考虑这些特点"借以编写更加适合外国人学习的汉语教材，而是教材编写本身就应直接去贴近外国人的"这几方面"，如此则"三贴近"的必要性和可行性是很值得讨论的。

4.1 关于"贴近外国人的思维"问题

语言是思维和交际的工具，人类各民族的思维有一致性，所以语言可以学习、可以翻译，借助语言可以进行思想交流；不同民族的思维也有差异性，所以语言学习要注意思维方式和表达方式的不同、语言翻译和语言交流有时会"词不达意"。因此，"学习一种新的语言，就是要克服本族人固有的思维习惯和语言表达方式的影响，接受新的思维习惯。王力先生说：'要学好外语，很重要的事是改变自己的语言习惯''等到自己说外语，或用外语写文章时，是用外语思想的，而不是用母语思想，然后译成外语说出来或写下来，那就是真正彻底改变自己的语言习惯了。'"（赵金铭，2014a）事实也正是如此，海内外第二语言教学界，都把培养学习者用目的语思维当作教学的一个过程性和终极性目标；而作为衡量外语学习者目的语水平的重要标准之一，也正是看他能否以及在多大程度上用目的语思维方式及其语言表达方式来思维和表达。这样看来，要求汉语教学和教材编写要"贴近外国人的思维"的观念就有些难以让人理解，为什么要贴近外国人的思维？怎样去贴近呢？恰恰相反，汉语教学和教材编写要贴近的是中国人思维和语言表达方式，这符合语言教学目标和教学规律。

4.2 关于"贴近外国人的生活"问题

"贴近外国人的生活"对海内外的汉语教学和教材编写都有一定的必要性和可行性，特别是编写国别型教材。"在国外非目的语环境下使用的教材，内容上要恰当地结合国别文化以及当地学习者的学习环境和学习生活，进行国别化、当地化处理，以便凸显教材内容的民族化和国别化双向取向，更好地发挥教材的文化沟通作用，增强教材的针对性和实用性。"（李泉，2012）对于编写在华学习者使用的教材，也要适当贴近外国人的学习生活和在华生活。这是因为：语言学习的理想状态是在学中用、在用中学，边学边用、边用边学。因此，海内外的汉语教学特别是语言学习的初中级阶段，设计一些"汉语学习、周末安排、购物、租房、旅行、上网、去饭馆儿、选专业"等贴近学习者生活的话题，是完全必要和可行的。然而，这种贴近要适当适量，要精打细算，而不能时时处处都去贴近。因为语言教学内容有其自身的目的语知识和能力体系，以及与语言交际相关的文化要素和内涵，不能为了贴近学习者的生活而过于"打乱"既定的教学内容和教学目标。因此，汉语教学和教材编写真正应该贴近的是汉语汉字本身的知识体系以及中国人的现实生活、国情、文化和历史。如果极尽可能地去"贴近外国"，那么他们很可能只会用汉语来表达学习者身边的事、自己国家的事，而无法更多地了解中国人、中国事，因而难以跟中国人进行有效的书面和口头交际。

4.3 关于"贴近外国人的习惯"问题

这里的"习惯"究竟所指为何还不很确知，生活习惯、学习习惯、风俗习惯还是其他什么习惯？不管是哪一种意义上的习惯，如上文所言，都要适度恰当、精挑细选，并以有利于汉语教学和学习为旨归，以尊重学习者的文化风俗和规避学习者的文化禁忌为要务（这是各种类型外语教材编写的基本要求，不单单是对国别型教材的要求）。"语言即生活"，学习语言也是体验一种生活。汉语学习就是一种生活，一种学习和体验汉语表达习惯的生活，一种感知和了解中国文化和价值观念的生活。比如，法国中学生在学唱青海民歌《在那遥远的地方》时，不能理解：为什么"我"愿抛弃了财产，跟她去放羊？为什么"我"愿做一只小羊，跟在她身旁？为什么"我"愿她那只细细的皮鞭，不断每天打在"我"身上？他们认为这是暴力、变态，不是爱情。（李泉，2012）如果多数法国人也是这么认为，则正说明中法文化上的差异，因为中国人不会认为这是暴力、变态。因此，从学习者的角度来看，就更有必要借此来了解中国人的思维、隐喻方式、爱情表达方式以及中国人的价值观等诸多方面的语言文化内涵。

4.4 本文主张教材编写应"一体现，三贴近"

国际汉语教材的编写应该"一体现，三贴近"：体现汉语汉字的特点及教学法，主要贴近当代中国人的生活和文化、适当贴近人类共通的情感和价值观、有限贴近海外学习者的生活和有关国家的文化。其中，"一体现"即要求教材编写应该体现汉语的语音、词汇、语法、汉字等相关要素的特点及其常规的教学法和教学理念。"一体现"既应系统和全面，又应突出重点和难点。"三贴近"是指教材对话、短文和课文及话题以中国内容为主，以人类共通的内容为辅，而学习者的生活和相关国家的内容则应是少量的。

汉语缺乏形态而注重意合，省略现象颇为常见，量词和虚词数量多且难以掌握，汉语声调重要而难学；汉字是语素文字的唯一代表，是一种类型独特的文字（吕叔湘，1985），最大缺点是"见字不知音"，汉字的构成和书写方式与拼音文字完全不同；汉语和汉字的关系不同于其他语言与文字之间的关系（李泉，2013a），各类补语的教学、"把"字句、"了"的教学等，是各国学生普遍性的学习难点和重点，教材编写应突出和加强这些内容的教学。赵金铭（2014b）总结了附丽于汉语的一些教学法思路："听说领先，读写跟上"（声调教学）妈麻马骂，汤糖躺趟""字不离词，词不离句""整体识字，先认后写""结构组块，词组本位，精讲多练"，教材编写同样应该体现这些适合于汉语汉字特点的教学理念和原则。

教学内容应贴近当代中国人的现实生活，兼顾中国的国情、文化和历史，这应该是编写汉语教材的基本原则。英语、日语等作为外语的教材内容主要都是目的语国家的现实生活、文化和历史。学习一种语言主要是为了了解和表达这个国家的"内容"，而不是通过所学语言来了解和表达学习者自己国家的"内容"，至少在语言学阶段应该如此。此外，外语教材也应涉及一些人类共通的思想、情感和价值观，以及人类社会所面临的共同问题（如环保、污染、贫富差距），以便于语言学习和交流。当然，面向海外编写的汉语教材也要贴近学习者的生活、融入学习者国家的有关"内容"，意在凸显教材内容特别是文化的双向沟通和比较，增强教材的针对性和实用性，但前提是要"适当、有限和必要"，而绝不是越多越好，更不能喧宾夺主。

4.5 外国人生活内容的"贴近比例"问题

无论是用于国内的还是用于海外的，各类教材的编写都要适当贴近学习者的生活，适当兼顾学习者的文化，这应该是可取的。前者指的是课文内容应适当与学习者的汉语学习生活、社会生活环境相结合，以便于相关词汇和语法的教学，便于降低学习的难度和交际的难度；后者指的是应该把中国文化与学习者的母语文化适当地联系起来，以便于学习者更好地了解汉语及中国文化，便于学习者在汉语学习过程中有话可说。但是，贴近与兼顾的关键在于适度、恰当。何为适度、恰当，并没有一个绝对的标准，我们的初步意见是，汉语教材中贴近外国人的内容应在一两成，不宜超过三成。有人对《意大利人学汉语》这部教材的本土化情况进行了考察，发现 87% 的课文与意大利的生活习惯、国家特色有一定的联系，如课文中的语句"（在意大利某地）中国餐馆周一休息"，并对这种"将意大利文化元素以各种方式灌入课文中"的做法给予肯定。（符媛，2014）这实在令人匪夷所思，如果教材中意大利的元素真的占到了 87%，那就不知道这教材还是不是汉语教材了？

五 "国别化""国别型""通用型"再比较

5.1 与教材"国别化"相关问题再讨论

显然，编写用于海外的汉语通用型教材、用于特定国家的国别型教材，这既是国际汉语教学事业发展的需要，也是学科建设发展的需要，是教材编写和研究应有的内涵。但是，从我们对有关教材国别化理据的梳理和分析，以及对教材编写要向外国人"三贴近"的讨论来看，并没有多少"教材编写要国别化""国别化是教材编写的大势所趋"的充分理据，一些"必要性"并不必要，或者比较空泛，或者是各类教材编写普遍存在的问题，而有的"贴近"既不必要也难以操作，等等。因此，在我们看来，教材国别化的提法有些过于"着急"和"超前"；也有些不完全符合汉语母语国的"身份"和实际所能，至少不应是汉语母语国现阶段重点努力的方向，同时也拔高了这类教材的地位，高估了这类教材的作用。

"国别化"强调教材编写要关注国别语言、文化、教育体制、学时安排等"国别内容"，这基本上可以理解为教材的本土化问题，而教材的本土化或当地化，是外语教学发展到相当程度后由有关国家根据语言教学的发展需要自己去实现的，目的语国可以起到一些促进和支持的作用，但不能也无法越俎代庖，否则就有些"越位实施"，越位实施并不犯规，但所编教材能否真正有特色以及能否被有关国家接受则是大可存疑的。外语教学和教材的本土化需要一个相当长的过程，是伴随着外语教学规模、层次以及教学理论与实践不断发展的过程而逐步实现的，并且根本上说是由有关国家政府部门和汉语教学界自己去完成的，因为他们最有话语和决策权，最了解本国的实际和需求。多年来，中国人自己编写的大量关照了中国学制学时、中国人的情趣爱好和英语学习特点与需求的教材，以及现有的海外有关国家自己编写的各类汉语教材就很好地说明了这一点。

5.2 "教材国别化"与"国别型教材"

《现代汉语词典》（第6版，商务印书馆，2014：559）对"国别化"中的"化"的解释是："后缀。加在名词或形容词之后构成动词，表示转变成某种性质或状态。"照此来看，教材编写国别化就是把本应是多种类型并进的汉语教材编写转变成"按国别来编写"这种状态，这就把本质上只是属于多种类型之一的国别型教材的地位大大提升了。这是教材编写观念和编写实践的重大转型，不可谓不重要，故不可不认真对待。

教材编写国别化的提法意味着编写国别教材应成为汉语教材编写的普遍趋势、长期过程、导向性理念、主体性类型。果如此，则至少可能带来"两个不符合"：其一，不符合第二语言教材编写的多元化原则和趋势。一种语言全面而深入地走向世界的标准和努力方向之一，就是促使该语言教学和教材编写的多元化，而不是教学和教材的"单一化"。汉语走向世界的过程，就是汉语教材编写多元化的过程，不仅要有国别型，还要有其他类型的教材；不仅要有通用汉语教材，还要有专门用途汉语教材；不仅要有成人使用的教材，还要有青少年使用的教材，等等。汉语教材编写的顶层设计和具体编写实践都不应走"一型独大"之路。其二，不符合汉语教材编写和研究的现状与发展趋势。"现状"是海内外编写的汉语教材数量越来越多，海外本土汉语教材和国内面向海外编写的教材渐趋增多，正在逐步改变教材紧缺的境况，一些国家和地区可选择的教材增多；国内编写的教材已经基本上能满足国内教学的需要，并且可选择的教材日趋增多，但是，国内外公认的具有模式化意义的精品教材仍还相当缺乏。因此，教材编写和研究的发展趋势应该是，进一步走多样化之路，进一步加强教材编写的理论研究，进一步加强教材编写的创新探索，进一步普遍性提升教材编写的水平和质量，进一步推出具有更新换代意义的各类教材，特别是符合汉语汉字教学规律、具有教学模式和教学法示范意义的精品教材，而不是超前式的直接走教材编写的国别化之路。没有教材编写理论的全面提升，没有更多可借鉴的精品示范教材，国别化教材也难以有质量和水平的大幅度提升。

可见，教材"国别化"的提法和导向，不符合外语教材多元化的原则，也不符合汉语教材编写的现状与应有的发展趋势。尽管这一提法客观上给近年来国际汉语教材的编写和研究带来了新的生机和活力，但从汉语教材编写与研究的顶层设计和长远的发展趋势来看，"国别化"的理念和导向很可能会"更改"汉语教材应有的多元化也即常态化发展进程，并"错位"性承担了更多地应由有关国家自己去完成的国别型教材编写任务。

我们曾依据教材适用范围和注释语言的不同，将汉语教材分为通用型、区域型、语别型和国别型（李泉、宫雪，2015），所谓"国别化"教材本质上是"国别型"教材，并且与通用型、语别型、区域型教材一样，都只是汉语教材的一种类型，因而称作"国别型"可能更适合对这类教材的定性和定位。"国别化"和"国别型"二者虽一字之差，但内涵却相去甚远，在国际汉语教材体系中的地位、作用和影响大不相同。"国别型"与"通用型"各有所长所短，不宜对立起来，更不宜拿一种类型教材的优势跟另一种类型教材的弱势相比。

国别型教材过去、现在和今后都是汉语教材的一种重要类型，但它不应"化"，不应成为主流，不应"一型独大"。当然，我们也要看到，汉语规模化、快速化走向世界只是近十几年的事情，国际汉语教学本土化的程度还很低，许多国家和地区的汉语教学不过是近几年才发展起来的。总体上说，海外汉语教学缺少可选择的合适教材，各国编写的本土的教材还不够多。因此，如果有条件和可能，与有关国家的汉语教师合作编写用于该国的教材，并且能在当地出版的话，无疑值得做也应该做，以解燃眉之急。但是，如果条件不成熟，而是我们自己去给某国编写教材并由中国出版这类教材的话，则要慎重考虑发行的情况、市场的情况和当地的接受情况。我们认为，现阶段乃至今后国际汉语教学获得更大的发展，作为汉语的母语国仍应秉持教材编写多元化的理念，并在此前提下加大通用型教材的研究和编写。

5.3 "国别型"教材与"通用型"教材

国别型教材，指的是专为某国汉语学习者编写的教材。一般来说，某一国别的汉语学习者有着共同的母语，有自己独特的历史、国情和文化传统，有相同相近的教育体制和教学要求，等等。因此，专门为某国编写教材可以更好地照顾到有关国家语言、文化等各方面的特点和要求（李泉、宫雪，

2015），这是国别型教材的优势。但是，即便如此，我们仍不能对这一类型的教材寄予过多的希望，因为国别型教材绝不仅仅是个"标签"的问题，只有充分而恰当地编出国别型教材的优势和特色，才能真正发挥这类教材应有的效果，而做到这一点并不容易。这是因为：（1）国别型教材也是一种通用型教材，一个国家的学习者相同的地方多，可也绝不是在目标需求、兴趣爱好、风俗习惯乃至学时学制等各方面时时处处都相同，因此同样也有一个针对性的定位和措施落实问题，而这并不比通用型教材容易多少。（2）为特定国家编写教材，有利于语言和文化的对比，这是一般情况和多数情况，但是也有特殊情况，比如，有的国家有两种通用语（如瑞士的法语和德语），那么以哪种语言为对比的基础呢？当然这也许并不难，两种语言各编一套即可解决。可是编一套教材特别是编一套精品教材的精力、成本并不是说说就可以做到的。（3）更重要的是，不进行语言的对比，这类教材的优势就体现不出来，可是对比并不是十分简单的事情，且不说对编教者的语言修养有很高的要求，而且费时费力经过对比编写出来的教材有时并不那么理想。王宗炎（1985）指出，英语教材编写的实践表明，通过对比分析所预测的教学难点和重点未必是教学中的真正的难点，而许多情况下没有预测到的难点或预测不会是难点的地方却成了教学中的难点。赵杨（2015）强调："外语学习是个复杂的过程，学习者是这一过程的主体，抛开学习者因素，只通过机械地对比两种语言来预测学习难度，很容易得出与事实不符的结论。""现实情况恰恰如此，预测的许多难点并没有给学习者带来太多的学习困难，根据预测认为容易习得的地方反而出了很大问题。"因此，不必对国别型教材寄予过高的希望，更不能说国别型是教材编写的主流和趋势，特别是在通用型教材编写还没取得丰富而实用的理论研究成果和编写经验的当下。当然，这绝不是不需要编写国别型教材的理由，国别型教材从来都应是汉语教材编写的一种重要类型，只是我们应以精益求精的精神对待它，以平常心态去看待它。

通用型教材指"不专门针对某类学生的母语，不专门针对某类学生的国别（文化背景）而编写的教材"（吴勇毅，1993）。这类教材不仅不能照顾到所有国家的语言和文化的特点和需求，甚至连两个不同母语的国家都照顾不到，不可能跟多数国家的场景和学习者紧密结合起来，如此等等，特别是缺乏对比，都是通用型教材先天的缺憾。但是，即便如此，我们仍不能低估这类教材的作用和优势，不仅如此，在目前作为汉语母语国还未能给海外各国的汉语教学提供更多的、切实可行的关于汉语汉字作为第二语言教学的理念、原则、策略、方法、模式以及教学经验的情况下，通用型教材尤其有着特殊的意义和价值。①

英语传播的成功经验表明：英语母语国始终走的是研究和编写各类通用型精品教材之路，并重在提供教学理念、教学模式、教学原则和方法，而不是大力发展国别化教材。被各国广泛使用的具有编写理念、编写模式、教学方法、内容取向等多方面示范意义的《跟我学》《新概念英语》《走遍美国》等，就是这类精品教材的代表，而各国自己编写的本土化英语教材大都借鉴和汲取了这些精品教材的成功经验和相关要素。

至于广被诟病的通用型教材缺乏针对性的问题，事实上也并不那么严重和不可逾越。汉语对各国学习者都是一种"真正的外语"，汉字对除日韩外所有其他国家的学习者都是一种"全新的文字"，这就为几乎所有汉语学习者编写通用型教材提供了广义的"针对性"和编写依据，而不以某一特定国家的场景为主正是通用型教材的一个特点和优势。事实上，国别型教材也只能是少部分场景选自该国，大部分还应是中国场景或国际化场景（如中国城、唐人街，国际酒店、超市）。海内外较为广泛使用的都是通用型汉语教材，如《新实用汉语课本》《中文听说读写》《当代中文》《发展汉语（第二版）》等，足以说明这类教材的价值。

六 结语与余言

6.1 主要观点

（1）20世纪90年代基于教材更新换代的学术动因，以及国内编写的通用教材不适合海外教学的需求动因，而提出了编写国别、语别教材的理念。

---

① 美国纽约城市大学俞志强教授在给笔者的信中写道："我在想一个问题：《新概念英语》的做法，其实是教材国际化，教学本地化。中国出了很多的适合中国人学的、又配合《新概念英语》的辅助教材，也解决了很多具体问题。相反，如果教材是本地化的，再要国际化教学则不可能。咱们是不是能得出一个结论：国际化的教材应该是教材里的大作，前提是质量如果可以保证的话。"我们认为，俞教授的意见很有见地和启发性，值得深思。事实也正是如此，《实用汉语课本》曾在世界各地广泛而长时间使用就有这样的情况："很多同行在这20年间不仅向我们提出了很多宝贵的修改意见，而且为这套书编写了各种练习册、语法参考书，制作了录音带、录像带及电脑辅助资料，甚至出版了繁体字本和各种针对学习者母语的改编本。"（刘珣，2003）

这是合情合理的，是教材编写研究深化的某种必然。

（2）进入21世纪，特别是以2009年召开的"国别化教材研讨会"以来形成的教材编写"国别化"的观念，是对海外汉语教学迅速发展的一种呼应，是试图更有效地推进汉语教学国际化的一种策略，并且客观上深化了汉语教材特别是国别型教材的编写和研究。

（3）现有关于教材"国别化"的理据或必要性，大都是可以讨论和质疑的，其中有的并不那么"必要"，有的则是国别型教材同样也存在的问题，即教材编写普遍存在的问题，跟是否"国别化"无关。

（4）教材编写的"三贴近"原则值得商量，其中，贴近"外国人的思维"不符合外语教学的目标，外语教学的最终目标就是使学习者能用目的语思维；贴近"外国人的生活"是合理与必要的，但是应是适当而有限的，更多的还是贴近中国人的生活，讲中国人的故事；贴近"外国人的习惯"，需要区分是何种习惯，即使是贴近外国人的生活习惯也应适当而有限，更多的还是要贴近中国人的各种习惯。

（5）本文主张，面向海外编写的各种类型的教材，应该"一体现，三贴近"：体现汉语汉字的特点及教学法，主要贴近当代中国人的生活和文化、适当贴近人类共通的情感和价值观、有限贴近海外学习者的生活和相关国家的文化。

（6）"国别化"意味着编写用于国别的教材应成为汉语教材编写的普遍趋势、长期过程、主体类型，这不符合第二语言教材编写的多元化原则和趋势，多元化是外语教材编写的常态化；不符合现阶段国际汉语教材编写和研究的现状与发展趋势。俗言之，"一花即使独秀，也不如百花盛开好""大家都好，才是真的好"。

（7）"国别化"的理念不可取，但"国别型"教材自有其自身的价值和用途，历来是汉语教材编写的重要类型，但同样不必对国别型教材寄予过高的希望，它的某些优势并非唾手可得。因此，应以平常心来看待国别型教材的优势、作用和实际可行性。

（8）通用型教材自有其先天性的缺憾，可是亦有其自身的优势，海内外通用型教材居多，外语教材的精品大都是通用型教材，便很能说明问题。推出国际化的精品汉语教材可能还是要靠通用型教材去实现。对于汉语汉字这种"真正的外语"和"独特的文字"来说，面向海外的通用型汉语教材的研发尤其值得关注和期待。

（9）我们"无端地设想"，国际汉语教材的编写在多元化的大前提下，应有个大致的国际分工。通用型教材主要应由汉语母语国来编写，并且努力编写出有引领、示范和模式化作用的精品教材。当然没有任何理由表明海外不能或不宜编写通用型教材，事实上海外已经编写了一些广为使用的通用型教材（如美国出版的《中文听说读写》）。国别型教材可能更适合需要有关国家自己去编写，就像中国人给中国人编写的各类英语教材一样，因为他们更知道该怎么编、怎么用。有关国家的汉语教学真正"热"起来以致"热"得不得了，自然会有人组织编写。比如，西班牙本土出版公司 Difusion 就组织编写了一套初级汉语系列教材《xiexie 谢谢》（2009），德国 Hueber 出版社 2010 年出版了初级汉语综合教材《聊聊》。① 教材不仅有编写的问题，还有出版发行、市场确认和教师认可等多方面的问题。

6.2 余言

（1）教材编写应加强针对性的设计和实施。事实上，在针对性原则下，完全可以解决"国别化"教材的各种问题，针对性就是要针对教材的使用环境、学时学制等问题，如果是给某国编写的教材，就是要适当融入和规避有关国家的文化和习俗，就是要进行语言对比，等等。换言之，国别化/国别型教材的实质是教材针对性问题，是"针对点"的分析和措施的落实是否到位的问题。

（2）教材编写的问题说到底是理论研究的问题。一些教材质量不高、不适用、不好用，主要是教材编写理论、汉语习得理论、汉语（汉字）本体研究、跨文化教学研究薄弱所致（李泉，2013b），根本上说，不是国别化和本土化的问题。

（3）中外合作编写是教材编写的重要途径，但同样不能给予过高的期望：几个学术背景、教学经验、汉语教学认知乃至个性完全不同或差异很大的人合作编写教材，他们对教材的整体设计、编写理念的考量、课文内容的选择、练习题型的设置，乃至一句话、一个句子怎么编写，一个注释、一个语言点怎么说明，都可能存在分歧，甚至不可开交。当然，这种情况可能

---

① 初级汉语系列教材《xiexie 谢谢》1～4 册，西班牙 Difusion 出版公司 2009 年出版。初级汉语综合课本《聊聊》，由德国汉语教师 Thekla Chabbi 编写，德国 Hueber 出版社 2010 年出版。

有点极端,但很可以说明合作编写并不是一件简单易行的事情。此外,合作编写国别教材同样需要进行有针对性的创新研究和精准的实施。(丁安琪,2011;吴勇毅,2012)

(4)教材要编好,要编出好教材,可是教师对教材的使用同样更为重要。鲁健骥等(1986)指出:"没有教师的能动作用,编得再好的教材也不能实现它的教学目标。人们总是抱怨没有一本好教材,而一本十全十美的教材永远不会出现。"可见,重要的还在于提高教师对教材的解读和发挥能力,在于提高教师的自身素质和教学水平。有经验的优秀教师从来都能够结合教学对象的特点、水平、需求,结合教材的具体内容和当地的教学环境等因素,来弥补教材的不足,补充相关而必要的教学内容。比如,教师在教"黄河、长江"时结合实地完全可以补充"塞纳河、泰晤士河、亚马孙河",在教"王府井、长安街"时完全可以提到"银座、华尔街",如此等等。正所谓"教材编得好,不如老师教得好"。过于依赖教材、拘泥于教材,而不能结合教学实际创造性地使用教材,正是一些教师抱怨教材不理想的一个原因。实际上,教材是死的,教师是活的,不能"只教教材、死教教材",而应结合教学环境和学习者的需求创造性地使用教材,恰当地开发和补充教材。

参考文献

陈　颖、冯丽萍　2014　论语言教学环境对本土教材编写的影响——兼谈泰国中学汉语本土教材的编写,《云南师范大学学报(对外汉语教学与研究版)》第2期。

狄国伟　2013　国际汉语教材本土化问题、成因及实现策略,《课程教材教法》第5期。

丁安琪　2011　国别汉语教材编写的思考与探索,《世界汉语教学学会通讯》第1期。

董淑慧　2014　汉语教材编写的本土化特征——基于《汉语教科书》(1954)与通用性教材、"一版多本"的比较,《海外华文教育》第1期。

符　媛　2014　《当代中文》(意语版)与《意大利人学汉语》课文对比,中国人民大学硕士学位论文。

甘瑞瑗 2004 国别化"对外汉语教学用词表"制定的研究：以韩国为例，北京语言大学博士学位论文。

顾安达、万业馨 2009 德国大学、中学汉语教材使用现状与需求，《国际汉语教育》第三辑，外语教学与研究出版社。

郭　熙 2013 对海外华文教学的多样性及其对策的新思考，《语言教学与研究》第3期。

李　泉 2004 论对外汉语教材的针对性，《世界汉语教学》第2期。

李　泉 2012 《对外汉语教材通论》，商务印书馆。

李　泉 2013a 关于"汉字难学"问题的思考，《国际汉语传播研究》第1辑，商务印书馆。

李　泉 2013b 教材编写的根本问题探讨，《国际汉语教育研究》第二辑，高等教育出版社。

李　泉、宫　雪 2015 通用型、区域型、语别型、国别型——谈国际汉语教材的多元化，《汉语学习》第1期。

梁冬梅 2008 《意大利人学汉语》对汉语国别教材编写的启示，《国际汉语教学动态与研究》第四辑，外语教学与研究出版。

刘　珣 2003 为新世纪编写的《新实用汉语课本》，《暨南大学华文学院学报》第2期。

刘英林、马箭飞 2010 研制《音节和汉字词汇等级划分》，探寻汉语国际教育新思维，《世界汉语教学》第1期。

鲁健骥、杨石泉 1986 教材和教学实践，《第一届国际汉语教学讨论会论文选》，北京语言学院出版社。

陆俭明 2013 汉语国际传播中的几个问题，《华文教学与研究》第3期。

吕叔湘 1985 汉语文的特点和当前的语文问题，《语文学习》（上海）第5、6期（连载）。

任　远 1995 新一代基础汉语教材编写理论与编写实践，《语言教学与研究》第2期。

《世界汉语教学》编辑部 1998 语言教育问题座谈会纪要，《世界汉语教学》第1期。

王宗炎 1985 对比分析和语言教学，王宗炎著《语言问题探索》，上海外语教育出版社。

吴应辉 2013 关于国际汉语教学"本土化"与"普适性"教材的理论探讨，《语言文字应用》第3期。

吴勇毅 1993 对通用型教材的一点意见，《华东师范大学学报》（哲学社会科学版）第4期。

吴勇毅 2012 汉语作为外语环境下的教材编写——以《汉语入门》为例，《第十届国际汉语教学研讨会论文选》，北方联合出版传媒（集团）股份有限公司（万卷出版公司）。

徐家祯 1997 从海外使用者的角度评论大陆编写的初级汉语课本，《第五届国际汉语教学讨论会论文选》，北京大学出版社。

许琳 2007 汉语国际推广的形势和任务，《世界汉语教学》第2期。

杨庆华 1995 新一代对外汉语教材的初步设想——在全国对外汉语教学基础汉语推荐教材问题讨论会上的发言，《语言教学与研究》第4期。

于海阔、李如龙 2012 关于汉语国际教育国别化教材几个问题的探析，《民族教育研究》第6期。

赵金铭 2009 教学环境与汉语教材，《世界汉语教学》第2期。

赵金铭 2010 对外汉语教学法回视与再认识，《世界汉语教学》第2期。

赵金铭 2014a 何为国际汉语教育国际化本土化，《云南师范大学学报（对外汉语教学与研究版）》第2期。

赵金铭 2014b 附丽于特定语言的语言教学法，《世界汉语教学》第4期。

赵杨 2015 《第二语言习得》，北京大学出版社。

郑通涛、方环海、张涵 2010 国别化：对外汉语教材编写的趋势，《海外华文教育》第1期。

周小兵、陈楠 2013 "一版多本"与海外教材的本土化研究，《世界汉语教学》第2期。

（载《世界汉语教学》2015年第4期）

教师发展研究

汉语国际教育硕士：培养目标与教学理念探讨

提 要 本文对汉语国际教育硕士（MTCSOL）的培养目标和课程设置进行了个人解读，认为汉语国际教育硕士的《培养方案》目标设定比较合理，课程设置科学可行。文章重点探讨了 MTCSOL 的教学理念问题，主张应采取知识和方法并重的教学实施理念，传授知识和理论要考虑实用性问题，传授方法和训练教学技能要针对海外汉语教学的实际情况。知识的传授应尽量全面系统，但应突出汉语汉字基础知识和中华文化知识的教学，因为不论在何处从事何种类型的汉语教学，都离不开这两项内容。教学方法的传授与训练也应尽量全面系统，但应突出基于外语教学基本原理而设定的方法、课堂教学方法、课堂管理方法的培训。具体的教学方法和技巧，当然可以传授，不过，一个优秀的教师绝不应仅仅是他人方法和技巧的实践者、应用者，而应是教学方法和技巧的探索者、创造者。

关键词 汉语作为外语教学　培养目标　教学理念　教学方法

一　引言

面向世界加强汉语作为外语教学的学科建设，是加快汉语教学、汉语学习和汉语应用国际化进程的一项核心工作。学科建设除了理论研究、标准制定以及教学规律的探索等学术建设以外，更为关键的是师资队伍建设。没有一支专业化、高水平的国际汉语教师队伍，不仅汉语教学质量会直接受到影响，学科的学术建设以及汉语的国际化进程也必然会受到影响。因此，师资队伍建设是学科建设的关键所在，是推进汉语国际化的一项根本任务。

中国政府有关部门高度关注汉语师资问题，充分认识到师资队伍建设的重要性和迫切性。近些年来，国家汉办、国务院侨办积极开展对海外专兼职汉语教师的培训工作，派出一批又一批海外教师培训团组，取得了良好的效果。更为可喜的是，国家有关部门在汉语教学师资培养方面积极开拓新渠道，为师资培养和队伍建设做出了新的探索，设立"汉语国际教育硕士（Masten of Teaching Chinese to Speskers Othen Languages，简称 MTCSOL）专业学位"教育即是一例。

2007 年 3 月 30 日，国务院学位办发布关于《汉语国际教育硕士专业学位设置方案》的通知，并设立了 24 所试点院校招收汉语国际教育硕士专业学位研究生。该方案明确表示：汉语国际教育硕士专业学位的设立是为了提高我国汉语国际推广能力，加快汉语走向世界，改革和完善对外汉语教学专门人才培养体系，培养适应汉语国际推广新形势需要的国内外从事汉语作为第二语言／外语教学和传播中华文化的专门人才。[1]汉语国际教育专业学位的设置，是学科建设中标志性的大事，需要海内外同人给予更多的关注和支持。本文拟对《汉语国际教育硕士专业学位研究生指导性培养方案》（以下简称《方案》）中有关"培养目标及要求"和"课程设置"做个人解读，并就国际汉语教育硕士的教育理念问题略陈浅见。

二 对 MTCSOL 培养目标和课程设置的解读

《方案》对汉语国际教育硕士（MTCSOL）培养目标的规定是：培养具有熟练的汉语作为第二语言教学技能和良好的跨文化交际能力，适应汉语国际推广工作，胜任多种教学任务的高层次、应用型、复合型专门人才。对培养要求的说明是：(1) 掌握马克思主义基本理论，具备良好的专业素质和职业道德。(2) 热爱国际汉语教育事业，具有奉献精神和开拓意识。(3) 具有系统的专业知识、较高的中华文化素养和跨文化交际能力。(4) 具备熟练的汉语作为第二语言教学技能。(5) 能流利地使用一种外语进行教学和交流；能熟练运用现代教育技术和科技手段进行教学。

1. 从第二语言教学理论和实践及我们现有的认识来看，《方案》中的培养目标和培养要求体现出如下几个特点，也可看成是《方案》比较出色的地方。

---

[1] 参见中国国家汉办网站 http://www.hanban.edu.cn 相关链接，下同。

其一，注重能力培养，体现学科特点。《方案》要求培养对象掌握"汉语作为外语教学的技能"，具备"良好的跨文化交际能力"。我们的理解，培养目标中所明确的"具有熟练的汉语作为第二语言教学技能""应用型的专门人才"，是要求 MTCSOL 首先应是教汉语的行家里手。简言之，MTCSOL 应具备教书匠的本领。"匠"在这里是褒义，不是照本宣科的代名词，是胜任各种类型的汉语教学、掌握熟练的汉语教学技能乃至具备高超教学艺术的代名词。而对外国人的汉语教学，无论是在国内还在国外都是一种跨文化的教学活动，因此培养 MTCSOL 具有丰富的跨文化交际知识，特别是具备跨文化教学和跨文化交际的能力，就成为必然要求。可见，"汉语教学能力"和"跨文化交际能力"是 MTCSOL 必须具备的两项最基本、最重要的能力。《方案》抓住这两项核心能力，并确立为培养目标，不仅体现了《方案》注重能力培养、重视能力建设的特点，也体现了汉语作为外语教学的学科特点，因为培养学习者运用汉语的技能以及跨文化交际能力，正是汉语作为外语教学的核心目标，而教师只有掌握了汉语培训技能，具备了跨文化交际的知识和技能，才有可能在教学实践中实现方案设定的人才培养目标。

其二，注重职业要求，兼顾工作特点。MTCSOL 专业的设置，是为了适应国际汉语教学形势发展的需要，而海外的汉语教学正呈现教学层次、教学需求、教学目标以及教学模式等的多样化趋势，汉语教学大发展，带来了教学工作的多样化和复杂化；另一方面，作为汉语的母语国我们不仅要适应形势的需要，更要主导开拓汉语教学的新局面。《方案》在培养目标及要求中规定的"适应汉语国际推广工作，胜任多种教学任务""热爱国际汉语教育事业，具有奉献精神和开拓意识""能流利地使用一种外语进行教学和交流；能熟练运用现代教育技术和科技手段进行教学"等，就是针对海外汉语教学和汉语推广工作的需求而提出的。要求 MTCSOL 不仅能适应海内外各种教学工作，特别是能够胜任在海外开展汉语教学工作，而且能够利用熟练的外语在海外进行开拓性的工作，从而既突出了职业要求，也兼顾了汉语国际传播的客观需要。

其三，注重质量要求，明确人才规格。《方案》在培养要求中"具有系统的专业知识""较高的中华文化素养""熟练的教学技能""流利地使用外语进行教学和交流""熟练运用现代教育技术"等，即是对 MTCSOL 的质量要求，其中"系统的""较高的""熟练的""流利地"是质量要求的关键词、标志词。而培养目标中对人才的"高层次、应用型、复合型"的限定，体现了对 MTCSOL 标准和规格的要求。其中，高层次是对人才层级标准的规定，应用型是对人才培养方向的规定，复合型是对人才知识结构的规定。可以说，《方案》对 MTCSOL 的培养目标和培养要求可谓高标准、高质量、高规格。

可以认为，MTCSOL 的培养目标及要求，定位准确，重点突出；要求明确，针对性强；国际性和外向型特点鲜明。具体而言，《方案》既突出了注重对人才的能力培养，也体现了汉语作为外语教学的学科特点；既反映了汉语教师的职业要求，也兼顾了汉语国际推广工作的客观需求；同时对人才的质量和培养规格要求明确，界定清晰；而对 MTCSOL 在"中华文化素养""跨文化交际""外语能力"等方面的相关要求，则体现了对人才规格的国际性和外向型的目标追求。所有这些都标志着 MTCSOL 独特的专业定位和人才培养目标。

为了实现上述培养目标和要求，《方案》设置了公共课（8 学分）、必修课（10 学分）、选修课（5 大类，10 学分）、教学实习（4 学分）等课程。其中，5 门必修课程基本上能够保证培养对象对汉语和文化的教学内容、教学理论和教学方法的掌握和基本教学能力的养成；而语言、教学、文化、教育和方法等五大类 23 门选修课以及在外语和实习方面的具体要求，则不仅细化和深化了必修课程的内容，也延伸和丰富了教学内容，不仅为教学提供了丰富的选择余地，也为有条件有需求的培养单位或学员提供了系统的培养内容和个人学习方向。此外，《方案》的课程设置另有如下特色：突出了"汉语"作为外语教学的特色，如选修课"汉字概说""中华文化技能"等的设置；融入了现代教育的某些新理念和技术要求，如选修课"案例分析研究""汉语教学案例分析""教师发展概论""现代教育技术及教学应用"等的设置；凸显了国际汉语教师自身及其所肩负的汉语国际传播使命的特殊培养要求，如"国别与地域文化""礼仪与公共关系""国外中小学教育专题"等选修课的设置。

2. 可以将 MTCSOL 的培养方案与国家汉办发布的《国际汉语教师标准》（2007，以下简称《标准》）进行比较。《标准》"先后聚集了海内外近百名专家和学者参与研制工作，并广泛征求了国内外专家学者和一线教师的意见"。在制定过程中"借鉴了 TESOL 等国际第二语言教学和教师研究新成果，吸收了国际汉语教师实践经验,反映了国际汉语教学的特点"。(《标准》前言)可以认为,《标准》是一套比较完善的教师标准体系,完全可以作为评估《方案》的一个参照体系。《标准》分为五个模块十项标准:模块一:语言基本知识与技能(标准一:汉语知识与技能;标准二:外语知识与技能);模块二:文化与交际(标准三:中国文化;标准四:中外文化比较与跨文化交际);模块三:第二语言习得与学习策略(标准五:第二语言习得与学习策略);模块四:教学方法(标准六:汉语教学法;标准七:测试与评估;标准八:汉语教学课程、大纲、教材与辅助材料;标准九:现代教育技术及运用);模块五:教师综合素质(标准十:教师综合素质)。

不难看出,《方案》的"培养目标"和"课程设置"与国际汉语教师所应具有的知识、能力与素养是相吻合的。《方案》在公共课、必修课和选修课中所设置的课程,不仅全面覆盖了《标准》五大模块十项标准的基本内容,而且在文化类、教育类和方法类选修课程中有些课程已经超出了《标准》的内容,而从五门必修课的"课程说明"来看,有关的课程目标、教学要求和教学内容比之于《标准》的相关内容大都有所细化和深化,有所拓展和延伸。《标准》是对从事国际汉语教学工作的教师所应具备的知识、能力和素质的一个全面而基本的描述,而汉语国际教育硕士(MTCSOL)的培养目标、培养要求、课程设置与实施等理应在一些方面和一定程度上高于、宽于、细于《标准》。

总体上看,《方案》的"培养目标"和"课程设置"有很强的专业性、针对性、科学性以及国际性和外向型特点。但是,MTCSOL 的设立在海内外尚属首次,理论上的科学和可行不等于实践中科学和可行,因此包括培养目标、课程设置、教学理念、培养模式等,都还需要在教学实践中不断加以调整、改进和完善。

三 MTCSOL 教学理念探讨

《方案》培养目标和培养要求中"培养具有熟练的汉语作为第二语言教学技能""胜任多种教学任务的应用型人才""具备熟练的汉语作为第二语言教学技能""能熟练运用现代教育技术和科技手段进行教学"等表述,已清楚地凸显了《方案》对 MTCSOL 的培养更加注重汉语教学技能的培养,更加注重教学方法和技巧的掌握，更加注重应用型人才的塑造，而这或许正是 MTCSOL 培养的核心理念。毫无疑问，培养国家级、世界级胜任多种汉语教学任务，具有熟练的教学技能乃至高超的教学艺术的行家里手，应是 MTCSOL 培养的核心目标或追求的理想境界，这一点至少在理论和观念上应得到充分肯定。

然而，不能回避的问题是：是否设定了目标，安排了课程，学生修满了学分，完成了教学实习计划，写就了一篇合格或优秀的学位论文，而后我们的 MTCSOL 就都能成为胜任多种汉语教学的能手高手了呢？显然，回答这样的问题不是简单的肯定或否定就能了事的。但可以肯定地说，至少不会如此这般容易，特别是联系到 MTCSOL 生源的知识背景，联系到海外汉语教学的复杂情况，联系到教学实施过程中可能采取的教学原则、策略和理念来看，就更难以让我们心安理得。也就是说，虽然 MTCSOL 的培养方案很专业、很科学，然而，再好的方案也只是个方案，有效地实现方案设定的培养目标需要具备多方面的条件，而对什么人实施和怎样实施就是其中两个关键因素。

讨论对什么人实施的问题，是想强调招收 MTCSOL 不能仅仅通过书面统考和"学识"面试来决定是否录取，而要特别注意考生是否具备做外语教师的条件和能力等非学识方面的因素。甚至可以考虑将"是否适合当教师"作为能否录取的一个前提条件。教学实践表明，不是任何一个汉语地道、学识丰富的中国人都能成为一个合格的汉语教师。我们不是想搞"教师血统论"，实在是人的才能、素质、个性、天赋存在差别，而教师这个职业本身又有些特别的要求。一名外语教师可以习得各种知识和技能，但在方音方言、口齿口音、言语节奏、表达能力、课堂组织管理能力以及个人感召力等方面却是很难改变的。比如有的人天生就是"刻板型""严肃型""缺乏耐心型""声音蚊子型""组织能力不强型""讷于言语表达型"等，这些"秉性"就不大适合当教师，尤其不大适合当外语教师。

就报考 MTCSOL 的人来讲，有的人并没有想清楚如何当好一名汉语老师，或者在这方面考虑不多，想的是提高一下外语水平、感受一下异国风情；有的人倒是怀着满腔热情甚至报国之志，要"教老外学汉语，弘扬中华文化"，可是汉语汉字和中华文化知识，却知之甚少；有的人根本就没想到教汉语是件不容易的事，甚至觉得"教教老外，还不容易"；有的人是因为对目前的工作不满意，考 MTCSOL 是为了换换工作；有的人则属于不适合当外语老师的那一类。对于这样一些人、这样一些想法，其实无可厚非，甚至是可以理解的。然而，他们考入 MTCSOL 后，虽经专业训练和个人努力，却由于上述或其他原因，他们中仍会有人难以达到预期的培养目标，从而造成人才本身和教育资源的浪费。

可以说，能否真正实现 MTCSOL 培养目标，在很大程度上取决于 MTCSOL 的生源素质。方案和课程都是外在因素，学生才是内在因素。因此，应结合教学实践进一步研究 MTCSOL 的入门考试，加强面试中"是否适合当教师"一环的面试，甚至可以考虑将其确立为"一票否决权"的面试项目，前提是要对不适合当汉语老师的条件进行细化、标准化、可操作化。此外，还可以考虑实行中期考评与淘汰机制，等等。总之，把好"入口"是实现 MTCSOL 培养目标的关键一环。

更值得讨论的是，有了合格的或优秀的生源，同样还会遇到如何培养、如何实施教学方案的问题。合理的方案要有合理的实施，才能取得理想的效果。为此，应该探讨 MTCSOL 的教学理念问题，即探讨为了更好地实现 MTCSOL 预期的培养目标，在课程实施及其具体的教学过程中，所应持有的教学策略、教学原则、教学观念一类的问题。持有什么样的教学理念来实施教学，直接关系到能否真正实现预期的培养目标，而这一点恰是包括 MTCSOL 在内的许多"专业硕士"培养方案中不够明晰的地方，因此有必要加以讨论。

目前，从初步了解到的一些试点院校对 MTCSOL 的要求和教师的实际教学来看，除了少数仍然走以培养"学术""学问"型人才为主的路子（这当然是不正确的）以外，大都主张或实际采取"直奔目标"的做法，即加大汉语教学技能的训练力度，尽可能多讲教学方法和教学技巧。此外，从我们近年参与的海外中文教师的培训来看，当地的一些专兼职教师和培训主管部门都明确要求"多讲具体的教学方法和技巧"。可见，直奔目标的要求和做法似乎成为汉语专业硕士培养和海外教师培训的主流性倾向。直奔目标的做法有效果、见效快，比之于人讲知识，特别是人讲一些不着边际的所谓理论而忽视教学技能的训练，这种做法更直接而实惠。但是长远来看，直奔目标的实施理念可能只是一种头痛医头的做法，只能取得"短平快"的效果，而不是长效做法，也不会取得长效作用。事实上，直奔目标未必就容易达到目标，头痛医头很可能治标不治本，缺啥补啥很可能把问题简单化了。

我们认为，应该综合考虑培养对象的实际情况、方法技巧的有效性和有限性、未来从事的教学任务的复杂性，来确定 MTCSOL 的教学理念，这样才能更有针对性，更有利于实现 MTCSOL 的培养目标。

就"培养对象的实际情况"来看，绝大多数考生的专业背景与"汉语汉字"和"中国文化"相去较远。据 MTCSOL 专业学位教育指导委员会秘书处，对 2007 年 24 所院校实际参考的 1418 名考生的分析来看，本科专业情况：外语专业 704 人，约占 49.7%；中文专业 365 人，约占 25.7%；对外汉语 32 人，约占 2.2%；教育、心理、历史、图书馆等文科专业 135 人，约占 9.5%；理工专业 105 人，约占 7.4%；经济、管理等专业 77 人，约占 5.4%。其中，中文专业和对外汉语专业合起来约占 27.9%，这是专业背景跟"汉语汉字"最为贴近的考生人数，但也只是本科程度上的"现代汉语""语言学概论""古代汉语"方面的基本知识而已。而另外 70% 以上其他专业背景的考生，恐怕连这样程度的语言知识也不具备。这就是说，可能成为 MTCSOL 的绝大多数考生没有或缺乏汉语语言学、语言学理论、汉字学、中国文化方面的知识。

就"方法技巧的有效性和有限性"来看，首先必须承认方法和技巧在外语教学中的重要性，教师掌握的外语教学方法和技巧越多，越有利于将其灵活地运用于教学实践，也才有利于学生外语能力的培养，反之则不然。毫无疑问，方法和技巧是有用的、有效的，即使是头痛医头也不失为一种有效的方法，缺啥补啥同样会有一定的效果。进一步来说，掌握外语教学方法和技巧的多寡是评价一个老师能否胜任多种教学任务，能否成为一名优秀教师的重要标准。教学方法单一、缺乏教学技巧，肯定不会成为优秀的教师。正如智者所言，在所有的知识中，有关方法的知识最为重要。因此，决不能低估教授教学方法的重要性。

但是，也要看到方法和技巧的作用是有限的，有条件的，有些甚至是个性化的。这是因为，究竟有多少教学方法和技巧可以传授是值得考虑的，显然教学方法和技巧都是有限的。而且是否所有的方法和技巧都有必要介绍和推广也是很值得考虑的。方法和技巧的价值在于其有效性，但未必每个人使用的教学方法和技巧都是恰当、可行和真正有效的。更重要的是，方法和技巧并不是万能的，至少没有多少适合于任何教学对象、教学环境、教学模式、教学内容的万能方法和技巧。国内目的语环境下的教学方法和技巧未必都适合在国外非目的语环境下使用；一种方法或技巧有人用起来得心应手，效果颇佳，有人则可能玩不转，毫不灵验。具体来讲，我的方法和技巧是我根据教学对象和具体教学内容而创造和使用的，却未必适合你的教学对象和具体教学内容；适合于你的教学方法和技巧，更多地需要你自己根据外语教学的基本原理和实际教学情况，加以探索和尝试。真正有效的方法来自于个人在教学实践中的摸索。既有的方法和技巧更重要的价值可能在于为具体教学提供参考、启示。

就"未来从事的教学任务的复杂性"来看，MTCSOL 是为适应汉语国际推广工作而设立的，主要是培养在海外从事各类汉语教学工作的专业教师。而海外教学对象、教学要求、国别及其教学环境等的不同，就要求有各种不同的教学方法和技巧，尽管我们可以尽量结合海外的情况来传授教学方法和技巧，但是，毕竟难以穷尽适合海外各种各样教学情况的方法和技巧。海外的汉语教学有小学的、中学的、大学的；教学对象有华裔的和非华裔的，有企业公司商务人士的和一般民众的；有集体授课的，有一对一授课的，有水平差距很大而合在一起上课的；有学汉字的，有不学汉字的；有只要求教听、说的，有要求听、说、读、写都教的，等等。此外，海外的汉语教学都是在缺乏汉语环境的条件下进行的，在远离中国社会和中国文化背景条件下进行的，又是在课时很少有时少到每周一两个学时的情况下进行的，甚至是在学习者的课余工余时间里进行的；另一方面，学生所在国的文化传统、教育传统和学习者的学习习惯等无不影响着汉语教学与学习。所有这些，都会对教学方法和技巧的选择与使用产生影响，都使得我们不能不对基于国内教学实践而形成的方法和技巧对国外的汉语教学究竟会有多大实用价值产生怀疑，至少会有所疑虑有所担心。实际上，我们面向国内汉语教学编写的许多教材之所以不适合在海外使用，主要是教材内容的选择、教材规模体制的构成、教材所体现出的教学方法等不适合国外的实际情况，而并不是教材本身质量有多么差。同样，适合于国内汉语教学的各种教学方法和技巧，到了国外很可能也会"水土不服"。

根据以上分析，我们可以得到如下一些认识及相关的 MTCSOL 教学理念：

"培养对象的实际情况"提示我们，大致有 70% 以上的 MTCSOL 缺乏汉语教学的专业知识和相关学科的知识，因而不能只重方法的传授和教学技能的训练，而忽视相关知识的教学。相反，应该加强汉语知识、中国文化知识和跨文化交际知识、汉语作为外语教学的基本理论以及语言学、教育学、心理学等支撑学科相关知识的教学。另一方面，约有71%的考生来自于大中小学教师，这表明可能成为MTCSOL的绝大多数人已具备了如何当老师、如何与学生互动的基本方法和经验，缺少的是跨文化的汉语作为外语教学的方法和经验，而他们当过老师特别是当过外语老师的经验，有助于他们体认"做对外汉语老师"的角色。

事实上，不论考生的知识背景如何，都不应忽视专业知识的教学。因为这是进行汉语教学的前提，假如教师本身对汉语知识和中国文化知识不甚了了，或者一知半解，那么有了方法和技巧也难以真正发挥作用。外语教学的方法和技巧主要用于教授具体语言要素、语法结构，解释具体语言现象和进行语言技能训练，如果对汉语的结构规则、组合规则和使用规则不够清楚，就难以科学有效地进行汉语要素的教学和汉语技能的训练。因此，赵金铭（2007）指出"要特别强调具备深厚汉语知识的必要，没有对所教语言的深切了解，就不能应对教学中出现的语言问题。母语为汉语的教师，尤其不能忽视对汉语的研习"。

"方法技巧的有效性和有限性"提示我们，在所有的知识中方法是最有用的知识，培养MTCSOL的汉语教学技能是我们坚定不移的信念，是我们努力的方向和最终的目标。但是，最终的目标不一定要通过"直奔目标"的方式来实现，加强有关知识的教学恰能有助于方法的选择和使用，有助于教学技能的养成。知识就是力量，一定意义上说也是能力。扎实而深厚的专业知识有助于教学能力的形成。另一方面，也要看到方法和技巧的有限性，而不能单纯追求教学方法和技巧的传授。教学方法和技巧的最大作用在于它的启发和借鉴意义，其本身并不是灵丹妙药，也不可能放之四海而皆准。孙德坤（2008）转引国外学者的研究指出：20世纪语言教学研究充满了对有效方法的寻求，但结果表明"没有一种方法可以适用于所有的教学对象或环境，过去没有，今后恐怕也不会有"。我们认为，即使如此，教学方法仍然是语言教学研究的核心性和永恒性主题，教学方法的研究和探索不仅可以丰富教学理论，更可以推动教学实践的深入，促进教学效率的提高。因此，要研究教学方法、探索教学方法、传授教学方法，只是不要过于迷信方法，神化方法。

"海外汉语教学的复杂情况"提醒我们,不能把希望寄托在简单地移植既有的教学方法和技巧,更不能生搬硬套他人的方法和技巧。而要把精力更多地用在培养 MTCSOL 依据汉语作为外语教学的基本原理和基本原则,去根据海外汉语教学的实际情况探索和尝试适合于具体教学情况的方法和技巧,去创造和积累适情对路的教学方法和技巧。孙德坤(2008)指出,"研究结果显示,课堂活动和教学过程远不如先前想象的那么简单,而是非常复杂,有些甚至可以说是杂乱无章的"。因此,应加强汉语作为外语教学基本性质和特点、基本原则和模式,以及课堂教学与管理基本方法的教学,以应对海外多样多变的教学需求和"杂乱无章"的课堂教学,正所谓以不变应万变,这应该成为 MTCSOL 培养方案的一个实施策略。

四　小结

本文主张就目前对 MTCSOL 的培养来说,应采取知识和方法并重的教学理念,即方案中的知识类课程和教学方法、教学技能训练类课程并重,具体课程的教学实施也要知识和方法并重,这样才可能更有利于教学技能的形成。大讲、多讲知识和理论的教学理念不足取,传授知识和理论要考虑实用性问题。大讲、多讲方法和技巧的教学理念也不足取,传授方法和训练教学技能要针对海外汉语教学的实际情况。

知识的传授应尽量全面系统,但应突出汉语汉字基础知识和中华文化知识的教学。不要以为这两方面知识是 MTCSOL 当然都熟知熟悉的,从未来工作的角度看这两方面的知识可能是他们最欠缺的。而不论从事何种类型的汉语教学,不论在何处进行汉语教学,都离不开这两项内容,因此它们当是知识教学的核心。

教学方法和技巧的传授与训练也应尽量全面系统,但应突出基于外语教学基本原理而设定的方法、课堂教学方法、课堂管理方法的培训,突出自行设计或选配教材的方法以及对教学手段、教学资源有效利用的培训。这些是最基本的教学能力的体现,尤其是在海外进行汉语教学。至于具体的教学方法和技巧,当然可以传授,但不要过多地寄希望于此。一个优秀的教师绝不应仅仅是他人经验和方法的实践者、应用者,而应是教学方法和技巧的探索者、创造者。就 MTCSOL 来讲，可以不高估他们汉语汉字和中国文化方面的知识和素养，但不能低估他们在未来教学实践中创造性运用各种教学方法的潜能潜质。

参考文献

国家汉办 2005 《汉语作为外语教学能力等级标准及考试大纲》，北京大学出版社。

国家汉办 2007 《国际汉语教师标准》，外语教学与研究出版社。

李凌艳 2006 汉语国际推广背景下海外汉语教学师资问题的分析与思考，《语言文字应用》增刊。

李 泉 2004 对外汉语教学理论和实践的若干问题，《第七届国际汉语教学讨论会论文选》，北京大学出版社。

刘 珣 1996 关于汉语教师培训的几个问题，《世界汉语教学》第 2 期。

陆俭明 2005 汉语教员应有的意识，《世界汉语教学》第 1 期。

孙德坤 2008 教师认知研究与教师发展，《世界汉语教学》第 3 期。

王玲玲 2006 汉语的国际化及传播与维护，《语言文字应用》第 3 期。

王添淼、钱旭菁 2006 浅析美国国家汉语学习目标，《汉语教学学刊》第 2 辑，北京大学出版社。

虞 莉 2007 美国大学中文教师师资培养模式分析，《世界汉语教学》第 1 期。

张和生（主编） 2006 《对外汉语教师素质与教师培训研究》，商务印书馆。

赵金铭 2007 汉语作为外语教学能力标准试说，《语言教学与研究》第 2 期。

赵金铭 2008 汉语作为第二语言教学：理念与模式，《世界汉语教学》第 1 期。

赵金铭 2008 汉语国际传播研究概述，《浙江师范大学学报》第 5 期。

（载《语言文字应用》2009 年第 3 期）

汉语国际教育硕士：培养原则与实施重点探讨*

提　要　本文主张在汉语国际教育专业硕士培养过程中，应采取理论与实践相结合的原则、知识传授与技能训练并重的原则。要避免因为培养应用型人才而忽视理论和知识的教学。不具备相关的专业知识就不可能形成真正的教学能力。以为不讲和少讲知识，或是在不知其所以然的情况下进行技能训练，就能更好地培养学习者的教学能力，是认识上的误区。能力是在对理论和知识的有效利用中形成的。本文强调在指导性培养方案实施过程中，在具体课程的教学中，应特别加强汉语汉字和中华文化知识的教学，加强外语教学基本原理和方法的教学，加强跨文化教学能力的培养。

关键词　汉语国际教育　专业硕士　外语教学　跨文化教学

一　引言

为推进汉语国际化可持续发展，加强国际汉语师资队伍建设，国务院学位办设置了汉语国际教育硕士专业学位，先后发布了《汉语国际教育硕士（MTCSOL）专业学位研究生指导性培养方案》（2007）和《全日制汉语国际教育硕士专业学位研究生指导性培养方案》（2009）[①]，并开展了招生培养工

---

* 本文系参加北京师范大学汉语文化学院主办的"第二届全国汉语国际教育人才培养论坛暨专业硕士培养工作研讨会"论文。（海南三亚，2010年2月4—5日）崔立斌教授对本文提出了重要的指正意见，特此深致谢意。

① 两个方案及下文的生源情况等数据，或见于全国汉语国际教育硕士专业学位教育指导委员会秘书处《工作通讯》第1期（2008）、第2期（2009）、第3期（2010），外语教学与研究出版社监制（内部资料）；或另见秘书处发布的其他会议材料。国家汉办师资处赵燕清副处长为本文提供了部分相关资料，特此致谢。

作。汉语国际教育专业学位的设置及人才培养，涉及理论和实践多方面问题，需要结合教学实践开展相关研究，以便不断提高人才培养质量。

本文拟对汉语国际教育硕士专业学位"单证（在职人员，2007方案）"和"双证（全日制，2009方案）"培养方案进行相关比较，对培养对象专业背景和知识需求进行分析和讨论，在此基础上就两个培养方案的培养原则与实施重点发表浅见。

二 "单证"与"双证"方案比较

2.1 "单证"与"双证"方案培养目标和培养要求比较（参见表1）

我们曾对"单证"方案进行过解读，认为其培养目标和培养要求有如下特色：其一，注重能力培养，体现学科特点；其二，注重职业要求，兼顾工作特点；其三，注重质量要求，明确人才规格。（李泉，2009）观察"双证"方案，不难发现，其总体上也体现了"单证"方案的如上几个特点。"单证"和"双证"两个方案，不仅对人才的质量和培养规格都有清晰的界定和明确的要求，而且对汉语国际教育专业硕士在"中华文化素养""跨文化交际""外语能力"等方面一致性的相关要求，同时也体现了对人才规格的国际性和外向型的目标追求。可以认为，"单证"和"双证"两个方案，既突出了对人才的能力培养，也体现了汉语作为外语教学的学科特点；既反映了汉语教师的职业需求，也兼顾了汉语国际推广工作的客观要求，所有这些都标示着汉语国际教育硕士学位独特的专业定位和人才培养目标。

"单证"和"双证"两个方案的培养目标和培养要求总体上基本一致。有所不同的是：（1）"双证"方案在培养目标上要求培养对象具有"文化传播技能"，在人才规格上提出"国际化"要求，在"单证"方案中未见提及。（2）"单证"方案要求培养对象"具有系统的专业知识"，在"双证"方案中未见提及。（3）"双证"方案要求培养对象"具有语言文化国际推广项目的管理、组织与协调能力"，在"单证"方案中未见提及。大致说来，"单证"方案更加重视专业知识的掌握，而"双证"方案则更加强调培养对象的文化传播能力。

表1 "单证"与"双证"方案培养目标和培养要求比较

	培养目标	要求(1)	要求(2)	要求(3)	要求(4)	要求(5)	要求(6)
"单证"	培养具有熟练的汉语作为第二语言教学技能和良好的跨文化交际能力,适应汉语国际推广工作,胜任多种教学任务的高层次、应用型、复合型专门人才	掌握马克思主义基本理论,具备良好的专业素质和职业道德	热爱汉语国际教育事业,具有奉献精神和开拓意识	具有系统的专业知识、较高的中华文化素养和跨文化交际能力	具备熟练的汉语作为第二语言教学技能	能流利地使用一种外语进行教学和交流;能熟练运用现代教育技术和科技手段进行教学	
"双证"	培养具有熟练的汉语作为第二语言教学技能和良好的文化传播技能、跨文化交际能力,适应汉语国际推广工作,胜任多种教学任务的高层次、应用型、复合型、国际化专门人才	掌握马克思主义基本理论,具备良好的专业素质和职业道德	热爱汉语国际教育事业,具有奉献精神和开拓意识	具备熟练的汉语作为第二语言教学技能,能熟练运用现代教育技术和科技手段进行教学	具有较高的中华文化素养和传播能力	能流利地使用一种外语进行教学和交流,具有跨文化交际能力	具有语言文化国际推广项目的管理、组织与协调能力

2.2 "单证"与"双证"方案课程设置比较（参见表2、表3）

"单证"和"双证"两个方案的课程设置并没有实质上的区别,虽然各自的课程类别及名称不尽相同,但不同类别的具体课程大同小异,特别是"单证"方案的选修课与"双证"方案的拓展课和训练课。

差别较为明显的是"单证"方案的5门必修课程与"双证"方案的5门学位核心课程:(1)前者的"汉语言学导论"和"课堂教学研究"是后者所没有的。(2)后者的"国外汉语课堂教学案例研究"是前者所没有的。(3)前者的"中华文化与跨文化交际"为一门课,后者分为"中华文化传播"和"跨文化交际"两门课,并且"中华文化"与"中华文化传播"也并不完全等同。似乎可以认为,"单证"方案更加重视汉语本体知识的教学和课堂教学本身的研究,"双证"方案更加重视中华文化知识的教学和传播以及海外汉语课堂教学的案例性研究。

其次的差别表现为:(1)"单证"方案的选修课和"双证"方案的拓展课及训练课中,前者分为"语言类"和"教学类",后者只有"汉语作为外语教学类",其具体课程与前者虽没有根本的区别,但前者似乎更凸显和重视语言本体要素的教学(分别设立语音、语法、词汇、汉字等"概说"课程),后者"合并"为"汉语语言要素教学"一门选修课。(2)"单证"方案除公共课外,主要分为必修课和选修课两大类;"双证"方案则采用核心课程、拓展课和训练课三大类,把"训练课"(大体相当于"单证"选修课中的"方法类"课程)单列一类,多少也体现了从知识的理念向技能的理念转化的意图。以上两点差别表明,在具体课程设置上,"单证"方案与其培养目标和培养要求一样,更加关注汉语语言学及汉语汉字知识的系统介绍;"双证"方案与其培养目标和培养要求一样,更加关注汉语教学技能和文化传播技能的培养和训练。

总体来看,两个方案在课程体系的构架上和总体课程设置上,并没有本质上的差别。但是,在必修课、选修课、核心课、拓展课及训练课的具体课程设置上,是强调和突显还是疏略和淡化"系统的汉语言专业知识"的传授,是不难得见的。此外,两个方案哪个更加重视教学技能和文化传播技能的训练和培养,也是不难得见的。

表2 "单证"方案课程设置

公共课	政治(2学分),外语(6学分)
必修课 (共10学分)	汉语言学导论、汉语作为第二语言教学法、第二语言习得导论、中华文化与跨文化交际、课堂教学研究(各2学分)
选修课 (分为五大类,共23门课,每门课为2学分,至少从3类中选修,须修满10学分)	(1)语言类:汉语语音概说、汉语语法概说、汉语词汇概说、汉字概说、汉外语言对比(各2学分) (2)教学类:汉语测试与教学评估、汉语教材分析与编写、汉语教学案例分析、现代教育技术及教学应用(各2学分) (3)文化类:中国思想史、当代中国概况、国际政治与经济专题、国别与地域文化、礼仪与公共关系、中华文化技能(各2学分) (4)教育类:外语教育心理学、国外中小学教育专题、儿童心理发展与成长、教师发展概论、教学设计组织与管理(各2学分) (5)方法类:教学调查与分析、课堂观察研究、案例分析研究(各2学分)
教学实习	4学分(包括汉语教学设计、观摩与实践,其中课堂教学实习不低于40学时)

表 3 "双证"方案课程设置

核心课 （含学位公共课，共 18 学分）	（1）学位公共课程：政治（2 学分）、外语（4 学分） （2）学位核心课程：汉语作为第二语言教学（4 学分）、第二语言习得（2 学分）、国外汉语课堂教学案例研究（2 学分）、中华文化传播（2 学分）、跨文化交际（2 学分）
拓展课 （三大模块，共 14 门课程，须修满 8 学分）	（1）汉语作为外语教学类（4 学分）：汉语语言要素教学、偏误分析、汉外语言对比、课程设计、汉语教材与教学资源、现代教育技术及教学应用 （2）中华文化传播与跨文化交际类（2 学分）：中国思想史、国别地域文化、中外文化交流专题、礼仪与国际关系 （3）教育与教学管理类（2 学分）：外语教育心理学、国外中小学教育专题、教学设计与管理、汉语国际推广专题
训练课 （4 学分）	教学调查与分析、课堂观察与实践、教学测试与评估、中华文化才艺与展示（各 1 学分）
教学实习	6 学分（以志愿者身份赴海外顶岗实习或在国内各类学校实习，撰写实习总结报告）
学位论文	2 学分（专题报告、调研报告、教学实验报告、典型案例分析、教学设计等）

三 培养对象知识背景分析

3.1 对 2007—2009 三年"单证"考生知识背景分析

据汉语国际教育硕士专业学位教育指导委员会秘书处统计，2007—2009 年 24 所院校考生的本科专业情况分别是：

表 4 2007—2009 年"单证"考生本科专业分析

年份、人数、比例 本科专业	2007 年		2008 年		2009 年	
	人数	比例	人数	比例	人数	比例
外语专业	704 人	49.7%	822 人	43.3%	658 人	42.2%
中文专业	365 人	25.7%	564 人	29.7%	371 人	23.8%
对外汉语	32 人	2.2%	63 人	3.3%	58 人	3.7%
教育、心理、历史、图书馆等文科专业	135 人	9.5%	139 人	7.3%	259 人	16.6%
理工专业	105 人	7.4%	147 人	7.7%	91 人	5.8%
经济、管理等专业	77 人	5.4%	165 人	8.7%	124 人	7.9%
总计	1418 人		1900 人		1561 人	

（1）就以上三年考生的知识背景来看，跟"汉语汉字"和"中国文化"最为贴近的专业当属中文专业和对外汉语专业，将这两者合起来，其中 2007 年约占总人数的 27.9%；2008 年约占总人数的 33%；2009 年约占总人数的 27.5%，另有少数历史专业的学生与"中国文化"较为贴近。总的来看，具备不同程度的汉语汉字和中国文化知识的考生只占 30% 左右，约有 70% 的考生缺乏汉语汉字和中国文化方面的知识。

（2）另据汉语国际教育硕士专业学位教育指导委员会秘书处的相关统计表明：2007 年参考的 1418 名考生中，大中小学教师占 1008 人，约占 71.1%；2008 年参考的 1900 名考生中，大中小学教师占 1160 人，约占 61.1%；2008 年参考的 1561 名考生中，大中小学教师占 1015 人，约占 65%。也就是说，近三年平均每年有约 65% 的考生来自各级各类的教师，但不全是"语言"类教师，且基本上都没有对外汉语教学的经验。因此，仍需加强外语特别是汉语作为外语教学的理论知识和教学能力的培养。

3.2 对"双证"考生知识背景的预测及相关分析

因尚未获得"双证"考生专业背景的相关数据，这里参照"单证"考生的情况做个初步的预测。"双证"考生跟"单证"考生一样，亦不限制考生的原专业，同时由于"双证"考生均为应届生，故可做以下预测：其一，跟"汉语汉字"和"中国文化"最为贴近的专业当仍属"中文"和"对外汉语"，大致占 30% 左右。换言之，有 70% 左右的考生，缺乏汉语汉字和中国文化方面的知识。其二，所有考生基本上都不会有从教的经历，与"单证"考生有约 65% 来自各类教师的情况无法相比。也就是说，"双证"考生普遍缺乏从教经验，因此应加强外语教学理论知识的教学和外语教学能力的培养。

四 培养原则与实施重点

4.1 "单证"与"双证"培养方案大同小异

从上文对培养方案的初步分析来看，"单证"与"双证"的培养目标、培养要求及课程设置等方面，总体上大同小异。其"大同"之处在于，都突出了专业学位以培养应用型人才为主的特征，突出了能力和技能的培养。这是两个方案总体上的成功之处。其"小异"在于，是否提及和关注培养对象应具备"系统的专业知识",是否提及和更加注重对培养对象"文化传播能力"的要求。同时"小异"也体现了两个方案各自的特色及设计理念上不尽相同。毫无疑问,这两个方案完全可以在结合教学实践的研究中予以修正、改进和完善。目前已有一些相关的讨论和评估,特别是对出台稍早的"单证"方案,如张和生(2008)、程爱民(2008)、丁崇明(2008)、林秀琴(2008)、朱瑞平(2008)、朱小健(2008)、丁安琪(2009)等。此外,有关国际汉语教师标准和外语教师发展等方面的研究成果,也值得我们在汉语专业硕士培养中吸收和借鉴,如赵金铭(2007、2008)、孙德坤(2008)等。

本文关注的是两个方案对"汉语言文字知识"的体现情况。就此来看,"单证"方案要求培养对象应"具有系统的专业知识"。方案虽没有对"系统的专业知识"的内涵予以阐释,但课程设置上体现出了对汉语言文字知识的重视和关照,如必修课中开设"汉语言学导论",选修课中开设"汉语语音概说""汉语语法概说""汉语词汇概说""汉字概说"等。而"双证"方案中没有"具有系统的专业知识"的要求,也没有"汉语言学导论"这类的必修课,只是在拓展课程模块中的"汉语作为外语教学类"选修课里有一门"汉语语言要素"选修课,显然分量不够。事实上,"单证"与"双证"两个方案都应明确要求培养对象"具有系统的汉语言文字知识"。因为这是国际汉语教师首要的和必备的知识,是汉语教师最重要、最管用的"物质食粮"。

4.2 必须加强对"单证"学生的汉语言文字教学

从上文对"单证"考生知识背景分析来看,只有30%左右的考生具备汉语汉字和中国文化知识,70%左右的考生缺乏汉语汉字和中国文化方面的知识。而这30%左右所谓具有汉语汉字和中国文化知识的考生,最多也不是本科程度上的"现代汉语""语言学概论""古代汉语",以及语言、文学等专业学习过程中了解到的中国文化方面的基本知识。而另外70%左右其他专业背景的考生,恐怕连这样程度的语言和文化知识也不具备。这就是说,可能成为汉语国际教育专业硕士的绝大多数考生,都缺乏乃至根本就不具备汉语语言学、语言学、汉字学以及中国文化方面的知识。所以,加强汉语言文字的教学,对绝大多数培养对象来说有补课的性质,而从硕士研究生层次上看,所有培养对象都应加强汉语言学和汉字知识。否则,不仅难以达到硕士学历的要求,更重要的是难以满足教学实践上对汉语言文字专业知识的需求。"胜任多种教学任务的高层次的"人才培养目标亦难以实现。

4.3 汉语国际教育硕士的培养原则

(1) 理论与实践相结合的原则

任何学历教育都应以掌握特定内容和特定层次的系统的专业理论为标志,专业理论因而应纳入专业人才培养的核心目标;专业学位教育以培养应用型人才为根本目标,解决实际问题的能力应是人才培养的最终目的。因此,无论从硕士研究生这一高学历教育的角度看,还是从培养对象未来所从事的具体工作上看,都应在培养目标或培养要求中明确提出:汉语国际教育硕士"应具有系统的专业理论知识",其核心内容应该包括汉语言文字理论与知识、汉语作为外语教学的教学理论与知识。此外,还应掌握语言学、教育学、心理学、跨文化交际学等必要的相关学科的理论和知识。不具备这些理论和知识,汉语国际教育专业学位的"专业"就无从体现,学历教学的"学历"就难以真正体现,解决教学实践中各种各样问题的能力就会大打折扣,甚至无从下手。因此,应在观念上明确专业理论和知识教学的必要性和重要性。但是,同样需要明确的是,掌握专业理论知识的根本目的是为了增强和提高培养对象的汉语教学能力,教学能力和技能的掌握才是专业学位人才培养的根本目的,而教学能力的形成离不开理论和知识的指导,更离不开教学实践的滋养和历练。因此,我们仍然需要秉持理论联系实际、理论与实践相结合的基本教育原则。

(2) 知识传授与技能训练并重的原则

培养学习者汉语作为外语教学的能力和技巧,是汉语国际教育专业硕士的核心目标,这一点无须怀疑和动摇。但是,教学能力的形成不可能凭空而就,也不可能仅靠承续他人的方法和技巧就能获得。汉语教学能力的形成,应以对汉语汉字及其相关的文化知识,以及汉语作为外语教学的基本要求和基本方法的全面把握和深刻理解为前提。不了解所教内容汉语的结构单位、结构规则、组合规则和使用规则,不了解汉字的结构规则、构成规则以及汉字形音义之间复杂的关系,不熟悉外语教学的基本原理和基本方法等,就不可能找到恰当的教学方法,也不可能恰当地运用他人的方法,更谈不上创造性地使用方法,教学效果和教学能力也就无从谈起。因此,对所教内容汉语汉字等知识的传授,对外语教学原则和方法等知识的传授,对培养对象教学能力的养成是不可或缺的。同样，汉语教学能力的形成，更要靠大量的至少是足够量的教学技能训练才能真正得以形成。各种相关知识的掌握只是教学能力形成的必要条件而不是唯一的条件。教学技能训练，如课堂教学演示、教学观摩、教学实习、教学案例分析和讨论、课堂教学观察与评估等实际教学技能训练，对教学能力的形成更为至关重要。真正的教学能力是在大量的教学实践中逐步形成的。因此，综合起来看，对汉语国际教育专业硕士的教学应采取知识传授和教学技能训练并重的原则。没有知识和仅有知识，或者没有训练和仅有训练，都难以形成真正的教学能力。

4.4 汉语国际教育硕士培养方案的实施重点

（1）加强汉语汉字和中华文化知识的教学

根据上文的相关分析来看，汉语汉字和中华文化这两方面的知识是绝大多数（70%左右）的培养对象最为缺乏的，而汉语汉字和中华文化是汉语教师首先并始终要面对的教学内容，因而这方面的理论和知识的重要程度远非其他各种理论和知识所能比。从对外国人汉语教学的角度看，我们对汉语汉字和中华文化方面的知识了解得太少，尤其是对中华文化不仅了解得少，要做出合理的解释更非易事。

比如，如何说明"瞧您说的，哪的话啊""哪里、哪里，不敢当""他连猪狗都不如！""他几十年如一日，工作兢兢业业"这类话语套子的意思和用法？又如，如何清晰地解释诸如"*他有信心说上去""*我要练习下去汉字""*他把酒喝醉了""*这个床是我睡在的地方""*他的房间比我的不一样"一类的误例？这类教学中几乎随时随地都会遇到的语言和文化现象，要想全面而准确地说明意义、用法和文化内涵，要想准确地解释学生说出的各种错句错在何处，因何为错，并且能让学生理解而不会误解，是相当困难的，至少对笔者来说是这样。

因此，我们建议，无论"单证"和"双证"培养方案的目标描述和教学要求及课程设置如何，在具体的教学实施过程中都应把这几方面知识的教学当作知识传授和技能训练的重点。学习者自身也要把丰富、拓展和深化这些知识当作首要的并且是终身研习的内容。必须看到汉语汉字在语言文字类型上的独特性，中华文化内涵在世界文化中的异质性，而我们所掌握的这些方面的知识跟教学实际需要的这些方面的知识远远不成比例。因此，从对外汉语教学的角度说，汉语汉字和中国文化知识可能是我们最缺乏的知识。有了知识不等于就有了能力，但是没有知识肯定没有能力，至少难以成为真正的教学行家。

(2) 加强外语教学基本原理和方法的教学

作为一名外语教师，不仅要对"教什么"的"什么"有全面的了解和准确的把握，还要对怎么教和怎么学有充分的了解和把握。因此，掌握外语教学的一般原理和基本方法是对外语教师的基本要求。如外语教学的根本目的，外语教学中语言教学与文化教学的关系，语言知识教授和语言技能训练的关系，听、说、读、写不同语言技能训练的方法和技巧，语音、词汇、语法和文字等不同语言要素教学的方法和技巧，课堂教学环节、节奏和气氛的把握和掌控，教学策略和学习策略的利用，等等。比如，如果不了解外语教学以技能训练为主的原则，而在课堂上大讲知识和文化，就不符合外语教学的规律，特别是初中级阶段的外语教学。又比如，课堂教学大量使用学生的母语来讨论汉语，或者汉语教学语言远超过学生的汉语接受能力，也都不符合外语教学要求。就汉语国际教育"双证"的培养对象来说，由于他们大多没有做过教师的经历，因此对他们不仅要加强外语教学基本原理和方法的教学，还要加强教育学、心理学等作为一名教师的知识、素养和能力的培养。

(3) 加强跨文化教学能力的培养

着眼于海外汉语教学而培养的汉语国际教育硕士，尤其要加强跨文化教学能力的培养。在非汉语和中国文化环境下的汉语教学是一种典型的跨文化教学。教师不仅要了解自己的文化，更要尽可能地了解学习者的文化。恰当地把握好跨文化教学中的文化心态和文化立场，平视他人的文化，也平视自己的文化。尤其不能用教师自己的文化来衡量学习者文化的优劣是非，更不能有意无意地以自我文化为中心"居高临下"地俯视学习者的文化。文化教学根本上说是为语言教学服务的，因此文化的揭示和介绍重在让学习者了解和理解，而不是强求学习者认同。诸如此类的跨文化教学知识和原则不可不知晓，不可不践行。据说一位在海外的汉语教师志愿者，在教学中偏离教学需要而过多地介绍中国文化，过多地宣传甚至是炫耀中国文化的优越性，不仅汉语教学的效果不够理想，还引起了学生的反感。同行教师提醒这位志愿者要避免过多地介绍中国文化，特别是不要给学生一种"炫耀中国文化"的感觉,这位志愿者教师却说"不宣传中国文化,我来干什么来了!"可见,对于中国教师来讲,把握好语言教学和文化教学的关系,掌握跨文化教学的基本知识和原则,增强跨文化教学的能力和技巧,还是很有必要的。

五 小结

本文主张在汉语国际教育专业硕士培养过程中,应采取理论与实践相结合的原则、知识传授与技能训练并重的原则。要避免因为培养应用型人才而忽视理论和知识的教学,因为不具备相关的专业知识就不可能形成真正的教学能力。同时也要避免大讲理论和知识,理论和知识的传授应跟教学实践联系起来,并为教学实践服务。以为不讲和少讲知识,或是在不知其所以然的情况下进行技能训练,就能更好地培养学习者的教学能力,是认识上的误区。能力是在对理论和知识的有效利用中形成的。当然,理论和知识的选择和传授应恰当和适度,应有用和管用。根据对近年汉语国际教育"单证"和"双证"培养对象知识背景等的相关分析和预测,以及我们个人对培养对象所应具备的知识和能力重点的体认,本文强调在指导性培养方案实施过程中,在具体课程的教学中,应特别加强汉语汉字和中华文化知识的教学;加强外语教学基本原理和方法的教学;加强跨文化教学能力的培养。

参考文献

程爱民 2008 论汉语国际教育专业硕士的培养模式,《汉语国际教育人才培养论丛》第一辑,北京大学出版社。

丁安琪 2009 关于汉语国际教育硕士专业课程设置的思考,《国际汉语教育》第二辑,外语教学与研究出版社。

丁崇明 2008 汉语国际教育硕士专业学位研究生课程设置的思考,《汉语国际教育人才培养论丛》第一辑,北京大学出版社。

国家汉办 2007 《国际汉语教师标准》,外语教学与研究出版社。

李 泉 2009 汉语国际教育硕士培养目标与教学理念探讨,《语言文字应用》第3期。

林秀琴 2008 在汉语国际教育硕士培养中引入案例教学法初探,《汉语国际教育人才培养论丛》第一辑,北京大学出版社。

孙德坤 2008 教师认知研究与教师发展,《世界汉语教学》第 3 期。
张和生 2008 汉语国际教育硕士培养的回顾与展望,《汉语国际教育人才培养论丛》第一辑,北京大学出版社。
赵金铭 2007 汉语作为外语教学能力标准试说,《语言教学与研究》第 2 期。
赵金铭 2008 汉语作为第二语言教学：理念与模式,《世界汉语教学》第 1 期。
朱瑞平 2008 汉语国际教育专业硕士班"中国文化"课的教学及相关思考,《汉语国际教育人才培养论丛》第一辑,北京大学出版社。
朱小健 2008 "汉语语言学导论"课程琐议,《汉语国际教育人才培养论丛》第一辑,北京大学出版社。

（原载《华文教学与研究》2010 年第 3 期,又收入北京汉语国际推广中心、北京师范大学汉语文化学院编《国际汉语教育人才培养论坛》第二辑,北京大学出版社,2011。编入本书时对文章体例和部分文字做了删改）

汉语国际教育硕士：教学信念与专业发展信念*

提　要　本文认为，MTCSOL 的教学信念，是其对汉语作为第二语言教学的理解和看法，并且确信自己的这些认知是恰当的，确信教学中的某些操作和教法是有效的。MTCSOL 的专业发展信念，是他们对从事汉语作为第二语言教学主要应该具备哪些知识、能力和素养的理解和看法，并且在专业学习阶段和教学实践过程中着力学习和发展有关的知识、能力和素养。教学信念深刻地影响着教师的教学行为和教学效果。有什么样的教学信念，就会有什么样的专业发展信念。专业发展信念则影响着教师知识、能力和自身素养体系的构成，进而影响其教学的取向和重点、质量与得失。本文重点讨论了教学信念的内涵与作用，例示了 MTCSOL 所应具有的教学信念和专业发展信念。

关键词　汉语国际教育硕士　汉语作为第二语言教学　教学信念　专业发展信念

一　引言

汉语国际教育硕士（Master of Teaching Chinese to Speakers Other Languages，简称 MTCSOL）专业学位自 2007 年设立以来受到广泛的重视。迄今围绕着 MTCSOL 的人才培养和专业建设发表了大量的成果，主要集中在 MTCSOL 培养方案和培养模式研究，MTCSOL 课程设置、课程建设和相关课程研究，MTCSOL 专业素质与教学能力研究，MTCSOL 学位论文和教育

---

* 本项研究为中国人民大学科学研究基金（中央高校基本科研业务费专项资金资助）项目成果（项目编号：2013030254）。

实习研究，等等。^①这些学术成果不仅丰富了汉语国际教育专业建设的内涵，也很好地促进了专业发展和人才培养质量的提高。

以往的研究主要是从学理和学术的层面，从管理者和教师的角度来研究和探讨专业建设的相关问题，更多的是对教什么和如何教等问题的探讨，对 MTCSOL 学什么和如何学的问题研究不多，其中虽然也有一些文章探讨 MTCSOL 应该具备哪些知识、能力和素养，但多数"广而全""专而细"，其相关要求过于理想化，在有限的时间内学习者是否能够全部掌握和养成相关的知识、能力和素养很值得怀疑。实际上，MTCSOL 培养方案的设置虽然总体上合理、可行，甚至可以说是很出色的培养方案（李泉，2009），但方案在具体实施过程中，也要考虑相关"知识和能力"对学习者的轻重缓急问题，也应考虑哪些知识或能力优先实施和重点实施的问题。（李泉，2010）概括起来说，以往从国际汉语教学的实然层面出发，对 MTCSOL 未来从教工作首先并始终必须具备的核心理念、核心知识与核心技能的研究还比较欠缺，更未形成共识。

我们曾建议在国际汉语教师培养过程中，要把握好培养对象未来教学工作的主业和从业，区分哪些知识、能力和素养是汉语教师的看家本领，哪些是锦上添花，在课程设置和教学实施中区分主次，避免胡子眉毛一起抓，避免丢了西瓜捡芝麻，并初步探讨了国际汉语教师必须具备的基本知识、基本能力和基本素养。（李泉，2012）本文拟在此基础上进一步从学习者的角度，探讨 MTCSOL 应该确立什么样的教学信念和专业发展信念，即一个合格的国际汉语教师应该确立什么样的第二语言教学观和关于自身知识、能力和素养的专业发展观。教师是课堂教学的决策者和实施者，教师的教学观和专业发展观直接影响教学的走向，决定教学的成败，关乎教学的质量，不可谓不重要。

二 MTCSOL 教学信念和专业发展信念的基本内涵与作用

2.1 教学信念的基本内涵

《现代汉语词典》对"信念"的解释是"自己认为可以确信的看法"，对

---

① 参见北京汉语国际推广中心、北京师范大学汉语文化学院编《国际汉语教育人才培养论坛》第一辑、第二辑、第三辑（北京大学出版社，2008、2011、2012），以及《世界汉语教学》《语言教学与研究》《语言文字应用》《云南师范大学学报（对外汉语教学研究版）》《华文教学与研究》《海外华文教育》等专业期刊，2007 年以来刊登的相关文章。

"理念"的解释是"信念;思想,观念"①。据此,我们把"教学信念"宽泛地理解为教学看法、教学理念或教学思想,也即教师对第二语言教学的基本看法、核心理念或指导思想。把"专业发展信念(也可称作职业发展信念)"宽泛地界定为教师自身对专业学习和专业发展方向的认识、看法和理念,也即教师对自己必须具备的专业知识、专业能力和专业素养的明确认知和自主发展的意识。再具体说,MTCSOL的教学信念是他们对第二语言教学"是什么"、对对外汉语教学②是"咋回事",以及"如何教"等等大小问题的理解、认识和看法,并且确信自己的这些认知和观念是恰当的、正确的,确信教学中的某些操作和教法是合理的、有效的。MTCSOL的专业发展信念,是他们对从事对外汉语教学主要应该具备哪些知识、能力和素养的理解、认识和看法,并且在专业学习阶段和未来的教学实践中着力学习和发展有关的知识、能力和素养。

2.2 教学信念在教学中作用与表现

教学信念对教师来说至关重要,它深刻地影响着教师的教学行为和教学效果。比如,如果一位教师确信第二语言学习主要就是学习词汇和语法,那他就可能在教学中特别重视词汇和语法的教学,就可能大讲词汇和语法,甚至会要求学生多背单词,死记语法。又如,如果教师确信第二语言学习就是习得一套新的语言符号系统,那他就可能更加注重目的语的语言单位、语言单位组合规则的教学,就可能大讲目的语的结构规则而忽视目的语运用规则的教学。还如,如果教师确信课堂教学中教师主要的工作就是纠正学生的言语错误,防范和避免学生出现语言错误,那他就可能在教学中不断纠正学生的口语和书面表达中的错误,甚至只盯住学生的言语错误,没完没了地指出和修改学生的言语错误;相反,如果教师确信学习者所出现的言语表达错误是语言学习的常态,是正常现象,甚至看成是学习者语言学习的标志和进步的表现,那他就不会只盯住错误,更不会时时处处"有错必纠"。再如,如果教师确信学习一种新的语言就是在学习一种新的文化,语言跟文化密不可分,不揭示和解释语言中的文化内涵和文化现象,学习者就不可能真正学好和用好这种语言,那么他就可能特别重视文化内容和语言材料中文化要素和

---

① 《现代汉语词典》(第6版),商务印书馆,2012:1452、795。
② 对外汉语教学即汉语作为外语或第二语言教学,此处及下文使用这一惯称是为行文便利。

文化现象的介绍，甚至一味寻找和解释与语言教学相关的和不相关的文化因素、文化现象。再比如，如果教师确信第二语言课堂教学主要就是解释词义、说明语法现象以及串讲和解说课文，那么他一定更多地关注自己讲什么和怎么讲，课堂上一定讲得多练得少，甚至以讲为主、"满堂灌"。再比如，如果教师确信课堂教学就是按部就班地完成课本中安排的教学内容，无须根据教学内容的具体情况和学生的实际需求进行必要的拓展，那么在这种"不逾教材雷池一步"的教学理念指导下，他就会只教教材、死教教材；相反，如果教师确信教材根本上说不过是学习者语言学习的材料，不必神话和迷信教材，不必或不应完全恪守教材的内容而"不逾教材半步"，那他就可能在教学中既教教材，也利用教材教语言，适度和适当地开发教材资源，拓展和深化教学内容。如此等等的一些观念和做法，都表明教师的第二语言教学信念全面而深刻地影响着课堂的教学走向和教学效果；不同的教学信念就有不同的教学实施，就会带来不同的教学效益。

2.3 教学信念决定教师专业发展信念的取向

教师的专业发展信念受制于教师的教学信念，有什么样的教学信念就会有什么样的专业发展信念。比如，如果教师确信在对外汉语教学中汉语知识最为重要，那他就会在专业学习阶段和教学实践中更加注重汉语语音、词汇、语法、语篇和语用知识的学习和积累，而对其他方面知识的学习就不那么重视和投入。又如，如果教师确信教学组织能力更为重要，那他就可能更加注重组织和管理课堂教学能力的发展和养成。同样，如果教师确信跨文化交际方面的知识和能力对语言教学和开展教学活动非常重要，那他就可能更加注重跨文化交际方面的知识学习和能力发展。还如，如果教师确信学语言就是学这种语言的事实，语言是在使用中学会的，脱离具体语言现象去学习语法知识没什么用处，那他就可能更多地引导学习者关注语言表达的内容，更多地组织学习者用语言做事，而忽视和淡化语法知识的讲练。再如，如果教师确信教学方法和技巧在第二语言教学中最为重要，具备更多的教学方法和技巧，教学就会得心应手，那他就会更加用心于方法和技巧的学习，在教学实践中就会更加注重各种教学方法和技巧的运用与尝试，同时也就很可能忽视语言知识的学习，甚至会认为语言知识不如教学方法重要。如此等等的一些观念和做法表明，教师确信什么样的教学理念，有什么样的关于教学应该是怎么回事的信念,他就会更加注重相关知识、能力和素养的积累,就会更加积极主动地在教学实践中自我发展和提高这些方面的知识、能力和素养。毫无疑问,教师的专业发展信念同样是十分重要的,它影响着教师知识体系、能力体系和自身素养体系的构成,进而影响其教学的取向和重点、教学的质量与得失。

2.4 教学信念的决策作用与教学信念的特点

教师是课堂教学活动的最终决策者,"教什么、怎么教全看教师。而教师的决策有意无意地受到多方面的影响,这包括他们当学生的经历,教师职业培训或教育,当前流行的教学思潮,对教与学的看法,他们所处的教学环境,等等。"(孙德坤,2008)实际上,教师设计、主导和决策教学活动的依据,正是在"受到多方面影响"的基础上所形成的教学信念。教学信念决定和引导教师怎么设计、决策和实施教学活动。也可以说,教学信念是教师教学思想的灵魂,是教师自己真正信奉的教学观念,正是教师"灵魂深处"的这些理念指导着教师的教学决策和教学行为,进而影响着教学的质量和效益。

教师的教学信念有如下主要特点:(1)它可能被教师清晰认知,并可以明确表述出来;(2)它可能是模糊的、不自觉地内隐在教师的潜意识中;(3)它可能是从自己以往的语言学习经验中提炼的,也可能是通过专业学习和培训获得的,还可能是多种因素共同影响而形成的;(4)教学信念有宏观的、有微观的,有涉及学科属性和特点的、有涉及具体语言要素教学和技能训练的(上文论述和例析已显示了这一点);(5)教学信念并不都是完全正确的、恰当的,有时甚至是错误的(见下文)。然而,不管是有意识的还是无意识的,不管是受何种因素的影响而形成的,不管是"大的"还是"小的"或涉及哪一方面的,教师的教学信念都会被他带入第二语言教学的课堂,并在课程上得到不同程度的呈现,换言之,从备课到上课,教师各种教学行为的背后都可以看出他的教学信念及其影响和作用。所谓无意识的、不明确的教学信念,可能只是教师本人还不清晰而已,只要仔细观察他的课堂,分析他的语言教学过程,就不难发现他教学行为背后的理念或指导思想。比如,如果一位教师课上课下不断纠正学生的语言偏误,分析和改正学生的言语偏误,那就可以认定他对学生的言语错误十分在意,他可能确信改正了错误,学生就不会再犯同样的错误,甚至能对正确的用法举一反三,因此信奉"有错必纠"的教学信念和教学策略。

综上来看,在 MTCSOL 的培养过程中,在相关培养方案的实施过程中,作为重点应该加强对学生教学信念的培养,使他们形成和确立符合第二语言教学规律的教学信念和教学指导思想,以保证他们在未来的教学实践中恰当而有效地开展教学活动,进而保证应有的教学效果和教学质量。不仅如此,学习者自己更应该在各种专业知识的学习中,在各种能力和多种素养的自我培养中,积极而自主地、科学而合理地选择和确立相关的教学信念和专业发展信念,并在未来教学实践中不断修正、发展和完善相关的教学信念和专业发展信念,从宏观到微观确立起自己的教学信念体系以及知识、能力与素养等专业发展体系。

三 MTCSOL 教学信念和专业发展信念相关问题进一步讨论

3.1 教学信念是知识体系中的核心知识

上文的讨论表明,教师固有的或将有的教学信念,不仅深刻而实实在在地影响着教师的教学设计、教学决策和教学实施,进而影响教学质量的高低和教学效益的多寡,同时也影响到教师的专业学习和专业发展取向,影响教师知识、能力和素养体系的形成。可以认为,教学信念是教师教育教学思想中的核心和灵魂。从这个意义上说,教师的第二语言教学信念在教师的培养和培训中是更为根本与关键,更为重要与核心的知识。就 MTCSOL 来说,教学信念是他们应该掌握的各种知识及其体系中的核心知识、必知必会的知识,是他们专业发展信念的核心价值取向。因此,通过各门课程的实施来帮助他们确立恰当、正确和务实的教学信念及其体系,是 MTCSOL 培养一项核心任务、首要任务,其意义、价值和作用远胜过某一方面具体的知识、理论、方法和技能。正可谓思想决定行为,价值观决定行为取向。对这项工作重要性认识如何,做得如何、效果如何,直接影响 MTCSOL 人才培养的规格和质量。

3.2 教学信念多种多样且几乎无处不在

上文的讨论显示,第二语言教学的教学信念多种多样,并且从对学科属性的看法,到备课、上课各个环节和各方面,教师的教学信念几乎无处不在、无时不有，如果巨细不分的话，甚至可以说难以尽列其详。因为从理论上说，从宏观到微观只要是跟第二语言教学相关的知识、能力、方法、素养等大小问题都可以有教师的认知和看法，都涉及教师的教学理念问题。大的方面包括诸如对第二语言教学性质、特点和教法的看法，对具体语言（如汉语）作为第二语言教学特点的了解和认识；小的方面包括诸如对不同练习题型的作用及处理方式的看法，对活跃课堂气氛的作用及做法的看法；其间还有对介于"大""小"问题之间的各种问题的看法，如对讲和练关系的看法及处置策略，对学习者言语偏误的看法及处置策略，对师生互动的作用和方式的看法及处置策略，对所教语言难易程度的看法及教学策略，对所教语言重点和难点问题的看法及处置策略等。教师对这些"大、中、小"各种各样的问题都有一个教学信念的问题，都有一个认识、态度和看法的问题，无论相关的信念和看法是明确的、清晰的，还是模糊的、潜意识的。

3.3 教学信念并不都是正确和恰当的

教学信念无时不有、无处不在，然而，教师的教学信念并不总是正确的，也并不都是恰当的，其中不乏片面和偏颇，甚至是错误的。比如，有意无意地把第二语言教学等同于母语的语文教学，在教材编写中不加区分地选择名家名篇，在课堂教学中着力词义辨析和语法分析，着力课文赏析和艺术表现分析，那就是错误的教学理念和错误的做法。又比如，不论是第二语言教学的哪种课型、哪一教学阶段，只要教师课堂上三分之二的时间都是自己在讲解，自己在唱"独角戏"，那就可以认定他有意无意地相信"只要讲清楚了，学生就学会了""学生明白了，也就学会了"之类的教学理念。显然，这样的理念和做法是不适合第二语言教学的。因为教师讲清楚了，学生未必都听清楚了；听清楚了，未必真正理解了；理解了，未必真的会用了；会用了，未必用得得体。崔希亮（2013）例举并分析过这样一个例子："一次，一个毛里求斯的学生来到我家，进门后他问我'老师，你媳妇不在家吗？'，这是一个很典型的语用偏误。'媳妇'的意思是妻子，但是在使用时是有条件的，哪些人能用、在什么场合用应该遵循礼貌和得体的原则。"这个例子足以说明，"会用"跟用得"得体"之间还有相当一段距离，而许多时候学生连"会用"都还没有做到。有时一个正确的教学信念，也可能使用不当，例如，师生互动是一个基本的教学理念，但是如果互动的内容和方式是幼稚化、低水平、低效益的问答,那就是正确教学信念的误用。可见,不仅教学信念不都是正确的,就是正确的教学信念也有一个运用不当的问题。掌握正确的教学信念并能运用得恰当,是教师成熟的标志,是教师专业发展的努力方向。

四 MTCSOL 教学信念和专业发展信念例示

前文的论述意在说明:教学信念是教师知识体系中的核心知识,但是教学信念大大小小多种多样,几乎难以详尽,更为重要的是教学信念并不都是正确的、合理的。果如此,则自然而然地可以提出这样一些问题:什么是正确的教学信念?应该培养 MTCSOL 哪些正确的教学信念?正确的教学信念也有个管辖范围及其作用大小的问题,那么哪些是 MTCSOL 必知必有的核心教学信念,又如何培养?同样,与教师职业发展相关的知识、能力和素养也是多种多样,甚至是无穷无尽的,那么应该培养 MTCSOL 哪些正确的专业发展信念?如何培养这些正确的职业发展观?等等。这些问题显然不是本文能够回答得了的,但这些问题显然十分重要,值得业界同行广泛深入地加以研究。下面试做引玉性探讨。

4.1 核心信念与非核心信念

无论从理论上还是从教学实践上,都可以让我们认识到:教学信念有影响第二语言教学全局的和影响局部的、有主要的和相对次要的。同样,专业发展信念也有涉及第二语言教学整体或局部问题的发展取向,有主要的和相对次要的知识、能力和素养发展取向。这样看来,尽管教师的教学信念多种多样,难以尽述;教师的职业发展信念内涵丰富,难以穷尽掌握,但按照重要程度大体上可以将它们分别区分为核心信念与非核心信念两大类别。具体而言,影响教学全局的、管辖范围大的重要教学信念即为核心教学信念,此外即是非核心教学信念;影响整体教学质量和水平、涉及语言学习者综合语言能力获得质量和效益的重要专业发展取向及其内涵即为核心专业发展信念,此外即是非核心职业发展信念。当然,何为"影响全局""管辖范围大""影响整体"等并没有一个绝对的认定标准,只能是大体上的区分,虽然如此,却也可以使千头万绪般的各种信念有个基本的区分。

4.2 核心教学信念例示

有关第二语言教学的教学理念、教学信念，前人做出了不少很好的研究，比如，赵金铭（2007、2008）就发表过这方面的研究成果，很值得参考。在此，本文愿借鉴前贤的研究，并结合我们既往的思考，就 MTCSOL 应具备的核心教学信念进行举例性探讨。

（1）语言能力培养是根本。这一教学信念是就第二语言教学目标而言的，要求教师应时刻不忘我们的一切工作和全部努力都是为了培养学习者目的语的语言能力和语言交际能力。当然，具体表述与内涵并不完全一致，如表述为培养学习者的"听、说、读、写综合语言能力""综合语言运用能力""目的语言语技能和言语交际技能""跨文化语言交际能力""口语和书面语表达能力"等。说法和侧重点可以有所不同，但本质上不应该有区别，这"本质"说白了就是用目的语进行交际的能力，再具体点说，就是培养学习者目的语的听、说、读、写能力以及恰当、准确和得体的听、说、读、写交际能力。简言之，"语言能力培养（或培养语言能力）"。第二语言教学的根本目的就是培养学习者的目的语语言能力，这一点其实并不难理解，也不会有太大的争议。然而，就对外汉语教学来说，从教学设计、教材编写到具体汉语内容的教学，往往程度不同地存在偏离"这一点"的现象。比如，课堂上过多、过细的语法分析，并且只停留在讲解和分析上，不关注或不太关注用法和使用条件的说明，就是偏离教学目标的表现。

将"语言能力培养是根本"确立为 MTCSOL 应该指导和理解的首要的、核心教学信念，是因为这一信念涉及第二语言教学的根本目的，涉及第二语言和第一语言教学的主要区别，关乎第二语言教学特点的体现和教学目标的实现，关乎教学的走向和教学方式方法的选择，它直接影响课堂教学的成败得失，也影响教师的专业发展取向的选择。可以说，这是一条影响对外汉语教学全局的、决定性的教学信念，它全面而深刻地影响和决定着其他核心与非核心教学信念的选择、确定和实施，其重要程度怎么强调都不为过。值得注意的是，确信这一教学信念是一回事，如何实施和体现这一教学信念又是另外一回事，而且后者更为关键。因此，教师教育者不但要从理论上把这一教学理念清晰而深入地诠释给学生，而且还要结合教学实践向学生传授实施这一理念的一些基本的方式方法和技巧，MTCSOL 不但要时刻铭记和确信这一理念及其宽广的内涵，更要在未来的教学实践中发展自己实施这一理念的能力。

（2）高密度高质量互动。这一教学信念是就第二语言教学形态而言的，要求教师树立课堂教学的互动意识。互动是现代教育和教学所提倡的基本方法和理念，并不是第二语言教学所独有的方法和理念。但是，第二语言教学应该更加强调和凸显这一理念。这是因为：讲和练是第二语言教学的常规形态、基本方式，而互动的理念和做法比仅仅提倡"课堂教学要处理好讲和练的关系"的教学理念更具有规范性和操作性。"互动"不仅明确形式上师生、生生之间要有来有往，更在内容上强调"相互作用，相互影响"①，即根据互动的反馈效应调整教学内容和方式，进一步深化教学的内容，从而使教学更有针对性和实用性。不仅如此，互动的教学信念还可以进一步规约课堂教学的操作方式，即讲和练的过程中都要互动，而不仅仅是讲和练两个教学行为的互动，不仅仅是教师讲和学生练两种方式的互动。互动的根本价值在于通过师生、生生之间的互动方式，教师可以更准确地把握学习者对教学内容的认知、理解和运用的实况，从而可以更好地作用和影响教学进展、进展的内容和方式，使教学更具有针对性和实际效果。这样一种状态更符合第二语言教学的目标属性（培养学习者的语言能力），因此，第二语言教师必须确立互动的教学信念。需要强调的是，互动不是一种展示，更不是"走过场"，而是第二语言教学课堂教学的基本形态、常规的手段，教学中不但应广泛使用、高密度地使用，更应该高质量地加以运用，那种低效益、幼稚化和"走形式"的互动，还不如不互动。② 此外，互动也不仅仅体现为问答、交流，师生的神态反馈、体态反馈也是一种互动。

（3）注重汉语汉字特点。这一教学信念是就第二语言教学内容而言的，要求教师时刻关注汉语汉字自身的特点。把注重汉语汉字教学特点作为教师必备的一种教学信念，是因为汉语作为第二语言教学与英语等作为第二语言教学，虽然学科的属性相同，教学的目标一致，但汉语和英语等是不同的语言，其教学的方法虽大体上可以是相同相近的，但在体现各自语言特点方

---

① 《现代汉语词典》（第6版），商务印书馆，2012：550。
② 什么样的互动是低效益、幼稚化和"走形式"的互动，是很值得研究的问题。这里只是提出这一问题，暂不讨论。北京语言大学苏英霞教授在北京语言大学出版主办的"短期汉语教学法研讨会"（2015年5月30日，北京）上举过这样一个属于这类"不良互动"的例子：一位年轻老师课上问学生："你有爷爷吗？""（学生）有。""你有奶奶吗？""（学生）有。""你有爸爸吗？""（学生）有，我有爸爸。""你有妈妈吗？""（学生）有，我有妈妈。"苏老师说，如果问"你有弟弟/姐姐吗？"还有点儿实际意义和交际性，而用"你有爷爷/爸爸吗？"之类的问题来互动就是没有意义的互动，谁没有"爷爷/爸爸"呢？

面、在教学的重点和难点上则是大不相同的，至少不宜完全相同。这实际上就是第二语言教学的共性与个性的问题。吕叔湘（1947/2002）在谈到中国人学英语的原理和方法时，首先明确的一条原理就是"英语不是汉语"，英语的语音、语法和生词的词义都不同于汉语，可是中国人学英语却有意无意地拿汉语去"比附"，于是就会出现很多毛病。因此，吕先生强调："学习英语非彻底觉悟把它当作和汉语不同的新的东西来学习不可。"基于同样的原理，汉语作为第二语言教学和学习也应秉持"汉语不是英语（会其他语言）"这样的教学信念，把汉语彻底地当作一种跟英语或其他语言不同的新的东西来教授、来学习。以避免因在语音、语法和词义等各方面的比附带来的各种毛病。事实上，汉语对世界上几乎所有学习者都是一种新的东西，汉字更是一种另类的书写系统（日、韩等学习者除外），而汉语作为第二语言教学的一个重要特点（区别于其他第二语言教学的主要特征）就是汉字教学，因此，MTCSOL必须确信"汉语不是其他语言"这一教学信念，并在教学实施中处理好汉字教学与汉语教学的关系，加强体现汉语、汉字特点相关因素和现象的教学。如汉语的省略现象、汉语的意合特征，汉字的成词机制，等等。

此外，作为核心的教学信念还可以有"不断让学生有成就感""教师深度备课""永远不要高估学习者的汉语能力"等，限于篇幅等因素，此不赘述。

4.3　核心专业发展信念例示

教师的专业发展信念主要指的是教师应该着力发展哪些知识、能力、素养，这方面前人也有不少很好的讨论，但有些要求可能过高，有些是教师终身学习和努力的方向（参见引言）。这里结合我们近年的思考（李泉，2012；李泉、金香兰，2014），就一个合格的MTCSOL必须具备的核心知识、核心能力和核心素养，提出如下建议，以供参考。

（1）核心知识发展取向

合格的MTCSOL必知必会的核心知识例示：① 汉语汉字知识，包括汉语语音（《汉语拼音方案》、音节、轻声、儿化、变调、汉语韵律特征等）、词汇（汉语词汇的构成及基本特征、单音节词数量有限但使用频率高、双音节化是汉语词汇发展的重要趋势、汉语构词法等）、语法（汉语词类，汉语句法结构，句类、句型、特殊句式，汉语语法的基本特点：缺乏形态标记，复合词与短语的结构类型一致等）、汉字知识（汉字的性质，汉字的特点：

见字不知音，常用汉字构词能力强，汉字的主要结构类型、书写规则，汉字与汉语的关系：一个汉字代表汉语的一个音节、一个语素、一个单音词等）、常用虚词知识，常见偏误分析方法，基本的语言学知识，较为全面的汉语语言学知识。② 第二语言教学知识，包括第二语言教学的目标、原则、方法等知识；汉语作为第二语言教学的基本理论（特点、模式、教材、教法、测试等）；基本的教育学和心理学知识，主要的外语教学法流派的理念、特点和方法等。

（2）**核心能力发展取向**

合格的 MTCSOL 必知必有的核心能力例示：核心技能：① 汉语阐释能力，包括能结合具体的语言现象清楚地解说汉语的结构规则，能恰当地解说学习者遇到的疑难汉语现象，能对常见的语言偏误进行恰当地纠正和分析，能说明具体语言现象的使用规则的概括等。② 教学组织能力，包括能有效地组织课内外的教学活动，能不断激发学习者的学习兴趣；能有效地协调师生之间和生生之间的关系等。③ 课堂教学能力，包括能有效地掌控课堂教学秩序和教学进程；能选择和运用恰当的教学手段、教学方法和教学技巧，能进行高质量的师生和生生互动；善于营造和谐、和睦的课堂氛围，有较强的课堂教学时间观念等。④ 教学评估能力，包括能准确地评估学生的学习能力和学习效果；能选择合理的测试方式和题目进行教学质量测评；能利用多种评估方式进行教学评估；能客观地进行自我教学评估等。

（3）**核心素养发展取向**

合格的 MTCSOL 必知必备的核心素养例示：① 良好的心理素质，包括开放的心态、包容意识、自信乐观等。② 良好的外语能力，包括能用外语辅助教学，能进行交流和沟通。③ 良好的跨文化交际能力，包括具备足够的跨文化交际知识，良好的跨文化交际技能。④ 高度的敬业精神，包括爱学生、爱工作、勤奋投入、不计较个人得失等。

五　结语

本文重点探讨了汉语作为第二语言教学教师的教学信念和专业发展信念问题。包括教学信念的含义、特点、作用与表现，教师专业发展信念的内涵与作用等相关问题。强调教学信念是教师教学思想的灵魂，是教师自己真正信奉的教学观念，它全面而深刻地影响着教师的教学决策和教学行为，进而影响着教学的质量和效益。指出教师的教学信念指引着教师的职业发展方向，有什么样的教学信念就有什么样的知识、能力和素养发展取向。正可谓思想决定行动，价值取向决定行为取向。因此，培养 MTCSOL 的教学信念是一项首要的、根本性的任务。在此基础上，文章例示了 MTCSOL 必须具备的核心教学信念和核心专业发展信念，并认为这些最基本、最核心的知识、能力和素养是 MTCSOL 的看家本领，是他们成为合格汉语教师的必要条件。

参考文献

崔希亮 2013 说汉语教师的学术自觉，《世界汉语教学》第 4 期。

李 泉 2009 汉语国际教育硕士培养目标与教学理念探讨，《语言文字应用》第 3 期。

李 泉 2010 汉语国际教育硕士培养原则与实施重点探讨，《华文教学与研究》第 3 期。

李 泉 2012 国际汉语教师培养规格问题探讨，《华文教学与研究》第 1 期。

李 泉、金香兰 2014 论国际汉语教学隐性资源及其开发，《语言教学与研究》第 2 期。

吕叔湘 1947/2002 《中国人学英语》，又见《吕叔湘全集》（第十四卷），辽宁教育出版社，2002。

孙德坤 2008 教师认知研究与教师发展，《世界汉语教学》第 3 期。

赵金铭 2007 对外汉语教学理念管见，《语言文字应用》第 3 期。

赵金铭 2008 汉语作为第二语言教学：理念与模式，《世界汉语教学》第 1 期。

（载《云南师范大学学报（对外汉语教学与研究版）》2015 年第 3 期）

国际汉语教师培养规格问题探讨*

提　要　本文回顾和讨论了国际汉语教师的标准问题，结合汉语国际化的现状及外语教学的性质和特点，提出应明确面向海外培养的国际汉语教师的规格，并主张以"合格"为汉语教师培养的基本规格。文中讨论和例示了合格的国际汉语教师必须具备的基本知识、基本能力和基本素养（"三基"），并强调在国际汉语教师特别是汉语国际教育专业硕士培养过程中，"三基"类课程应不低于总课程量的60%，其中属于基本知识的汉语（语音、词汇、语法）汉字本体知识的课程亦不应低于"三基"类课程的60%，借以保证我们培养的人才首先是合格的汉语教师，保证他们未来汉语教学的质量。

关键词　国际汉语教学　教师培养　培养规格　合格教师

一　引言

　　加强国际汉语教师队伍建设，特别是面向海外的汉语国际教育硕士培养、汉语教师志愿者和海外来华教师培训、海外本土汉语教师培养等，是促进和加快汉语走向世界的根本性战略措施。然而，按照什么样标准建设国际汉语教师队伍？培养什么样规格的汉语教师？[①] 现阶段面向海外的师资队伍建设的策略是什么？具体到我们培养的汉语教师必须具备哪些基本知识、基本能力和基本素养（简称"三基"）？这些问题都还需要进一步讨论和明确。

---

* 本文初稿曾在"全国首届非英语国家汉语师资培养研讨会"（2010年4月9日，北京外国语大学）做过大会报告，修改后在"2011国际汉语教育新形势下的教师培养论坛"（2011年8月12日，中央广播电视大学）做过大会主题发言，感谢两次大会的邀请，同时感谢《华文教学与研究》审稿专家和编辑部对本文的修改建议。

① "规格"这里指国际汉语教师培养的基本要求和质量标准，如合格、良好、优秀等，或专业应用型、教学科研通才型、中外百科知识型、知识能力素养综合全能型、外语教学专家型等。

发展国际汉语教学，应该培养和建设一支专业化、高素质的优秀师资队伍。但这应该是一项长期的奋斗目标，并且应建立在合格的师资队伍基础之上。换言之，包括汉语国际教育专业硕士在内，我们培养的教师首先应该是一名合格的汉语教师（能做到这一点并不十分容易）。在此基础上，通过在教学实践中不断探索、反思和经验积累，以及教师自身专业知识、教学能力和业务素质的不断提高，才可能成为一名优秀的汉语教师。

基于上述考虑，本文拟结合相关研究的现状、汉语国际化的现状以及外语教学的性质和特点，来进一步分析既往的国际汉语教师标准存在的问题，当下应以培养"合格"的汉语教师为人才规格的理据，探讨合格的国际汉语教师应具备的最基本的知识、能力和素养，并对国际汉语教师培养的课程设置与实施提出建议。

二 相关文献简述与略析

2.1 学术界相关论述简介

对外汉语教师应具备什么样的业务素质，不仅关系到汉语教学的质量和效益，也是关系到汉语作为外语教学学科地位和师资队伍建设的重大问题，因此历来受到对外汉语教学界的高度重视。自20世纪80年代以来，不断有学者探讨对外汉语教师的知识、能力和素养问题。

例如，赵智超（1986）指出教学效果好的汉语教师应具备的个人条件包括：有耐心，有敏锐的观察力，有热爱教学的使命感，有"不准备好课程，就不能教书"的态度，能不断地追求新知识、试用新方法。应具备的专业能力包括丰富的汉语知识和使用标准汉语的能力，掌握语言学、社会语言学、心理语言学以及语言学习与习得的理论、方法、技巧等理论和方法。吕必松（1989）从能够胜任课堂教学到教学艺术高超、从教学到科学研究、能够受到特别欢迎和尊敬的教师等角度，系统地论述了汉语教师的知识结构和能力表现，并区分了胜任课堂教学工作、胜任多种教学任务和教学艺术高超的教师。卞觉非（1999）指出，21世纪的对外汉语教师应具有良好的师德、扎实的专业知识和广博的相关知识、较高的外语水平、较高的使用电脑的能力、较高的教学艺术等。此外，有关学者拟订的课堂教学评估指标体系中，广泛涉及汉语教师的知识、能力和素养问题，如韩孝平（1986）、黄祥年（1991）、张德鑫（2001）、陈光磊（2004）等，张和生主编《对外汉语教师素质与教师培训研究》（2006）集中收录了教师业务素质以及教师专业培训等方面的重要文献。近年来，随着海内外汉语教师培养和培训工作的深入开展，相关的研究成果也不断增加，如赵金铭（2007）、虞莉（2007）、北京汉语国际推广中心等（2008）、孙德坤（2008）、丁安琪（2009）、汲传波和刘芳芳（2009）、李晓琪（2010）、李红印（2010）、北京汉语国际推广中心等（2011）等，这些研究进一步丰富和深化了我们对相关问题的认识。

2.2　权威部门相关规定简介

为提高汉语作为外语教学的水平，促进师资队伍建设，规范化和制度化培养对外汉语教师，提高国际汉语教师的业务素质和教学水平，迄今为止，国家权威部门先后发布了三个有关国际汉语教师知识、能力和素养的规范性文件[①]：

（1）国家教育委员会发布《对外汉语教师资格审定办法》（1990），对对外汉语教师的知识结构、能力结构做出了明确的要求。规定合格的对外汉语教师应具有的知识结构，包括教学理论和教学法知识、语言学和文字学知识、文学知识和其他方面知识；能力结构包括语言文字能力、工作能力（张和生，2006）。

（2）国家教育部发布《汉语作为外语教学能力认定办法》（2004），该办法适用于对从事汉语作为外语教学的中国公民和外国公民所具备的相应专业知识水平和技能的认定。其能力证书分初级、中级和高级三类，对经认定达到相应标准的，颁发相应的能力证书。（张和生，2006）国家汉办据此制定了《汉语作为外语教学能力等级标准及考试大纲》（2005），规定《证书》获得者应具备相应的普通话水平和汉语言文字能力；具有良好的教师素养和品质，具备职业发展能力；具备良好的外语交际能力；具备现代汉语知识、汉语作为外语教学理论基本知识；掌握语言学、教育学、心理学基本知识；了解必要的中国文化及当代中国国情；具备实施教学的能力、处理教学材料的能力、评价与测试能力、运用适当教学手段的能力。

[①] 此外，国务院学位办近年先后发布的两个（全日制）汉语国际教育硕士专业学位研究生指导性培养方案，参见国务院学位办（2007、2009）。这两个方案总体上符合汉语国际教育专业硕士培养的实际需求（李泉，2009、2010），但方案主要涉及课程设置和培养环节等问题，而这里主要讨论的是有关国际汉语教师知识、能力和素养的相关标准问题，故此对这两个方案略而不述。

（3）国家汉办发布《国际教师标准》（2007），该《标准》是对从事国际汉语教学的教师所应具备的知识、能力和素质的全面描述，旨在建立一套完善、科学规范的教师标准体系，为国际汉语教师培养、培训、能力评价和资格认证提供依据。《标准》分为语言基本知识与技能，文化与交际，第二语言习得与学习策略，教学方法，教师综合素质等五个模块，共有十项标准：汉语知识与技能，外语知识与技能，中国文化，中外文化比较与跨文化交际，第二语言习得与学习策略，汉语教学法，测试与评估，汉语教学课程、大纲、教材与辅助材料，现代教育技术及运用，教师综合素质。《标准》是新世纪以来面向国际汉语教学制定的一个重要的纲领性文件，全面系统，面面俱到。综观《标准》的基本概念范畴、基本原则、基本能力等的要求来看，《标准》或许应该看作国际汉语教学"优秀教师标准""综合全能型教师标准""汉语教学专家标准"，而不是"入门型""合格型"的国际汉语教师标准。尽管如此，从国际汉语教学学科发展和师资队伍建设的长远来看，制定这样一个高端型的国际汉语教师标准还是有必要的。从业教师可以参照《标准》的要求，不断补充相关知识，提高相应能力，在靠近《标准》的过程中不断发展和提高专业知识和业务素质。当然，《标准》要作为国际汉语教师的资格认证标准，则还需要据此制定更加务实可行的实施细则。

2.3 进一步比较与分析

可以看到，有关专家对汉语教师知识、能力和素养的论述，有些是个性化的认识和看法，但也有不少是共识性的认识，比如，对汉语知识、教学能力、外语能力、教师职业道德等方面的要求。（参见 2.1）国家权威部门发布的三个文件，其适用范围由面向国内到国内为主、兼顾国外，再到基于国际视野以国外为主、兼顾国内，体现了汉语作为外语教学由主要基于国内语境的对外汉语教学，到基于世界话语立场的国际汉语教学的转变。其中，《资格审定办法》（1990）和《能力认定办法》（2004）更加注重汉语言文字知识的规定和要求，同时兼顾对教学能力的要求；比较而言，《国际汉语教师标准》（2007）在知识和能力并重的前提下，似乎更加注重对能力的要求，其知识和能力要求的范围远超过前两个"办法"。可以认为，有关的研究成果和权威部门发布的"办法"和"标准"，为教师的发展、培训、评估和能力认定提供了方向和规范化的指标体系，这无疑是有意义的。

但也应该看到，以往多数学者的研究和权威部门的相关要求，并没有明确区分是合格的汉语教师的标准，还是优秀汉语教师的标准。这看起来似乎不是什么大问题，但是从教师培训或能力认证的角度看，就有些缺乏实用性和可操作性。如上文所述，《国际汉语教师标准》（2007）存在的一个突出问题是：对国际汉语教师需要具备的知识、能力和素养的描写过于平均用力，相关规定缺乏层次性，也即没有明确和突出哪些知识、能力和素养是一个合格的国际汉语教师必须具备的，哪些是教师不断完善自身知识和提高自身能力的努力方向。比如，同样是基本概念，作为国际汉语教师，掌握"汉语语法基本知识"比掌握"外语语法的基本知识"（《标准》1.1、2.1）更为重要和迫切；掌握"交际型教学途径与方法"要比了解"中国园林与建筑艺术""民间工艺""中外法律体系的特点、主要内涵"（《标准》6.1、3.3、3.4、4.2）等更为重要。也就是说，《标准》所描述的各种知识和能力中，有些是最为基本的、应该尽可能掌握的，有些则属于教师自身提高和完善的发展方向。换言之，有些是在教学中经常用得到的，甚至是须臾不能离开的，如汉语言文字知识、教师的语言表达能力和课堂组织能力；有些则可能是锦上添花的，如"中国古代科技成就""世界主要宗教的礼仪、节日与圣地"（《标准》3.1、4.3）。对知识、能力和素养进行面面俱到地描写也许并不为错，但不分轻重缓急、不区分必须掌握的和锦上添花的，一概等而视之、等力实施，则不利于发挥《标准》应有的作用。而培养规格和培养目标不明确，或者目标过低过高，都会影响课程设置和实施重点的取向，从而也会影响培养效果和质量。因此，培养规格问题是国际汉语教师培养的前提性问题，也是个方针和策略的大问题。

三 "三基"问题的提出与理据

3.1 "三基"问题的提出

综上来看，当下很有必要提出和讨论：我们培养的汉语教师究竟是什么样规格的，是入门型、合格型，还是优秀型？是培养胜任海外多种层次汉语教学的行家，还是中华文化传播的使者，抑或是语言教学和文化传播全能型教师？这是我们在国际汉语教师培养培训过程中必须首先明确的大问题。培养规格不同，相应的要求和做法也就不同，效果也就不一样。假如完全能够在有限的时间里和有限的条件下培养出优秀规格的汉语教师,那当然应以培养优秀规格的教师为目标,但问题是我们是否能够做得到,各方面的条件是否允许。进一步说,在缺乏教学实践等有限的条件下我们能否培养出优秀教师,优秀教师是否是通过课堂上的知识传授和技能培训就能够培养出来等,都是值得讨论的。

我们建议,现阶段应以培养和培训合格的国际汉语教师为基本宗旨和核心目标。这是应该也能够做到的。假如是这样的话,那么就应该探讨和明确一个合格的国际汉语教师必须具备哪些基本知识、基本能力和基本素养。因为必需必备的知识、能力和素养是汉语教师从事汉语作为外语教学的看家本领。有了这些看家本领,教学就应该没有问题或没有大问题,教学质量和效率就能得到应有的保证。相反,不具备这些知识、能力和素养,教学就会成问题乃至很成问题,教学质量和效率就无法保证,那么其他方面的知识再多,其他方面的能力再强,其他方面的素养再好,可能对实际教学都不会有太大的、实质的益处。

而如上所述,以往有关国际汉语教师知识结构、教学行为、教学能力和个人素养等的研究和相关规定,探讨和描写的大都是优秀教师的特征,这从学术研究和教师发展的角度看是无可厚非的。但是,从现阶段国际汉语教师培养、培训和能力认定的实际需要来看,更需要明确哪些知识、能力及素养是他们从事汉语教学必备必有的,哪些是锦上添花的;哪些知识和能力是当下就得掌握的,是走上讲台前就应当了解、熟知和掌握的,哪些知识和能力是属于通识教育或是终身学习的内容,可容期缓限逐步掌握的。必知必会必有的知识、能力和素养,是合格的国际汉语教师的基本条件和基本标准,属于专业知识和专业技能的范畴;此外的知识、能力和素养,大都不属于或不完全属于本专业的知识和技能范畴,是认定优秀教师或教学专家的条件和标准,而这些条件和标准需要长期乃至终生学习才能达到,而不可能指望通过两三年时间和若干门相关课程的学习就能全部获得和掌握。

如果能够明确合格的国际汉语教师的基本标准,将有助于在国际汉语教师培养和培训过程中抓住重点、突出重点,有的放矢地加以实施,让他们真正把必知的知识、必会的能力掌握到手。以为知识和技能越多越好,胡子眉毛一起抓,则无法保证人才培养的规格和质量。因为费时费力学得的某些知识和能力在汉语教学实践中用不大上,而教学中必需的知识和能力又没有得到充分地掌握。当然，合格的、良好的、优秀的教师之间的标准和条件并不容易确定，也不可能泾渭分明。但是，结合我们既有的教学经验、结合现阶段海外汉语教学的实际、结合外语教学的基本理论和现有的研究成果，做出一个大致的区分是可以做到的。

3.2 标准与实施问题的进一步讨论

事实上，现阶段汉语国际化进程正处于初始阶段，世界范围内的汉语学习者大都属于初级水平，中级水平的不多，高级水平的更少；由于种种原因，不少学习者甚至始于初级，也止于初级，这是现阶段普及型、大众化国际汉语教学的实际情况，也是正常情况。因此，多数时候汉语教学的内容主要限于基本的汉语知识和汉语交际能力，所涉及的中国历史文化主要限于与教学内容相关的最基本的国情文化、节俗文化和交际文化，绝大多数情况下都涉及不到《国际汉语教师标准》（2007）提到的诸如"先秦诸子哲学""中国的服饰文化""东西方哲学的主要异同""中外交往的历史""中国历史上的太平盛世""中国史学名著""两汉经学""魏晋玄学""中国原始宗教与信仰"等内容。而《标准》中提到的诸如"监控模式、文化适应模式、信息处理模式、竞争模式"以及"普遍语法假说"等第二语言习得理论和知识，也不一定都能在教学中得到应用。当然，教师更多地了解和掌握中外历史文化知识、语言教学和语言习得知识，只有好处没有坏处，应该提倡和鼓励，但前提是应该首先掌握与实际教学密切相关的最基本的知识和能力。

近年来在国际汉语教育专业硕士培养过程中，不同程度地存在着对国际汉语教师必须具备的基本知识、基本能力和基本素养重视和实施不够的倾向。比如，对系统的汉语言文字知识和外语教学基本原理的重视和实施的程度，与这类知识在汉语作为外语教学中的应有的地位和重要程度还不是完全相符。具体来说，国际汉语教育硕士"单证"和"双证"两个方案的培养目标和培养要求总体上基本一致。有所不同的是：（1）"单证"方案要求培养对象"具有系统的专业知识"，我们理解这指的应该是系统的汉语言文字知识和外语教学基本原则、基本原理等，这是值得肯定的。但在"双证"方案中未见提及要求培养对象具有系统的专业知识，这可能是一种很遗憾的疏忽。（2）"双证"方案在培养目标上，要求培养对象具有"文化传播技能"和人才规格上的"国际化"要求，要求培养对象"具有语言文化国际推广项目的管理、组织与协调能力",这是可以理解的,但似乎不应以忽略系统的专业知识的掌握为代价,因为专业知识的掌握和汉语教学能力的获得才是第一位的,也是更为根本的。(李泉,2010)此外,在具体课程设置和课时分配上,对汉语教学必备的基本知识、基本技能类课程的强调和突显也不够充分。

总的来说,现阶段面向海外培养的国际汉语教师,应着眼于海外普及型的基础汉语教学的实际,有针对性地传授教学所必需必备的汉语知识和语言教学知识,并且打实打牢这些知识;培养他们必需必备的教学技能,并且能灵活运用多种教学方法和手段。在使培养对象首先成为一名合格的国际汉语教师,成为一名教书的行家里手的前提下,如果有必要或有条件,再去扩充其他各种专业知识和理论,扩充其他各种与汉语教学相关的乃至不太相关的知识,提升培养对象的其他各种能力和素养,帮助他们走向优秀和卓越。

3.3 "三基"提出的基本理据

国际汉语教师"三基"问题的提出,不仅仅是针对相关研究还缺乏共识、国际汉语教学的现状以及某些标准和培养方案对这个问题的重视和体现还不到位,更重要的是有其学理上的依据。照我们看来,这依据就是:外语教学两大核心问题,教什么和怎么教(学什么和怎么学);外语教学学科性质、特点以及基本原则、基本方法和基本原理。

教什么?教的是汉语;学什么?学的是汉语。因此,教师必须对汉语汉字知识及其相关的文化现象有全面的了解和把握,最好有深刻的理解和准确的把握,为此还要了解和掌握必要的语言学、汉语语言学、汉字学的相关知识和理论。

怎么教?按照汉语作为外语教学规律教;怎么学?按照外语学习的规律和汉语汉字的特点和规律来学。因此,教师必须对外语教学的性质、目标、原则、方法等有全面的了解和把握,更要对汉语作为外语教学的特点、模式、教法等有深刻的理解和准确的把握,为此还要了解和掌握教育学、学习心理学、外语教学法、汉语作为外语教学的基本理论。

上述两方面的知识和理论即属于国际汉语教师必知必懂的"专业知识",也即国际汉语教师必备的基本知识;运用这些专业知识有效、高效、熟练地进行汉语教学的能力就属于国际汉语教师必备的"专业技能",也即国际汉语教师必备的基本能力;而从事外语教学特别是汉语作为外语教学必知必有的心理素质、跨文化教学和交往能力、良好的职业品德等就属于国际汉语教师必备的"专业素养",也即国际汉语教师必备的基本素养。

四 "三基"内涵的探讨与实施

4.1 与"三基"有关的论述简述

以往我们虽然较少从基本知识、基本能力和基本素养的角度专门探讨国际汉语教师(对外汉语教师)的标准和条件,但与此有关的论述和描写还是不难得见的。

例如,吕必松(1989)认为作为一个能够胜任课堂教学工作的教师,起码需要具备的条件有:具备比较广博的专业知识和文化知识,包括语言学知识、心理学、教育学和语言教学法知识、文学知识及其他文化知识;具有一定的工作能力,表现为语言文字能力、课堂教学能力、交际和组织能力;具有一定的教学经验。赵金铭(2007)拟订的汉语作为外语教学能力标准包括四方面:基础知识(汉语知识、中国文化及语言学、教育学、心理学、跨文化交际学等,以及对汉语母语的掌控能力),专业知识(汉语作为外语教学理论、汉语作为外语教学法、第二语言习得与认知等),教学技能(语言教学和训练技能),教师素质(高尚的品行操守、良好的人际关系、热爱学生、谦虚好学等)。崔希亮(2007)指出,对外汉语教师需要以下八方面的能力:语言表达能力(把话说清楚);课堂组织能力(当好教练);表演能力(必要时表情身段语音语调);理解能力(听得懂学生的问题);科学研究的能力(抓住问题的实质);亲和能力(赢得学生的好感);现代教育技术应用能力(会用计算机);应变能力(兵来将挡,水来土掩)。金立鑫(2009)强调,一个合格的语言教师所具备的最重要的条件是:深刻理解所教目的语(语音、词汇、语法、语义、语篇、语用等)规则系统并掌握一定教学理论和教学方法的专业人才,等等。

4.2 "三基"的基本内容例示

哪些知识、能力、素养是一个合格的外语教学必须具备的,前人的研究和论述为我们提供了很好的参考,奠定了有助于形成共识的基础。当然,"三基"的内涵也是一个值得进一步广泛探讨的问题。我们初步认为,国际汉语教师必备的"三基"如下：

基本知识：（1）汉语汉字知识，包括汉语语音、词汇、语法、汉字知识；常用虚词知识，常见偏误分析；基本的语言学知识，比较全面的汉语语言学知识。（2）中华文化基础知识，包括中国历史和文化的基本知识。（3）外语教学知识，包括外语教学的性质、目标、原则、方法等知识；汉语作为外语教学的基本理论（特点、模式、教材、教法、测试等）；基本的教育学、学习心理学知识，主要的外语教学法流派的理念、特点和方法等。

基本技能：（1）汉语阐释能力。包括能清楚地解说汉语的结构规则和表达规律，能恰当地解说学习者遇到的疑难语言现象，能对常见的语言偏误进行恰当地纠正和分析，能结合具体语言现象进行汉语结构规则和使用规则的概括等。（2）教学组织能力。包括能恰当地选择和使用教材；能有效地组织课内外的教学活动，能不断激发学习者的学习兴趣；能有效地协调师生之间和生生之间的关系等。（3）课堂教学能力。包括能有效地掌控课堂教学秩序和教学进程；能选择和运用恰当的教学手段、教学方法和教学技巧，能清楚地解答问题；能恰到好处地处理好讲练关系，能进行有序有效、高质量的师生和生生互动；善于营造和谐、和睦的课堂氛围，有较强的课堂教学时间观念等。（4）教学评估能力。包括能准确地评估学生的学习能力和学习效果；能选择合理的测试方式和题目进行教学质量测评；能利用多种评估方式进行教学评估；能客观地进行自我教学评估等。

基本素养：（1）良好的心理素质，包括开放的心态、包容意识、自信乐观等。（2）良好的外语能力，包括能用外语辅助教学，能用外语进行交流和沟通。（3）良好的跨文化交际能力，包括具备足够的跨文化交际知识，良好的跨文化交际能力。（4）高度的敬业精神，包括爱学生、爱工作、勤奋投入、不计较个人得失等。

4.3 培养"三基"的主要措施及其他实施策略

为了更好地保证我们培养的国际汉语教师是合格的专门人才，是能够胜任汉语教学的行家里手，我们主张，在国际汉语教师特别是汉语国际教育专业硕士培养过程中，未来教学工作中所必须具备的基本知识、基本能力和基本素养的"三基"类课程应不低于总课程量的60%，并且原则上都应作为必修课；这其中属于"专业知识"类课程中汉语（语音、词汇、语法、语用）

汉字本体知识的课程亦不应低于"三基"类课程的60%。通过这两个"不低于"来体现汉语作为外语教学是一门学科，是一个有特定内涵的专业；来区别汉语作为外语教学与其他语言作为外语教学的不同；来保证我们培养培训的国际汉语教师首先是合格的汉语教学的教师，从而保证他们所从事的汉语教学的质量和效率。

进一步来说，（1）强调"三基"类课程应不低于培养方案中总课程量的60%，意在通过相对多数的课时量来保证培养和培训对象掌握应知应会应有的知识、能力和素养，从而保证或基本保证他们首先是合格的汉语教师。（2）强调汉语、汉字本体及教学方面的知识类课程不应低于"专业知识"（除汉语汉字知识外，还包括必要的中华文化基础知识、外语教学基本原理以及语言学、教育学、心理学等方面的知识，见4.2）类课程的60%，意在强调不要以为培养对象会说汉语，就天然地熟悉熟知汉语、汉字知识，就当然地懂得汉语的内部结构规则、外部组合规则和表达应用规则，这些知识可能是他们最为欠缺的，却又是未来实际教学工作中须臾不可缺少的，因此扎实系统的汉语言文字知识是国际汉语教师首要的和必备的知识，是他们最管用的"物质食粮"（李泉，2009、2010），必须给予充分的重视和充分的实施保证。

其他40%的课时量，可根据培养对象的具体特点、具体培养目标以及可能从事的教学地区、教学岗位等，来选择和突出相关的课程。比如，根据需要增加国别地域文化、国外中小学教育、国外社区教育等的课时量。又如，小语种国际汉语教师的培养，毫无疑问应该增加和突出相关外语的教学，以体现他们是有特殊专业知识、专业能力和专业素养的国际汉语教师，也即能用小语种"做事"，包括辅助课堂教学、进行一般的人际沟通、组织与汉语教学相关的语言文化活动等。因此，应该尽可能地加大相关的课时量，并努力为学生创造更多更好的学习条件。甚至可以采取必要的激励机制和鼓励措施，因为即使是初步掌握某种外语，也需要在课外投入大量的时间和精力，完全指望通过课堂上有限的学习时间来掌握一种外语是不可能的。相反，如果只是开一门小语种课程，教学没有一个目标规划，学几句算几句、学多少算多少，那就难以发挥小语种教师在国际汉语教学和传播中应有的作用。

需要说明的是，上面例示的"三基"内涵只是初步的建议。"三基"是否就是这样一些内容，掌握和具备了这样一些知识和能力是否就可以视为合格的国际汉语教师，这些知识和能力的具体内容都包括哪些，等等，都还需要广泛而深入地讨论。同样，上文关于"三基"类课程所占课时比例的划分，也只是根据国际汉语教学的现状、教学中首先最不可缺少的知识，以及培养对象大都缺乏这些基本知识等实际情况而提出的倾向性建议。至于为什么是"两个不低于60%"而不是不低于50%或70%，除了上面说到的一些意图和经验性的缘由以外，坦白地说并没有一个绝对合理的标准。不过，具体的课时比例完全可以在教学实践基础上进行更加科学的评估和测算，提出上述建议除了表明个人的倾向性意见外，更希望有抛砖引玉的作用。

五　余言

作为汉语母语国，规模化地培养和培训国际汉语教师，虽然是近几年才刚刚开始，但毫无疑问这将是一项长期的战略性任务。因此，应该加强理论研究和教学实践总结，以便更好地培养和建设国际汉语教师队伍，更好地推进汉语教学的国际化进程。

在国际汉语教师培养过程中，首先应该明确我们能做什么、做不了什么，即确定教师的培养规格问题；还要明确我们应该重点做什么、兼顾什么，即分清主次的问题。而目前的某些国际汉语教师标准和汉语国际教育专业硕士培养方案中，都没有明确是合格、良好、优秀哪一种规格的教师标准和培养方案。而培养规格不明确，就可能带来课程设置和教学实施的随意性，从而不利于人才的培养。

目前不仅在培养什么样规格的人才上还不够明确，在课程设置和实施重点上也有不同的意见。比如，有调查表明，汉语国际教育硕士海外实习后的反馈是：能够提高他们外语交际能力、教学组织能力、计算机应用能力、文化适应能力的课程，是他们海外实习中受益最多的课程。语言学理论、二语习得理论和汉语本体知识等课程有用，但却远不如前一类课程来得重要、直接。（张和生，2008）这颇令人惊诧：我们培养的是汉语教师，但"汉语本体知识"仅仅是"有用"，却远不如"外语交际能力、计算机应用能力、文化适应能力的课程"来得重要。让人困惑的是：究竟哪些课程是主，哪些课程是辅？我们的主业是教汉语，还是体验外语交际、计算机应用和文化适应能力？我相信，这位海外实习教师的感受或许是真实的，但肯定是还没有真正接触和处理学习者的汉语偏误而得出的印象。因为要想对学习者的语言偏误说出个所以然来,汉语知识和汉语教学能力的重要性便立刻凸显出来。我们多年教学实践的最大感受是:纠正并分析学习者的汉语偏误"乃吾之软肋所在"。我们深深感到,比之于这个法、那个原则,这个知识、那个技巧,缺乏汉语知识和汉语现象的阐释能力,是我个人最为欠缺的地方。看来,每个人在教学实践中的感受是很不相同的。

事实上,培养一名合格的汉语教师,绝非轻轻松松就能做得到。具体来说,假如我们以能够恰当地纠正学生的常见汉语偏误现象,并能准确地评估和说明偏误的成因所在,作为合格的国际汉语教师的一项标准,那么成为一名合格的汉语教师则绝非易事,更非低标准。请看下面几例偏误句子:

*他说得很好,大家应该听起来。
*我们半个小时坐汽车,就十点钟到了。
*玉容不知道了一只脚没有了她的靴子。
*他有空的时候一个劲儿地学习,所以,终于就拿到硕士学位。

想想看,能否准确地判断这些错句错在何处?如何恰当地改正这些错句,为什么这样或那样改正?能否说明这些错句是什么原因造成的?我们的说明和解释是否符合语言现象的实际?处理这样一些汉语教学的常规现象,使我们觉得汉语知识、汉语阐释能力、课堂教学知识和技能等,远远比外语交际能力、计算机应用能力、文化适应能力等更加重要,也更加难以掌握。因为目前我们对汉语现象的揭示和解释、对汉语规律的体认和把握还远远不够,教学中遇到的许许多多语言现象根本就没有现成答案。

总之,我们建议:在国际汉语教师培养过程中,要把握好培养对象未来教学工作的主业和从业,区分哪些知识、能力和素养是汉语教师的看家本领,哪些知识、能力和素养对汉语教师来说是锦上添花,并在课程设置和教学实施中区分主次、区别对待,避免胡子眉毛一把抓,避免丢了西瓜捡芝麻,使有限的教学时间和教学资源发挥出最大化的教学效益,让我们的培养对象获得他们最应该获得的知识、能力和素养。

参考文献

北京汉语国际推广中心等 2008 《国际汉语教育人才培养论丛》第一辑,北京大学出版社。

北京汉语国际推广中心等 2011 《国际汉语教育人才培养论丛》第二辑，北京大学出版社。

卞觉非 1999 21世纪：时代对对外汉语教师的素质提出更高的要求，《语言教育问题研究论文集》，华语教学出版社。

陈光磊 2004 对外汉语教学评估问题探讨，《第七届国际汉语教学讨论会论文选》，北京大学出版社。

崔希亮 2007 试论对外汉语教师的知识和能力，《汉语教学：海内外的互动与互补》，商务印书馆。

丁安琪 2009 关于汉语国际教育硕士专业课程设置的思考，《国际汉语教育》第二辑，外语教学与研究出版社。

国家汉办 2005 《汉语作为外语教学能力等级标准及考试大纲》，北京大学出版社。

国家汉办 2007 《国际汉语教师标准》，外语教学与研究出版社。

国务院学位办 2007 《关于转发〈汉语国际教育硕士专业学位研究生指导性培养方案〉的通知》，学位办[2007]77号，附件《汉语国际教育硕士专业学位研究生指导性培养方案》，见全国汉语国际教育硕士专业学位教育指导委员会《工作通讯》2008，外语教学与研究出版社监制。

国务院学位办 2009 《关于转发〈全日制硕士专业学位研究生指导性培养方案〉的通知》，学位办[2009]77号，附件《全日制汉语国际教育硕士专业学位研究生指导性培养方案》，见全国汉语国际教育硕士专业学位教育指导委员会《工作通讯》2010，外语教学与研究出版社监制。

韩孝平 1986 试论对外汉语教学工作的评估，《语言教学与研究》第4期。

黄祥年 1991 关于课堂教学评估的实践与认识，《世界汉语教学》第2期。

汲传波、刘芳芳 2009 教师的教师：国际汉语教师教育者研究，《国际汉语教育》第三辑，外语教学与研究出版社。

金立鑫 2009 "教师、教材、教法"内涵和外延的逻辑分析，《语言教学与研究》第5期。

李红印 2010 谈汉语国际教育硕士培养的四个方面，《国际汉语教育》第三辑，外语教学与研究出版社。

李 泉 2009 汉语国际教育硕士培养目标与教学理念探讨，《语言文字应用》第3期。

李　泉　2010　汉语国际教育硕士培养原则与实施重点探讨,《华文教学与研究》第 3 期。

李晓琪　2010　新形势下的汉语师资培养研究,《第九届国际汉语教学研讨会论文选》,高等教育出版社。

陆俭明　2005　汉语教员应有的意识,《世界汉语教学》第 1 期。

吕必松　1989　关于对外汉语教师业务素质的几个问题,《世界汉语教学》第 1 期。

孙德坤　2008　教师认知研究与教师发展,《世界汉语教学》第 3 期。

虞　莉　2007　美国大学中文教师师资培训模式分析,《世界汉语教学》第 1 期。

张德鑫　2001　功夫在诗外——谈谈对外汉语教师的"外功",《海外华文教育》第 2 期。

张和生(主编)　2006　《对外汉语教师素质与教师培训研究》,商务印书馆。

张和生　2008　汉语国际教育硕士培养的回顾与展望,《国际汉语教育人才培养论丛》第一辑,北京大学出版社。

赵金铭　2007　汉语作为外语教学能力标准试说,《语言教学与研究》第 2 期。

赵智超　1986　教学效果好的外语教师所应具备的主要条件,《第一届国际汉语教学讨论会论文选》,北京语言学院出版社。

中华人民共和国教育委员会令(第 12 号)　1990　《对外汉语教师资格审定办法》(1990 年 6 月 23 日施行),见《对外汉语教师素质与教师培训研究》,商务印书馆,2006。

中华人民共和国教育部令(第 19 号)　2004　《汉语作为外语教学能力认定办法》(2004 年 10 月 1 日施行),见《汉语作为外语教学能力等级标准及考试大纲》,北京大学出版社,2005。

(载《华文教学与研究》2012 年 1 期)

国际汉语教师的角色认知

提　要　教师的角色认知支配着教师的教学实践和教学效果。国际汉语教师只有正确地认识自己、恰当地定位自己，才能更好地发展自己、更好地发挥教师的作用。本文借鉴教师认知的理念，结合中外文化和教育传统的差异，探讨了国际汉语教师角色认知的基本内涵，重点分析了国际汉语教师应具有的职业认知（包括行业认知、学科认知和教学认知），地位认知（包括助体地位、师生平等和服务意识），形象认知（包括个人形象、人际形象和公众形象）。

关键词　教师认知　教师角色认知　职业认知　地位认知　形象认知

一　引言

教师认知是近二三十年来教育界和第二语言教学界共同关注的一个重要研究领域，近年来更成为一个热门性的话题。孙德坤（2008）指出："教师认知（teacher cognition）是一个比较宽泛的概念，主要指教师的心理世界，即他们的信念、思想、知识结构及其对教学实践的影响等。"受其启发，结合汉语和汉语作为外语或第二语言教学的实际，我们还可以进一步做如下诠释：认知即"通过思维活动认识、了解。"（《现代汉语词典》第6版，商务印书馆，2012：1096）教师认知即认识、反思和了解教师，其认知内容包括教师的信念、知识、能力和素养等与教学活动有关的各方面。教师认知研究即考察和探讨教师既有和应有的信念、知识、能力和素养等与教学活动有关的各方面。

简言之，教师认知及其研究，即反思、调查和研究教师的所信（既有与应有的教学观、教师观、学生观、学习观、语言观、职业观等信念）、所知（既有与应有的有关所教授的语言及文化知识，与语言教学相关的语言学、教育学、心理学、文化学等知识）、所能（既有与应有的教学组织和课堂掌控、目的语理解与阐释、教法选择与运用、跨文化意识与交际、教学评估与教学反思等能力）、所为（既有与应有的知识、信念、能力与素养等的体现）。其中，教师"所信与所知"中即包含对教师的角色认知，而教师"所能与所为"则是这种角色认知在教学实践中的体现。

本文拟探讨国际汉语教师（包括在国内外从事汉语作为外语或第二语言教学的教师，下同）应有的角色认知，简言之即教师应如何看待自己、定位自己、发展自己。教师对自己的角色认知支配着教学实践的全过程，影响着师生关系的和谐程度、课堂气氛的融洽程度和教学实施的实际效果，不可谓不重要。

二 相关研究简述

自20世纪80年代以来，对外汉语教学界就不断有教师研究的成果问世。例如，赵智超（1986）、韩孝平（1986）、王还（1987）、吕必松（1989）、崔永华（1990）、邓恩明（1991）、刘珣（1996）、卞觉非（1999）、刘晓雨（2000）、张德鑫（2001）、黄宏（2002）、孙德金（2003）、杨惠元（2004）、陆俭明（2005）、丁安琪（2006）、张和生（2006）、何文潮等（2006）、虞莉（2007）、赵金铭（2003、2007）、孙德坤（2008、2010）、李晓琪（2010）、王添淼（2010、2011）、孙立峰（2012），等等。这些成果广泛涉及教师培训的课程设置和培训模式，教师的专业知识、教学能力和职业素养，教师的职业意识、职业发展和专业技能发展，教师的能力标准和优秀教师的条件，教师课堂教学的方法、教学语言、教学评估，教师跨文化交际能力、教学反思能力和教师认知研究等，其中有许多观点颇值得深思，许多意见颇有导向性，这些研究不仅本身具有一定的理论和应用价值，也为进一步研究奠定了基础。

总体上说，我们对教师的所信、所知、所能和所为的调查和研究还很不够。以1985—2010年由世界汉语教学学会等单位组织的历届国际汉语教学讨论会及出版的十部论文选为例，在总共948篇论文中，有关"教师研究"的论文只有20余篇，仅占2.1%。根据我们的阅读印象和随机检索来看，其他对外汉语教学研究的书刊中，有关教师研究的文献比例亦只占

2.0%～2.5%。可喜的是，近年来，随着汉语作为外语或第二语言教学学科建设及师资队伍自身建设的需要，特别是汉语国际教育硕士培养、汉语教师志愿者和海外汉语教师培训工作的开展，对"教师问题"的研究越来越受到重视，其中，围绕国际汉语教育专业硕士的培养，发表了不少有关教师研究的文章。这些研究主要集中在对教师专业培训问题的探讨，对教师应具有的知识、能力和素养的讨论，对教师教学方法、能力标准和资格认证的研究，等等。这些研究都是十分重要的，而支配和影响教师教学行为、教学实践和教学效果的教师角色认知，同样十分重要而值得探讨。

三　教师角色认知的内涵

这里所说的教师角色认知，不是指在广泛的社会关系和社会分工视域中对教师社会地位、社会身份的了解和体认，而是指在学校、课堂和师生角色关系的语境中教师应该如何认知自己、定位自己，进而发展自己。

教师角色认知是教师认知研究范畴的重要组成部分。因此，在进一步加强汉语教师知识、方法和能力培养和培训，加强教师标准完善和教师发展研究的同时，应积极开展教师角色认知的研究，以丰富教师认知研究的内涵，进一步提高教师的素质和汉语教学的效益。

教师角色认知的基本内涵应该是：教师如何看待自己的职业、定位自己的角色、发展自己的技能。进一步来说，即教师如何看待自己的工作、职业角色以及跟学生之间的角色地位关系，如何看待所教授的目的语及其相关文化，进而如何看待自己的职业发展；教师应该具有什么样的角色观念、角色认知，如何确立和发展恰当的教师观、角色观，进而优化课堂教学中的教师行为及师生人际关系，等等。简言之，教师既有的角色认知和教师应有角色认知及其对教学实践的影响，都应该成为教师角色认知研究的基本内容。

从教学实践来看，无论教师是否意识到乃至是否承认，实际上都有一个对自身角色的认知问题。教师的这种角色认知或称教师观，既体现在教师的心理世界，更体现在教师的教学活动和教学行为中。教师的这些角色心态和角色认知，是支配其教学工作、教学行为和职业发展的根本动因，正所谓思想影响行动。教师只有正确地认识自己、恰当地定位自己，才能更好地发展自己，也才能更好地发挥教师的作用。也正因此，教师的角色认知研究当成为教师认知研究的重要内容。

特别需要指出的是，在汉语教学加快走向世界的当今时代，加强以汉语为母语的国际汉语教师的角色认知研究，不仅是跨文化教学工作的现实需要，亦有着源自中国文化和教育传统方面的动因。跨文化教学工作要求国际汉语教师应进行恰当的角色认知和角色定位，亦应摒弃和调整源自中国传统教育观念中的某些不适当的教师观。

四 教师应有的角色认知例析

4.1 职业认知

所谓职业认知即指有关人员对自己所从事的职业的看法、体会、情感与定位。从事任何工作都有一个职业认知的问题，以对外汉语教学为职业的教师亦不例外。国际汉语教师的职业认知，既存在于教师的内心世界，更体现在教师的教学工作中。

根据我们的观察和了解，国内现有的专职对外汉语教师队伍中，无论原有的专业背景为何，也无论加入这一行列的时间早晚，绝大多教师在从事这一职业后，都能对对外汉语教学是一门汉语作为外语或第二语言教学的学科，有个明确的认识和深刻的体会，特别是随着专业理论知识及教学经验的不断丰富，对对外汉语教学这一职业认知越加全面和深入；同时工作态度积极、爱岗敬业、责任心强，并在教学和科研中不断获得成就感和乐趣；不仅教学能力强、效果好，而且能围绕教学工作开展研究，从而形成良性互动，教学和科研日渐精进，他们中的许多人业已成为本行业的专家、学者、优秀教师。

但是，毋庸讳言，也有少数教师虽多年从事对外汉语教学工作，但由于职业认知不当，对工作缺乏热情，未能给予应有的重视和投入，导致教学能力不强、教学效果平平，在教学实践中也难有成就感和职业乐趣。其相关的职业认知和工作表现，例如，或是认为对外汉语教学是个小儿科，甚至不算什么学科，没什么学术和学问可言，以致觉得自己大材小用；或是看不起自己的工作，觉得教外国人汉语比教中国的本科生、研究生要容易得多，甚至觉得自己从事的工作低人一等［陆俭明（2005）曾批驳过上述不恰当的认识］；或是从不有意积累和总结教学经验，虽身在"曹营多年"但从不问

"曹营之事",而是"上这边的课,做那边的研究",有人干脆宣布"我不是搞对外汉语教学的";或有极端者不仅始终对工作心不在焉,甚至腻烦自己的教学工作,厌烦和惧怕学生提出的各种语言问题,对待上课就如同做一天和尚撞一天钟,如此等等。这样一些主观态度和工作表现,其形成的原因是多方面的,如自己对专业缺少应有的职业信念和责任感,也有来自社会对这项工作的偏见影响。而不管是什么原因造成的职业认知不当,其结果都表现为对教学工作马马虎虎,始终未能真正走进行业里来,也无法从教学工作中获得成就感和乐趣。极少数教师的这种种心态和表现,最终使自己成为"业界里的局外人""行业里的外行人"。

根据以上"正""反"两方面情况来看,国际汉语教师至少应具备如下职业认知。

(1) 行业认知

国际汉语教师首先应该自尊自立,不为外界俗见和偏识所影响,而应一如常言所谓干一行爱一行。三百六十行,行行出状元,而所出的"状元"首先要热爱自己的行业,并且为之付出心血和汗水,否则不可能成为行业状元。因此,国际汉语教师首先自己要看得起这一职业,要喜爱自己所从事的对外国人的汉语教学工作。事实上,由于习俗和成见等多种原因的影响,要真正做到自尊自立,发自内心地喜爱自己的工作也并不是件很容易的事,这需要我们有强大的自尊自信的内心世界,更需要我们在教学实践中找到可以抵御任何偏见的成就感和职业乐趣。这是国际汉语教师最起码的行业认知。

(2) 学科认知

要充分认识到自己所从事的国际汉语教学,即汉语作为外语或第二语言的教学是一门学科,跟英语等作为外语或第二语言的教学学科属性完全相同。国际汉语教学既是一门学科就有其特定的教学理论、教学方法和教学规律。从事这项工作需要教师具备系统的汉语汉字知识,必备的外语教学的理论和方法,必要的语言学、教育学、心理学和跨文化交际学等相关学科的知识。因此,应尽可能全面地掌握汉语、汉字及与语言教学和语言交际相关的中国文化知识,应虚心学习和探索国际汉语教学的教学原理与教学规律,并在教学实践中创造性地运用和发展这些理论和方法。至少不能对汉语的语法知识、语音知识、汉字知识和必要的中华文化知识茫然无所知或一知半解,至少不能无视和违背国际汉语教学是一门学科及其应有的教学要求。这是国际汉语教师最基本的学科认知。

(3) 教学认知

由于多方面的原因，国际汉语教师队伍的构成是多元化的，即教师的专业背景不仅有汉语和对外汉语教学方面的，也有来自文学、史学、哲学、教育学、心理学、新闻学以及各类外语专业等学科的。这虽跟其他学科的师资队伍构成有所不同，却也是对外汉语教学是一门跨学科的应用型学科的一种体现。来自不同学科的教师，在学术研究的学科内容取向上应该是自由的、不受限制的。但身在对外汉语教学的行列，应将自己的研究领域和具体的研究内容尽可能地靠近对外汉语教学理论和教学实践的需求。不过，这只是一种导向和呼吁，教师完全可以从事自己熟悉的、原有的学术研究领域。然而，从教师职业认知的角度看，不管何种专业背景出身的教师，无论个人的研究兴趣在哪里，都必须首先把教学工作做好，必须学习和熟悉国际汉语教学最基本的理论、知识和方法，必须掌握必备的汉语、汉字和文化知识，必须做到是一名合格乃至优秀的汉语教师。简言之，个人的学术研究方向可以自由，但教学工作是有特定要求的，即首先并且始终要把教学这个饭碗端好。这是国际汉语教师最必需的教学认知。

4.2 定位认知

在国际汉语教师的角色认知中，最为基本和重要的认知应该是教师的角色定位认知。也就是，教师应从教育学、从跨文化教学的角度，来思考、认识和定位自己的角色。

教师角色定位问题的提出缘于以下两方面的考虑。其一，教学过程是一种认识过程，学生是这一过程的真正主体，是教学实践及认识活动有目的的承担者；教材及教学内容是客体，是教学实践活动和认识活动的对象，是主体实现目的的必要条件和手段；教师实际上是作为助体而存在的，是主体实现目的过程中必要的设计者、引导者、解惑答疑者。简言之，教师的作用就是辅助主体（学生）更好地实现教学活动所要达到的目的。（李泉，2001）也就是说，从教学活动中主、客体关系的角度看，教师实际上是教学活动中的助体，是主体学生在认识和学习客体内容过程中的帮助者、服务者，而不是学习活动的真正主宰者和学习任务的承担者。其二，中国的文化和教育传统讲究"师道尊严、以师为贵""以师为尊""师讲生听"；强调尊重教师和发挥教师的作用,重视教师的"教";甚至有"严师出高徒""一日为师,终身为父"的古训。这些理念不一定都是错的,其中不乏积极和合理因素。但是,西方的文化传统和教育理念却与此不同,讲究"以学生为中心""师生平等",重视学生的"学",强调自主学习,鼓励学习者发展个性,教学方式以启发式为主。如此等等,中西方历史、文化和教育观念上的差别,要求深受中国文化和教育传统影响的国际汉语教师必须思考自己的角色地位、角色作用以及教育观念和教学方式的转变和调适,以更好地适应海外的教学实际。

基于以上两方面的考虑,我们对国际汉语教师应具有的定位认知做如下讨论。

(1) 助体地位

明确教师在教育和教学过程中的助体地位,鼓励学习者积极参与教学过程及其相关的活动,避免"一人堂""满堂灌"式的教学方式,避免将"我讲你听"的教学模式全面地带到海外的汉语教学课堂中去;突出学生在学习活动中的主体地位,凸显教师解惑答疑的助体地位。实际上,强调教师的助体地位并不意味着降低教师的作用,而是要求教师改变不符合教学这种特殊认识活动的某些心态、观念和做法,改变不适合海外教学传统和教学方式的某些理念和做法。事实上,以学生为中心、为主角来组织教学比以教师为中心、为主角来组织教学要难得多,教师要付出的精力更多,对教师教学能力的要求更高。因此,教师角色地位的转变不仅不是对教师要求的降低,反而是对教师提出了更高的要求。其中较大的转变是教师从"前台"走向"幕后",从"独角戏"变成"群口相声",从教学活动的"表演者、讲解者、示范者"更多地转向教学活动的"设计者、启发者和引导者"。我们相信,思考、认识和反思国际汉语教师的角色地位,有助于我们改变既有的某些观念和惯常的做法,有助于更好地适应海外的教学传统和教学方式,从而更好地发挥教师的作用。

(2) 师生平等

在中国传统的文化和教育观念中,师生的角色地位关系实际上是不平等的。教师是"权势者",学生是"被权势者";教师是地位高的一方,学生是地位低的一方;教师是说了算的一方,学生是"被说了算"的一方。传统的私塾教学中、传统的师徒关系中,教师更是一言九鼎的绝对权势者。尽管现代教育制度和教育理念也强调师生平等,特别是人格上的平等,但是,中国的传统文化及其教育观念对中国教师的影响仍然是深刻而广泛的,"以师为贵""以师为尊""我讲你听"等传统观念在一些青年教师那里也很有市场。尊师重教、热爱师长是中国传统的美德,今后也仍将承传这种美德,强调发挥教师的作用更不为错。但是,在跨文化教学中,国际汉语教师应树立更为恰当的角色观,应对师生之间的地位关系有一个更为恰当的体认。我们的初步建议是:国际汉语教师应从主观和行动上树立和践行师生平等的观念。力避有高高在上的感觉,力戒"权势者"的形象。千万不要以权威和专家自居,即使是对汉语、汉字和中国文化也要虚心谨慎,因为就是在这些方面我们不了解和不清楚的地方远远比我们知道的和懂得的要多得多,至少对笔者来说是这样。千万不要有意无意地摆出"私塾先生"的架势,尽可能地去掉自身过浓过重的"师"的味道;尽可能用"我"而不用或少用"老师"来指称自己,避免张口闭口以"老师"来称呼自己。如此这般,则有利于拉近和淡化教师跟学生之间的距离感,有利于建立起融洽的师生关系,有利于更好地适应和开展海外的汉语教学活动。

(3) 服务意识

明确学习是发生在学习者身上的事,教师的"教"是为了帮助学生更好地"学"。学习的目的不仅仅在于掌握教师和课本上所传授的知识,更在于培养学生发现知识的能力。因此,在教师的角色认知和定位中,应明确教师是为学生服务的。树立服务意识、增强服务意识和服务能力,对于在中国文化和教育传统下培养起来的国际汉语教师尤其不容易,可是却也尤其重要,特别是到海外从事汉语教学。事实上,在海内外从事对外国人的汉语教学工作,本质上都是为国家和民族的事业服务,是为学习汉语和了解中国文化的外国人服务,而这种服务是光荣的,是可以令我们自豪的。树立服务意识不仅有助于我们"放下身段""放下包袱",从而减少在教学中可能遇到的角色和地位的"失落感",更有利于我们去拓展和增强服务的能力和服务的效果。要想自尊、自信地做好服务工作,就不仅要有满腔热情和虚心服务的态度,更要具备扎实和过硬的服务本领。为此,就需要我们投入更大的热情、付出更多的心血和智慧,而投入和付出是取得成就的必要条件,更多地投入和更多地付出就会取得更大的收获和成就。

4.3 形象认知

形象是一种客观存在。言谈举止、行为作风、性格情感、思想观念、诚信德行、知识和能力等多种因素，构成了一个人的形象。国际汉语教师形象认知问题的提出主要基于以下几方面的考虑。其一，教师作为社会人必然有个个人形象问题，有一个在外国学习者面前树立什么样的中国教师形象的问题。其二，国际汉语教师还有一个跨文化的中国教师的形象问题，有一个跨文化人际交往和人际关系的问题。如何在双向文化交流的过程中确立一个良好的国际汉语教师的形象，是值得探讨的问题。其三，当今的中国与世界各国在经济、政治、外交、文化等方面的交往越加频密，中国已经并将进一步走向世界舞台的中心。中国公民以各种方式和途径走向世界的同时，实际上也在承担着向世界展示中国、说明中国的公共外交的义务。不断走向世界的国际汉语教师，也必然自觉不自觉地承担着这种公共外交的义务。事实上，在对中国普遍缺乏了解的外国人面前，汉语教师的形象就是他们心中的中国人的形象，许许多多的外国人对中国和中国人的了解就是从对汉语教师的认识和了解开始的。因此，国际汉语教师已经不可能、也不应该"两耳不闻窗外事，一心只教汉语书"。尽管教汉语是我们的本职工作，需要全心全意地去做好，但是，在必要、需要和各种可能的场合客观地向外国公众介绍一个真实的中国、介绍中国的真实情况，也是国际汉语教师的一项义务。在研究和探讨国际汉语的角色认知、角色功能时不应回避或忽略这一问题。

根据以上背景分析，我们可以对国际汉语教师应具有的形象认知做如下讨论：

(1) 个人形象

无论是在国内还是在国外从事汉语教学工作，作为一名汉语教师都有一个个人形象的问题，并且是个无法回避而必须面对的问题，也是一个值得探讨的问题。从教师角色认知的角度看，国际汉语教师首先要意识到自身的形象问题，并有意识地"塑造"一个举止得体、文明礼貌、亲和友善、言行诚信、工作认真、专业知识丰富、教学方法得当、教学组织能力强的良好的教师形象。虽然看起来教师的个人形象跟具体的教学实践似乎没有直接的关系，但是注意个人形象并且给学生一个"良好的印象"，则有利于获得学习者应有的尊重与支持、理解与信任，从而有利于教学工作的顺利开展。相反,如果给学生一个"不怎么样的"形象印象,则不利于得到学生的配合和支持,不利于教学工作的开展。如果把包括汉语和文化等教学内容在内专业知识的丰富程度及教学方法的熟练程度,也看作教师个人形象的构成要素的话,那就更应重视个人形象的塑造。事实上,"良好的教师形象"绝不仅仅限于穿着得体、举止文明、谈吐不俗等外在性的因素,其中必然包含对工作充满热情、肯于投入和奉献、业务熟练、方法灵活、教学水平高等有关教学态度和教学能力方面的因素,并因此而构成教师形象的内在因素。举例来说,假如我们对教学工作缺乏热情,甚至心不在焉,那么很难想象学习者会热情高涨、全身心地投入学习;而如果我们对教学工作干劲十足、充满激情,则不仅会对学习者产生积极的影响,工作中的许多困难和不足都可以得到解决和弥补。可以说,个人形象问题是国际汉语教师最必要的形象认知。

(2) 人际形象

从跨文化交际的角度,国际汉语教师在跟学生课上课下以及跟海外同事、汉学家、学生家长等的人际交往和语言交流中,必然也会涉及汉语教师的人际形象问题。所涉及的主要问题包括国际汉语教师跟外国人交往中的文化适应问题、文化的坚守与趋同问题、与人交往的得体性问题、跨文化人际关系的处理问题,等等。在这诸多的问题和人际交往中,汉语教师给外国人的印象即是汉语教师的人际形象。如果汉语教师能从跨文化交际的角度处理好人际关系、树立起个人的良好形象,对于在海外的生活、教学和工作的开拓将起到积极的作用。孙立峰(2012)指出:"汉语教师在海外的教学、工作和生活会面临诸多意想不到的困难和麻烦,具备较强的海外社交能力对化解这些难题至关重要。在机场和接机的外方同事初次见面开始,个人的人脉和社交圈子就开始形成了。若擅长交际,拥有人格魅力,社交圈子会不断扩大;反之,不注意发展社交能力,就会使自己处于相对孤立甚至隔绝的境遇。"可见,注意个人人际形象问题,并积极发展海外社交能力,应成为国际汉语教师形象认知的重要方面。当然,如何确立良好的人际形象,如何发展海外社交能力,是需要探索和探讨的问题,但是有无这样的意识和行动,效果会大不一样。人际形象问题是国际汉语教师最基本的形象认知。

(3) 公众形象

毫无疑问,国际汉语教师应以从事汉语教学为本职工作、第一要务,以搞好汉语教学为核心工作。这应当是国际汉语教师前提性的角色认知、职责认知。"改革开放三十年来，随着中国自身的发展，以及与国际环境关系的日益密切，增进国外公众对中国基本国情、价值观念、发展道路、内外政策的了解和认识成为当务之急，加强和开拓公共外交是中国在新形势下完善国家整体外交布局的必然要求。"（赵启正，2011：11—12）换一个角度来说，在全球化时代的今天，中国正在进一步融入国际社会，中国已经进入公共外交的时代。国际汉语教师虽然没有承担中国公共外交的职责，但一批批走向世界各国的汉语教师和汉语教师志愿者，客观上已经成为非政府组织的民间外交的一个组成部分，并在各种类型和各种层次的汉语教学活动以及各种场合的社交活动中，自觉不自觉地承担着向外国公众解说中国国情、说明中国的实际状况、化解外国对中国的某些不解之处、影响外国公众对中国的态度和看法的义务。当然，如何向世界说明中国的实际情况同样是一个需要探讨和探索的课题，但至少需要我们更多地内知国情、外知世界，需要具有国际化的视野，需要学会与异文化者互动并掌握互动的话语方式和技巧，"公共外交不是刚性的单向宣传或说教，而是柔性的双向互动。"（吴勇毅，2012）同时，更需要具有客观自信的态度，需要既说中国的成绩和进步，也说明中国存在的问题和不足。总之，在新形势下国际汉语教师这种"被外交"的情形，也是国际汉语教师角色认知研究中不可忽视的一个方面。

五 结语

毫无疑问，对教师的认知研究是非常重要的，这是因为任何称得上教学的活动都离不开教师。教师是教学活动的操持者、引导者。课堂教学进行得如何，效果如何，绝大程度上取决于教师；提高教学质量和效率，绝大程度上依赖于教师。因此，对教师进行全方位的研究，其意义应该是不言而喻的。（李泉，2003）

目前对国际汉语教师角色认知的探讨还不多见，而教师自身的角色反思和定位又是一个非常重要的问题，正所谓知己知彼百战不殆。"知彼"不容易，"知己"更难，可是只有对自身的角色、地位和作用有个更加清晰的认识，有个更加贴近海外教学实际的认识，才可能更好地开展教学。

本文初步探讨了国际汉语教师角色认知的基本内涵，并结合海内外汉语教师角色认识的实际，重点讨论了国际汉语教师应有的职业认知（包括行业认知、学科认知和教学认知），地位认知（包括助体地位、师生平等和服务意识），形象认知（包括个人形象、人际形象和公众形象），希望能起到引玉之效用。

参考文献

卞觉非 1999 21世纪：时代对对外汉语教师的素质提出更高的要求，《语言教育问题研究论文集》，华语教学出版社。

崔永华 1990 语言课的课堂教学意识略说，《世界汉语教学》第3期。

邓恩明 1991 谈教师培训的课程设置，《第三届国际汉语教学讨论会论文选》，北京语言学院出版社。

丁安琪 2006 专职对外汉语教师对课堂活动看法的调查，《语言教学与研究》第6期。

国家汉语国际推广领导小组办公室编 2007 《国际汉语教师标准》，外语教学与研究出版社。

韩孝平 1986 试论对外汉语教学工作的评估，《语言教学与研究》第4期。

何文潮、唐力行 2006 美国汉语作为外语教学的教师证书要求，《国际汉语教学动态与研究》第1辑，外语教学与研究出版社。

黄 宏 2002 浅议对外汉语公派出国教师的跨文化交际问题及其策略，《海外华文教育》第1期。

李 泉 2001 试论对外汉语教学的教学原则，《中国对外汉语教学学会北京分会第二届学术年会论文集》，北京语言文化大学出版社。

李 泉 2003 对外汉语教学理论和实践的若干问题，《对外汉语研究的跨学科探索》，北京语言大学出版社。

李晓琪 2010 新形势下的汉语师资培养研究，《第九届国际汉语教学讨论会论文选》，高等教育出版社。

刘晓雨 2000 对对外汉语教师业务培训的思考，《第六届国际汉语教学讨论会论文选》，北京大学出版社。

刘 珣 1996 关于汉语教师培训的几个问题，《世界汉语教学》第2期。

陆俭明 2005 汉语教员应有的意识，《世界汉语教学》第1期。

吕必松 1989 关于对外汉语教师业务素质的几个问题，《世界汉语教学》第1期。

孙德金　2003　对外汉语教学语言研究刍议,《语言文字应用》第3期。

孙德坤　2008　教师认知研究与教师发展,《世界汉语教学》第3期。

孙德坤　2010　我会摸索出一条合适的路子——一位中国汉语教师探索经历的叙事研究,《第九届国际汉语教学讨论会论文选》,高等教育出版社。

孙立峰　2012　从海外汉语教学看汉语国际教育硕士的培养,《学术论坛》第1期。

王　还　1987　和青年教师谈谈对外汉语教学,《门外偶得集》,北京语言学院出版社。

王添淼　2010　成为反思性实践者——由《国际汉语教师标准》引发的思考,《语言教学与研究》第2期。

王添淼　2011　文化定势与文化传播——国际汉语教师的认知困境,《中国文化研究》第3期。

吴一安　2005　优秀外语教师专业素质探究,《外语教学与研究》第3期。

吴勇毅　2012　孔子学院与国际汉语教育的公共外交价值,《新疆师范大学学报(哲社版)》,第4期。

杨惠元　2004　试论课堂教学研究,《语言教学与研究》第3期。

虞　莉　2007　美国大学中文教师师资培训模式分析,《世界汉语教学》第1期。

张德鑫　2001　功夫在诗外——谈谈对外汉语教师的"外功",《海外华文教育》第2期。

张和生(主编)2006　《对外汉语教师素质与教师培训研究》,商务印书馆。

赵启正　2011　《公共外交与跨文化交流》,中国人民大学出版社。

赵金铭　2003　论教案及相关问题,《汉语研究与应用》第一辑,中国社会科学出版社。

赵金铭　2007　汉语作为外语教学能力标准试说,《语言教学与研究》第2期。

赵智超　1986　教学效果好的外语教师所应具备的主要条件,《第一届国际汉语教学讨论会论文选》,北京语言学院出版社。

(本文与金香兰合作,载《第十一届国际汉语教学研讨会论文选》,高等教育出版社,2013)

汉语研究与评论

试论现代汉语完句范畴*

提　要　本文基于外国留学生汉语偏误语料，探讨了由完句成分和完句手段构成的现代汉语完句范畴。完句范畴可以看作汉语的广义形态，它在非自足句转化为自足句过程中有着重要的作用。探讨完句范畴的构成和作用，不仅有助于对汉语成句过程和成句条件的认识，也有助于对汉语的形式和意义相结合问题的认识，有助于汉语作为第二语言教学的深入。

关键词　自足句　非自足句　完句成分　完句手段　完句范畴

一　引言

　　汉语没有严格意义的形态标志和形态变化，其时体概念及其表达方式跟印欧语也并不相同，那么，汉语短语在构成句子的过程中，除了必须具备语调、语气之外，还需要些什么样的条件就很值得研究。从汉语作为第二语言的教学实践来看，学习者仅仅掌握"主＋谓""主＋动＋宾"等这样一些基本的句法格式，有时并不能造出形式和意义完整的句子，那么，从句法格式到组合为一个符合汉语母语者语感的句子还需要哪些条件，同样是值得研究的。

　　以上两方面情况反映出的问题实质上是一个，即汉语非自足句转化为自足句所需要的条件。语言研究和语言教学的实践表明，这些条件是一些具有完句作用的语言成分和语言手段。根据我们的认识和现有研究成果来看，汉语中具有完句作用的语言成分和语言手段应该是一个完句范畴，揭示和建立这样一个范畴，将有助于进一步认识汉语句子自主成句的特点，也有助于

---

*　本研究得到赵金铭教授主持的教育部人文社会科学重点研究基地重大课题"基于中介语语料库的汉语句法研究"（项目批准号：2000ZDXM740007）的资助。

对汉语的形式和意义相结合问题的认识，有助于汉语作为第二语言的教学和习得。

本文试图在前人研究的基础上，结合外国人的汉语偏误，探讨汉语完句成分和完句手段及其所构成的完句范畴。

二 自足句和非自足句

吕叔湘（1979）指出，虽然从结构上说，句子大多具有主语和谓语两部分，可这不是绝对的标准。即使只是一个短语或一个词，只要用某种语调说出来，就是句子，听的人就知道这句话完了；即使已经具备主语和谓语，只要用另一种语调说出来，就不是句子，听的人就等着你说下去。书面上，句子终了的语调用句号、问号、叹号来代表，有时候也用分号。吕冀平（1979）把有主语和谓语的句子称作自足句，把主语和谓语缺其一而需要借助于言语环境的句子称作非自足句。胡裕树、张斌（1986/2002）把根据句子本身提供的语言因素（如词义、句法关系、结构层次、语义关系、语气和口气等）就能够理解句义的句子叫作自足句，把需要凭借言语环境才能够理解句义的句子（如"票！"）叫作非自足句。主谓句一般是自足的，但是自足句不一定是主谓句，如"出太阳了。"

参考前人的研究，我们把本文所说的自足句界定为：不需要借助说话时的具体场景，不跟现实发生特定联系，而是语言片断本身带上陈述语调就能够独立成立的句子，如：小王个子很高；或是带上陈述语调后还需要有后续句照应才能成立的句子，如：小王个子高，[小柳个子矮]。① 非自足句指的是，一个始发性的语言片断带上陈述语调，或因句法结构上还有缺损（包括结构安排不合理）而语义不够确切，如：*我把窗户关[上]；或结构完整但语义上还不够明确（包括缺少或错用时体等成分），如：*我比他站得早[我比他来/排得早]，*我三点钟来了[的]；或结构和语义上的问题兼而有之，如：*从他[身上]我学到了很多东西，*张教练一连没有来几天[张教练一连几天没有来]，因而还不能自主成句的"句子"。

本文所说的非自足句有以下特点：（1）它是一个连贯叙述当中的某一个

---

① [ ]内的内容表示非自足句所缺少的语言成分、其自足形式或其自足所需的后续句。

语言片断,而不是问答句中的答句,也不是疑问、祈使、感叹等非陈述句。(2)它并不是靠说话的场景才能够理解意义(如:"票!")。(3)基本结构(句干)齐全,但辅助性成分有缺损(如:*他回来[了]);或成分位序安排不当(如:*在东街上住[住在东街上]);或是音节上不够和谐(如:*我在街上转[转],你们先走吧);或表达的意思还不够完整(如:*我教书在四中,[住在三十九中]),等等。

三 完句成分

对汉语完句现象和完句成分的观察,至少在半个多世纪以前就已经开始了。吕叔湘(1942)指出"为之则难者亦易矣"和"仲子所居之室"中,"者""所"有一种"完形作用"(1990),"晋国,天下莫强焉"中的"焉"字是"完成句义的必要成分"。(1990)照我们的解读:有"完形作用"的"者""所"即为完形成分,也就是完句成分;而"完成句义的必要成分"概括地说就是完句成分。这样看来,应该是吕叔湘最早提出完句成分这一概念,并结合实例做了说明。此后的汉语语法研究中,时有学者涉及汉语的完句现象和完句成分。例如,龙果夫(1958)指出,在汉语很多方言里,可以作为完整的形式说"他很高兴",但不能简单地说"*他高兴",可以作为完整的形式说"那座山很高",但不能说"*山高"。其中的副词"很"既起着词汇的作用,也起着语法的作用,这种语法作用就是把不完整的词组变成完整的、独立自主的句子。陆俭明(1982)指出:"从一部分副词独用必须带语气词这一点看,语气词的作用不只表语气,似乎还有'成句'的作用。"

胡明扬、劲松(1989)正式使用了"完句成分"这一概念,指出非独立句段加陈述语调不能成句,总让人觉得缺了什么,还应该接着说下去,如:*天气热↘*客人走↘*她休息↘*我们吃过晚饭↘。"非独立句段在语义上是完整的,但在结构上是不完整的,所以不能独立成句。对比相应的独立句段和非独立句段可以发现非独立句段缺了一点儿东西,这就是所谓完句成分。"

在有关完句成分的范围和内容的研究中,胡明扬、劲松(1989)指出:"常见的'完句成分'是一些助词和副词,但是并不局限于这些虚词,'我们吃过了晚饭'不能成句，改变语序，'我们晚饭吃过了'就可以成句；'屋子里黑乎乎'不能成句，加上'什么都看不清楚'或'怪瘆人的'就可以成句。"杨成凯（1992）认为，完句成分是能体现句子语用功能的成分，并列举了其中的三类：表示判断语气的副词（真的、的确）；表示必要或可能等情态意义的助词或副词（应该、可以）；部分纯粹表示事件已然、未然或将然时体的副词（未曾、正在）。贺阳（1994）指出，汉语中除语调之外，某些助词、副词、时间词语以及否定词、助动词、数量短语和某些状语、补语都可以起到完句作用。金廷恩（1999）把完句成分分为必有的和可有的两大类，前者包括语调和指称，后者包括属于客观因素的体成分（了、着、过）和情景说明成分（在 L、用 N……），以及属于主观因素的情态成分（可能、会）和语气成分（了、的）。此外，孔令达（1994）讨论了"主语＋光杆动词""主语＋简单形容词"等六种格式的句子自足与非自足问题，也涉及这里所说的完句成分。

　　本文的目的之一是考察现代汉语中具有完句作用的语言成分的范围，以期揭示完句成分范畴，因此更加关注完句成分本身。在具体确认完句成分时，除依据本文对自足句和非自足句及其特点的界定外，主要参照外国留学生汉语习得过程中的各类言语偏误[①]，以便使考察及其所确认的完句成分（包括下文的完句手段）建立在实际发生的语言事实的基础上。

　　1. 助词具有完句作用

　　包括动态助词、结构助词、语气助词和语法化了的"起来、下去"等，例如：

（1）*昨天我们去颐和园　　　　　　昨天我们去了颐和园
（2）*这个故事我听说　　　　　　　这个故事我听说过
（3）*她有一双非常漂亮布鞋　　　　她有一双非常漂亮的布鞋

　　2. 副词具有完句作用

　　具体而言，表示程度、时间（频率）、范围、语气、关联、方式、情态的副词都有完句的功能，例如：

[①] 本文的非自足句用例绝大多数都来自外国留学生的汉语偏误句。其中，除作者自己在对外汉语教学实践中收集到的以外，其余的来自北京语言大学中介语语料库和本文的参考文献，特别是陈贤纯（1991）、程美珍主编（1997）、鲁健骥（1994）、李大忠（1996）、陆俭明（1988）等，文中未能一一说明，在此一并申明致谢。

（4）*我的朋友安娜聪明　　　　　　我的朋友安娜特别聪明
（5）*我的房间小　　　　　　　　　我的房间太小
（6）*她打电话　　　　　　　　　　她正在打电话
（7）*我问才清楚　　　　　　　　　我一问才清楚

其中，（7）类非自足句是外国留学生普遍性的言语偏误。在有关的动词前加上表示情状的副词"一"，句子就成为自足句，说明这种用法的"一"是典型的完句成分。

3. 量词具有完句作用

外国留学生的言语表达中，有些非自足句是因为没有用量词或量词使用不当造成的，加上量词或换成合适的量词，句子就能够成立，例如：

（8）*从前我每个星期看一册小说　　从前我每个星期看一本小说
（9）*我喝了两个啤酒　　　　　　　我喝了两瓶啤酒
（10）*他们要讨说法　　　　　　　　他们要讨个说法

例（10）这类例子在口语中是很常见的，这表明"个"在口语中有较强的成句作用，是自足句的标志性成分。①

4. 代词具有完句作用

指人称代词、指示代词和疑问代词的成句作用，例如：

（11）*我看看两张报纸　　　　　　　我看看那两张报纸
（12）*我从老师学到很多知识　　　　我从老师那里学到很多知识
（13）*听话妈妈就喜欢　　　　　　　谁听话妈妈就喜欢谁

5. 助动词具有完句作用

表达某种主观愿望和客观上的可能，需要使用具有这一功用的助动词，否则句子便不可能成立或语义不自足，因此助动词具有成句作用，例如：

（14）*只要努力就学好汉语　　　　　只要努力就能学好汉语
（15）*只有有才能的人，才当大使　　只有有才能的人，才能当大使
（16）*你不做那件事　　　　　　　　你不要做那件事

6. 关联词语具有完句作用

某些非自足句是遗漏或用错了关联词语造成的，补上或换上相应的关联词语，句子便能够自足自立，例如：

---

① 这个"个"有人说相当于结构助词"得"，本文主要考察它的完句作用，故暂且仍算作量词。

（17）*他俩一边走路，说话　　　他俩一边走路，一边说话
（18）*安娜的汉字写得也漂亮也快　　安娜的汉字写得又漂亮又快
（19）*她会说德语，而且会说法语　　她不但会说德语，而且会说法语

7. 数量词具有完句作用

有些句子只有加上数量词语义才能完整，例如：

（20）*给她惊喜　　　　　　　　给她一个惊喜
（21）*盛碗里鱼　　　　　　　　盛碗里两条鱼
（22）*薄薄肉　　　　　　　　　薄薄一片肉

陆俭明（1988）较早注意到数量词对某些句法结构的制约作用，表现为"某些句法组合如果没有数量词就不能成立"。这说明数量词是比较典型的完句成分。

8. 介词具有完句作用

某些句子不自足是遗漏或错用了介词造成的，例如：

（23）*这件事你没关系　　　　　这件事与你没关系
（24）*我口语老师请假了　　　　我跟口语老师请假了
（25）*我们要着想别人　　　　　我们要为别人着想

9. 方位词和方位短语具有完句作用

有些非自足句是遗漏或错用方位词造成的，例如：

（26）*在这个问题我们有矛盾　　在这个问题上我们有矛盾
（27）*在这种情况我同意了　　　在这种情况下我同意了
（28）*在图书馆中我找到了他　　在图书馆里我找到了他

10. 补语具有完句作用

某些非自足句是因为遗漏或错用了结果补语、程度补语、趋向补语、时量补语等造成的，补上或换上相应的补语，句子便自足自立，例如：

（29）*把我们冻了　　　　　　　把我们冻坏了
（30）*我在门口看他了　　　　　我在门口看见他了
（31）*天气预报我能听会了　　　天气预报我能听懂了

11. 状语具有完句作用

有些非自足句是遗漏相应的状语或状语的位置没有放对造成的，补上状语或调整状语的位置，句子便顺畅自足可以接受，例如：

（32）*我一定学习　　　　　　　　我一定好好学习
（33）*大家喜欢中国了　　　　　　大家越来越喜欢中国了
（34）*我吃饭在食堂　　　　　　　我在食堂吃饭

不难看出，1—9是从词类层面上划分出来的完句成分，其中，第6类是从复句层面上考察的结果。10—11类是从句子成分层面划分出来的完句成分，主要包括补语和状语。一般来说，名、动、形三大类实词主要用于构成句子的主干成分，其基本句式是"主+谓"或"主+谓+宾"等，它们主要用于"构句"，而不是"完句"；补语和状语可以成为完句成分，则不仅仅因为它们是句子的附加成分，更因为它们在相当程度上体现了汉语的某些特点，如"冻坏、看见"等动补结构，以及汉语把时间和处所词语充当的状语放在谓语动词之前等，外国人学汉语常常在这两种句子成分上普遍地、有规律性地出现偏误就很能说明这一点。

上面考察了不同层面的完句成分，其中有交叉现象，如具有完句作用的副词，实际上就是句子中的状语。无论是完句的词类成分，还是完句的句子成分，它们表达的语法范畴概括起来可以分为以下十个类型：

（1）时体范畴：动态助词，结构助词，时频副词（正在、立刻、常常……）。

（2）语气范畴：语气助词（了、呢），语气副词（也许、幸亏、好在……）。

（3）程度范畴：程度副词，程度补语（极了、透了）。

（4）数量范畴：范围副词，量词，数量词，时量补语。

（5）方所范畴：方位词，方位短语，时地状语（在食堂、给家里）。

（6）情态范畴：情态副词（暗暗），方式副词（就手），助动词，方式状语（好好）。

（7）趋向范畴：趋向补语，虚化助词（起来、下去）。

（8）结果范畴：结果补语（见、懂、完、上、光、净、好、会、到、大）。

（9）指代范畴：人称代词，指示代词，疑问代词。

（10）关联范畴：关联副词，关联词语，介词短语。

这十个完句范畴及其成员都能单独起成句作用，即一个非自足句在其他条件都具备的情况下，只要带上其中相应的一个完句成分，就能成为母语者可以接受的自足句。但在有些情况下，一个非自足句要用上其中的两个或三个才能成为自足句，例如，"*阿里拿钱""*阿里拿十块钱"都不自足，"阿里拿出十块钱"句子才相对自足。

四 完句手段

完句手段是本文考察的一个重点。从现有的研究成果来看，对完句手段的关注还很不够，甚至还没有注意到汉语的某些语法手段可以起到完句的作用。本文所说的完句手段是指使一个非自足句转化为自足句时所采用的语言手段，包括重叠、重动、变序、加词、换词、删词、加后续句等。完句手段包括语调①，语调是成句的前提条件，这里讨论的是语调之外的完句手段。

1. 重叠是一种完句手段

有些非自足句，只要重叠其中的形容词、动词等即可成为自足句，例如：

（1）*墙上清楚写着四个大字　　　墙上清清楚楚写着四个大字
（2）*咱们舒服地玩上一天　　　　咱们舒舒服服地玩上一天
（3）*我请他们来中国看　　　　　我请他们来中国看看
（4）*我把房间收拾　　　　　　　我把房间收拾收拾

重叠具有增量的作用（张敏，1997），而量的增加有成句的作用。重叠不仅使音节得以和谐自足，而且通过形式的增加使动作、行为和程度的量——语义内容得以增加，从而使语义自足。

2. 重动是一种完句手段

包括重动句中的动词重复和第二个小句重复第一个小句中的动词两种情况，例如：

（5）*他写汉字得很漂亮　　　　　他写汉字写得很漂亮
（6）*他打球了两个钟头　　　　　他打球打了两个钟头
（7）*他考试不好　　　　　　　　他考试考得不好
（8）*他会说英文，也德文　　　　他会说英文，也会说德文

---

① 有人把语调看作完句成分，当然不是绝对不可以，但把它看作成句的手段也许更好，因为它不属于某个具体成分，是成句的必要条件，如同构成一个句子必须具备"主+谓"等基本的结构形式一样的先决性条件。

3. 变序是一种完句手段

有些不可接受的句子，只要调整语序就可以语义自足，例如：

（9）*我会说汉语一点儿　　　　　　我会说一点儿汉语
（10）*张教练一连没有来几天　　　　张教练一连几天没有来
（11）*丁力回到宿舍从大使馆　　　　丁力从大使馆回到宿舍
（12）*我一个小时等他　　　　　　　我等他一个小时

4. 加词是一种完句手段

有些不可接受的句子，只要加上一个相关的词语就可以语义自足，例如：

（13）*她孤单　　　　　　　　　　　她感到孤单
（14）*我会了拉二胡　　　　　　　　我学会了拉二胡
（15）*暑假我们西藏旅游了　　　　　暑假我们去西藏旅游了

实际上，上文所说的各种完句成分（包括"重动"这样的完句手段）都可以说是"加词"。这里所说的加词一般限于加动词，跟上文加助词、副词、量词等不同。加词成句主要包括三种情况：有些形容词不能单独做谓语，需要加上"感到、变得"等表示感觉、变化一类的动词才能成句，如例（13）；而有的非自足句需要加上主要动词并构成一个动补结构才能成句，如例（14）；另有一些句子需要加上"是、来、去、有"才能成句，如例（15）。

5. 换词是一种完句手段

有些语义不自足或表达不确切的句子，只要改换其中一个相关的词语，句子语义就能自足或表达恰当。换词主要用于同义、近义或相关词语使用不当的非自足句，换词是对外汉语教学中常见的修改留学生语病的手段。例如：

（16）*我比他站得早　　　　　　　　我比他来（排）得早
（17）*他死前的朋友都参加了他的　　他生前的朋友都参加了他的
　　　 葬礼　　　　　　　　　　　 葬礼
（18）*他看着我一下　　　　　　　　他看了我一下
（19）*我是9月1日来了　　　　　　 我是9月1日来的

6. 删词是一种完句手段

有些不可接受的汉语句子，只要删掉其中多余的成分，句子就可以接受，例如：

（20）*我朋友是德国的人　　　　　我朋友是德国人
（21）*以前我常常地看电影　　　　以前我常常看电影
（22）*她决定了参加12月的HSK　　她决定参加12月的HSK考试
　　　考试
（23）*他的汉语比我很好　　　　　他的汉语比我好

　　删词主要是删去多余的助词、副词、语气词、介词等。错句的成因是学习者对汉语虚词、重叠等的过度泛化造成的。

　　7. 加后续句是一种完句手段

　　有些句子因信息量不足而不能单独成句，加上一个后续句或后续成分，由于小句或前后成分之间语义上相互补充，句子就能成立。例如：

（24）*我教书在四中　　　　　　　我教书在四中，住在三十九中
（25）*这本词典便宜　　　　　　　这本词典便宜，那本词典贵
（26）*她吃了饭　　　　　　　　　她吃了饭就走了

　　以上归纳了重叠、重动、变序、加词、换词、删词、加后续句等七种完句手段，其中每一种完句手段都能单独起完句作用，即一个语义不自足或表达不完整的句子，在其他条件具备的情况下，使用其中的一种完句手段，就能成为母语者可以接受的句子。但在有些情况下，一个非自足句要用上两种或三种完句手段才能成为自足句，例如，"*昨天我见面我朋友了""*请代我问好你的父母亲"，改成汉语母语者可以接受的句子分别为"昨天我跟我朋友见面了""请代我向你的父母亲问好"，都同时使用了加词和变序两种手段。

五　完句范畴的作用和机制

　　以上考察说明，现代汉语中存在一个由若干完句成分和完句手段构成的完句范畴。完句范畴可以看作是汉语的广义形态，它在汉语短语成句过程中有着重要的，甚至是不可替代的作用。

　　有一种观点认为，完句成分的作用是使"语义上完整而结构上不完整的句段成为独立句子的某种成分"。例如，"客人走"语义上完整，但却不能独立成句，如果添加完句成分"就、了"便可以成为独立的句子："客人就走｜客人走了。"① 这种看法可能还需要商量。一般来说，形式和意义是不能分割

---

① 见王维贤主编《语法学词典》，浙江教育出版社，1992：339—340。

的，说意义上完整而结构上不完整，这是不好理解的，至少是不多见的；相反，形式上相对完整而意义上不完整的情况倒是不少见。"完句"多数情况下是因为意义上还不完整，"还缺点什么"，才有必要去寻找形式上的缺损，并通过弥补这种缺损来实现语义上的完整，即使句子的信息量相对自足。所以，完句成分和完句手段的使用首先是为了满足意义上的完整。从例证上看，说"客人走"语义上是完整的，除非是用来回答"客人走不走？（客人走吗？）"，或是使用疑问语调（"客人走？"），但是，用答句和疑问句来说明句子的语义是否完整是不太可靠的，因为其中有上下文和语境的因素在起作用。退一步来讲，如果说"客人走"这个结构本身已经语义完整了，那么，还有什么理由去寻找形式上的东西呢？找出来的东西还有什么用呢？如果说找出来的东西还有用，那就说明不是纯形式上的需要，因为一定的形式必然反映一定的意义，"语义是结构得以存在的理由"[①]。实际上，不仅"客人走"语义不完整，就是"客人就走""客人走了"两种形式如果不用于回答、不使用疑问语调，也很难说是语义自足。

概括地说，需要使用完句成分或完句手段的句子，都是不自足的句子：或者语义不自足，或者韵律不自足，或者兼而有之。完句成分或完句手段的使用，就是为了使信息足量，使结构和谐，这是完句范畴存在的根本动因。但是，从本文列举的例证来看，绝大多数非自足句是因为语义上不够明确、不够完整，因而不能自主成句，完句成分或完句手段的应用使语义得以自足。当然，除了满足语义完整的需要以外，完句范畴的应用也还有和谐音节、整齐韵律的作用。

完句范畴运作的机制是：可以单独使用一种完句成分或完句手段，也可以同时使用两种、三种完句成分或完句手段，或是完句成分和完句手段一次、多次交叉使用来完句。某一个具体的非自足句是选用完句成分还是选用完句手段、选用哪一种或哪几种完句成分或完句手段，除了一眼就可以看出的外，要根据言语者的主观意图以及非自足句与符合表达意图的自足句之间的"差距"情况来决定。"差距"包括语义差距和语言形式上的差距，"完句"的过程就是通过弥合语言形式上的差距来实现意义上无差距的过程，即通过"完形"来"达意"的过程。其中，完句成分或完句手段使用得越少、越简

---

① 特尼耶尔语，见胡明扬主编《西方语言学名著选读》，中国人民大学出版社，1988：216。

单就越趋向完句，使用得越多、越复杂就越趋向造句，完句和造句是一个连续统。

完句范畴是汉语非自足句转化为自足句过程中不可缺少的广义形态，但是，不同的非自足句对完句范畴的依赖程度并不相同，特别是在具体的语言环境中[①]；不同完句成分或完句手段的适用范围以及在成句过程中所起的作用也很不一样。因此，哪些句式在成句过程中必须或经常需要完句成分或完句手段，需要什么样的完句成分或完句手段，完句范畴中哪些成分或手段是典型的或非典型的，它们对非自足句在成句过程中的制约作用是如何体现的等，都是需要进一步研究的。

参考文献

陈贤纯　1991　谈语法教学，《第三届国际汉语教学讨论会论文选》，北京语言学院出版社。

程美珍（主编）1997　《汉语病句辨析九百例》，华语教学出版社。

贺　阳　1994　汉语完句成分试析，《语言教学与研究》第4期。

胡明扬、劲　松　1989　流水句初探，《语言教学与研究》第4期。

胡裕树、张　斌　2002　《20世纪现代汉语八大家：胡裕树　张斌选集》，东北师范大学出版社。

金廷恩　1999　汉语完句成分说略，《汉语学习》第6期。

孔令达　1994　影响汉语句子自足的语言形式，《中国语文》第6期。

李大忠　1996　《外国人学汉语语法偏误分析》，北京语言大学出版社。

龙果夫　1958　《现代汉语语法研究》（中译本），科学出版社。

鲁健骥　1994　外国人学汉语的语法偏误分析，《语言教学与研究》第1期。

陆俭明　1982　现代汉语副词独用刍议，《语言教学与研究》第2期。

陆俭明　1988　现代汉语中数量词的作用，《语法研究与探索（四）》，北京大学出版社。

吕冀平　1979　两个平面，两种性质：词组和句子的分析，《学习与探索》第4期。又收《吕冀平汉语论集》，社会科学文献出版社，2002。

吕叔湘　1942　《中国文法要略》，商务印书馆。又见《吕叔湘文集》第一卷，

---

① 因为语境对完句范畴有融解的作用，尤其是时体之类的完句成分。

商务印书馆,1990。
吕叔湘 1979 《汉语语法分析问题》,商务印书馆。又见《吕叔湘文集》第
　　　二卷,商务印书馆,1990。
杨成凯 1992 广义谓词性宾语的类型研究,《中国语文》第1期。
约翰·R·泰勒 1991 语言的范畴理论,榕培译,《外语与外语教学》第6期。
张　敏 1997 从类型学和认知语法的角度看汉语重叠现象,《国外语言学》
　　　第2期。
赵金铭 2002 外国人语法偏误句子的等级序列,《语言教学与研究》第2期。

（载《语言文字应用》2006年第1期）

单音节词在汉语语法研究中的价值

摘　要　跨语言的研究表明：汉语是单音节性很强的语言，单音节语是汉语的一个特点。在词汇总量上，现代汉语双音节词占绝对优势，但在词频上单音节词占绝对优势。单音节词在现代汉语中是个相对固定的量，既不会无限增加，更不会快速增加，研究使用频率高、构词能力强而数量相对固定的单音节词，对于缺乏形态标志和形态变化的汉语研究来说，具有重要的理论和应用价值。单音节词不仅是汉语词汇之本、词汇研究之本，很可能也是汉语语法之本、汉语语法研究之本，是汉语词类划分研究的重要取向。单音节词基本上都是汉语词汇的原型范畴成员，具有重要的认知和教学应用价值。

关键词　汉语语法　汉语的单音节性　单音节词　汉语特点　原型成员

一　引言

自马建忠《马氏文通》（1898）问世以来，百余年的汉语语法研究主要是借鉴了西方印欧语言研究的套路，并且取得了丰硕的成果。可以说，不同时期汉语语法研究所取得的成果都程度不同地借鉴了西方语言研究的理论和方法。我们应该感谢先哲们尽心竭力地借鉴了西方的语言研究成果，并为汉语语法研究留下了宝贵的财富。同时，我们也能看到先哲们在借鉴西方语言理论和方法的同时，在主观愿望上和实际行动上，为摆脱"印欧语眼光"的影响，寻求和挖掘汉语自身的特点所做出的努力。我们认为，借鉴西方语言研究的理论和方法，不仅是应该的，也是必需的，今后也仍需不断学习和借鉴印欧语言的理论和方法。汉语研究不可能也不应该走上一条自我隔绝之路。但是，我们也确实还应进一步加强探求更加适合汉语自身特点的研究思路、研究基点和研究方法。因为根本上说，印欧语言的理论和方法是建立在印欧语系语言基础之上的,不可能完全适合汉语。因此,我们应该对着眼于汉语、汉字自身特点进行汉语研究思路和方法的探索给予鼓励和支持。本文无力奢谈理论和方法,但愿在前人关于汉语的单音节性、单音节词在汉语研究中的特殊价值的相关论述基础上能做点补充,以进一步呼吁应重视单音节词在汉语研究中的地位、价值和作用。

二 汉语的单音节性

2.1 单音节性是汉语的重要特点

从跨语言的角度看,单音节语是汉语的一个重要特点。对此海内外学者都有论述。不少学者不仅把单音节看成是汉语的一个特点,也看成是汉藏语系其他语言的一个特点。例如,(1)高本汉(1946)例举一段现代北京人所说的"官话":"赵县城外有一家两口人,一个七十多岁的老婆跟她儿,她家很穷,常没有饭吃;天天打柴卖钱,得一点米肉度命。"指出"这段话里我们展现了汉语最重要的特性:它是单音节语,即一个词(非复合词)由一个单音节构成;它又是孤立语,即每个词都有一个始终不变的形式,而没有那些以句中词与词之间关系为基础的屈折手段和词形变化。"(中译本,2010:16)(2)马提索夫(1984)认为,单音节语是汉语以及东南亚的其他语言跟英语的一个不同。(见徐通锵,1984:226)(3)朱德熙在《语法答问》(1985:2)中谈到汉语语法特点时指出:跟印欧语比,经常提到的(汉语特点)有两点:一是说汉语是单音节语,二是说汉语没有形态。如果单音节语的意思是说汉语的语素绝大部分是单音节的,那是符合事实的。说汉语里缺乏印欧语里名词、形容词、动词那些性、数、格、时、人称的变化,那自然也符合事实。(4)罗杰瑞(中译本,1995:8)指出:东南亚的很多语言,包括汉语,都是单音节语。这些语言中能表示意义的单位多数是单音节形式。实际上,没有哪个语言,所有的词都是单音节的,只是从类型上看,多数表意单位是单音节的。现代汉语中有很多多音节词,但这些词是由一串单音节的表意单位组成,如"电话"的"电""话"都分别表示一定的意义。真正的多音节词如"蜘蛛""耷拉(掉下)""疙瘩",毕竟只是少数。(5)瞿霭堂、劲松(2000:58—61)指出:汉藏语言音节与语素具有对等性,一个音节即一个语素,也即语素具有单音节性。在谈到汉藏语言的类型和共性时指出,汉藏语言具有单音节性，即汉藏语言的形态以附加法为主，而且这些形态成分都是单音节的。显然，从语系和语言类型的角度对汉藏语言中的单音节问题的讨论是非常必要和有意义的。如此等等，我们还可以列举一些有关汉语单音节性的论述。当然，也有学者似乎不认为单音节是汉语的一个特点，如张琨（1984）指出，"用单音节、声调来描写藏汉语，恐怕不大合适。"（见徐通锵，1984：236）

2.2 汉语单音节性的成因与表现

说汉语是单音节性很强的语言，主要基于这样的思路和理念：语素是语言中最小的集形音义于一体的意义单位，无论是古代汉语还是现代汉语，绝大多数语素也正是一个音节，一个音节基本上都是一个语素。而一个汉字即是一个音节，所以绝大多数汉字都代表一个语素。也就是说，绝大多数情况下，一个汉字即是一个语素，一个语素即是一个单音词。而单音词是汉语词汇的原始形态，是汉语词汇范畴中基本的"成词元素"，在汉语中有着无可替代的作用。汉语的单音节性在古代汉语中表现较为明显，词汇系统中大量的是单音节词。在现代汉语中情况却相对较为复杂，需要从不同角度来观察和评估。据《现代汉语频率词典》（1986）统计，单音节词数只占总词数的12.0%，似乎说明现代汉语不是"单音节语"。但是，单音节词次却占总词次的64.3%，又说明现代汉语是"单音节性强"的语言。口语中单音词的出现频率高达74.9%。（周有光，1988）同样是在《现代汉语频率词典》中，按使用度高低排列的9000个词中，单音词2400个，双音词6285个，二者的数量之比为1：2.5，从词量上看双音词占绝对优势，但从作用上看，却并不能表明双音词占优势。原因是：其一，单音词的平均使用频率为350次，双音词的平均使用频率为60次，前者是后者的近6倍。其二，愈是在基本词的范围内，单音词所占的份额愈多，比如在前2000个高频词中，单音词957个，双音词1020个，二者数量上基本持平，但使用频率却是2.5：1；而在前1000个高频词中，单音词与双音词之比为565：431；在前500个高频词中，二者之比是332：166。其三，双音词主要是经由单音词或仍可作单音词用的词根词素所构成。据统计，既可用成词，又可处在词内各个不同位置上起构词作用的汉字占到二分之一强。（苏新春，1995：163）

综上可见，在词汇总量上，现代汉语双音节词占绝对优势，但在词频上单音节词占绝对优势。单音节词是汉语中最基本的核心词汇，其使用频率之高、构词能力之强是双音节词不可比拟的。进一步看，单音节词在现代汉语中是个相对固定的量，既不会无限增加，更不会快速增加。它的增长量和增长速度都无法跟双音节词相比。因此，研究使用频率高、构词能力强而数量相对固定的单音节词，对于缺乏形态标志和形态变化的汉语研究来说，具有重要的理论和应用价值。

三 单音节词在汉语研究中的意义和价值

3.1 单音节词本身需要加强研究

单音节词在汉语中具有重要的地位，在汉语语法研究中具有重要的价值。"古代汉语以单音词为主，现代汉语里双音词占优势。""作为现代汉语里的语汇单位，双音节比单音节多得多。""在现代汉语的语句里，双音节是占优势的基本语音段落。""单音节的活动受到限制，结果是倾向于扩充为双音节。"（吕叔湘，1963）正是因为现代汉语中双音化是占主流发展趋势的节奏倾向，双音节是占优势的稳定的韵律结构，因此，单音节在现代汉语中是一种组合需求强烈的音节，具有较强的黏附性，以便扩充为双音节而成为稳定的韵律结构。单、双音节自身韵律结构稳定性的不同，势必造成它们在词法、句法、语用等层面上表现出差异性，而有关研究已显示了这种差异性。如张敏（1998：278）就指出，单双音节形容词做定语"单音节不带 de 为多，双音节带 de 为多"，这一规律隐含着认知—语义方面的动因。跟单音形容词相比，不少双音形容词大都有一定的主观估价意味（如：高—高大、贵—贵重、小—渺小），其意义介乎属性和情态之间，而单音形容词多表示事物的属性，它跟所修饰事物的概念距离更近。显然，单双音节形容词在带 de 不带 de 方面的差别之下潜藏着的正是距离像似动因。此外，张国宪（1996）、王灿龙（2001）等的研究也显示了单音节词和双音节词句法语用上的差异。

3.2 单音节词是汉语语法研究之本

单音节词在汉语语法研究中有着重要的理论和应用价值。早在 60 多年前，陆志韦（1951：序）就对汉语的单音词及其研究价值发表过重要意见："我为什么要耗费成年成月的时间来采集北京话的单音词呢？这词汇有什么用处呢？……我们一分析汉语，当时就发现一种普遍现象，不管是在哪一种方言。汉语的基本资料是单音词。将来的汉语会变成个什么样子，且不用提它。自从有文字以来，这三千多年的历史基本上是单音词的历史。我们要了解汉人的思想作用，说话的条理，或是从语言学的观点来了解现代汉语，就得把那些单音词澈头澈尾的，澈里澈外的，翻来覆去的，颠来倒去的搞他一次。所以我就开始收集单音词，并且想在单音词的用法上整理汉语的普通语法。（不像从前人的尽模仿外国文法，或是从古书堆里捡些文句来凑合拉丁文，英文之类。）"汉语是基本建造在单音词上的。""那些单音词又不像在欧洲语似的，他们并没有词头，词尾等等变化。"从这段话可以看出，陆先生把单音词看成是汉语之本、了解现代汉语必经之路、建立汉语普通语法的基础、与欧洲语言的差异之所在。这些意见是极有价值的，遗憾的是，多年来并没有受到应有的重视。我们甚至认为，单音节词不仅是汉语词汇之本、词汇研究之本，很可能也是汉语语法之本、汉语语法研究之本，至少是一个重要的研究视角和研究领域。因为汉语的音节是最不难区分、最容易把握的。因此，音节不仅应是研究汉语特性的重要视角，也是研究汉语词法和句法现象的重要视角。可喜的是，近些年来，已有学者基于汉语的音节，对汉语的词法和句法及相关的语义问题，乃至整个汉语研究的方向、基点、架构和体系等都进行了有益的探索。例如，徐通锵（1994、1997、2004、2008等）对汉语结构的基本原理及所谓字本位语法进行了开拓性的探索。又如，冯胜利（1997、2000、2005）在相关理论的支持下，以韵律为中心，探索了汉语的韵律、词法与句法问题，广泛研究了汉语韵律句法学、汉语韵律语法，展示了基于汉语音节（韵律）来研究汉语词法、句法及语义问题的新的视角。

3.3 单音节词是汉语词类划分的重要研究取向

单音节词在探讨词类划分角度和方式方面，在基于音节来考察汉语语法现象方面，应该是很有研究价值的。以往我们在汉语词类划分上，采用过传统语法的从意义出发划分词类，采用过结构主义语法的按功能（分布）划分词类，探讨过汉语的狭义形态和广义形态，等等，这无疑都推进和深化了汉语的词类研究。但是，我们认为，也可以尝试从音节的角度，采取"按音节、分义项"的办法来对名、动、形等实词的用法进行系统性的考察。一方面，看一看单音节词（或双音节词）内部成员的各种实际用法究竟如何，另一方面，也希望看一看这样一种研究路径是否可以有助于深化和细化汉语的词类划分和语法研究。

具体来说：汉语词类的研究缺乏区分音节的意识，词类划分中许多问题纠缠不清，难以形成共识和定论，原因是多方面的，而不区分音节可能是其中的一个重要因素。朱德熙（1956、1999：4）明确指出："单音形容词和双音形容词有极其显著的区别。"显然，音节形式本身必然是造成"显著区别"的重要因素。吕叔湘（1963、1990：415）也指出："单双音节的搭配问题应该没有什么限制，可是事实上仍然表现出来某些倾向，有某些适宜和禁忌。"而迄今为止，我们仍缺乏从单双音节词的语法功能是否都完全一致的角度，来考虑汉语的词类划分问题。汉语是非形态语言，不如有形态标记的语言区分词类那样容易。因此，区分词类最务实可行的是依赖句法功能（分布），而单音节词和双音节词的句法功能和分布特征实际上并不完全一致。当然这一点还需要通过多方面的调查和研究来证实或证伪。不过，已有这方面的研究似乎可以初步证实单音节词和双音节词在用法上的差异。例如，张国宪（1996、2005）就对单双音节功能的不平衡性进行了探讨。又如，同义的单双音节形容词，在重叠能力、带体标记、带数量成分、带宾语、带补语、做谓语、做定语、做状语、做补语等方面，A 单和 A 双的表现并不平衡。除做谓语和定语外，在其他方面均是 A 单强于 A 双，造成这种现象的原因之一就是音节的不同所致。（李泉，2001）此外，以往的汉语词类划分研究大都没有区分词的义项，而不按义项来考察词类的语法功能，往往会掩盖词的不同义项的实际功能。因为不论从理论上说，还是从实际上看，义项的不同，用法就会有所差别，某一义项具有某种语法功能（分布），而另一义项则可能不具有这一语法功能，或者情形相反，因此，只有区分义项才可能更真实地反映一个词的各种实际的用法。例如，"大"有五个义项，只有一个义项可以受"很"修饰，其余的四个义项都不能受"很"修饰。

3.4 单音节词是汉语词类的原型范畴

从认知语言学的角度看，单音节词有其自身的研究价值。其一，单音节词大多表示人类概念的基本层次范畴。人类概念层级中，最重要的不是较高层的范畴如"动物、家具"，也不是较低层的如"波斯猫、扶手椅"，而是位置居中的"猫、椅子"，由于这个层次的范畴在人类认知中的基本地位，它们被称作基本层次范畴（basic-level categories）。（张敏，1998：59）基本层次范畴对上可以与高一级层次的范畴相联系，对下可以与低一级层次的范畴相联系。当代认知科学研究已经证明，人类的大多数思维活动是在基本层次进行的，或是从基本层次出发的。其二，单音节词具有原型性。跟双音节词相比，汉语中绝大多数单音节词的词类归属都没有争议，说明汉语单音节词大都是相关词类范畴的典型成员，具有原型性。其三，单音节词大都具有较强的口语色彩。心里语言学和认知科学的研究表明，人类对世界的认识和反映总是从基本层次出发的，由具体到抽象，由简单到复杂。因此，表具体、简单的概念，最初用的都是单音节词，汉语尤其如此。尽管由于语言的发展，有些单音节词已经双音节化，但仍有相当一部分表示具体、简单概念的单音节词保持不变。这部分词由于使用频率非常高，因而也就具有相对较强的口语色彩。（王灿龙，2002）

　　单音节词所具有的这几个特点，基本上是基于语言发展史及跨语言比较得出的总体上的结论。就汉语来说，现代汉语的单音节词大体上也具有上述这几个基本特点，但是，汉语单音词内部也存在差异性，比如，现代汉语中有少数单音词是古代汉语遗留至今的，并不具有口语性，而是书面色彩比较明显，就单音形容词来说，如"甘、孤、佳、良、劣、陋、烈、盛、贤、异、益、愚、微、周"等就多见于书面语。单音形容词相对双音形容词来说，原型性程度较高，但其自身也有个原型性的问题，也即其内部成员的原型性用法为何，内部成员的原型性层次何如，都是值得研究的。因为这不仅有助于我们对单音节形容词的认识，也有助于我们全面认识包括双音节形容词在内的整个形容词范畴的特征。

四　结语与余言

　　综上，我们可以看到，海内外不少语言学家、汉学家、汉藏语专家的共识性看法是：汉语是单音节性很强的语言，单音节语是汉语的一个特点，单音节词在现代汉语中有着重要的地位和作用。既然如此，我们就应该更多地从音节的角度，特别是从单音节词的角度开展词汇、语法研究。从能体现汉语特点的单音节语素和单音节词的角度拓展汉语研究的思路，探求汉语的研究方法，深化和细化汉语词汇、词类和语法等问题的研究。这至少是汉语研究的一条值得不断探索的重要路径。因为这是一条基于汉语特点的研究路径。实际上，近年来已经有学者从音节的角度来探讨汉语的语法问题。例如：

（1）张国宪（2006：第九章）集中讨论了单双音节形容词与名词、动词及其次范畴的选择限制，韵律与语义、句法的关系等问题，揭示了一些相关的组配规律。（2）周上之的专著《汉语离合词研究》（2006）从单双音节对立互补的角度考察了现代汉语的离合词，用大量的语言事实论证了离合词的两个音节实际上聚焦了汉语语素、词和短语三者关系，从而影响和制约着相关语法现象的深层运作，并认为离合是汉语语言运作的普遍现象。而《离合词与音节变动》（周上之，2007）一文，又进一步从音节伸缩往返的角度考察了汉语离合词的分与合，剖析了离合词由两个单音合为一个双音，再由一个双音分为两个单音的历史过程。从单双音节的角度来研究离合词问题，不仅视角新颖，而且也确实揭示出了离合词运用的一些内在关联规律。这是基于音节来探讨和解决汉语老大难问题的一个很好的例证。（3）沈家煊（2011）明确指出："讲汉语的语法结构，经常是单音节和双音节的区分比名词和动词的区别还重要。"并结合吕叔湘（1963）最早发现的三音节组合中，定中以[2+1]为常态，述宾以[1+2]为常态（定中结构：出租房｜*租房屋；述宾结构：租房屋｜？出租房），而进一步强调"要确定一个组合是述宾结构还是定中结构，主要不看这个组合的成分哪个是名词哪个是动词，而是看哪个是单音节哪个是双音节。"沈先生还主张应重新考虑现代汉语形容词内部的划分方式。认为过去我们习惯按朱德熙（1956）的做法主要拿能不能加"很"和重叠的方式，将"寒冷、苍白"跟"冷、白"合在一起算性质形容词（属性词），对立于状态形容词"冰冷、煞白"。现在看到"这两条标准并不十分可靠也不那么重要，可靠的标准是单音和双音的区分（非此即彼），重要的标准是单双音节在不同结构类型中的组配（讲语法一定要讲结构类型）。"并按照这两个新的标准将"寒冷、苍白"跟同是双音的"冰冷、煞白"归为一类叫状词，对立于单音的属性词"冷、白"。文章还强调，"形容词内部首先按单双音节来区分小类，并不意味着双音形容词内部不必做区分，不过那是第二步才要做的事情。"

此外，柯航《现代汉语单双音节搭配研究》（2007）、李晋霞《现代汉语动词直接做定语》（2008）、王洪君《基于单字的现代汉语词法研究》（2011）、周韧《现代汉语韵律与语法的互动关系研究》(2011),等等,都展示了基于音节的汉语词法和语法研究的宽阔前景。这些研究为区分音节来进一步研究形容词以及其他语法现象做出了示范,提供了思路,值得借鉴和进一步探索。

参考文献

冯胜利 1997 《汉语的韵律、词法与句法》,北京大学出版社。

冯胜利 2000 《汉语韵律句法学》,上海教育出版社。

冯胜利 2005 《汉语韵律语法研究》,北京大学出版社。

高本汉 1946 《汉语的本质和历史》,聂鸿飞译,商务印书馆,2010。

柯 航 2007 《现代汉语单双音节搭配研究》,中国社会科学院研究生院博士学位论文。

李晋霞 2008 《现代汉语动词直接做定语》,商务印书馆。

李 泉 2001 同义单双音节形容词对比研究,《世界汉语教学》第4期。

李 泉 2006 汉字研究与汉字教学研究综观,《汉语研究与应用》第四辑,中国社会科学出版社。

陆志韦 1951 《北京话单音词词汇》,人民出版社;修订本,科学出版社,1956。

罗杰瑞 1995 《汉语概说》,张惠英译,语文出版社。

吕叔湘 1963 现代汉语单双音节问题初探,《中国语文》第1期。又收《吕叔湘文集》第二卷,商务印书馆,1990。

瞿霭堂、劲 松 2000 《汉藏语言研究的理论和方法》,中国藏学出版社。

苏新春 1995 《当代中国的词汇学》,广东教育出版社。

沈家煊 2011 从韵律结构看形容词,《汉语学习》第3期。

王灿龙 2002 句法组合中单双音节选择的认知解释,《语法研究和探索》(十一),商务印书馆。

王洪君 2011 《基于单字的现代汉语词法研究》,商务印书馆。

徐通锵 1984 美国语言学家谈历史语言学,《语言学论丛》第十三辑,商务印书馆。

徐通锵 1994 "字"和汉语研究的方法论,《世界汉语教学》第3期。

徐通锵 1997 《语言论》，东北师范大学出版社。
徐通锵 2004 《汉语研究方法论初探》，商务印书馆。
徐通锵 2008 《汉语字本位语法导论》，山东教育出版社。
张国宪 1996 单双音节形容词的选择性差异，《汉语学习》第3期。
张国宪 2005 形名组合的韵律组配图式及其韵律的语言地位，《当代语言学》第1期。
张国宪 2006 《现代汉语形容词功能与认知研究》，商务印书馆。
张　敏 1998 《认知语言学与汉语名词短语》，中国社会科学出版社。
周　韧 2011 《现代汉语韵律与语法的互动关系研究》，商务印书馆。
周上之 2006 《汉语离合词研究》，上海外语教育出版社。
周上之 2007 离合字组与音节变动，《语言教学与研究》第4期。
周有光 1988 略谈现代汉语中的单音节词问题，《第二届国际汉语教学讨论会论文选》，北京语言学院出版社。
朱德熙 1956 现代汉语形容词研究，《语言研究》第1期。又收《朱德熙文集》第2卷，商务印书馆，1999。
朱德熙 1985 《语法答问》，商务印书馆。

（载周上之主编《世纪对话：汉语字本位与词本位的多角度研究》，北京大学出版社，2013）

主观限量强调标记"简直"*

提　要　考察发现，"简直"只能出现在广义的虚拟性动词结构中，表达非现实的主观性事件，即动词结构用于表达说话人主观评价等虚拟性语气。不具备这个条件，"简直"的功用就无法实现。"简直"是一个主观限量强调标记，用来标记事件情状的程度并限制这种程度达到极限量，也即强调情状已经接近某种程度的极限量，但并未达到极限程度量。因此，它并不是表示某种性状及其程度"完全如此"，而是"接近完全如此但并未完全如此"。

关键词　简直　语言的主观性　主观标记　强调标记　限量强调标记

一　引言

权威辞书对"简直"的解释是"表示完全如此（语气带夸张）"[①]"强调完全如此或差不多如此，含夸张语气。"[②] 对外汉语教材大都采取类似的解释。然而，汉语学习者却造出了如下偏误句："*今天天气简直热""*他的女朋友简直漂亮""*我简直喜欢写汉字"。

目前对"简直"研究的主要观点有：（1）"简直"不表夸张，而是表确认语气。（张明莹，2000）（2）"简直"表示主观评价或评注。它通常是情感强烈的时候主体对客体的主观评价。（丁险峰，2002）它的基本功能是对相关命题或述题进行主观评注。（张谊生，2000）它具有主观性和评注性语义特征。（吴德新，2007）（3）"简直"表示夸张，以达到强调的目的。其条件是

---

* 2006年9月，本人有幸获得英国汉语教学研究会邀请和中国国家汉语国际推广领导小组办公室委派，参加了在英国剑桥大学举办的全英汉语教学研究会年会（9月9—10日），本文系根据作者大会发言的论文修改而成。

① 《现代汉语词典》(第6版)，商务印书馆，2012：635。
② 《现代汉语八百词》(增订本)，商务印书馆，1999：296。

所修饰的词语应表示"程度、结果、比喻、否定、使令"五者之一。(吕俞辉，2003)以上研究丰富和深化了对"简直"的认识，也启发我们还可以做进一步探讨。

本文在语言的陈述/虚拟范畴（叶斯柏森，1939/1989；石毓智，2001）、量范畴（李宇明，2000；李善熙，2003）视野下，借鉴语言的主观性和主观化及标记理论（廖秋忠，1989；沈家煊，1999、2001；张谊生，2006），考察和分析"简直"出现的句法环境、句法条件和主观标记作用。考察以北京大学"现代汉语语料库"(CCL)中随机提取的500例含"简直"的语句（下称"简直"句）为基本语料（文中对较长的例句做了适当删节），辅之以他选和自拟例句。

二 "简直"出现的句法环境

2.1 简直+是 X（X 表示后续成分，下同）

（1）欧洲议会做出这样的决定简直是岂有此理。(CCL)

（2）这简直不是人干的活，非想办法用机器代替人工不可！(CCL)

（3）简直是过着十分寒酸的生活。(CCL)

（4）这儿简直是个满目琳琅的大仓库。(CCL)

（5）老字号普兰德，在北京人眼里，它简直就是洗染的代名词。(CCL)

（6）他呀，简直就是一头干活的牛。(CCL)

在500个"简直"句中，"简直+是（就是）X"有177例，占35.4%。"是（就是）"后为体词性成分时，"是（就是）"一般不能省，如例（4）（5）（6）。"是"后为谓词性成分时"是"可省，如例（1）。"就是"出现在"简直+就是+体词性成分"中，如例（5）（6），一般不出现在"简直+就是+谓词性成分"中（如*简直就是不可思议）。这说明"简直（就）是+体词性成分"是自然组合，无标记组合；"简直（是）+谓词性成分"是自然组合，无标记组合。

2.2 简直+像 X

（7）这算什么学校，简直像个破烂市场。(CCL)

（8）大连简直像诗、像童话梦幻一样的美。（CCL）

（9）我觉得他简直像个孩子，自私的孩子。（CCL）

（10）男人们到一块儿不喝酒，或者喝而没醉，那简直就不像男人。（CCL）

（11）简直就如鲁迅所描写的头一个吃螃蟹的人……（CCL）

"简直+像（如同）X"句有46例，占9.2%。动词"像（如同）"表示两个事物有较多的共同点，用于表达说话人主观判断，这跟2.1中表示判断的"是"在意义和用法上是相通的。"像（如同）"后面的X主要是名词性成分。

2.3　简直+成了X

（12）女儿在婆家简直成了公主。（CCL）

（13）一时间，整个大厅简直成了商讨国事的内阁扩大会议。（CCL）

（14）科技馆简直变成了他求知的第二课堂。（CCL）

（15）80年代末期，彩电票简直成为畅通无阻的通行证。（CCL）

（16）他利用职权，一次次地伸出肮脏的手，简直到了难以抑制的地步。（CCL）

（17）（瓦尔德内尔的球）刁钻犀利，简直到了出神入化的境界。（CCL）

（18）才旦卓玛一曲《在北京的金山上》，韶山人的热情简直达到了沸腾的程度。（CCL）

"简直+成了（变成了、成为、变为、到了、达到了）X"有40例，占8.0%。这类动词表示变化并形成某种状态或达到某种程度，"简直"用来进一步凸显对这种变化的主观评价。"成（为）"类动词与宾语构成的事件，具有比拟、比喻、夸张等虚拟性语气，如例（12）"成了公主"、例（18）"达到了沸腾的程度"等。这跟这类动词出现在诸如"这一带已经成了住宅区""日产量曾达到过三十吨"[①]等客观陈述句中的情形不同。前者表示非事实的、主观认定的事件，后者表示客观存在的事件。

[①] 《现代汉语八百词》(增订本)，商务印书馆，1999：296。

2.4 简直+情态标记 X

（19）我简直不能相信。（CCL）

（20）这支曲子简直能把你心上的尘埃冲刷得一干二净。（CCL）

（21）陕西那个安塞腰鼓，那个腿脚简直要踢到天上去了。（CCL）

（22）目睹了这一切的杨吉林博士简直不敢相信自己的眼睛。（CCL）

（23）我简直不敢相信，它们是用三亚亚龙湾的白沙加工制作的。（CCL）

（24）管理因素在生产力中的作用简直可以忽略不计。（CCL）

"简直"跟情态标记词"能、要、敢、可以"等共现的句子共有38例，占7.6%。其中有21例是以"简直+不敢+相信"形式出现的，而"简直不敢相信"是表达主观意愿、情态的典型说法，也是典型的虚拟句。这38例"简直"句的主要动词都不能带体标记（如*简直不敢相信了自己的眼睛），表明它们不具有时间性，同时也证明含有情态标记的"简直"句不是对客观事件的陈述，而是表达说话的主观愿意、态度和评价。如例（20）表达说话人对"这支曲子"净化心灵作用的主观愿望——"把你心上的尘埃冲刷得一干二净"。例（24）表达说话人对"管理因素"作用的主观态度——"可以忽略不计"。

2.5 简直+动词性结构

（25）为了去京九，你简直都磨破了嘴皮子。（CCL）

（26）新郎挑开新娘的盖头一看，简直惊呆了。（CCL）

（27）尤其是他的反手对拉绝技，当今乒坛简直找不出第二个人。（CCL）

（28）江青真是王婆卖瓜自卖自夸，简直把自己吹上了天。（CCL）

（29）在大洋彼岸简直掀起了不大不小的出国潮。（CCL）

（30）外界的造谣简直让我不能忍受，我认为论坛非常成功。（CCL）

（31）简直令人难以置信，我们见到的分明是一座小城镇，怎

么说就到村了呢？（CCL）

（32）我见过一些电脑的说明书，厚厚的一大本，简直难以卒读。（CCL）

（33）没有汽车的生活简直无法想象。（CCL）

（34）生活在今天的作家简直太幸运了，有那么多获奖的机会。（CCL）

（35）发现人民文学出版社印行的鲁迅的一套小薄册子，简直喜出望外。（CCL）

（36）他那时对宋元的山水画简直如痴如醉。（CCL）

"简直＋动词性结构"有190例，占总数的38.0%。所谓动词性结构主要有：

A. 动＋补＋了（＋宾），如例（25）（26）；

B. 动＋补＋宾，如例（27）；

C. 把字结构，如例（28）；

D. 动＋了（＋定）＋宾，如例（29）；

E. 使令结构，如例（30）（31）；

F. 副动结构，如例（32）（33）；

G. 太＋形＋（了），如例（34）；

H. 动词性四字格（成语、惯用语），如（35）（36）。

"简直＋动词性结构"主要用于凸显说话人对某种事件或现象的看法、态度，因此大都是主观性的评价，如例（27）（28）（31）（34）；或夸张性的比喻，如例（25）（36）等。

2.6 其他结构类型

（37）这火火的十几年，简直一年一个样，年年翻花样。（CCL）

（38）我看过庄再春演苏剧《醉归》，那简直和诗一样的美丽！（CCL）

（39）在盆子里凝结起来了，简直跟琥珀一样。（CCL）

（40）这在旧的经济体制下简直连想也不敢想！（CCL）

这类不便于归入以上各类的"简直"句计有9例，仅占1.8%。

显然，以上分类不是一个逻辑分类，即把"简直＋动词性结构"（2.5）

跟"简直+是X"（2.1）、"简直+像X"（2.2）等并列在一起是不合逻辑的，因为2.1、2.2、2.3、2.4节的"是X""像X"等也是动词性结构。我们想强调的是，这里的分类是基于"既不想分得过细，也不想分得过粗"的权宜之计，意在了解"简直"主要出现在哪些句法结构中，并为下文对"简直"使用的句法条件的分析奠定一个基础。如果这个想法基本可行，那么可以看到，在500例"简直"句中，"简直"所出现的结构几乎均为动词性结构（2.6中个别用例除外）。其中，前两种结构（2.1、2.2）是其出现最多的句法环境，占70%以上，后四种结构（2.3、2.4、2.5、2.6）只约占30%。

三 "简直"使用的句法条件

3.1 "简直"应出现在虚拟性动词结构中

从上文的分类考察可以看到："简直"不仅应出现在动词性结构中，而且动词结构应是虚拟性的。所谓虚拟性指动词结构表示的是说话人的某种愿望［如例（20）］、态度［如例（1）］、看法［如例（29）］、情感［如例（34）］、夸张［如例（21）］、比拟［如例（7）］之类的主观意愿、感受、评价等非真实性事件。其中，"简直+是X""简直+像X""简直+成了X""简直+情态标记X"几种结构，显然都是表示说话人主观认定、意愿、评价等虚拟语气的语句。而"简直+动词性结构""简直+其他结构"也都是表达虚拟性语气的句子［参见例（25）—（40）］。跟表示事实的陈述语气相比，虚拟语气表示的是"任何非现实的动作行为或者事件"。（石毓智，2001）

这就是说，"简直"必须出现在广义的虚拟性动词结构中，表达非现实的主观性事件。不具备这个条件，"简直"表达主观评价、凸显个人主观看法的功能就无法实现。因此，可以说"简直"是个虚拟语气标记词。它跟虚拟事件的组配是自然的、原型性的关联；跟客观事件的组配是不自然的、有标记的关联。所以，不能说"*我简直去了上海"，但可以说"我的心简直飞到了上海"，因为"我去了上海"表达的是客观事件，而"我的心飞到了上海"表达的是主观虚拟事件。

3.2 "简直"句动词带体标记的问题

"简直"主要出现在虚拟性动词结构中，因此，绝大多数"简直"句都不带有与表达时间信息相关的体标记。然而，少数"简直"句中的动词却带上了体标记，如何看待这种现象，涉及对"简直"句是陈述句还是虚拟句的定性，进而涉及"简直"是否是虚拟标记成分的认定。为此，本文对 500 例"简直"句的体表现进行了考察。

A. 简直＋动词＋了（过）＋宾

A1. 简直＋单音节动词＋了＋宾

（41）有些混迹于艺术界、出版界的人简直成了唯利是图的商人。（CCL）

（42）简直到了丧心病狂的程度。（CCL）

（43）女孩不停地玩弄这只纸鸽，简直忘了周围喧闹的球场。（CCL）

（44）小时候，简直就没穿过一双像样的鞋子。（CCL）

A2. 简直＋双音节动词（动补）＋了＋宾

（45）这小戏班儿深深地吸引着她，她简直忘记了时间。（CCL）

（46）一入县境，简直进入了一个竹的世界：万顷竹海，郁郁葱葱。（CCL）

（47）火花、鞭炮简直改变了初秋的景象。（CCL）

（48）在大洋彼岸简直掀起了不大不小的出国潮。（CCL）

（49）对孩子们的生活是那样的熟悉，简直看透了他们的心理。（CCL）

（50）简直把酒文化推到了诗情画意的艺术境界。（CCL）

A1 是单音节动词带体标记"了"的用法，在 500 例"简直"句中只有 26 例（24 例是"成、到"，2 例是"忘、穿"）。A2 类仅见 14 例，其中有的是双音节动词（"忘记、进入、改变、掀起"[1]）带"了"再带宾语，有的是动补结构（如"看透、推到"）带"了"再带宾语，严格说来，动补结构带"了"与双音节动词带"了"的性质并不完全一样，但这里暂不做区分，一并把其中的"了"看作是体标记。即使如此，A1 和 A2 合起来也仅有 40（26＋14）例，占总数的 8.0%。更重要的是，A1 和 A2 中动词所带的"了"是表示主观上假定完成或实现，并不是事实上的完成或实现。换言之，A1 和

---

[1] 见《现代汉语词典》（第 6 版）相关词语词性标注，商务印书馆，2012。

A2 两类动词结构仍是描写、夸张、比拟等虚拟性的。例如，"成了唯利是图的商人"［例（41）］、"到了丧心病狂的程度"［例（42）］、"到了诗情画意的艺术境界"［例（50）］等，都是主观认定的结果，因而都是虚拟性的。

B. 简直＋动词1＋动词2＋了/着＋宾

（51）一旦别人触及痛处，简直像点燃了药捻，一触即发。（CCL）

（52）共产党高级官员，简直是过着十分寒酸的生活。（CCL）

（53）CAN的评论员说，中国姑娘简直是微笑着把世界举过了自己的头。（CCL）

（54）对555富士车队而言，选择埃里克松简直就等于选择了胜利。（CCL）

（55）江青这时却表现得非常冷静，简直像换了另一个人。（CCL）

这种用法共有14例，仅占2.8%。其中，动1是"简直句"的主要动词，多为"像、是、等于"等；动2虽带了体标记"了、着"，但动2是动1宾语中的构成成分，可以看作是"简直句"中的次动词带体标记。这说明含有"像、是、等于"这类动词结构中的体标记仍是虚拟性的体标记，即表示假设实现或完成，因为决定结构性质的主要动词"像、是、等于"等，本身都是表示比拟的、主观认定的。

综上，A和B两类带体标记的结构，合起来只有10%多一点儿，且体标记主要限于"了"（"着""过"各见1例）。从相关分析看，所谓带体标记的"简直"句仍是虚拟性结构，表达虚拟事件。而另外90%的"简直"句根本不带任何体标记，也即不表示实际已经发生的动作行为，不具有时间性。换言之，"简直"出现的句法条件是：用于虚拟性的陈述，不能用于客观性的陈述。因此不能说"*火车简直已经进入了山海关""*他简直来过北京"。（比较客观性陈述句："火车已经进入了山海关""他来过北京"。）

四 "简直"的主观标记作用

4.1 "简直"在无体标记句中主观标记作用

考察表明：约有90%的"简直"句不带有体标记，句中主要动词不需要或不能带上表示时间信息的语法标记，不表示实际发生的事件，因而不具有陈述性，而是表示比拟性、描写性、主观意愿等非现实的虚拟句。虚拟句才能有主观性，才能与主观标记词"简直"组配。从"简直"的分布频率看，无体标记是"简直"句的基本用法，无标记用法。为便于对比，下面将例句 A 式分别变成相应的 B 式，借以进一步观察"简直"的主观标记作用。

（56）A. 暮色笼罩下的鄂尔多斯草原，简直就是一个欢乐的海洋。（CCL）

B. 暮色笼罩下的鄂尔多斯草原，就是一个欢乐的海洋。

（57）A. 这儿简直是个满目琳琅的大仓库。（CCL）

B. 这儿是个满目琳琅的大仓库。

（58）A. 这算什么学校，简直像个破烂市场。（CCL）

B. 这算什么学校，像个破烂市场。

（59）A. 80 年代末期，彩电紧俏，彩电票简直成为畅通无阻的通行证。（CCL）

B. 80 年代末期，彩电紧俏，彩电票成为畅通无阻的通行证。

（60）A. 我简直不敢相信，它们是用三亚亚龙湾的白沙加工制作的。（CCL）

B. 我不敢相信，它们是用三亚亚龙湾的白沙加工制作的。

以上各 B 句的主要动词或动词词组"就是、是、像、成为、不敢相信"都是表示主观认定、意愿和看法的，但是，这些句子的主观色彩并不突出，没有明显的主观倾向，只是一般性的表达说话人的某种"客观"看法。如（58B）只是表达说话人认为"这个学校很破烂、很杂乱，不像学校，而像个破烂市场"，此外并没有表示出说话人对这种情况感到意外，或其他主观倾向。又如（59B）只是表达说话人的一种看法，即他认为"80 年代末期，彩电紧俏，手里有彩电票可送办事就可以畅通无阻"。其中并没有反映出他对这种情况的主观倾向和情感态度，换言之，"他"就是这么认为的。其余各例大体如此。

然而，带有"简直"的各例 A 句，其主观性凸显，带上了说话人的主观倾向性，即觉得所说的情况出乎意料，达到了超乎想象的程度，即说话人原来没有想到某种情况会达到所说的程度，但现在几乎达到了这个程度。如

（58A）表达的是这个学校破烂的程度超出了说话人的想象，其破烂的程度竟然接近了破烂市场，又如（59A）表达的是彩电票的作用超过了"我"的想象，其价值竟然接近了"畅通无阻的通行证"。从 B 句到 A 句的这种变化，正是"简直"的主观标记作用使然。换言之，在一个主观倾向不明显的句子，乃至表达客观事件的句子中，只要加上"简直"，其主观性就随即凸显出来。

4.2 "简直"在有体标记句中的主观标记作用

考察显示：有约 10% 的"简直"句带有体标记（主要是"了"），但我们在 3.1、3.2 中的分析是，这类句子仍是虚拟性的，表达说话人的主观认知和主观评价。为便于观察"简直"在带有体标记句中的主观标记作用，下面将 A 例句式分别变为相应的 B 式：

(61) A. 有些混迹于艺术界、出版界的人简直成了唯利是图的商人。（CCL）
　　　B. 有些混迹于艺术界、出版界的人成了唯利是图的商人。
(62) A. 一时间，整个大厅简直成了坦诚商讨国事的内阁扩大会议。（CCL）
　　　B. 一时间，整个大厅成了坦诚商讨国事的内阁扩大会议。
(63) A. 在大洋彼岸简直掀起了不大不小的出国潮。（CCL）
　　　B. 在大洋彼岸掀起了不大不小的出国潮。
(64) A. 韶山人的热情简直达到了沸腾的程度。（CCL）
　　　B. 韶山人的热情达到了沸腾的程度。
(65) A. 女孩不停地玩弄这只纸鸽，简直忘了周围喧闹的球场。（CCL）
　　　B. 女孩不停地玩弄这只纸鸽，忘了周围喧闹的球场。

比较各 A、B 对比句可以看出，B 句都是客观性的，即说话人只是在"心平气和"地陈述一个事件，表达某种看法，其中个人的主观意图并不明显。如（61B）只是指出有些混迹于艺术界、出版界的人，已经变成了唯利是图的商人。说话人在说这句话时并没有明显的主观倾向性，比如，没有出乎意料的感觉、没有超乎常情的印象，甚至没有主观上的好恶倾向，其中"唯利是图的商人"是贬义的，但这是语句本身的含义，说话人在此之上并没有留下诸如强调、夸张、惊诧等主观倾向。又如（65B），说话人只是客观地陈述女孩不停地玩弄这只纸鸽，忘了周围喧闹的球场，这里的"忘了"是说话人真的认为女孩忘了，这是对事件的客观陈述，其中没有说话人的主观倾向。

上述各例 A 句由于加上了"简直"，其客观性减弱、主观性凸显。话语的主体意识得到显化，说话人在陈述事件的同时带有明显的个人主观倾向性，包括说话人的话语视角和情感等，并且最终使原来的客观句变成了主观句，这正是"简直"的主观标记作用。如（61A）表明，说话人原来没有想到有些艺术界、出版界的人，会变成唯利是图的商人，但是，就现在的情形来看，说话人认为有些混迹于艺术界、出版界的人，一心赚钱、只为赚钱，并不择手段，已经近乎唯利是图的商人，而这种状况说话人认为是出乎意料的，不合常理的。又如（65A），说话人并不认为这里的"忘了"是真的已然实现，而是对女孩玩的专注程度的评估——接近于"忘了周围喧闹的球场"。显然，（65A）已经不同于对事件客观陈述的（65B），正是主观标记"简直"使得客观句（65B）变成了主观句（65A）。

综上，"简直"在无体标记句中的作用是，使一个虚拟句的主观性更加显化，即带上了说话人主观评价的鲜明色彩；在有体标记句中的作用是，使体标记由表已然变为表假设已然，凸显了句子的虚拟性，并使客观句强制性地变为主观句，带上了说话人对所说情况的主观倾向。可见，"简直"是一个主观标记词，它与无体标记的虚拟句是一种自然的、无标记的组配，并使虚拟语气更加虚化，使主观句的主观性更加突出；它与有体标记的虚拟结构是一种相对受限的、有标记的组配，并使陈述语气变为虚拟语气，使客观句强制性变为主观句。

五 "简直"的限量强调标记作用

5.1 "简直"限量强调标记作用分析

如引言中所述，以往对"简直"的权威认识是：《现代汉语词典》（第 6 版）："副词，表示完全如此（语气带夸张）。"《现代汉语八百词》（增订本）："强调完全如此或差不多如此，含夸张语气。"也许正是按照表示"完全如此""强调完全如此"的理解，汉语学习者才造出了"* 今天天气简直热""*

他女朋友简直漂亮""*我简直喜欢写汉字"①一类不可接受的句子。从我们对语料的考察和上文的分析来看，权威词典和辞书的这种解释可能还不够准确。

我们认为，"简直"表达所说事件最大限度地接近所说的情状及其程度，但并未达到这个程度。"简直"的预设是否定性的，即说话人原先认为某种情状不会、不应该或没想到会如此，但是现在的情形却几乎达到了如此地步。换言之，"简直"是一个主观限量强调标记，即不是"无限"强调标记，而是"受限"强调标记，用来标记事件情状的程度并限制这种程度接近极限量，也即强调情状已经接近某种程度的极限量，但并未达到极限程度量。因此，并不是表示某种性状及其程度"完全如此"，而是"接近完全如此但并非完全如此"。

5.2 "简直"限量强调标记作用例证

有关"简直"主观限量强调标记作用，上文已有所涉及，下面进一步加以证明。

（66）A. 我简直爱上了她。（拟例）
　　　B. 我爱上了她。（拟例）
（67）A. 你简直是个浑蛋。（拟例）
　　　B. 你是个浑蛋。（拟例）
（68）A. 他简直是个疯子。（拟例）
　　　B. 他是个疯子。（拟例）
（69）A. 这病简直没个治了。（拟例）
　　　B. 这病没个治了。（拟例）
（70）A. 我想睁开眼睛来，它却丝毫不动，简直不是我的眼睛。
　　　　（鲁迅《野草·死后》）
　　　B. *我想睁开眼睛来，它却丝毫不动，不是我的眼睛。

---

① 根据本文的考察和分析，"简直"应出现在虚拟性的动词结构中，其作用是使虚拟句的主观倾向更加显化，带上了说话人鲜明的主观倾向。若否，则修改有关"简直"的偏误句，也应该考虑"简直"出现的句法条件及其主观标记作用。就这几个偏误句来说，应使"简直"出现的结构变成虚拟性的广义动词结构，并使其带上说话人的主观意愿和情感态度。具体而言，可将"*今天天气简直热""*他女朋友简直漂亮""*我简直喜欢写汉字"分别改为"今天天气简直热死了""他女朋友简直太漂亮了""我简直喜欢上了写汉字"。即由改前的客观性的陈述句变为改后的虚拟性的陈述句，而只有虚拟句才能有主观性，才能与主观标记词"简直"组配。

（71）A. 他简直不敢相信这是真的，以为这是一个梦！可这的的确确是真的。(《桥梁》(上)，北京语言大学出版社，2000)

B. 他不敢相信这是真的，以为这是一个梦！可这的的确确是真的。

（72）A. 目睹了这一切的杨吉林博士，简直不敢相信自己的眼睛。(CCL)

B. 目睹了这一切的杨吉林博士，不敢相信自己的眼睛。

（73）A. 三支最强男队几乎同时落马，简直令人难以置信，但又是不容置疑的。(CCL)

B. 三支最强男队几乎同时落马，令人难以置信，但又是不容置疑的。

（74）A. 一处处农家住宅小楼更是鳞次栉比，使人简直不相信这里是农村。(CCL)

B. 一处处农家住宅小楼更是鳞次栉比，使人不相信这里是农村。

首先需要指出的是，语言内容本身的主观性（如表达说话人的主观看法和意见）和语言的主观性（通过特定的语言成分、语言结构来实现）是不同的，前者是说话人"客观"性的表达，后者是说话人有主观倾向和意图的表达。据此来看，以上各B句，其语言的主观性均不明显，看不出在"话语中留下（说话人的）自我（立场、态度和情感的）印记"，而是客观陈述一个事件，不带情感地表达说话人的看法。如（66B）"我爱上了她"表达的是说话人真的爱上了她，（67B）"你是个浑蛋"是说话人认为他就是个浑蛋，（68B）"他是个疯子"表示他可能真的是个疯子，也可能是说话人认为他是个疯子（跟疯子一样），（69B）"这病没个治了"表达说话人就是认为这个病没办法治疗了。（71B）—（74B）同样都是客观地表达说话人的某种看法，并没有附加其他的话语立场和情感态度等主观倾向。此外，（70A）成立，（70B）不成立，说明"简直"除了有强调标记的作用外，还有完句作用。（参见李泉，2006）

以上各A句，由于使用了主观限量强调标记"简直"，而均带有明显的主观性，成为受限强调句。即说话人强调某种情形出乎意料地接近所说的程度，但并没有达到这个程度。如（66A）"我简直爱上了她"，表明说话人原先没有想到对她的感情会达到近乎"爱上"的程度，然而，尽管非常喜欢她，其程度已近乎"爱上"，但实际上"并未真的爱上她"。这与（66B）"真的爱上她"是有质的区别的，这区别正是用不用"简直"造成的。同样，（67A）"你简直是个浑蛋"是说话人强调"你"非常不明事理，几乎达到了"浑蛋"的程度，不过"你"现在还没有成为浑蛋，尽管已经非常接近了。（70A）（71A）两例更能说明"简直"表示"接近完全如此但并非完全如此"：（70A）"简直不是我的眼睛"只是强调"我"的眼睛不听"我"使唤，但肯定"是我的眼睛"；（71A）"简直不敢相信这是真的"，但后一句明确表示"可这的的确确是真的"。（72A）（73A）（74A）三例同样能说明"简直"的主观限量强调作用。这三例实际表达的意思分别是：（72A）是说眼前的这一切都大大出乎杨吉林博士的主观意料，其情其状让他几乎不敢相信自己的眼睛，但是他又不能不相信自己的眼睛，因为他实际上已经"目睹了这一切"；（73A）是说世界上三支最强男队几乎同时落马，这完全超出说话人的意料，几乎难以让人相信，但实际情况又是不容怀疑的——这三支世界强队确实落马了；（74A）是说这里一处处住宅小楼鳞次栉比，一片城市风貌，让人无法相信这里是农村，然而这里确实又是农村，尽管已非常像城市，但究竟还不是城市。跟相应的（72B）（73B）（74B）相比，（72A）（73A）（74A）多了"说话人主观上的否定预设""主观上对某种情状感到意外"等含义，并且理解起来也要复杂得多。这"多出来"的含义，以及理解上"更加复杂"或者说表达上"含义更加丰富"，都是主观限量强调标记"简直"作用的结果。

5.3 "简直"限量强调标记作用再分析

概括起来说，非"简直"句 B 句与"简直"句 A 句的区别在于：前者是无标记的，后者是有标记的；前者主观倾向性较弱，后者主观倾向性较强；前者没有预设，后者有否定预设；前者是说话人认为某种情况"即是如此、客观如此、理当如此"，后者是说话人认为某种情况"几近如此，实未如此""情似如此，理未如此"。

若此，则辞书把简直解释为"表示完全如此""强调完全如此"就不够准确，如把"我简直爱上了她"解释为"我真的爱上了她"，把"他简直是个疯子"理解为"他的确是个疯子"，都不够准确。因为"我"实际上还没爱上她;"他"实际上不是疯子。此外,说"简直"语气带夸张、含夸张语气,也不准确。"简直"有强调某种性状程度的作用,但强调并不是夸张,并且"简直"强调的程度是有极限的,而夸张可以是无限度的。有辞书说"简直"强调"差不多如此",虽大体可以接受,但与"简直"凸显"接近极限量"的强度不符。

六　余言

语言的"主观性"是说话人在说出一段话的同时表明自己对这段话的立场、态度和情感,从而在话语中留下自我印记。语言的"主观化"是指语言为表现这种主观性而采取相应的结构形式或经历相应的演变过程。(沈家煊,2001)"简直"即是一个典型的主观标记词,表现为:(1)从说话的视角来看,"简直"的使用是有否定预设的,即暗含着说话人"原先"认为某种情状不会、不应该如此或根本没想到会如此,但是"现在"的情形却几乎达到了如此地步。这便是说话人对客观事件及其情状的观察角度。(2)从说话人的情感来看,说话人在说出含有"简直"的话语同时,也留下了他对这段话语的表述情感,即对某种情形、状态等出乎意料、超乎常情等的敏感程度及其认定,就是由说话人的主观意愿和主观评价决定的。人们对同一种现象、同一事件的表述,用不用"简直"往往因人而异,正说明这一点。(3)从说话人的认识来看,"简直"表达了"说话人对相关命题的高度重视和坚定的态度"。(张谊生,2000)也就是说,"简直"的使用凸显了话语的主体意识和主观评价色彩,具有较强的主观性。"简直"主观化和语法化作用形成的机制,应该是一种"语义—语用"的演变,即"意义变得越来越依赖于说话人对命题内容的主观信念和态度"。促使"简直"成为语法化标记的动因"是由于说话人在会话时总想用有限的词语传递尽量多的信息"(沈家煊,2001),简直"几近如此,实未如此"的主观限量强调标记作用,即是语言的经济性原则作用的结果。

参考文献

丁险峰　2002　试论"简直+……"结构的句法、语义和语用,《语言文字应用》第4期。

李　泉　2006　试论现代汉语完句范畴,《语言文字应用》第 1 期。
李善熙　2003　汉语"主观量"表达研究,中国社会科学院博士学位论文。
李宇明　2000　《汉语量范畴研究》,华中师范大学出版社。
廖秋忠　1989　《语气与情态》评介,《国外语言学》第 4 期。
吕俞辉　2003　"简直"句的语义考察,《北京师范大学学报》专刊。
沈家煊　1999　《不对称和标记论》,江西教育出版社。
沈家煊　2001　语言的"主观性"和"主观化",《外语教学与研究》第 4 期。
石毓智　2001　《语法的形式和理据》,江西教育出版社。
吴德新　2007　语气副词"简直"的多角度考察,延边大学硕士学位论文。
叶斯柏森(Jespersen)1939　《英语语法要略》(中译本),商务印书馆,1989。
张明莹　2000　说"简直",《汉语学习》第 1 期。
张谊生　2000　《现代汉语副词研究》,学林出版社。
张谊生　2006　试论主观标量记"没""不""好",《中国语文》第 2 期。

（载《国际汉语教学研究》2014 年第 4 期）

国际汉语教学辞书编撰新创获
——《汉语教与学词典》评介

提　要　本文基于国际汉语教学学科资源建设的视角，对《汉语教与学词典》的外向型、学习型、实用型特征，以及研究性、创新性、教学性融为一体的特色，进行了分析和阐述，希望能不仅有助于更好地了解和使用这部特色鲜明的词典，也能有助于促进适合汉语国际化需要的汉语教学和学习资源建设，以及外向型学习词典的编写研究。

关键词　汉语作为第二语言教学　国际汉语教学辞书　学习词典

一　引言

　　汉语全方位、规模化走向世界，既有利于中国融入世界、世界走进中国，也有利于增进中外彼此间的了解和促进世界多元文化的发展。因此，发展国际汉语教学不仅是中国的国家和民族事业，也是一项促进世界和平发展的国际事业。国际汉语教学（习称对外汉语教学）不仅是一项事业，更是一门学科。与其他事业不同的是，国际汉语教学事业是一项以汉语作为外语或第二语言教学为依托的特殊事业。

　　汉语走向世界不仅要有人力、物力的支持，更要有学科建设的跟进。国际汉语教学事业要想获得持续、健康和高效发展，就必须重视和加强汉语作为外语或第二语言教学的学科建设，以便更好地发挥学科对事业发展的支撑和促进功能。而国际汉语教学事业的发展，也为学科建设提供了难得的机遇和更多的要求。国际汉语教学"事业"和"学科"总体上相互促进、相辅相成，但二者的出发点和参照系、基本目标和所属范畴、发展路径和建设手段则不尽相同。事业发展不能替代学科发展，学科发展有其自身的内涵和体现。（李泉，2010a）

国际汉语教学的学科建设内容丰富，广泛涉及学科理论与体系、教学理论与方法、教材编写与研究、汉语特点与学习规律、教学模式与学习策略等，而教学资源和学习资源建设（如汉语教学标准、教学大纲、各种汉语读物、汉语及汉外工具书、汉语教学和学习网络资源库、各类多媒体数据库，以及师资队伍建设等）不仅是学科建设应有的内涵，更应成为学科建设的重点领域。其中，工具书资源的建设，其价值和意义甚至比具体教材的建设更为重要，因为工具书的用途更广、规范化程度更高、影响更为深远。因此，在世界范围内汉语热持续升温，在海内外特别是海外非汉语环境下对汉语教学资源有着迫切需求的新形势下，尤其应大力加强包括各类汉语词典在内的汉语教学资源的建设。

令人高兴的是，《汉语教与学词典》（商务印书馆，2011）的问世，让我们看到了国际汉语教学辞书编撰的一项新创获。《汉语教与学词典》（以下称《教与学》）由对外汉语教学界资深专家施光亨和王绍新两位教授主编，多位对外汉语教学经验丰富的教授、副教授和讲师参与编写，历时八年。《教与学》共收词目 9400 余条，其中单字词目 3100 余条，是一部主要服务于对外汉语教学的中型汉语工具书。综观这部词典，它至少有以下一些特点。

二 对象明确、详略得当、简明便用

该词典适用对象明确，即为汉语作为外语或第二语言的"教"与"学"服务，供海内外汉语教师、中级及以上外国汉语学习者使用。选词及具体条目的确定主要依据相关的汉语水平（考试）词汇等级大纲和相关教学大纲中的初、中级词汇，从而有效地保证了所选词汇的学习价值以及词汇等级与编写目标的一致性。而目前在众多的汉语文工具书中，面向这样群体的汉语词典凤毛麟角，这足以表明该词典的应用价值。更为重要的是，整部词典时时处处体现出简明实用、贴近汉语学习者的特点。这一特点跟权威工具书《现代汉语词典》（第 5 版，商务印书馆，2005。下称《现汉》）相比较便不难发现。① 例如：

《现汉》收"地"的义项 13 个：①[名]地球；地壳。②[名]

---

① 但这并不否认《现代汉语词典》的实用性，只说明《教与学》与《现代汉语词典》的使用对象和编写目标不同而已，《现代汉语词典》对它的使用对象来说是科学和实用的。

陆地。③[名]土地；田地。④[名]地板。⑤[名]地区（1）。⑥[名]地区（2）。⑦[名]地方。⑧[名]地方（轻声）。⑨[名]地点。⑩地位。⑪地步。⑫[名]（~儿）花纹或文字的衬托面。⑬[名]路程（用于里数、站数后）。

《教与学》收7个：①[名]the earth 地球；地球表面。②[名]fields 量（词）：块、片。种植庄稼的农田。③[名]ground; floor 地面。④[名素]piace; locality 具有某些特征的地方。⑤[名]prefecture "地区"的简称。⑥[名]locality "地方"的简称。⑦[名]distance traveled 两个地方之间的距离，多用于口语。

可以看出，《教与学》所确立的义项比《现汉》减少了近一半，而且各义项的名目、定性和释义也与《现汉》多有不同。《教与学》每个义项都分别用英文和中文释义，所给出的例子都是句子或短语，不同于《现汉》例子以词或短语为主。此外，收词也充分考虑到了实用性，如《现汉》共收"地"字打头的词条136个，《教与学》只收了25个汉语学习者在语言学习和使用中最常用的"地"字词语（如"地板、地点、地方、地区、地铁、地下、地图、地址"等，未收"地鳖、地磁、地府、地膜、地轴、地下茎"等不常用词语）。

值得注意的是，《教与学》虽对选收注释的词条比较谨慎，但它在每个词目的后面都设立"扩展"一栏，这是《教与学》的一个独特的体例。在词语"扩展"框栏里，结合汉语学习者所需收录了"本地、遍地、此地、大地、当地、特地、出生地、随时随地、昏天地暗、天翻地覆"等50个含"地"字但不是"地"字打头的词语、短语、成语。从而不仅便于学习者进一步认知和检索相关的语汇，也拓展了词语的学习范围；不仅使得《教与学》收词和注释有详有略，也突出了汉字（语素）的构词方式和构词能力，这对学习者体认汉字（语素）跟汉语（词语合成规律）之间的关系，有效地扩充汉语词汇，都是十分有利的。所有这些特点（选词、立项、释义、给例、"扩展"等的考量和处理）都很好地体现了《教与学》服务于特定的使用者群体，并努力贴近使用者需求的良苦用心。

三　外向型、学习型、实用型特点鲜明

所谓外向型是指为第二语言学习者编写的词典，在选词、释义和内容表

述等各方面都充分考虑到学习者的第二语言水平和第二语言学习需要。所谓学习型是指为第二语言学习者目的语学习和运用服务的词典，这类词典具有释义通俗易懂，例子多且实用性强，有联想和生成功能等特点。所谓实用型首先是指词典所收词语常用性强，对相关的读者群学习价值和实际使用价值高；其次是指词典的释义、举例、体例设计和内容编排等，对读者理解和掌握有关词语帮助大，有利于第二语言学习者当前的语言学习。

可以认为，《教与学》很好地体现了上述特征和要求：它不仅明确表示是为"对外汉语服务"的，而且在释义、举例等方面为体现外向型、学习型和实用型特征做出了很好的努力，表现为：在保证科学性和准确性的同时，对词语的解释进行了浅易化、通俗化的处理，表述更易于学习者的理解和接受；其例证规范、充分，类型丰富、形式多样，比较全面地反映了该义项的语义范围、语法功能和语用特点，不仅体现了编者"义必有例，例（大）多为句"的设计理念，而且例句以浅显的句子或短语为主，符合语言学习和使用以句子（小句）为基本单位的语言学习规律和应用特点。

《教与学》上述的这些做法和特点，都不仅切中了外国人汉语学习的"要害"，也很好地诠释了《教与学》外向型、学习型、实用型的鲜明特征。不妨试举一例，以略见一斑：面向中国读者的《现代汉语词典》对"赢得"的解释是：博得；取得。这对以准确地阅读理解和恰当地写作用词为主要目的的中国读者来说，其释义是规范的，也是够用的。但是，对第二语言学习者来说，用"博得"来解释"赢得"，他们仍将不得其义，因为"博"比"赢"还难（前者不如后者常用）；"取得"虽然比"博得"易于理解，但也比较抽象。而《教与学》对"赢得"的解释是"win; gain（凭某种有利条件或通过努力）得到；取得"。其解释中换了一个更为通俗的词（"得到"），加了一个括号（"凭某种有利条件或通过努力"），则不仅将整个释义难度降了下来，也进一步明确了"赢得"的使用条件，大大增强了词典的可读性和学习价值。

四 研究性、创新性、教学性融为一体

所谓研究性指编写者充分研究了内向型词典和外向型词典的根本区别，因而能够在编写设计和实施中，特别是在释义中体现出编写者的研究和思考

的成分。所谓创新性指编写者针对外向型词典的特点，特别是汉语学习者词语学习的实际需求，进行的独特的体例设计和新颖的内容呈现。所谓教学性指编写者根据汉语作为外语或第二语言教学的特点，特别是词汇教学的规律和教学经验，进行的内容安排和体例设置。根据我们的考察和解读，可以认为《教与学》具有较强的研究性、创新新和教学性特点。

4.1 《汉语教学与学词典》的研究性

首先，编写者在理论和观念上明确了内向型和外向型词典功能上的根本区别（参见"前言"）：中国读者已经具备了使用汉语进行交际的能力和知识，查阅词典常常是因为在阅读、写作中遇到了生疏的字和词语，需要确知其义，以便用得更恰当。他们对词典的要求是解释性的、规范性的。而外国人学习汉语词语则不仅要明白意思，更要能把词语组成句子、形成话语。他们对词典的要求是生成性的、实践性的，也即为了"学话、做文章"。编写外向型词典"正是为了满足他们的特殊要求，体现他们在学习过程中的特殊方法。"

其次，内向型词典的某些释义方式不适合外向型词典的关键及其原因在于：内向型辞书常用的"以词释词、近义词互释"的释义方式，多数时候并不适合外国汉语学习者。例如，内向型词典将"败"的一个义项释为"在战争或竞赛中失败"，"失败"释为"在斗争和竞赛中被对方打败"，这对中国读者来说准确、简明，但其中的核心词"失败、败"却成了互释词，汉语学习者仍然难以理解"败"和"失败"的确切意思。为此，《教与学》对"败"做了这样的解释"在战争中被敌人打垮，无力再做抵抗；比赛、竞争中成绩比别人差"；对"失败"做了这样的解释"在战争中被对方打败；比赛中输给对方"。不仅"败"的解释使"失败"的解释有了依托，而且对"败"和"失败"的诠释都比内向型词典的解释更易于理解。

《教与学》的编写者对内向、外向型词典在功能和释义上的差别的深刻认识，特别是其中大量的"新的解释"和"易化"处理的努力，不仅表明了《教与学》有明确的理论指导，更显示出了编写者对具体词语释义的研究和思考，以及易化和通俗化诠释的探索。而词典中大量的"提示"和"比较"大都是编写者的研究心得和教学经验的总结，其中也吸收了相关的汉语本体研究成果，这些都是难能而可贵的。

4.2 《汉语教学与学词典》的创新性

《教与学》体例设计的新颖，特别是相关内容的描述、阐释和比较等不仅颇为实用，而且多有新意。单字词目都注有相应的繁体字（如果有的话），笔画数和部首，每个义项注有词性、英文释义和中文释义，"扩展"（只出词条，不做解释；收有相关单字打头的和不打头的常用词语几个、几十个至上百个不等）。单字词目和合成词目都附有例句（短语），在必要时均设有"量"（例示该名词常用量词）、"提示"（用于对相关条目释义，以及对有关特点的进一步说明）、"比较"（用于意义和用法相近、读者理解和使用时不易区分的条目）。这样一种体例设计总体上具有创新性。其中，"扩展""量（词）""比较""提示"等这些用蓝色字呈现的独特内容，在《教与学》中几乎随处可见，而且相关工作做得很扎实，大大增添了词典的创新性和实用性。

例如，对"服务"的"提示"是：a.动词"服务"的对象常跟介词"为……"组成介宾短语做状语，如"为人民服务""为发展生产力服务"。现在书面语中也有说"服务社会（/群众）"的。b."服务"做名词使用时，量词为"种、项"，如"为大家提供多种（/项）服务"。可以看出，这一"提示"不仅指出了动词"服务"的经常性用法，也联系语言生活的实际，展示了"服务"直接以它服务的对象为宾语的用法，可谓与时俱进；而对"服务"做名词时所用量词的提示，则表现出对汉语学习者的关怀和体贴。

又如，对"北方、南方、东方、西方"的"比较"是：它们都指不同的方向，但如指地区时，它们有特定的意思。"东方、西方"是就世界范围来说的："东方"指亚洲国家和地区，有时也包括非洲的埃及；"西方"指欧洲和美洲各国，也特指欧洲和美国，可说"东（/西）方国家"；中国人说"他是东（/西）方人"一般指外国人。"南方、北方"除了有特别的说明以外，一般指中国国内的南部地区和北部地区："南方"指长江流域及其以南地区；"北方"指黄河流域及其以北地区；"他是北方人（/南方人）"，说的都是中国人。对这几个方位词的"比较"很有新意，也很有针对性。

4.3 《汉语教学与学词典》的教学性

《教与学》从整体设计面貌到各个环节安排及具体内容编写，都明显呈现出符合汉语作为外语或第二语言教学，特别是汉语词汇教学与学习的要求和特点。比如，释义的多角度、分层次、通俗化，例子的句子化、样本化、多用法化，对中国读者习焉不察而对外国学习者则是难以理解和难以区分之处的"提示"和"比较"，都体现了《教与学》对汉语词语教学乃至汉语教学的引导；而相关的词语解释、例句、提示和比较等都是基于对外国人汉语教学的实际需要，因此大都可以直接用于教材编写和课堂教学。

毫无疑问，上述这些做法和相关的努力，也都有利于学习者汉语词语的学习和对汉语词语组合规律的把握。这样一种整体设计和内容呈现，是编写者多年汉语教学经验的体现和对相关经验的理论提炼，因此，该词典称之为《汉语教与学词典》可谓名副其实。此外，《教与学》的十个附录，也都是基于对外国人的汉语教学的考量，如《标点符号用法简表》《汉字偏旁名称和笔顺表》《中国各民族名称表》《常见姓氏字表》《中国亲属关系表》等都很有外向型词典的色彩，便于教师的教与学习者的学。

五 余言

以上我们介绍了《教与学》是为谁而编的，并阐释了该词典具有明显的外向型、学习型、实用型特点，以及集研究性、创新性、教学性为一体的特点。实际上这些特点多是相辅相成、互相说明和映衬的，比如，教学性和学习型就是相互关联的，而这样的词典又必须具有较强的实用性。同样，研究性和创新性也是互为表里的，研究意味着创新，创新需要进行研究。分开说明，不仅缘于各自的叙述和评论角度有所不同，更重要的是想从不同侧面来展示该词典是怎么编的，以及编成什么样，以便为更好地了解和使用该词典提供参考，同时也想借此来展示国际汉语教学界词典编撰的最新进展、新创获。

当然，作为一部具有较高原创性的外向型词典，它同样也需要在教与学的实践中加以检验和完善，同样也会存在值得进一步商榷和打磨之处。例如，上文提到的"地"字词条及其"扩展"中，《教与学》均未列入"地支"一词，可能是觉得这个词不常用。但是，这却是一个典型的"中国词"，为汉语和中国文化所独有的文化词，在我们看来应该加以诠释，至少应列入"扩展"词语中，供学习者自主学习。又如，假如考虑到非汉字圈汉语学习者对汉字和汉语词语读音认知和记忆的困难，"扩展"中的词语似应加注上拼音为好（至少可以有选择地注音），以便于学习者认知和检索查阅。再如，上文提到的对"北方、南方、东方、西方"的"比较"，其诠释和表述很出人意表，但似乎还可以再打磨和完善。实际上，汉语里的"南方、北方"只是地理概念，而"东方、西方"虽然有时也表示方位（比如，神话故事中等），但在汉语里更多的是表示政治和文化的概念，所以，可以说"暑假我到中国南方（/北方）旅行去了"，而不能说"暑假我到中国东方（/西方）旅行去了"（要说"我到中国东部（/西部）旅行去了"），也因此一个中国人可以说"我是北方人（/南方人）"，而不能说"我是东方（/西方）人"（要说"我来自中国东部（/西部）"）。毫无疑问，这样一些可以商榷的细节，完全不影响《教与学》业已具备的较高的原创性、教学性和实用性等特点和价值。

在汉语加快走向世界带来了教学资源相对短缺（实际上这类外向型汉语词典从来就不多）的当下，在"汉语（汉字）难学"这种世界性的观念在相当程度上还束缚着汉语走向世界之步伐的前提下（李泉，2010b），尤其应当欢迎《教与学》这类词典的问世。因为这类由对外汉语教学专家和行家编写的外向型汉语词典，不仅有助于汉语的教与学，也有助于从根本上消除和化解"汉语（汉字）难学"的观念，不论这种观念正确与否，亦不论这种命题真伪与否。

参考文献

李红印　2008　构词与造句：汉语学习词典编撰的两个重心，《语言文字应用》第 2 期。
李　泉　2010a　国际汉语教学学科建设若干问题，《语言文字应用》第 2 期。
李　泉　2010b　关于"汉语难学"问题的思考，《语言教学与研究》第 2 期。
刘川平　2007　对外汉语学习词典用例效度的若干关系，《外语与外语教学》第 6 期。
郑定欧　2004　对外汉语学习词典刍议，《世界汉语教学》第 4 期。

（载《对外汉语研究》第八期，商务印书馆，2012）

好风凭借力
——《外国人汉语学习难点全解析》推荐

一本杂志除了自身的价值外，还必然记录一段历史，一串记忆，一份情感。《学汉语》这本带有一定学术性的应用型通俗刊物，即是如此。《学汉语》不仅对汉语作为外语教学的学科发展和教学实践的深入做出了独特的贡献，也记录了学科建设特别是教学实践发展的一段历史，珍藏着编者、作者和读者的一串记忆，联系着对外汉语教学界同人的一份情感。

难忘的是，恰在我投身对外汉语教学事业的1987年，《学汉语》创刊问世，这种缘分让我颇感幸运。《学汉语》已然伴我在对外汉语教学这个领域学习、工作和生活了25年。多年来，我对《学汉语》心存感激，我从前辈师长和同龄朋友的文章中学到了很多汉语知识和教学方法，特别是在我最初从事对外汉语教学的那些岁月。我曾给它投过稿，向它推荐过留学生的汉语习作，也曾向同行和留学生推荐过它。所以，当编辑部同人让我为这个刊物25周年的精选本写份推荐时，我虽有些犹豫，但没有坚决婉拒，而是感到又一次触摸了缘分和幸运。因此，尽管我并不适合做这份美差，但对这个刊物的感恩之心，让我暂时忘却其他理性的考虑。

我认为《学汉语》的这个"精选本"，至少可以给青年教师和准备从事国际汉语教学事业的青年朋友、对外汉语教学方向的硕士和博士生以下几方面的启示和助益。

(1) 可以更好地了解汉语的某些特点

一名新手汉语教师往往由于缺乏教学经验，加之对汉语自身的特点习焉不察，而不了解学习者在汉语学习过程中的问题所在，想象不出他们会说出或写出"他们三位人""你去，也我去""他讲得很好，你们应该听起来""老师说话一点儿快"这样一些不可接受的句子。而了解学习者的汉语偏误现象是了解汉语特点的重要"端口"，只有全面、深入、细致地了解和把握汉语的结构规则、组合规则和使用规则才能更有针对性地开展教学，才能更好地解释学习者的语言偏误现象。"精选本"中的绝大多数文章都是基于学习者的汉语偏误写成的，阅读这些小文章可以让我们对汉语的某些特点有一个更真切的了解和体会，并可以进一步促使我们对相关语言现象的深入思考。

(2) 可以从中了解教学的重点和难点

"精选本"中的400篇小文章集中展示了外国汉语学习者在汉语词语、习用语、短语结构、格式等方面经常会出现的理解和使用的偏误，并结合教学实践进行了分析和阐释。而学习者理解、运用有误或根本就不理解、不会用的语言现象，无疑也就是教学的重点和难点。阅读"精选本"中的相关文章，不但可以了解到不同教学阶段汉语教学的一些重点和难点问题及其相关的阐释和处理意见，而且也为我们分析教材提供了指引方向，为我们备课和编写教案提供了基于教学实践的参考意见。

(3) 可以为我们开展汉语研究提供线索

汉语教学的最难处不在于教学方法的学习和运用（尽管方法的重要性毋庸置疑），而在对学习者汉语偏误的分析，特别是对偏误成因的阐释和对相关现象所包含的汉语结构、组合和运用规律的概括。而汉语教学过程中大量的语言偏误现象及其所蕴含的"汉语问题"，绝大多数都没有现成的答案。"精选本"的价值不仅在于它为我们提供了汉语教学中必然会涉及的一些重点和难点问题及其"参考答案"，更在于它可以启发我们对这些语言问题做进一步思考和研究，特别是启发我们对教学中遇到的其他各种各样的语言偏误、语言问题的敏感、思考和研究。

不仅如此，一名新手汉语教师如果能认真阅读"精选本"上的这些文章，还可以使我们在相当程度上了解"对外汉语教学是怎么回事"，了解学习者是怎么学的，前辈前人是怎么教的；可以启发我们在汉语教学中应该注意哪些问题以及如何教授这些问题，可以促使我们不断反思课堂教学的得与失。优秀的汉语教师应该是集学习型、反思型和研究型于一身的汉语教师。好风凭借力，我相信"精选本"会在青年教师"走向从容、走向卓越"的过程中助一臂之力。

（载《外国人汉语学习难点全解析》（第一册、第二册），北京语言大学出版社，2012）

教案与课件点评三则[*]

一　对莫丹《〈生活态度〉教案与课件》的点评

莫丹老师的教案结构合理，环节齐备，规范实用，有讨论内容，有形式的关照。我印象深的或者说我也非常赞赏的是如下几点。

第一，教学目标设计周详。目标本身并不一定能提高教学的质量和水平，关键还在于教学实施。但是没有目标的教学肯定是随意而不规范的教学，教学质量和效果难以保证。有了明确而可行的目标，才有可能保证教学任务的完成和教学目标的实现，才可能有序、有效地开展教学。这一课的教学目标有这样几方面的考虑：认知领域、技能领域、情感领域、学习策略，应该说这是比较全面的目标设计，颇有示范性和借鉴价值，尤其是注重学习兴趣的激发和学习策略的导向，并在整个教学方案中有所落实和体现，亦属难能可贵。

第二，强调有意义的学习，同样是值得赞赏和肯定。语言学习的情境化、任务化、内容化、意义化是一个涉及教学理论和教学实践的重要课题。中高级教学很大程度上应该结合课文、利用课文走向有意义的学习、真实的学习。教学中应让学习者既要学习语言形式，又要适度忽略、暂时忘却语言形式，而更加关注意义的理解和表达，如此才能真正发生学习。莫丹老师的教案设计及其教学实施就比较充分地体现了"有意义的学习"的追求，她讨论的问题很真实，利用课文的语言特别是内容来学习语言、使用语言的意识很鲜明。我觉得这是中高级阶段多种课型应该走的方向。

第三，莫丹老师有活用教材、开发教材的意识，这是非常难得的。教材是编者、编辑、出版单位合作集体智慧和心血的结晶，不能不尊重，不能不充分利用。但是，教材的使用应避免"只用教材""死用教材""不越雷池教

---

[*] 三则短文系应北京语言大学出版社邀请，为该社2012年主办的"首届'北语社杯'对外汉语教学资源大赛"获奖作品北京语言大学莫丹老师的《〈生活态度〉教案与课件》、北京化工大学阮吕娜老师的《〈我也喜欢游泳〉教案与课件》、哈尔滨工业大学李君老师的《〈成语故事〉教案与课件》所做的点评。

材一步"的观念和做法。莫老师课前做了一个关于婚姻择偶的小调查,借以配合教材内容的分析和讨论,这也是一种教学资源的开发、整合和利用,我个人极为赞赏。编得再好的教材也终究是语言学习的材料,教师必须结合教学对象的实际对教材进行深度备课和资源的开发与取舍,这也是教师自我提高、自我发展的一个机会,千万别错过。因此,我认为利用教材开发学习资源、补充教材内容应该成为评价教案设计、课件设计的一个重要标准和重要指标。

第四,提点商榷意见。莫丹老师布置了一个作业,在她的教案以及PPT的最后一页:"请把你们组的讨论写下来",另外还给了相关的词语和句式。这基本上是可以的。但是不是还可以再深度布置作业,如有字数要求,明确要求写什么等。此外,婚恋观上中西方有没有不同?在教案和课件中似乎没有体现,而这是一个跨文化方面的问题,似乎值得考虑和讨论,以便更好地进行有意义的语言和文化教学,并借以锻炼和提高学习者的语言表达技能。

二 对阮吕娜《〈我也喜欢游泳〉教案与课件》的点评

概括起来说,这份作品内容简洁,重点突出,讲和练的内容不仅是当课的重点,也是初级阶段汉语学习和教学的重点。从教学环节设置和内容安排上看,课型特点体现得比较充分。

教案不仅结构合理,层次清晰,而且与PPT的配合融洽得当,课件的利用比较充分。不仅充分展示出阮老师比较扎实的教学基本功,也能感受到她比较丰富而成熟的教学经验,乃至可以感受到课堂教学良好的气氛、扎实的推进过程和学生扎实的收获。

具体来说,该教案比较突出的还有以下两点。

首先,PPT清晰雅致,实用好用。图片的选择恰当,适合教学内容的认知和操练。课件不是摆设,是教学内容的形象体现,是教学内容认知、理解和深化的帮手。这些都是课件的优佳效用的体现,这份作品较好地实现了这一点,难能可贵。教案中清楚地标明了何时使用以及如何使用PPT课件(必要时可再次乃至反复利用),使课件与教案有机地融为一体,这是教学手段和方式的进步,无疑有助于教学质量和效益的提高。

其次,注重复习和讲评,是该作品的一个较为突出的特色。如第一讲利用PPT课件对"对比句"的复习和操练、对"多"表概述时位置的正误的复习和操练、对作业中错句的讲评和朗读正确的句子，都是十分必要和可取的。语言是在反复的认知、操练、使用中习得的，因此复习是必要的，特别是课堂环境中教师指导下的复习。讲评是检查教学效果、巩固教学内容和深化教学内容的重要环节，因此讲评是教师应有的教学意识和必备的教学能力。该教案较好地体现了复习和讲评的教学环节，并且内容安排也较为贴切和适当，有很好的示范作用，值得肯定。

商榷意见：（1）从该作品的整体设计和内容安排及操作安排上来看，阮老师很有教学经验，应该能够较好地掌控课堂教学环节的推进和时间的把握。但是，作为教案本身还是应该大致明确一下各环节的时间安排，可以说，缺乏时间设计安排是其教案的"小硬伤"。有时间分配的设计考虑，有助于区分教学内容和环节的主次，有助于更好地掌控课堂教学的步骤和节奏，有助于增强课堂教学的时间观念和效率意识，相反则不然。尽管实际课堂操作不一定刻板跟着所分配的时间走，但是有没有时间分配的考虑，课堂操作的效果是不会一样的。当然，时间设计安排首先要合理才行。（2）"布置作业"的环节显得有些"匆忙"，不够具体和明确，学生可能也难以把握到底让他们干什么和怎么干，似乎有些"应付了事"的感觉（教案中的"布置作业"：1.朗读课文后的替换与扩展。2.把课堂内进行的交际训练整理成文字，写作《我和我家人的爱好》。3.课后练习为选作作业）。实际上，布置作业是一个重要的环节。作业布置清楚了，要求明确和具体了，学生才可能好执行，作业的目的和效果才有可能真正实现，相反则不然。如"课后练习为选作作业"，这样的作业想达到什么目的？课后哪个练习为选作作业？学生不做怎么办？不做还布置它有何意义？以上意见仅供参考。

三 对李君《〈成语故事〉教案与课件》的点评

总的来看，这份教案内容完备，环节齐全；层次清晰，结构合理；内容充实，重点突出。教案不仅充分展示出李君教师比较扎实的教学基本功，也能感受到她对教学工作的热情和投入，乃至可以感受到课堂教学良好的气氛。而教师备课投入、用心、肯于动脑动手，课上有热情、有激情、有感染力，以及积极创造和谐愉悦、紧张有序、引人入胜的教学氛围，这是课堂教学成功的保证和体现，从这份教案中似乎可以看到这样的景象。

具体来说，该教案比较突出的还有以下两点。

第一，板书和PPT的结合和利用比较合理。教案中明确标出了板书的内容、板书的使用要求（如"看黑板上的生词说课文中的句子"），明确标示了什么地方出示PPT，这有助于课上自然地衔接和有条不紊地进行操作。另外，PPT使用的频率和内容也比较合适，如讲成语"滥竽充数"涉及乐器"竽"，利用PPT顺便也展示了其他几种常见乐器的图片，又如用PPT展示相关词语，请同学"猜词语"的意思。

第二，注重词语、语法点教学的语境设置和例句展示。恰当地引入语境和展示典型的例句，是词语教学和语法点教学最基本的要求，有助于学生更好地理解词义、句义和用法。可以说，恰当的语境和典型的例子，是词汇和语法点教学质量和效率的重要保证。备课应该在这方面花精力，结合学习者的语言水平和学习需求，精心引入语境、精选典型例句。语境要尽量贴近学习者的学习和生活，例句应规范、常用、好记。这当然并不容易做到，可是备课非在此下功夫不可。从这份教案中可以看出，李老师有注重语境设置和展示典型例句的意识。

商榷意见:(1)该教案用"什么是幸福？"作为导语，引入课文教学，这当然并非不可。但是，这个题目不仅太大，而且离课堂教学内容似乎也远了些。实际上，这是一个成语故事课，完全可以考虑从汉语成语直接导入，比如汉语成语的来源、类型、主要特点等，更能让学生掌握一些语言和文化知识。(2)同样，因为这是成语故事课，在课堂讨论或练习中完全可以请学生用汉语讲个自己语言中的成语或成语故事，这不仅给学生展示的机会，也有助于课堂教学语言和文化的互动。(3)教案中多处设计了提问，这是非常必要和可取的。但是，问话的设计也要有些讲究，如在组织教学环节中问"同学们觉得今天怎么样？"就有些泛而空。另外，例句也要精心打磨，如教案中"现在人数不够，你就滥竽充数一下吧"中的"滥竽充数一下吧"似乎显得别扭。以上意见仅供参考。

（载《首届"北语社杯"对外汉语教学资源大赛优秀作品选》，北京语言大学出版社，2014）

《发展汉语》(第二版) 封面设计理念

《发展汉语》(第二版)系普通高等教育"十一五"国家级规划教材。全套教材共28册34本,主体部分由初、中、高三个层级的综合、口语、听力、阅读、写作五个系列构成,本版增编的《初级读写》(Ⅰ、Ⅱ)可看作第六个系列。[①]下面,我愿就本套教材各系列的封面设计理念略加阐释[②],以便从"这一角度"来进一步了解《发展汉语》(第二版)的教学理念,更好地使用本套教材。实际上,一部好的教材应该是内容与形式的完美结合,教材的装帧设计、体例安排、字体字号、课文插图等应服务于教材内容及其教学理念,应便于教、利于学,这一点在观念上对外汉语教学界已经形成共识。但是,总的看教材呈现的形式设计仍有很大的探索空间,比如,包括不少广泛使用的优秀教材在内的封面设计仍是相当随意,看不出有什么理念在内。这里介绍《发展汉语》(第二版)的封面设计理念,借以诠释全套教材及综合、听力、口语、阅读、写作等各个系列的教学理念,同时也希望能够引起业内同行对包括封面在内的教材形式设计的重视,促进对外汉语教材设计理念、编写质量和呈现形式的全面提高。

《发展汉语》(第二版)封面设计的总体指导思想是:庄重、典雅、大气;层次分明、重点突出、古今兼顾、以今为主;借助代表性的中国元素展示当代中国发展风貌;中国符号的选择力求与相关系列教材的教学理念相结合。具体如下:[③]

1. 各系列的封面均由上、中、下三个部分构图而成。上、下两部分所占版面相当,中部的占整个封面的四分之一。三个部分分别由不同颜色、图案和文字构成,总体上既有层次感,又各有用途和寓意。

2. "上部"在乳白色底衬上,最醒目的是红底白字"中国方印"型"发

---

① 全套教材由北京语言大学出版社 2011—2013 年全部出版。
② 《发展汉语》(第二版)全套教材及各系列教材的设计理念和编写原则等详见教材"总前言"及"编写说明"。
③ 参见文末附图:《发展汉语》(第二版)初、中、高三个系列封面选图。

展汉语"总书名，它也是整套教材的标志性设计。其余的文字包括：左上部有"普通高等教育'十一五'国家级规划教材"的字样；左中部的"对外汉语长期进修教材"为教材主要适用范围的说明；左下部的"Developing Chinese"是总书名的英译，左下部的小字"第二版（2nd Edition）"为版次说明。其中英文的下面是中国传统建筑屋脊的插图，虽为暗彩色，却清晰可辨。该屋脊的图形以黑白形式缩印在每册书每一页的左上角，是贯穿全套教材的中国文化元素符号。

3."中部"通过暗绿色、暗蓝色、暗红色的"丝带"将各系列的初、中、高三个层级区别开来，以便于区分和查找。这一部分的文字分别用中、英文标明本册教材的名称和层级，如"初级综合（Ⅰ）""中级听力（Ⅱ）"等，同时署名本册的编者。

4."下部"分别选用不同图片来标识和寓意不同的技能系列及教学理念：

（1）综合系列选用中国国家大剧院的夜景图片来标识。国家大剧院是具有世界水准的艺术殿堂，是中西方文化交汇的场所，其多元、开放和融汇的气质和特征，寓意"综合课"教材集成、多元、包容的教学内容和教学理念。

（2）口语系列和听力系列分别选用水立方和鸟巢来标识。水立方和鸟巢咫尺相对、相依相伴、不弃不离，寓意语言交际和语言技能训练"听"和"说"不分家。夜景下玲珑剔透的水立方，仿佛是一个实心的"口"字，水立方之"水"也寄寓学习者的口语能像水流般涓涓不断。蓝天白云下熠熠生辉的鸟巢，看上去好似一个正在倾听着的"大耳朵"，而无数条钢筋构成的"巢"寄寓学习者能从一句句的线性语流中听出头绪、抓住主旨。

（3）阅读系列选用"和谐号"的动感图片来标识。阅读教学的技能训练可分为细读、通读、略读和查读等，但阅读的根本目的或者说最高境界是快速阅读，而晚霞下风驰电掣的动车正可象征阅读的最高境界；同时阅读教学要求题材广泛而内容丰富，这一点也可以通过东西南北、穿山越水、纵横千万里、见多识广的"和谐号"来比附。

（4）写作系列选用具有民族风格的中国世博馆来标识。写作要有语言的积累，创作需要博览；无论是语言学习的写作训练还是真正的写作创作，都要一句一句地写，一段一段地写，并最终形成一篇习作或作品，写作的这样一些特点和要求都可以通过世博馆那一条条横木横梁、一层层阁楼及整个建筑来象征。同时，写作讲究有材料、有条理、有创意、内容充实、结构合理，这些要求也都可以通过世博馆"博览万象"的内涵和建筑得以象征和寓意。

（5）读写系列选用杭州西湖及雷峰塔的风景图片来标识。由于学习者汉语水平的限制，初级读写只能是轻轻松松地读读写写、边读边写、边写边读，这正契合了漫游西湖的意境。西湖不仅有天堂般的山水美景，更有丰厚的人文历史积淀。以集自然美景和人文名胜于一身的西湖为初级汉语学习者读读写写的"联想平台"，寓意初级读写课应在轻松愉悦的心境下获得汉语知识的发展和汉语能力的提升。

总起来说，六个系列的封面既有多项统一的文字和图片标识，又有比较适切的象征性图片来寓意各系列教材的教学理念。同时，广泛展示了当代中国的艺术、体育、建筑、科技、文化等发展和建设的风貌，以及人文名胜和自然山水之美。其中，既有典型的中华文化元素符号，也有鸟巢和水立方所象征的更高、更快、更强的"世界精神"；既有国家大剧院和中国世博馆象征的开放、包容、多元的当代中国心态，也有"和谐号汉语车"沟通世界、走向世界和服务世界的中国心愿。

附图:《发展汉语》(第二版)初、中、高三个系列封面选图：

（载《学汉语》2012年第6期）

后记

本书收录大小文章36篇，除一篇发表于2006年，其余均发表于2009—2015年。书中有近半数的文章题目带有"国际"二字，有的文章虽然题目上不带这二字，但内容主要也是面向海外的，如关于"汉语难学""汉字难学"和教材"国别化"等问题的讨论，故名《国际汉语教学探讨集》。探讨的主要问题可概括为国际汉语教学学科建设、教学理论与教材编写、国际汉语教师发展、汉语教学研究与评论，相关文章大体按发表的先后顺序编排，并在体例上做了统一的技术处理。

我1987年6月由中国人民大学语文系（今文学院）应用语言学研究生班毕业后，留校从事对外汉语教学，至今已近30年。从最初十年完全是对来华留学生长短期汉语进修生的教学，到以留学生汉语言专业本科生教学为主兼及汉语进修生教学，再到本科生教学和语言学及应用语言学专业中外硕士博士研究生的教学及论文指导工作并重。我的研究方向也由研究生期间及工作后若干年的近现代汉语语法为主兼及对外汉语教学转向以对外汉语教学为主兼及汉语语法。此外，从1992年起，曾前后有14年时间兼任原对外汉语教学中心和对外语言文化学院的教学和行政管理工作，促使我更多地思考学科建设、教学理论和教师发展等方面问题。2008年初，对外语言文化学院合并到文学院后，我辞去行政工作，于是，有更多时间思考和探讨自己有兴趣的问题，特别是海内外汉语教学发展和学科建设的一些宏观问题。

我对海外汉语教学的了解，除来自各种文献、媒体和学术会议以外，也来自我个人在海外教学和短期讲学之所见所闻。比如，1996—1997年我在美国宾州迪根森大学（Dickinson College）教授汉语一年；2002年参加国家汉办组织的德国、法国汉语教学考察团，考察了两国6所大学和1所中学的汉语教学情况；2004—2015年，我有幸分别受邀并获国家汉办派遣，前往英国、智利、阿根廷、西班牙、南非、越南、瑞士、墨西哥、匈牙利、爱尔兰等国家短期讲学；此外，2008年以来，我还每年应邀参与在京一些院校主办的海外来华汉语教师的培训工作。在这些海外汉语教学和教师培训活动中，通过课上课下互动和交流，不断加深我对海外汉语教学的了解和认识。与此同时，自2005年在北京召开的世界汉语大会以来，中国政府及有关部门更加积极推动海外汉语教学的发展，并且也确实获得了长足的发展。在这种背景下，特别是基于多年来对海外汉语教学的了解，于是，我也学着与时俱进，更多地关注和探讨国际汉语教学的学科建设、语言文字标准以及海外汉语教学的理念和策略等问题。当然，我对国内对外汉语教学的思考也从未停止，本书即收录了若干篇长短不等的相关文章。

这本《国际汉语教学探讨集》，是北京语言大学出版社此次同时出版的《对外汉语教学思考集》（该书初版由教育科学出版社于2005年出版，书名为《对外汉语教学理论思考》）的续集。《思考集》更多地关注国内的教学问题，兼及海外；《探讨集》更多地关注海外的汉语教学问题，兼及国内。然而，两本书所讨论的问题不仅没有本质区别，根本上说，是一回事。

在此，我愿再次深深感谢业界几代前辈学者为学科发展所做出的贡献。他们不仅开创和推动了对外汉语教学及国际汉语教学这项事业，更是呕心沥血创建和发展了对外汉语教学及国际汉语教学这个学科；他们的研究成果不仅滋养和深化了国内外的汉语教学实践，也奠定和丰富了这个学科的研究基础和研究领域。30年来，随着教学对象和教学内容的前后变化，我能有机会走出去到海外交流，全是托福前辈学者所开创的这一事业和学科的基业，当然，这背后是国家的不断发展和强盛以及中国政府及有关部门的大力推动，特别是国际汉语教学事业的发展。坦率地说，我是读着对外汉语教学界及海外汉语教学界前辈和时贤的文章及著作一路走过来的，并将继续这样走下去。他们的论著不仅对我的教学实践大有助益，对我的思考和研究更是大有启迪。这样的前辈和中青年同行，要写出他们的名字的话，那真是写不完。在此，我只好以"无记名"的方式，向这些我认识的和不认识的、熟悉的和不太熟悉的前辈学者和年轻的同行朋友致以诚挚的敬意和谢意。感谢各位前辈和同道在不同时期、不同领域和不同问题上做出的精彩论述和富有启迪的研究成果。

收入本书的这些文章不仅表达了我的所思所想，也能表明我的热情和信念所在，而我更多的热情和激情还在教学上。课堂教学不仅是我的本职工作，也是我教学相长的地方，乃至是我的乐趣所在。我个人的体会是，投入教学、思考教学、不断改进和完善教学，不仅是我们汉语教师的本分和职责，也是我们探索和研究问题的起点、源泉和动力所在。虽然我的教学和研究都还在路上、还在探索之中，都远未达到理想境地，但我已然深深领悟到教学和科研相互促进的意趣。语言学大师吕叔湘先生曾经说过："理论从哪里来？从事例（吕注：这里说的'事例'，用科学家的术语就是'数据'）中来。事例从哪里来？从观察中来。不管做哪种学问，总不外乎'摆事实、讲道理'六个字。事实是客观存在的，但是你要观察它，才能认识它。"（吕叔湘《把我国语言科学推向前进》，《中国语文》1981年第1期）于我们来说，就是要把教学跟科研结合起来。在教学实践中观察事实，观察的对象包括学习者和教授者及其学和教的情况、教学内容及其教学方法、语言问题和文化问题、教材内容和教材编写，等等。在细心观察、不断思考的基础上，才有可能做到"摆事实、讲道理"，并且应是基于汉语汉字自身的规律和特点，讲出适合汉语汉字作为第二语言或外语教学的"道理"。我们不能总是借用隔壁人家的渔网去打鱼，自家打鱼还是要编织自家的渔网，打自家的鱼还是用自家的渔网才好。我愿以此感想，与年轻教师和有志从事这一职业的青年朋友共勉。

最后，我衷心感谢业师赵金铭先生为本书作序。序文中，先生作为业界的资深专家和学科的探索者与创建者之一，饱含深情，概述学科的源起与发展历程；高屋建瓴，携述学科建设的成就与不足，昭示学科研究的重点和发展方向，无不令人感佩。序文中，更是对本书给予了超值的嘉勉，让我感动不已。我想，这不仅是对我本人充满深情的提携和鼓励，也是对学科发展和业界同人充满深情的鼓励与期待。

李　泉